東アジアにおける
石製農具の使用痕研究

原田 幹
Motoki Harada

六一書房

目　次

序　章 ·· 1
    第1節　研究の目的 ·· 1
    第2節　研究の現状と課題 ·· 1
    第3節　研究の方法 ·· 4
    第4節　本書の構成 ·· 7

第Ⅰ部　石器使用痕の研究

第1章　使用痕分析の方法 ·· 21
    第1節　研究史と課題 ··· 21
    第2節　使用痕分析の枠組み ··· 25
    第3節　使用痕の記録と観察基準 ··· 29
    第4節　焦点合成ソフトを用いた多焦点使用痕画像の作成 ···································· 36

第2章　使用痕と人間行動の復元 ··· 45
    本章の目的 ·· 45
    第1節　石器使用をめぐる関係性 ··· 45
    第2節　使用痕と石器の機能 ··· 47
    第3節　使用痕と石器のライフヒストリー ·· 55
    第4節　使用痕と身体技法 ··· 60

第Ⅱ部　使用痕からみた東アジアの石製農具

第3章　石製農具の使用痕 ·· 67
    本章の目的 ·· 67
    第1節　収穫に関わる石器の使用痕 ··· 67
    第2節　弥生時代の石製収穫具――朝日遺跡の石庖丁をめぐって―― ························ 85
    第3節　土掘具・耕起具の使用痕 ·· 99

第4章　日本列島における石製農具の使用痕分析 ·· 117
    本章の目的 ·· 117
    第1節　収穫関連石器の使用痕分析 ··· 117
    第2節　東海（尾張・三河・美濃地域）における収穫関連石器の使用痕 ·············· 119

第3節　北陸（加賀・能登地域）における収穫関連石器の使用痕 ……………………… 139
第4節　中部高地（甲斐地域）における収穫関連石器の使用痕 …………………………… 153
第5節　山陽（吉備地域）における収穫関連石器の使用痕 ………………………………… 165
第6節　使用痕からみた弥生時代の収穫関連石器 …………………………………………… 179

第5章　朝鮮半島における石製農具の使用痕分析 …………………………………… 189
本章の目的 …………………………………………………………………………………… 189
第1節　研究の背景 …………………………………………………………………………… 189
第2節　調査と分析の方法 …………………………………………………………………… 191
第3節　石刀の使用痕分析 …………………………………………………………………… 193
第4節　剝片石器の使用痕分析 ……………………………………………………………… 204
第5節　「土掘具」の使用痕分析 …………………………………………………………… 208
第6節　小結 …………………………………………………………………………………… 219

第6章　長江下流域における石製農具の使用痕分析 ………………………………… 221
本章の目的 …………………………………………………………………………………… 221
第1節　調査と分析の方法 …………………………………………………………………… 221
第2節　「耘田器」の使用痕分析 …………………………………………………………… 224
第3節　有柄石刀の使用痕分析 ……………………………………………………………… 239
第4節　「押し切り」から「穂摘み」へ …………………………………………………… 246
第5節　石鎌の使用痕分析 …………………………………………………………………… 252
第6節　「破土器」の使用痕分析 …………………………………………………………… 262
第7節　「石犂」の使用痕分析 ……………………………………………………………… 276
第8節　小結──長江下流域新石器時代の石製農具の特質── ………………………… 286

終章　総括 ……………………………………………………………………………………… 293
第1節　石器使用痕の研究 …………………………………………………………………… 293
第2節　使用痕分析からみた石製農具の機能 ……………………………………………… 293
第3節　東アジア初期農耕研究における石器使用痕分析の意義と展望 ………………… 296
おわりに ……………………………………………………………………………………… 299

あとがき …………………………………………………………………………………………… 301

初出一覧 ………………………………………………………………………………………… 305
引用・参考文献 ………………………………………………………………………………… 307

図版目次

図1	使用痕の種類	25
図2	使用痕の観察機器	27
図3	実験使用痕分析のプロセス	28
図4	代表的な光沢面タイプ	30
図5	磨製石器（泥岩）における微小光沢面のバリエーション	31
図6	顕微鏡撮影装置	37
図7	焦点深度と被写界深度	38
図8	焦点合成のイメージ	38
図9	焦点位置の異なる連続写真	39
図10	多焦点使用痕画像	39
図11	Helicon Focus 画面	40
図12	使用痕画像の計測	41
図13	使用痕画像のパノラマ合成	41
図14	使用痕画像の3D表示	43
図15	石器使用の関係性	46
図16	石器操作方法模式図	47
図17	使用痕分析による機能推定	48
図18	痕跡連鎖構造の模式図	49
図19	機能部の使用痕（1）石錐	50
図20	機能部の使用痕（2）磨製石斧	51
図21	装着・保持の使用痕（1）磨製石斧に形成された装着痕	54
図22	装着・保持の使用痕（2）石庖丁の穿孔部の使用痕	54
図23	装着・保持の使用痕（3）破土器の光沢面の空白域	54
図24	石器のライフヒストリーと使用痕	56
図25	刃部再生と使用痕	58
図26	転用と使用痕（1）粗製剥片石器から敲打具へ	58
図27	転用と使用痕（2）石鏃から石錐へ	59
図28	作り替えと使用痕	60
図29	縦斧と横斧（復元模型）	63
図30	磨製石庖丁の使用痕光沢強度分布図	71
図31	信州南部の収穫関連石器の使用痕分布パターンと使用方法の推定復元	72
図32	植物を作業対象とした使用痕	74
図33	光沢強度の基準	76
図34	実験対象の穀物	77
図35	実験場所	77

図36	実験石器の操作方法	77
図37	対象物との接触範囲	79
図38	実験石器使用痕分布図・顕微鏡写真（1）	81
図39	実験石器使用痕分布図・顕微鏡写真（2）	82
図40	実験石器使用痕分布図・顕微鏡写真（3）	83
図41	実験石器使用痕分布図・顕微鏡写真（4）	84
図42	朝日遺跡石庖丁実測図	87
図43	朝日遺跡粗製剝片石器実測図	87
図44	朝日遺跡石庖丁・粗製剝片石器使用痕分布図・写真撮影位置図	90
図45	使用痕顕微鏡写真（1）	91
図46	使用痕顕微鏡写真（2）	92
図47	実験石器の使用痕分布・写真撮影位置図（1）	95
図48	実験石器の使用痕分布・写真撮影位置図（2）	96
図49	実験写真・実験石器使用痕顕微鏡写真	97
図50	土との接触で形成された使用痕	102
図51	石鍬による土の掘削と使用痕	103
図52	着柄・使用方法と接触範囲	104
図53	打製石斧使用痕分布図・顕微鏡写真（1）	109
図54	打製石斧使用痕分布図・顕微鏡写真（2）	110
図55	打製石斧使用痕分布図・顕微鏡写真（3）	111
図56	打製石斧使用痕分布図・顕微鏡写真（4）	112
図57	打製石斧使用痕分布図・顕微鏡写真（5）	113
図58	使用痕分布パターン模式図	119
図59	分析遺跡位置図（東海）	121
図60	使用痕分布図・写真撮影位置図（1）	122
図61	使用痕分布図・写真撮影位置図（2）	123
図62	使用痕分布図・写真撮影位置図（3）	124
図63	使用痕分布図・写真撮影位置図（4）	125
図64	使用痕分布図・写真撮影位置図（5）	126
図65	使用痕顕微鏡写真（1）	127
図66	使用痕顕微鏡写真（2）	128
図67	使用痕顕微鏡写真（3）	129
図68	鋸歯状刃部磨製石庖丁の使用痕	136
図69	鋸歯状刃部磨製石庖丁実験石器	136
図70	分析遺跡位置図（北陸）	140
図71	使用痕分布図・写真撮影位置図（1）	142
図72	使用痕分布図・写真撮影位置図（2）	143
図73	使用痕分布図・写真撮影位置図（3）	144
図74	使用痕分布図・写真撮影位置図（4）	145

図75　使用痕顕微鏡写真（1）	146
図76　使用痕顕微鏡写真（2）	147
図77　使用痕顕微鏡写真（3）	148
図78　石川県出土の大型直縁刃石器	152
図79　新潟県柏崎市下谷地遺跡出土大型直縁刃石器	153
図80　分析遺跡位置図（甲斐）	154
図81　分析対象石器	155
図82　使用痕分布図・写真撮影位置図（1）	156
図83　使用痕分布図・写真撮影位置図（2）	157
図84　使用痕立体画像	158
図85　使用痕顕微鏡写真（1）	159
図86　使用痕顕微鏡写真（2）	160
図87　使用痕顕微鏡写真（3）	161
図88　山梨県韮崎市隠岐殿遺跡出土石庖丁と使用痕	164
図89　実験石器顕微鏡写真・サヌカイト（1）	166
図90　実験石器顕微鏡写真・サヌカイト（2）	167
図91　分析遺跡位置図（吉備）	169
図92　使用痕分布図・写真撮影位置図（1）	171
図93　使用痕分布図・写真撮影位置図（2）	172
図94　使用痕顕微鏡写真（1）	173
図95　使用痕顕微鏡写真（2）	174
図96　使用痕顕微鏡写真（3）	175
図97　使用痕顕微鏡写真（4）	176
図98　パターン1穂摘具と使用方法	180
図99　パターン2a大型直縁刃石器と使用方法	182
図100　弥生時代前期の粗製剥片石器	184
図101　使用痕分布パターンによる収穫関連石器の組成	187
図102　新石器時代・青銅器時代の石器組成	191
図103　韓国内調査遺跡位置・時期対比	192
図104　石刀使用痕分布図・写真撮影位置図（1）	194
図105　石刀使用痕分布図・写真撮影位置図（2）	195
図106　石刀使用痕顕微鏡写真（1）	197
図107　石刀使用痕顕微鏡写真（2）	198
図108　石刀使用痕顕微鏡写真（3）	199
図109　剥片石器使用痕分布図・写真撮影位置図	205
図110　剥片石器使用痕顕微鏡写真	206
図111　光沢面が観察された剥片石器	208
図112　土掘具使用痕分布図・写真撮影位置図（1）	210
図113　土掘具使用痕分布図・写真撮影位置図（2）	211

図 114	土掘具使用痕顕微鏡写真（1）	212
図 115	土掘具使用痕顕微鏡写真（2）	213
図 116	土掘具使用痕顕微鏡写真（3）	214
図 117	サルレ遺跡土掘具の着柄・使用方法の復元	219
図 118	長江下流域新石器時代の時期区分	221
図 119	良渚文化の石器	222
図 120	石器各部位の名称	223
図 121	分析遺跡・出土地位置図	224
図 122	耘田器の推定復元諸説	225
図 123	耘田器使用痕分布図・写真撮影位置図（1）	227
図 124	耘田器使用痕分布図・写真撮影位置図（2）	228
図 125	耘田器使用痕顕微鏡写真（1）	229
図 126	耘田器使用痕顕微鏡写真（2）	230
図 127	東南アジアの収穫具と使用方法	234
図 128	実験石器と使用方法	235
図 129	実験石器使用痕分布図	237
図 130	実験石器使用痕顕微鏡写真	237
図 131	有柄石刀	240
図 132	有柄石刀使用痕分布図・写真撮影位置図	241
図 133	有柄石刀使用痕顕微鏡写真	242
図 134	実験石器の使用痕	245
図 135	昆山遺跡出土の耘田器と石刀	248
図 136	耘田器使用痕分布図・写真撮影位置図	249
図 137	耘田器使用痕顕微鏡写真	249
図 138	石刀使用痕分布図・写真撮影位置図	250
図 139	石刀使用痕顕微鏡写真	251
図 140	石鎌使用痕分布図・写真撮影位置図	254
図 141	石鎌使用痕顕微鏡写真（1）	256
図 142	石鎌使用痕顕微鏡写真（2）	257
図 143	石鎌実験石器操作方法・使用状況	259
図 144	石鎌実験石器の接触範囲	261
図 145	破土器の復元	263
図 146	破土器使用痕分布図・写真撮影位置図（1）	264
図 147	破土器使用痕分布図・写真撮影位置図（2）	266
図 148	破土器各部位拡大写真	266
図 149	破土器使用痕顕微鏡写真（1）	267
図 150	破土器使用痕顕微鏡写真（2）	268
図 151	使用痕分析による破土器の復元図	270
図 152	実験石器使用法	272

図 153	実験石器使用痕分布図・拡大写真	273
図 154	実験石器使用痕顕微鏡写真	275
図 155	石犂の復元	277
図 156	石犂使用痕分布図・写真撮影位置図（1）	279
図 157	石犂使用痕分布図・写真撮影位置図（2）	280
図 158	石犂各部位拡大写真	281
図 159	石犂使用痕顕微鏡写真（1）	282
図 160	石犂使用痕顕微鏡写真（2）	283
図 161	使用痕分析による石犂の復元図	285
図 162	低湿部での除草作業	289
図 163	収穫具使用の身体技法	298

表目次

表 1	分析調査一覧表	6
表 2	石器使用実験一覧表	9
表 3	使用痕の種類と観察方法	26
表 4	光沢面の各タイプの特徴	30
表 5	石器使用痕観察シート	34
表 6	雑穀収穫実験作業量	78
表 7	実験石器一覧表	94
表 8	尾張地域分析資料・観察所見一覧表	131
表 9	西三河地域分析資料・観察所見一覧表	133
表 10	美濃地域分析資料・観察所見一覧表	133
表 11	刃部鋸歯状磨製石庖丁分析資料・観察所見一覧表	134
表 12	加賀・能登地域分析資料・観察所見一覧表	149
表 13	甲斐地域分析資料・観察所見一覧表	162
表 14	吉備地域分析資料・観察所見一覧表	177
表 15	石刀分析資料・観察所見一覧表	200
表 16	剝片石器分析資料・観察所見一覧表	207
表 17	土掘具分析資料・観察所見一覧表	215
表 18	耘田器分析資料・観察所見一覧表	231
表 19	耘田器実験経過表	236
表 20	耘田器実験石器の使用痕	238
表 21	有柄石刀分析資料・観察所見一覧表	243
表 22	有柄石刀収穫実験経過表	244
表 23	収穫実験作業量比較表	244
表 24	耘田器・石刀分析資料・観察所見一覧表	250
表 25	石鎌分析資料・観察所見一覧表	255
表 26	石鎌実験内容一覧表	260

表27	破土器分析資料・観察所見一覧表	269
表28	実験石器の使用痕比較	274
表29	石犂分析資料・観察所見一覧表	284

序　章

第1節　研究の目的

　本書には，大きく二つの目的がある。

　一つは，使用痕分析という方法を用いて，どのようにして過去の技術や社会を復元していくのかというテーマである。考古資料として残された石器や土器といった遺物は，過去の技術や社会的な関係性の産物であるが，私たちはそれらが道具として用いられていた状況を直接目にすることはできない。そこで本書では石器に残された痕跡を読み解くことで，道具としてどのように用いられたものなのか使用時の状況を復元し，その背景にある技術・社会との関係性を議論するために，分析の方法論を検討する。

　もう一つの目的は，石器の使用痕分析に基づいて，東アジアにおける農耕技術の形成・発展過程における石器の機能的な役割を評価することである。石製農具とされる石器の機能的な構成を明らかにし，農耕社会の形成過程の研究に資することをめざしている。

　東アジアにおける初期農耕の研究は，その起源地と目される中国大陸の研究が重要視され，毎年のように発表される重要な発掘調査成果により，著しい研究の進展をみせている。また，韓国や日本においても長年の行政的な発掘調査の積み重ねにより，膨大な量の情報が蓄積され，研究が進展しているようにみえる。しかし，現在の農耕研究の主テーマは，植物遺存体やその痕跡といった一次資料の抽出とその解釈に大きな比重が割かれている一方で，農耕の技術的側面を示す農具等道具類の研究は，あまり進展していない。これは道具のもつ機能的な位置づけが曖昧なまま，各時代・地域における植物遺存体や耕作遺構等の状況に準じて，これらを記述する副次的な資料にとどまっているためではないだろうか。本書の最大の課題は，農具として扱われる石器資料について，個々の資料の分析から，その機能と役割を読み解き，各文化における農耕技術のなかに再度位置づけていくことにある。

第2節　研究の現状と課題

1　石器使用痕研究

　石器がどのようにして使用されたのか，その機能・用途を探る研究方法には，石器の形態からの類推，実験による使用効果の検討，民族誌や民具等からの類推，出土状況等からの検討，使用によって生じた痕跡の検討などが考えられる。このなかでも，使用によって生じた痕跡を研究する方法は，石器使用痕分析（研究）として，石器研究を構成する研究分野の一つとなっている。

　この石器使用痕分析は，使用によって生じた物理的・化学的な痕跡をもとに石器の機能や使われた環境など使用に関する情報を得ようとする分析手法である。加工痕と対になって説明される場合もあるが，「痕跡」を主眼とする点では，どちらも痕跡研究（トラセオロジー）という共通の枠組みで理解することができる。

　本書における分析は，高倍率観察と実験使用痕分析という二つの方法論に依拠している。高倍率分析は，

100〜500倍程度の落射照明型顕微鏡（金属顕微鏡）を用いて，使用痕のなかでも微小光沢面と呼ばれるきわめて微細な痕跡を対象とした分析方法である。この微細な痕跡には作業内容に関わる多くの情報が含まれており，石器の機能を明らかにするうえで最も重要な使用痕である。実験使用痕分析は，条件を制御した実験データに基づいて使用痕の同定・解釈を行う方法である。この二つの方法論は1970年代に確立し，現在に至るまで石器使用痕研究の屋台骨となっている。微細な使用痕の観察技術と実験による使用痕の解釈は，車の両輪のようなものであり，どちらかが欠けても研究の進展は望めない。

　また，使用痕分析の成果としては，「○○を切ったことがわかった」というように，作業対象物の種類に関心が向けられがちである。しかし，使用痕分析によって明らかにできることは，他にも石器の使用部位，石器の動かし方といった機能を復元するうえで重要な情報が内包されている。このような作業対象物の種類以外の重要な情報は，道具としての石器研究において，今以上に積極的に評価されてもいいように思われる。

2　初期農耕の展開と石製農具

1　東アジア初期農耕の展開

　東アジアの農耕起源は，約1万年前に次の二つの地域において開始されたとされる。一つは淮河以北の華北地域で，この地域ではアワ，キビといった乾燥に強い穀物栽培によって特徴づけられる。もう一つは長江中下流域地域を中心とした華中地域であり，ここでは湿潤な環境を好むイネが主要な作物となった。長江流域でのイネの出土資料は，約1万年以上前にまで遡る。ただし，これは野生種の利用から始まり徐々に栽培種の比率が高まったと考えられている［中村2002b］。長江流域の稲作は気候の温暖化にともない北上し，紀元前5000年頃にはアワ・キビ農耕地帯の黄河流域においても受容されている。淮河下流域を経て山東半島にいたった稲作はアワ・キビ農耕と複合し，やがて朝鮮半島，日本列島へと伝播・拡散した。

　長江下流域で発展した稲作は，紀元前4000年紀の崧沢文化から良渚文化にかけて大きな技術的な発展がみられる。耘田器，破土器，石犂といったこの時期に発達するさまざまな形態の磨製石器の充実ぶりは，農耕技術発達の一定の水準を反映したものと考えられている。ただし，個々の石器の機能・用途論には諸説あり，農具としての評価が十分にかみ合っている状況とはいえない。

　朝鮮半島や日本列島は，アワ・キビ農耕，稲作農耕の起源地である中国から二次的にインパクトを受け農耕が開始された地域である。朝鮮半島では，まず新石器時代中期頃に華北のアワ・キビ農耕の影響を受け，農耕が開始されたと考えられており，近年の考古学的成果では，新石器時代前期あるいは早期にまで遡る可能性も指摘されている。次に青銅器時代の開始期に，山東半島，遼東半島を経て水田をともなう体系的な稲作農耕が伝播する［宮本2009］。つまりアワ・キビ農耕と稲作が段階的に加わったことになるが，後者の稲作農耕にともなう技術的，社会的な変化のほうがよりダイナミックなものであった。

　日本列島の農耕化は，朝鮮半島経由で水田稲作としてもたらされたと考えられてきた。1990年代に入ると縄文時代に遡るイネの検出やプラント・オパール分析の成果に基づいて，稲作の開始年代を縄文時代後晩期にまで遡らせる意見が出され，その開始時期も，縄文中期，あるいは草創期とより古い年代の報告が行われた。ただし，これらの縄文時代のイネ資料の多くは，年代測定や検出された状況が疑問視され現在ではその多くが見直されている。ここ10年ほどの研究では，土器に残された種子圧痕の研究が再評価され，編年的な年代のはっきりとした土器資料と電子顕微鏡を用いて同定された植物種子との共伴関係を押さえていく地道な研究が進められている［小畑2011，中沢編2013，中山編2014など］。現在までの成果によれば，西日本において最も古いイネ資料は縄文時代晩期であり，アワ・キビもこの段階に現れた可能性が高い［濱田・中沢2014］。また，東日本への伝播について，中部地方では縄文時代晩期後半にアワ・キビが多く，弥生時代

前期にイネ資料が増加するというように，アワ・キビとイネの波及・定着に時間差や選択的な受容があった可能性も指摘されている［遠藤 2012，中山 2014］。

2　石製農具の研究

農耕技術との関係で石器をとりあげるとき，その機能的な役割から，耕起具（耕作具），収穫具，調理具といった区分ができる［槙林 2004］。

狭義の耕起は，耕作のために土を掘り起こし耕すことである。また，耕作地の下ごしらえとして土をならしたり，畝を立てたり，あるいは除草といった作業がこれに含まれる場合もある。これらの作業には，掘り棒，鍬，鋤などの道具が想定されるが，石器として使用されたのはその刃の部分であり，木製の道具が使用された場合も考えられる。中国の石鏟や石鋤と呼ばれている石器，朝鮮半島では土掘具（あるいは石犁，石鍬など），日本列島では打製石斧，石鍬と呼ばれているものが該当するが，これらの石器の機能的な研究は遅れている。

また，耕起具の研究において，犁耕の発展は技術上の大きな画期としてとらえられる。中国長江下流域の新石器文化には，石犁，破土器といった石器があり，これらの石器の出現をもって「耜耕」段階の農耕から「犁耕」段階へ発展したとする見方がある［厳 1995］。しかし，石犁，破土器の用途には異論もあり，この石器の機能的な検討は農具史の研究においても大きな課題である。

収穫に関する石器としては，穀物の穂を刈り取る収穫具や鎌などが考えられる。石器としては，中国における石刀の研究が体系的な研究の端緒となっている［安 1955］。石刀は，東アジアに広く分布する石器で，日本では石庖丁と呼ばれている。石鎌を含む石刀の時系列をおった集成が行われている［寺澤 1995］。また，石刀の型式的な分布から，朝鮮半島，日本列島への農耕の伝播ルートと関連して論じられてきた［石毛 1968b，金 1974，下條 1988 など］。

収穫具の機能的な研究は，石器使用痕分析が早く導入された日本が先行しており，穂摘具としての詳細な使用方法が復元されている［須藤・阿子島 1984 など］。一方，草本類の刈り取りなど収穫に類する作業として，収穫後の残滓処理や耕地の除草作業なども想定される。草本植物の切断という観点から，石器の機能としてどのような作業が考えられるのかも課題の一つである。

調理具については，磨盤と磨棒，あるいは石皿と磨石といった加工具が想定される。本書では直接扱わないが，この分野についても，近年使用痕からのアプローチが行われている［上條 2008，金 2008，Liu et al. 2010 など］。

3　石製農具研究をめぐる問題

東アジアの農耕技術を考えるうえで，石器研究上の問題として，次のようなことが考えられる。

　a．機能・用途[1]をめぐる問題

農耕との関連が想定され，農具として位置づけられている石器であっても，必ずしもその役割が明らかになっていない，あるいは，複数の説があって見解の一致をみていないものがある。機能・用途に即した名称が付されているものの，実際には研究者によって異なる見解が示されており，どの見解を支持するかで描き出される農耕の様子もかわってくる。これは，石器の機能・用途を形態からの類推や民族資料との類似性に求める研究手法の限界でもある。また，石器の役割は地域や時代をこえて普遍的なものであるとは限らず，社会や生産様式のなかで相対的に位置づけられる。その場合も，石器の基本的な機能が明らかになっていることがより高次の議論の前提となる。

b．石器組成論の限界

石器組成論は，技術形態学的な視点に基づいた石器の分類により，その組成比を一定の単位（遺構・遺跡・地域・文化など）で比較し，文化，技術的伝統の差異を導き出そうとするものである。石器の機能・用途によって区分することで，生業の復元にも有効な手法として用いられている。日本の縄文文化，弥生文化の研究では，この石器組成論に基づく研究が盛んに進められてきた。しかし，この方法は，遺跡や地域などの単位における石器構成の特徴を示したり，地域的な特徴，時間的な動態を描き出したりするのには有効であるが，先にみたように個々の器種の機能・用途が間違っていれば，正確な生業の復元はできず，その意義は半減してしまう。また，技術形態学的な分類と機能的な分類が常に一致するのかどうかも見極める必要がある。

c．伝播・受容をめぐる問題

大陸から朝鮮半島を経て日本列島に初期稲作文化が伝わる過程は，例えば石刀（石庖丁）の型式的な分布の連続性によって導き出されてきた。これは石庖丁が東アジアに広く分布する共通の形態の石器であるからこそ可能となったことである。しかし，その一方で，地域によって欠落する器種や伝播の過程で新たに創出されたのではないかと考えられる器種もみられる。また，同じ器種に分類されている石器は，常に同じように用いられたものと考えられるだろうか。これらの点についても，石器の機能面からの実証的な検証が必要である。

第3節　研究の方法

1　本書での検討課題と研究対象

1　石製農具研究の課題

前述の課題は，地域や時期を問わず多かれ少なかれ問題となることで，その解決には，個々の石器がどのように使用されたものなのか，その機能を特定する必要がある。本書では，石器使用痕分析という方法に依拠することになるが，次のことに留意しつつ研究を進めていきたい。

a．石器の機能を明らかにする

個々の資料の分析に基づき，石器の基本的な機能を明らかにする。本書では，石器の機能を使用部位，操作方法，作業対象物といった要素に分け，階層的に石器の使用方法を解明する。また，石器の着柄や保持の方法といった，道具の構造に関わる点も検討する。

b．実験による検証

実験資料の観察によって得られた使用痕情報に基づき，使用方法についての仮説を立てる。その仮説を検証するために，想定される複数の方法によって実験を行い，実験によって生じた使用痕を考古資料の分析結果と比較・検討する。実験条件の設定には，民族学的な知見なども作業仮説として積極的に取り入れる。

c．機能的組成の検討

使用痕分析によって推定された機能に基づき，石器の役割と農耕技術との関係を考察する。石器の使用方法や機能による組み合わせから，特定地域における農耕の技術的な関係性を明らかにする。

d．道具使用の身体技法

道具の使用方法に関して，身体技法に基づく観点から比較することで，石製農具の社会的，文化的側面からの検討も試みていきたい。

2　研究対象

本研究では，石器，特に収穫に関わると考えられる器種を主にとりあげていく。これは，穀物など草本植物に関する使用痕の基礎的な研究が最も進展しており，より詳細な成果が期待されるからである。

一方，耕作地の土壌を整える耕起具については，基礎研究を含め，研究が遅れている分野である。本書では，土の掘削などに関する基礎データの収集を行うとともに，耕起具と考えられてきた石器の分析を行い，従来の評価に対して否定的な見解も含め検討する。

本書では，東アジアにおける日本列島，朝鮮半島，長江下流域の三つの地域を主な分析地とする。これは，現在までに筆者が使用痕の調査分析に関わってきた地域ということもあるが，東アジアにおける初期農耕の展開を知るうえでも，それぞれに異なるモデルケースとなる地域と考えられるためである。

まず，日本列島は大陸の農耕発生地から地理的に遠いため，時間差をおいて間接的に農耕の諸要素が伝播した地域であると同時に，体系的な技術をある程度完成されたかたちで受容したものと考えられている。一方，縄文時代以来の伝統的な技術群も残されており，石器群の構成だけをみても非常に複雑な成り立ちをしている。これらを従来の形式・型式論的な見方や技術形態論的な見方だけで理解するのは難しい。そこに使用痕分析に基づく検討により農具としての機能の抽出整理を進めていく意義が見いだせる。

朝鮮半島は，中国から二次的に農耕を受け入れた地域であり，日本からみれば直接農耕文化の諸要素と接した地域である。この地域への農耕の波及は，新石器時代のアワ・キビ農耕と青銅器時代の水田稲作と畑作の複合的農耕という大きく二つの波が想定されている。新石器時代と青銅器時代とでの石製農具の組成も異なっており，機能的な視点からの組成の違いを検討する必要がある。

中国の長江下流域は，東アジアで発生した二つの農耕のうち，稲作の発生・展開の鍵を握る地域として注目されている。長江上中流域と比べ，独自の形態の石器が発達しており，石器器種ごとの研究が蓄積され，各石器の役割が農耕技術との関連で議論されているという研究状況も，使用痕の分析を進めていくうえで有利な条件と考えられる。また，この地域の稲作技術・文化は，中国北部および朝鮮半島，日本列島への伝播過程を知るために重要な意味をもつが，稲の品種や形質人類学的な視点で注目される以外には，石製農具全般について比較検討されることはほとんどなかった。

本書では，以上の三つの地域を扱っていくわけだが，筆者による現状での分析資料の粗密や研究状況は必ずしも同レベルにはないため，地域ごとの状況に応じて，日本列島ではさらにいくつかの小地域における分析事例をもとにして，朝鮮半島および長江下流域は器種ごとの分析に主眼をおき検討していくことにする。

2　分析調査と実験

1　分析調査の概要

本書に関係する分析調査を表1に掲載した。

日本国内では，筆者の主要なフィールドである愛知県をはじめ，主に中部地方の弥生時代の出土資料を中心に分析を行ってきた。愛知県，岐阜県，石川県の分析の多くは，発掘調査後の報告書作成にともなって，資料分析の一つとして委託を受け実施したものである。また，筆者が独自に資料調査を行ったものもある。

韓国での分析は，韓国との共同研究「日韓内陸地域における雑穀農耕の起源に関する科学的研究」[2]およびその関連調査として参加したものである。調査にあたっては，慶南発展研究院歴史文化センター，ウリ文化財研究院，啓明大学行素博物館，韓国考古環境研究所等韓国国内の文化財研究施設の所蔵する新石器時代から青銅器時代の農耕関連資料の分析を行った。

6　序　章

表1　分析調査一覧表

国	地域	遺跡名等	内容	調査年	文献
日本	愛知県	朝日遺跡	石庖丁，粗製剝片石器等	1998	原田1998c
		東新規道遺	報告書作成にともなう弥生時代石器の使用痕分析	1998	原田1998a
		一色青海遺跡		1998	原田1998b
		門間沼遺跡	石庖丁，粗製剝片石器等収穫関連石器，スクレイパー，石斧等の加工具	1999	原田1999a
		三ツ井遺跡		1999	原田1999b
		朝日遺跡		2000	原田2000a
		猫島遺跡		2003	原田2003a
		朝日遺跡		2006	原田2007
		堂外戸遺跡		2009	原田2011b
	岐阜県	野笹遺跡	弥生時代石器の使用痕分析　磨製石庖丁，粗製剝片石器等	2002	原田2000b
		柿田遺跡		2003	原田2005
	石川県	八日市地方遺跡，戸水B遺跡，吉崎次場遺跡ほか	弥生時代石器の使用痕分析　磨製石庖丁，磨製大型石庖丁，板状石器，横刃形石器等	2001　2007	原田2002a　原田2010
	山梨県	塩部遺跡，屋敷添遺跡，坂井南遺棄，堀ノ内遺跡，下横屋遺跡，平野遺跡，金生遺跡	「日韓内陸地域における雑穀農耕の起源に関する科学的研究」(研究代表：中山誠二)　横刃形石器，石庖丁等	2010	原田・網倉2011　原田2013d
	岡山県	津島岡大遺跡，鹿田遺棄，南溝手遺跡，窪木遺跡	弥生時代石器の使用痕分析　磨製石庖丁，打製石庖丁，刃器等	2001	原田2002b
韓国		燕岐大平里，金泉松竹里，金泉智佐里，蜜陽サルレ，蔚山也音洞，晋州平居洞ほか	「日韓内陸地域における雑穀農耕の起源に関する科学的研究」(研究代表：中山誠二)　磨製石庖丁，剝片石器，土掘具等	2010～2013	原田2012　原田2013c　原田2014a
中国	浙江省　江蘇省　上海市	良渚遺跡群，廟前遺跡，孫家山遺跡，亭林遺，広富林遺跡，寺前村遺跡，馬橋遺跡ほか	「良渚文化における石器の生産と流通に関する研究」(研究代表者：中村慎一)　耘田器・有柄石刀，石鎌破土器・石犂等	2000～2002	原田ほか2003　原田2011c　原田2013a　原田2014b　原田2014c
	浙江省	毘山遺跡ほか	「中国における都市の生成——良渚遺跡群の学際的総合研究——」(研究代表者：中村慎一)　石犂，耘田器，石刀の分析	2011	原田2013b　原田2015b
パプア・ニューギニア			南山大学人類学博物館所蔵パプア・ニューギニア収集の磨製石斧等民族資料	2007～2009	原田・黒沢2008

　中国における調査は，共同研究「良渚文化における石器の生産と流通に関する研究」[3]および「中国における都市の生成——良渚遺跡群の学際的総合研究——」[4]の調査の一環として行ったものである。浙江省文物考古研究所をはじめ，浙江省・江蘇省・上海市の博物館や文化財関連施設の所蔵資料の調査を行い，新石器時代後期良渚文化を中心とする石器群の分析をとおして，長江下流域の稲作文化における石製農具の機能・用途の再評価を試みた。
　また，使用痕と人間行動の復元に関係して，パプア・ニューギニアの民族資料をとりあげる。この資料は，南山大学人類学博物館が収集・所蔵している20世紀の貴重な石器資料である。この分析は，2007年から2010年にかけて取り組んだもので，研究成果の一部には「パプア・ニューギニアの磨製石斧とその使用痕——南山大学人類学博物館所蔵民族資料の考古学的研究——」[5]を含む。

2 実験

出土石器の分析において，使用痕の認定・記録・解釈は，条件を制御した使用実験によって得られた使用痕のデータに基づいて行われる。すでに，実験石器の使用痕データはいくつも発表されているので，これらを参考にすることができるが，分析データを詳細に検討するためには，分析者の視点に立った実験の実施とデータの蓄積が不可欠となる。

本書で用いる対比資料としての実験データは，基本的に筆者が行ってきた石器の使用実験に依拠している。これまでに実施してきた実験の内容は表2に掲載したとおりである。実験石器は1点ずつ番号を付し，複数の刃部（機能部）を使用したものは機能部ごとにa・b……と番号を付している。

これらの実験は，他の研究者によって発表されている実験データの追試検証と比較資料の作成のために行ったもので，主に下呂石，サヌカイト，チャート，黒曜石，砂岩，泥岩（磨製石器）を使用し，草本植物，木，角，骨，皮，肉，石といった作業対象物とその状態（水漬け，生，乾燥など），ソーイング，カッティング，スクレイピング，ホイットリング，ボーリングなどの操作方法，作業量を制御した網羅的な実験を行っている。

また，本書のテーマである農耕を想定した収穫作業，耕起作業など，より実証的な条件を設定して実験を行っている。収穫に関する穂摘み，穂刈り，根刈りといった作業による実験資料，良渚文化の耘田器，有柄石刀，石鎌，破土器等を想定した実験，打製石斧や土掘具を想定した実験を行っており，これらについては関連する章・節において詳述する。

第4節　本書の構成

本書の構成は，第Ⅰ部「石器使用痕の研究」において，使用痕分析の全般的な方法論を検討し，使用痕からどのように人間行動を復元するのか，その道筋を明らかにする。第Ⅱ部「使用痕からみた東アジアの石製農具」では，日本・韓国・中国における使用痕分析の調査成果に基づき，農耕に関わる石器の機能・用途を検討し，機能をふまえた石器の組み合わせと農業技術との関係を考察する。あわせて，石製農具のもつ社会的な側面についても検討していきたい。各章の視点と概要は次のとおりである。

第1章　石器使用痕分析の理論的な枠組みと方法論を確認し，分析の方法論的な課題となっている観察・記録・解釈の明示化・客観化をめぐる問題をとりあげる。具体的には，実際の使用痕の観察方法を解説するとともに，分析の客観化に関する試みとして，各種痕跡の観察基準を整理し，肉眼および低倍率観察を併用する必要性にふれる。また，使用痕画像の精度を高める手段の一つとして，焦点深度合成処理による多焦点顕微鏡画像の作成方法とその活用事例について紹介する。

第2章　石器使用痕分析によって，いかにして過去の人間行動の復元にアプローチしていくのかという，使用痕研究にとっての基本的なテーマを扱う。一般に使用痕分析に求められているのは，作業対象物の推定を主とする生業研究の一分野としての役割であるが，本書では，道具構造の復元，石器のライフヒストリーの復元，石器の使用動作からみた身体技法の復元といった視点に基づき，石器使用をめぐる技術的な問題，社会・文化的側面との接点について述べる。

第3章　農耕に関わる石器として，収穫に関連する石器と耕起等土掘りに関係する石器についての研究の現状を概観し，使用痕の基本的な情報と研究の課題を整理する。収穫に関わる作業，土掘りに関する作業について基礎的な実験を行い，使用痕の形成過程とその特徴について述べるとともに，出土資料にみられる使用痕との比較・検討を行う。

第4章 第3章での検討をふまえ，日本列島の弥生文化における収穫関連石器[6]の使用痕について検討する。地域としては，東海，北陸，中部高地，山陽の各地域の弥生時代の資料を分析し，植物に関する作業に使用された石器を特定するとともに，磨製，打製といった製作技術や形態をこえて地域における収穫関連石器の機能的組成を検討する。

第5章 朝鮮半島における石製農具の機能について，韓国で実施した農耕関連資料の分析調査に基づいて検討する。ここで扱う時代は，主にアワ・キビ農耕が定着していった新石器時代と水田稲作が波及・定着する青銅器時代で，石庖丁，剝片石器など収穫に関わる石器，耕起具と考えられている土掘具といった器種を対象に分析・考察する。

第6章 稲作が発展した長江下流域の新石器時代後期良渚文化およびその前後の時期の石器の使用痕分析を行い，器種ごとの機能とその使用方法を検討する。この地域では特徴的な磨製石器が発達し農耕技術が一定の水準に達していると評価される一方，個別の石器の機能・用途をめぐってはさまざまな意見が並立している。本書では，耘田器，有柄石刀，石鎌，破土器，石犂といった主要器種の分析を行い，使用痕の特徴，検証的な実験の成果をもとにして，それぞれの石器の農具としての役割について再評価していく。

終章 各章の成果をまとめ，石器使用痕分析が東アジアの初期農耕の形成過程を明らかにするうえで果たす役割について展望する。

注
1) 本書における「機能」「用途」の定義について補足する。「機能」は，「植物の切断」「土の掘削」といった道具としての基本的な働きを表す。「用途」はより具体的な使用方法を表し，「イネの収穫」「竪穴住居の掘削」などが相当する。
2) 科学研究費基盤研究（B），2010～2013年度，研究代表者：中山誠二。研究協力者として参加した。
3) 科学研究費基盤研究（B），2000～2002年度，研究代表者：中村慎一。研究協力者として参加した。
4) 科学研究費基盤研究（A），2010～2014年度，研究代表者：中村慎一。研究協力者として参加した。
5) 財団法人高梨学術奨励基金，2009年度，研究代表者：黒沢浩。共同研究者として参加した。
6) 本書では，穀物の穂首の刈り取りなど直接的な収穫作業だけでなく，残稈処理や雑草など草本植物を主対象とした広い意味での作業を想定し，収穫関連石器の語を使用していく。

表2 石器使用実験一覧表

番号	石器番号	回	石材	採集地	対象物	状態	水	操作方法	作業量	累計	鞍	備考	実験日付
1	S-001		砂岩	木曽川	イネ	生	—	—	2,183		本	穂摘み	1998/11
2	S-002		砂岩	木曽川	イネ	生	—	cut	2,212		本	穂刈り	1998/11
3	S-003	1	砂岩	木曽川	イネ	生	—	cut	160	160	株	根刈り	1998/11
4	S-003	2	砂岩	木曽川	イネ	生	—	cut	350	510	株	根刈り 累積 510 株	1999/10
5	S-003	3	砂岩	木曽川	イネ	生	—	cut	351	861	株	根刈り 累積 861 株	2002/10
6	S-003	4	砂岩	木曽川	イネ	生	—	cut	310	1,171	株	根刈り 累積 1,171 株	2004/11
7	S-003	5	砂岩	木曽川	イネ	生	—	cut	141	1,312	株	根刈り 累積 1,312 株	2005/10
8	S-003	6	砂岩	木曽川	イネ	生	—	cut	103	1,415	株	根刈り	2007/10
9	S-004		砂岩	木曽川	イネ	生	—	cut	909		株	根刈り SP24	1998/11
10	S-005a		砂岩	木曽川	骨（ブタ）	水漬け	有	saw	5,000		回		
11	S-005b		砂岩	木曽川	骨（ブタ）	水漬け	有	whittle	5,000		回		
12	S-006		砂岩	木曽川	木	生	無	saw	5,000		回		
13	S-007		砂岩	木曽川	鹿角	水漬け	有	saw	3,000		回		
14	S-008		砂岩	木曽川	石（砂岩）	—	有	saw	2,000		回		
15	S-009		砂岩	木曽川	木	水漬け	有	saw	5,000		回		
16	S-010a		砂岩	木曽川	皮（エゾシカ）	乾燥	無	whittle	10,000		回		1999/1
17	S-010b		砂岩	木曽川	皮（エゾシカ）	乾燥	無	cut	5,000		回		1999/1
18	S-011		下呂石		皮（エゾシカ）	乾燥	無	whittle	5,000		回		1999/1
19	S-012		下呂石		皮（エゾシカ）	乾燥	無	cut	5,000		回		1999/1
20	S-013		サヌカイト	五色台	皮（エゾシカ）	乾燥	無	whittle	5,000		回		1999/1
21	S-014		下呂石		木	生	無	saw	5,000		回		1998/10
22	S-015		下呂石		鹿角	水漬け	有	saw	2,000		回		1999/1
23	S-016		サヌカイト	五色台	鹿角	水漬け	有	saw	3,000		回		1999/3
24	S-017		下呂石		鹿角	水漬け	有	scrape	3,000		回		1999/3
25	S-018		サヌカイト	五色台	鹿角	水漬け	有	scrape	3,000		回		1999/3
26	S-019		サヌカイト	五色台	鹿角	乾燥	無	saw	4,000		回		1999/3
27	S-020		下呂石		鹿角	乾燥	無	saw	4,000		回		1999/3
28	S-021		下呂石		鹿角	乾燥	無	scrape	4,000		回		1999/3
29	S-022		下呂石		鹿角	水漬け	有	whittle	2,000		回		1999/3
30	S-023		サヌカイト	五色台	鹿角	水漬け	有	cut	2,000		回		1999/3
31	S-024		下呂石		土（シルト質）	湿った状態	—	cut	2,000		回		1999/4
32	S-025		サヌカイト	五色台	土（シルト質）	湿った状態	—	cut	2,000		回		1999/4
33	S-026		下呂石		骨（ブタ）	煮た後水漬け	有	saw	2,000		回		1999/4
34	S-027		下呂石		骨（ブタ）	煮た後水漬け	有	cut	2,000		回		1999/4
35	S-028		下呂石		骨（ブタ）	煮た後水漬け	有	scrape	2,000		回		1999/4
36	S-029		下呂石		骨（ブタ）	煮た後水漬け	有	whittle	2,000		回		1999/4
37	S-030		サヌカイト	五色台	骨（ブタ）	煮た後水漬け	有	saw	2,000		回		1999/4
38	S-031		サヌカイト	五色台	骨（ブタ）	煮た後水漬け	有	cut	2,000		回		1999/4
39	S-032		サヌカイト	五色台	骨（ブタ）	煮た後水漬け	有	scrape	2,000		回		1999/4
40	S-033		サヌカイト	五色台	骨（ブタ）	煮た後水漬け	有	whittle	2,000		回		1999/4
41	S-034		サヌカイト	五色台	木（サクラ）	生	無	scrape	2,000		回	樹皮有り	1999/4
42	S-035		下呂石		木（サクラ）	生	無	scrape	2,000		回	樹皮有り	1999/4
43	S-036		サヌカイト	五色台	木（サクラ）	生	無	saw	2,000		回	樹皮有り	1999/4
44	S-037		チャート	木曽川	木（サクラ）	生	無	saw	2,000		回	樹皮有り	1999/5
45	S-038		チャート	木曽川	木（サクラ）	生	無	scrape	2,000		回	樹皮有り	1999/5
46	S-039		チャート	木曽川	鹿角	水漬け	有	cut	2,000		回		1999/5
47	S-040		チャート	木曽川	竹	乾燥	無	saw	2,000		回		1999/5
48	S-041		チャート	木曽川	土（シルト質）	湿った状態	—	cut	2,000		回		1999/5
49	S-042		下呂石		肉（ブタ）	生	—	cut	4,000		回		1999/8
50	S-043		チャート	木曽川	鹿角	乾燥	無	saw	2,000		回		1999/5
51	S-044		チャート	木曽川	鹿角	水漬け	有	saw	2,000		回		1999/5
52	S-045		チャート	木曽川	鹿角	水漬け	有	scrape	2,500		回		1999/5

10　序　章

番号	石器番号	回	石材	採集地	対象物	状態	水	操作方法	作業量	累計	靴	備考	実験日付
53	S-046		サヌカイト	五色台	鹿角	水漬け	有	whittle	2,000		回		1999/5
54	S-047		下呂石		鹿角	水漬け	有	cut	2,000		回		1999/5
55	S-048		チャート	木曽川	鹿角	水漬け	有	whittle	2,000		回		1999/5
56	S-049		チャート	木曽川	肉（ブタ・トリ）	生	—	cut	3,500		回		1999/8
57	S-050		サヌカイト	五色台	肉（トリ）	生	—	cut	3,500		回		1999/7
58	S-051		砂岩	木曽川	肉（ブタ）	生	—	cut	4,000		回		1999/7
59	S-052a		砂岩		石（頁岩）	—	有	saw	100		回	青梅市博	1999/5
60	S-052b		砂岩		石（頁岩）	—	有	saw	500		回	青梅市博	1999/5
61	S-053		砂岩		石（頁岩）	—	有	saw	1,000		回	青梅市博	1999/5
62	S-054a		砂岩		石（流紋岩）	—	有	saw	100		回	青梅市博	1999/5
63	S-054b		砂岩		石（流紋岩）	—	有	saw	500		回	青梅市博	1999/5
64	S-055		砂岩		石（流紋岩）	—	有	saw	1,000		回	青梅市博	1999/5
65	S-056		砂岩		石（頁岩）	—	無	saw	500		回	青梅市博	1999/5
66	S-057		下呂石		草	生	—	cut	2,000		回	雑草の刈取り	1999/6
67	S-058		サヌカイト	五色台	草	生	—	cut	2,000		回	雑草の刈取り	1999/6
68	S-059		チャート	木曽川	草	生	—	cut	2,000		回	雑草の刈取り	1999/6
69	S-060		砂岩	木曽川	鹿角	乾燥	無	saw	2,000		回		1999/6
70	S-061		下呂石		竹	乾燥	無	saw	2,000		回		1999/6
71	S-062		サヌカイト	五色台	竹	乾燥	無	saw	2,000		回		1999/6
72	S-063		サヌカイト	五色台	木（サクラ）	水漬け	有	saw	2,000		回	樹皮有り	1999/6
73	S-064		サヌカイト	五色台	木（サクラ）	水漬け	有	cut	2,000		回	樹皮有り	1999/6
74	S-065		サヌカイト	五色台	木（サクラ）	水漬け	有	scrape	2,000		回	樹皮有り	1999/6
75	S-066		サヌカイト	五色台	木（サクラ）	水漬け	有	whittle	2,000		回	樹皮有り	1999/6
76	S-067		下呂石		竹	水漬け	有	saw	1,500		回		1999/6
77	S-068		下呂石		竹	水漬け	有	whittle	1,500		回		1999/6
78	S-069		チャート	木曽川	竹	水漬け	有	saw	1,500		回		1999/6
79	S-070		チャート	木曽川	竹	水漬け	有	whittle	1,500		回		1999/6
80	S-071		チャート	木曽川	木（サクラ）	水漬け	有	saw	2,000		回	樹皮有り	1999/6
81	S-072		チャート	木曽川	木（サクラ）	水漬け	有	scrape	2,000		回	樹皮有り	1999/6
82	S-073		サヌカイト	五色台	竹	水漬け	有	whittle	1,500		回		1999/6
83	S-074		サヌカイト	五色台	竹	水漬け	有	saw	1,500		回		1999/6
84	S-075		チャート	木曽川	木（サクラ）	水漬け	有	whittle	2,000		回	樹皮有り	1999/6
85	S-076		チャート	木曽川	木（サクラ）	水漬け	有	cut	2,000		回	樹皮有り	1999/6
86	S-077		下呂石		木（サクラ）	水漬け	有	saw	2,000		回	樹皮有り	1999/7
87	S-078		下呂石		木（サクラ）	水漬け	有	cut	2,000		回	樹皮有り	1999/7
88	S-079		下呂石		木（サクラ）	水漬け	有	scrape	2,000		回	樹皮有り	1999/7
89	S-080		下呂石		木（サクラ）	水漬け	有	whittle	2,000		回	樹皮有り	1999/7
90	S-081		サヌカイト	五色台	骨（ブタ）	煮た後乾燥	無	saw	2,000		回		1999/8
91	S-082		サヌカイト	五色台	骨（ブタ）	煮た後乾燥	無	scrape	2,000		回		1999/8
92	S-083		下呂石		骨（ブタ）	煮た後乾燥	無	saw	2,000		回		1999/8
93	S-084		下呂石		骨（ブタ）	煮た後乾燥	無	scrape	2,000		回		1999/8
94	S-085		チャート	木曽川	骨（ブタ）	煮た後乾燥	無	saw	2,000		回		1999/8
95	S-086		チャート	木曽川	骨（ブタ）	煮た後乾燥	無	scrape	2,000		回		1999/8
96	S-087		サヌカイト	五色台	貝（オオアサリ）	—	有	saw	2,000		回		1999/10
97	S-088		下呂石		貝（オオアサリ）	—	有	saw	2,000		回		1999/10
98	S-089		チャート	木曽川	貝（オオアサリ）	—	有	saw	2,000		回		1999/10
99	S-090		サヌカイト	五色台	石（ハイアロクロスタイト）	—	有	saw	1,500		回	自然面から	1999/10
100	S-091		下呂石		石（ハイアロクロスタイト）	—	有	saw	1,500		回	自然面から	1999/10
101	S-092		チャート	木曽川	石（ハイアロクロスタイト）	—	有	saw	1,500		回	自然面から	1999/10
102	S-093		砂岩	木曽川	イネ	生	—	cut	1,000		回	穂刈り	1999/10
103	S-094		サヌカイト	五色台	イネ	生	—	cut	1,000		回	根刈り	1999/10
104	S-095		下呂石		イネ	生	—	cut	1,000		回	根刈り	1999/10
105	S-096		チャート	長野	イネ	生	—	cut	1,000		回	根刈り	1999/10

番号	石器番号	回	石材	採集地	対象物	状態	水	操作方法	作業量	累計	鞍	備考	実験日付
106	S-097		黒曜石	和田峠	イネ	生	—	cut	1,000		回	根刈り	1999/10
107	S-098		サヌカイト	五色台	骨・肉（ブタ）		有	cut ほか	2,000		回	肉の削ぎ落とし, スジの切断等	2000/1
108	S-099		下呂石		皮（シカ）	乾燥・なめし	無	scrape	2,000		回		2000/6
109	S-100		チャート	木曽川	皮（シカ）	乾燥・なめし	無	whittle	2,000		回		2000/6
110	S-101		チャート	木曽川	皮（シカ）	乾燥・なめし	無	cut	2,000		回		2000/6
111	S-102		チャート	木曽川	皮（シカ）	乾燥・なめし	無	scrape	2,000		回		2000/7
112	S-103		サヌカイト	五色台	皮（シカ）	乾燥・なめし	無	whittle	2,000		回		2000/7
113	S-104		サヌカイト	五色台	皮（シカ）	乾燥・なめし	無	cut	2,000		回		2000/7
114	S-105		サヌカイト	五色台	皮（シカ）	乾燥・なめし	無	scrape	2,000		回		2000/7
115	S-106		下呂石		皮（シカ）	乾燥・なめし	無	cut	2,000		回		2000/7
116	S-107		下呂石		皮（シカ）	乾燥・なめし	無	scrape	2,000		回		2000/7
117	S-108		サヌカイト	五色台	皮（シカ）	水漬け・なめし	有	scrape	2,000		回		2000/7
118	S-109		サヌカイト	五色台	皮（シカ）	水漬け・なめし	有	whittle	2,000		回		2000/7
119	S-110		サヌカイト	五色台	皮（シカ）	水漬け・なめし	有	cut	2,000		回		2000/7
120	S-111		チャート	木曽川	皮（シカ）	水漬け・なめし	有	scrape	2,000		回		2000/7
121	S-112		チャート	木曽川	皮（シカ）	水漬け・なめし	有	whittle	2,000		回		2000/7
122	S-113		チャート	木曽川	皮（シカ）	水漬け・なめし	有	cut	2,000		回		2000/7
123	S-114		下呂石		皮（シカ）	水漬け・なめし	有	scrape	2,000		回		2000/7
124	S-115		下呂石		皮（シカ）	水漬け・なめし	有	whittle	2,000		回		2000/7
125	S-116		下呂石		皮（シカ）	水漬け・なめし	有	cut	2,000		回		2000/7
126	S-117		砂岩	不明	皮（シカ）	乾燥・なめし	有	cut	2,000		回		2000/7
127	S-118		砂岩	不明	皮（シカ）	水漬け・なめし	有	cut	2,000		回		2000/7
128	S-119		チャート	木曽川	皮（シカ）	乾燥・なめし	無	bore	3,000		回		2000/8
129	S-120		サヌカイト	五色台	皮（シカ）	乾燥・なめし	無	bore	3,000		回		2000/8
130	S-121		下呂石		皮（シカ）	乾燥・なめし	無	bore	3,000		回		2000/8
131	S-122		チャート	木曽川	木（シイ）	乾燥	無	bore	3,000		回		2000/8
132	S-123		サヌカイト	五色台	木（シイ）	乾燥	無	bore	3,000		回		2000/8
133	S-124		下呂石		木（シイ）	乾燥	無	bore	3,000		回		2000/8
134	S-125		チャート	木曽川	鹿角	水漬け	有	bore	3,000		回		2000/8
135	S-126		サヌカイト	五色台	鹿角	水漬け	有	bore	3,000		回		2000/8
136	S-127		下呂石		鹿角	水漬け	有	bore	3,000		回		2000/8
137	S-128		サヌカイト	五色台	鹿角	乾燥	無	scrape	2,000		回		2000/8
138	S-129		チャート	木曽川	鹿角	乾燥	無	scrape	2,000		回		2000/8
139	S-130		チャート	木曽川	石（緑色片岩）	—	有	bore	2,000		回		2000/8
140	S-131		サヌカイト	五色台	石（緑色片岩）	—	有	bore	2,000		回		2000/8
141	S-132		下呂石		石（緑色片岩）	—	有	bore	2,000		回		2000/8
142	S-133a		チャート	多摩川	鹿角	水漬け	有	saw	1,000		回		2000/8
143	S-133b		チャート	多摩川	鹿角	水漬け	有	saw	500		回		2000/8
144	S-133c		チャート	多摩川	鹿角	水漬け	有	whittle	1,000		回		2000/8
145	S-133d		チャート	多摩川	鹿角	水漬け	有	whittle	500		回		2000/8
146	S-134		サヌカイト	五色台	鹿角	水漬け	有	saw	1,000		回		2000/8
147	S-135		サヌカイト	五色台	鹿角	水漬け	有	saw	500		回		2000/8
148	S-136		下呂石		鹿角	水漬け	有	saw	1,000		回		2000/8
149	S-137		下呂石		鹿角	水漬け	有	saw	500		回		2000/8
150	S-138a		チャート	多摩川	鹿角	水漬け	有	scrape	1,000		回		2000/8
151	S-138b		チャート	多摩川	鹿角	水漬け	有	scrape	500		回		2000/8
152	S-139a		サヌカイト	五色台	鹿角	水漬け	有	scrape	1,000		回		2000/8
153	S-139b		サヌカイト	五色台	鹿角	水漬け	有	scrape	500		回		2000/8
154	S-140a		下呂石		鹿角	水漬け	有	scrape	1,000		回		2000/8
155	S-140b		下呂石		鹿角	水漬け	有	scrape	500		回		2000/8
156	S-141		チャート	木曽川	鹿角	水漬け	有	grave	2,000		回		2000/9
157	S-142		サヌカイト	五色台	鹿角	水漬け	有	grave	2,000		回		2000/9
158	S-143		下呂石		鹿角	水漬け	有	grave	2,000		回		2000/9

12　序　章

番号	石器番号	回	石材	採集地	対象物	状態	水	操作方法	作業量	累計	鞍	備考	実験日付
159	S-144a		チャート	木曽川	骨（ブタ）	煮た後水漬け	有	saw	2,000		回		2000/9
160	S-144b		チャート	木曽川	骨（ブタ）	煮た後水漬け	有	scrape	2,000		回		2000/9
161	S-145a		チャート	木曽川	骨（ブタ）	煮た後水漬け	有	cut	2,000		回		2000/9
162	S-145b		チャート	木曽川	骨（ブタ）	煮た後水漬け	有	whittle	2,000		回		2000/9
163	S-146a		チャート	多摩川	鹿角	水漬け	有	saw	4,000		回		2000/9
164	S-146b		チャート	多摩川	木（シイ）	乾燥	無	saw	4,000		回		2000/9
165	S-147a		砂岩	木曽川	土（砂質シルト）	乾燥	無	dig	2,000		回	刃部研磨	2000/9
166	S-147b		砂岩	木曽川	土（砂質シルト）	乾燥	無	dig	2,000		回		2000/9
167	S-148		チャート	木曽川	鹿角	水漬け	有	grave	500		回		2000/11
168	S-149		チャート	木曽川	鹿角	水漬け	有	grave	1,000		回		2000/11
169	S-150		下呂石		鹿角	水漬け	有	grave	500		回		2000/11
170	S-151		下呂石		鹿角	水漬け	有	grave	1,000		回		2000/11
171	S-152		サヌカイト	五色台	鹿角	水漬け	有	grave	500		回		2000/11
172	S-153		サヌカイト	五色台	鹿角	水漬け	有	grave	1,000		回		2000/11
173	S-154		サヌカイト	五色台	鹿角	水漬け	有	whittle	500		回		2000/11
174	S-155		サヌカイト	五色台	鹿角	水漬け	有	whittle	1,000		回		2000/11
175	S-156a		下呂石		鹿角	水漬け	有	whittle	1,000		回		2000/11
176	S-156b		下呂石		鹿角	水漬け	有	whittle	500		回		2000/11
177	S-157a		黒曜石	和田峠	鹿角	乾燥	無	saw	2,000		回		2000/11
178	S-157b		黒曜石	和田峠	鹿角	乾燥	無	scrape	2,000		回		2000/11
179	S-158a		黒曜石	和田峠	鹿角	水漬け	有	saw	2,000		回		2000/11
180	S-158b		黒曜石	和田峠	鹿角	水漬け	有	saw	1,000		回		2000/11
181	S-158c		黒曜石	和田峠	鹿角	水漬け	有	saw	500		回		2000/11
182	S-159a		黒曜石	和田峠	鹿角	水漬け	有	whittle	2,000		回		2000/11
183	S-159b		黒曜石	和田峠	鹿角	水漬け	有	cut	2,000		回		2000/11
184	S-160a		黒曜石	和田峠	鹿角	水漬け	有	scrape	2,000		回		2000/11
185	S-160b		黒曜石	和田峠	鹿角	水漬け	有	scrape	1,000		回		2000/11
186	S-160c		黒曜石	和田峠	鹿角	水漬け	有	scrape	500		回		2000/11
187	S-161		チャート	木曽川	皮（シカ）	乾燥・なめし	無	cut	1,000		回		2000/12
188	S-162		チャート	木曽川	皮（シカ）	乾燥・なめし	無	cut	500		回		2000/12
189	S-163a		チャート	木曽川	皮（シカ）	乾燥・なめし	無	whittle	1,000		回		2000/12
190	S-163b		チャート	木曽川	皮（シカ）	乾燥・なめし	無	whittle	500		回		2000/12
191	S-164		チャート	木曽川	皮（シカ）	乾燥・なめし	無	bore	1,000		回		2000/12
192	S-165a		サヌカイト	五色台	皮（シカ）	乾燥・なめし	無	cut	1,000		回		2000/12
193	S-165b		サヌカイト	五色台	皮（シカ）	乾燥・なめし	無	cut	500		回		2000/12
194	S-166a		サヌカイト	五色台	皮（シカ）	乾燥・なめし	無	whittle	1,000		回		2000/12
195	S-166b		サヌカイト	五色台	皮（シカ）	乾燥・なめし	無	whittle	500		回		2000/12
196	S-167		サヌカイト	五色台	皮（シカ）	乾燥・なめし	無	bore	1,000		回		2000/12
197	S-168a		下呂石		皮（シカ）	乾燥・なめし	無	cut	1,000		回		2000/12
198	S-168b		下呂石		皮（シカ）	乾燥・なめし	無	cut	500		回		2000/12
199	S-169a		下呂石		皮（シカ）	乾燥・なめし	無	whittle	1,000		回		2000/12
200	S-169b		下呂石		皮（シカ）	乾燥・なめし	無	whittle	500		回		2000/12
201	S-170		下呂石		皮（シカ）	乾燥・なめし	無	bore	1,000		回		2000/12
202	S-171a		黒曜石	和田峠	骨（ブタ）	煮た後乾燥	無	saw	2,000		回		2000/12
203	S-171b		黒曜石	和田峠	骨（ブタ）	煮た後乾燥	無	scrape	2,000		回		2000/12
204	S-172a		黒曜石	和田峠	皮（シカ）	乾燥・なめし	無	bore	3,000		回		2000/12
205	S-172b		黒曜石	和田峠	皮（シカ）	乾燥・なめし	無	bore	1,000		回		2000/12
206	S-173a		黒曜石	和田峠	鹿角	水漬け	有	bore	3,000		回		2000/12
207	S-173b		黒曜石	和田峠	鹿角	水漬け	有	bore	1,000		回		2000/12
208	S-174		チャート	木曽川	鹿角	水漬け	有	bore	1,000		回		2000/12
209	S-175		サヌカイト	五色台	鹿角	水漬け	有	bore	1,000		回		2000/12
210	S-176		下呂石		鹿角	水漬け	有	bore	1,000		回		2000/12
211	S-177a		黒曜石	和田峠	鹿角	水漬け	有	scrape	1,500		回		2000/12

序　章　13

番号	石器番号	回	石材	採集地	対象物	状態	水	操作方法	作業量	累計	鞁	備考	実験日付
212	S-177b		黒曜石	和田峠	鹿角	水漬け	有	whittle	500		回		2000/12
213	S-177c		黒曜石	和田峠	鹿角	水漬け	有	grave	2,000		回		2000/12
214	S-178a		黒曜石	和田峠	鹿角	水漬け	有	grave	1,000		回		2000/12
215	S-178b		黒曜石	和田峠	鹿角	水漬け	有	grave	500		回		2000/12
216	S-179a		黒曜石	和田峠	皮（シカ）	乾燥・なめし	無	scrape	2,000		回		2000/12
217	S-179b		黒曜石	和田峠	皮（シカ）	乾燥・なめし	無	whittle	2,000		回		2000/12
218	S-179c		黒曜石	和田峠	皮（シカ）	乾燥・なめし	無	cut	2,000		回		2000/12
219	S-180a		黒曜石	和田峠	皮（シカ）	乾燥・なめし	無	cut	1,000		回		2000/12
220	S-180b		黒曜石	和田峠	皮（シカ）	乾燥・なめし	無	cut	500		回		2000/12
221	S-181a		黒曜石	和田峠	皮（シカ）	乾燥・なめし	無	whittle	1,000		回		2000/12
222	S-181b		黒曜石	和田峠	皮（シカ）	乾燥・なめし	無	whittle	500		回		2000/12
223	S-182		下呂石		土（シルト質）	湿った状態	−	cut	500		回		2000/12
224	S-183		サヌカイト	五色台	土（シルト質）	湿った状態	−	cut	500		回		2000/12
225	S-184		チャート	木曽川	土（シルト質）	湿った状態	−	cut	500		回		2000/12
226	S-185		黒曜石	和田峠	土（シルト質）	湿った状態	−	cut	500		回		2000/12
227	S-186		黒曜石	和田峠	土（シルト質）	湿った状態	−	cut	1,500		回		2000/12
228	S-187		黒曜石	和田峠	皮（シカ）	水漬け・なめし	有	cut	2,000		回		2000/12
229	S-188a		黒曜石	和田峠	皮（シカ）	水漬け・なめし	有	scrape	2,000		回		2000/12
230	S-188b		黒曜石	和田峠	皮（シカ）	水漬け・なめし	有	whittle	2,000		回		2000/12
231	S-189a		黒曜石	和田峠	石（ハイアロクロスタイト）	―	有	saw	2,000		回		2000/12
232	S-189b		黒曜石	和田峠	石（ハイアロクロスタイト）	―	有	saw	500		回		2000/12
233	S-190		黒曜石	和田峠	石（緑色片岩）	―	有	bore	2,000		回		2000/12
234	S-191		下呂石		石（ハイアロクロスタイト）	―	有	saw	500		回		2000/12
235	S-192		サヌカイト	金山	石（ハイアロクロスタイト）	―	有	saw	500		回		2000/12
236	S-193		チャート	木曽川	石（ハイアロクロスタイト）	―	有	saw	500		回		2000/12
237	S-194a		黒曜石	和田峠	骨（ブタ）	煮た後水漬け	有	scrape	2,000		回		2000/12
238	S-194b		黒曜石	和田峠	骨（ブタ）	煮た後水漬け	有	whittle	2,000		回		2000/12
239	S-195a		黒曜石	和田峠	骨（ブタ）	煮た後水漬け	有	scrape	1,000		回		2000/12
240	S-195b		黒曜石	和田峠	骨（ブタ）	煮た後水漬け	有	scrape	500		回		2000/12
241	S-196a		下呂石		骨（ブタ）	煮た後水漬け	有	scrape	1,000		回		2000/12
242	S-196b		下呂石		骨（ブタ）	煮た後水漬け	有	scrape	500		回		2000/12
243	S-197a		サヌカイト	金山	骨（ブタ）	煮た後水漬け	有	scrape	1,000		回		2000/12
244	S-197b		サヌカイト	金山	骨（ブタ）	煮た後水漬け	有	scrape	500		回		2000/12
245	S-198		チャート	木曽川	骨（ブタ）	煮た後水漬け	有	scrape	1,000		回		2000/12
246	S-199		チャート	木曽川	骨（ブタ）	煮た後水漬け	有	scrape	500		回		2000/12
247	S-200a		黒曜石	和田峠	骨（ブタ）	煮た後水漬け	有	saw	2,000		回		2000/12
248	S-200b		黒曜石	和田峠	骨（ブタ）	煮た後水漬け	有	cut	2,000		回		2000/12
249	S-201a		黒曜石	和田峠	骨（ブタ）	煮た後水漬け	有	saw	1,000		回		2000/12
250	S-201b		黒曜石	和田峠	骨（ブタ）	煮た後水漬け	有	saw	500		回		2000/12
251	S-202		チャート	木曽川	骨（ブタ）	煮た後水漬け	有	saw	1,000		回		2000/12
252	S-203		チャート	木曽川	骨（ブタ）	煮た後水漬け	有	saw	500		回		2000/12
253	S-204a		サヌカイト	五色台	骨（ブタ）	煮た後水漬け	有	saw	1,000		回		2000/12
254	S-204b		サヌカイト	五色台	骨（ブタ）	煮た後水漬け	有	saw	500		回		2000/12
255	S-205a		下呂石		骨（ブタ）	煮た後水漬け	有	saw	1,000		回		2000/12
256	S-205b		下呂石		骨（ブタ）	煮た後水漬け	有	saw	500		回		2000/12
257	S-206a		黒曜石	和田峠	貝（アサリ）	―	有	saw	2,000		回		2000/12
258	S-206b		黒曜石	和田峠	貝（アサリ）	―	有	saw	500		回		2000/12
259	S-207		下呂石		貝（アサリ）	―	有	saw	500		回		2000/12
260	S-208		サヌカイト	金山	貝（アサリ）	―	有	saw	500		回		2000/12
261	S-209		チャート	木曽川	貝（アサリ）	―	有	saw	500		回		2000/12
262	S-210		下呂石		貝（アサリ）	―	有	bore	2,000		回		2000/12
263	S-211		サヌカイト	五色台	貝（アサリ）	―	有	bore	2,000		回		2000/12
264	S-212		チャート	木曽川	貝（アサリ）	―	有	bore	2,000		回		2000/12

14　序　章

番号	石器番号	回	石材	採集地	対象物	状態	水	操作方法	作業量	累計	単位	備考	実験日付
265	S-213a		黒曜石	和田峠	貝（アサリ）	―	有	bore	2,000		回		2000/12
266	S-213b		黒曜石	和田峠	竹	乾燥	無	whittle	2,000		回		2000/12
267	S-214		下呂石		竹	乾燥	無	whittle	2,000		回		2000/12
268	S-215		サヌカイト	五色台	竹	乾燥	無	whittle	2,000		回		2000/12
269	S-216		チャート	木曽川	竹	乾燥	無	whittle	2,000		回		2000/12
270	S-217		下呂石		竹	乾燥	無	saw	500		回		2000/12
271	S-218		サヌカイト	五色台	竹	乾燥	無	saw	500		回		2000/12
272	S-219		チャート	木曽川	竹	乾燥	無	saw	500		回		2000/12
273	S-220a		黒曜石	和田峠	竹	乾燥	無	saw	2,000		回		2000/12
274	S-220b		黒曜石	和田峠	竹	乾燥	無	saw	500		回		2000/12
275	S-221a		黒曜石	和田峠	竹	乾燥	無	bore	3,000		回		2001/1
276	S-221b		黒曜石	和田峠	竹	水漬け	有	bore	3,000		回		2001/1
277	S-222a		下呂石		竹	乾燥	無	bore	3,000		回		2001/1
278	S-222b		下呂石		竹	水漬け	有	bore	3,000		回		2001/1
279	S-223		サヌカイト	五色台	竹	乾燥	無	bore	3,000		回		2001/1
280	S-224		チャート	木曽川	竹	乾燥	無	bore	3,000		回		2001/1
281	S-225a		黒曜石	和田峠	木（広葉樹）	生	無	saw	2,000		回		2001/1
282	S-225b		黒曜石	和田峠	木（広葉樹）	生	無	scrape	2,000		回		2001/1
283	S-226a		黒曜石	和田峠	木（広葉樹）	生	無	saw	1,000		回		2001/1
284	S-226b		黒曜石	和田峠	木（広葉樹）	生	無	saw	500		回		2001/1
285	S-227a		黒曜石	和田峠	木（広葉樹）	生	無	scrape	1,000		回		2001/1
286	S-227b		黒曜石	和田峠	木（広葉樹）	生	無	scrape	500		回		2001/1
287	S-228		下呂石		木（広葉樹）	生	無	saw	1,000		回		2001/1
288	S-229a		下呂石		木（広葉樹）	生	無	saw	500		回		2001/1
289	S-229b		下呂石		木（広葉樹）	生	無	scrape	1,000		回		2001/1
290	S-229c		下呂石		木（広葉樹）	生	無	scrape	500		回		2001/1
291	S-230a		サヌカイト	五色台	木（広葉樹）	生	無	saw	1,000		回		2001/1
292	S-230b		サヌカイト	五色台	木（広葉樹）	生	無	saw	500		回		2001/1
293	S-230c		サヌカイト	五色台	木（広葉樹）	生	無	whittle	2,000		回		2001/1
294	S-231a		サヌカイト	五色台	木（広葉樹）	生	無	scrape	1,000		回		2001/1
295	S-231b		サヌカイト	五色台	木（広葉樹）	生	無	scrape	500		回		2001/1
296	S-232a		チャート	多摩川	木（広葉樹）	生	無	saw	1,000		回		2001/1
297	S-232b		チャート	多摩川	木（広葉樹）	生	無	scrape	1,000		回		2001/1
298	S-232c		チャート	多摩川	木（広葉樹）	生	無	whittle	2,000		回		2001/1
299	S-233a		チャート	多摩川	木（広葉樹）	生	無	saw	500		回		2001/1
300	S-233b		チャート	多摩川	木（広葉樹）	生	無	scrape	500		回		2001/1
301	S-234		サヌカイト	五色台	竹	水漬け	有	bore	3,000		回		2001/1
302	S-235		チャート	木曽川	竹	水漬け	有	bore	3,000		回		2001/1
303	S-236		黒曜石	和田峠	木（広葉樹）	生	無	whittle	2,000		回		2001/1
304	S-237		下呂石		木（広葉樹）	生	無	whittle	2,000		回		2001/1
305	S-238		下呂石		竹	水漬け	有	saw	500		回		2001/1
306	S-239		下呂石		竹	水漬け	有	whittle	500		回		2001/1
307	S-240a		サヌカイト	五色台	竹	水漬け	有	saw	500		回		2001/1
308	S-240b		サヌカイト	五色台	竹	水漬け	有	whittle	500		回		2001/1
309	S-241a		チャート	多摩川	竹	水漬け	有	saw	500		回		2001/1
310	S-241b		チャート	多摩川	竹	水漬け	有	whittle	500		回		2001/1
311	S-242		黒曜石	和田峠	竹	水漬け	有	saw	500		回		2001/1
312	S-243		黒曜石	和田峠	竹	水漬け	有	whittle	500		回		2001/1
313	S-244a		黒曜石	和田峠	竹	水漬け	有	saw	2,000		回		2001/2
314	S-244b		黒曜石	和田峠	竹	水漬け	有	whittle	2,000		回		2001/2
315	S-245a		チャート	多摩川	木（スギ）	乾燥	無	saw	2,000		回		2001/4
316	S-245b		チャート	多摩川	木（スギ）	乾燥	無	whittle	2,000		回		2001/4
317	S-245c		チャート	多摩川	木（スギ）	乾燥	無	grave	2,000		回		2001/4

番号	石器番号	回	石材	採集地	対象物	状態	水	操作方法	作業量	累計	鞍	備考	実験日付
318	S-245d		チャート	多摩川	木（スギ）	乾燥	無	scrape	2,000		回		2001/4
319	S-246a		下呂石		木（スギ）	乾燥	無	saw	2,000		回		2001/4
320	S-246b		下呂石		木（スギ）	乾燥	無	scrape	2,000		回		2001/4
321	S-247a		下呂石		木（スギ）	乾燥	無	grave	2,000		回		2001/4
322	S-247b		下呂石		木（スギ）	乾燥	無	whittle	2,000		回		2001/4
323	S-248a		サヌカイト	五色台	木（スギ）	乾燥	無	saw	2,000		回		2001/4
324	S-248b		サヌカイト	五色台	木（スギ）	乾燥	無	grave	2,000		回		2001/4
325	S-248c		サヌカイト	五色台	木（スギ）	乾燥	無	scrape	2,000		回		2001/4
326	S-249		サヌカイト	五色台	木（スギ）	乾燥	無	whittle	2,000		回		2001/4
327	S-250a		黒曜石	和田峠	木（スギ）	乾燥	無	saw	2,500		回		2001/5
328	S-250b		黒曜石	和田峠	木（スギ）	乾燥	無	whittle	2,000		回		2001/5
329	S-251a		黒曜石	和田峠	木（スギ）	乾燥	無	scrape	2,000		回		2001/5
330	S-251b		黒曜石	和田峠	木（スギ）	乾燥	無	grave	2,000		回		2001/5
331	S-252		黒曜石	和田峠	木（スギ）	乾燥	無	bore	3,000		回		2001/5
332	S-253	1	結晶片岩		イネ	生		穂・押し切り	2,569	2,569	本	耘田器・柄	2002/10
333	S-253	2	結晶片岩		イネ	生		穂・押し切り	1,382	3,951	本	柄の装着方法を変更,基部破損	2007/10
334	S-254	1	結晶片岩		イネ	生		穂・押し切り	3,390	3,390	本	耘田器・紐	2002/10
335	S-254	2	結晶片岩		イネ	生		穂・押し切り	2,196	5,586	本	耘田器・紐	2004/11
336	S-254	3	結晶片岩		イネ	生		穂・押し切り	1,375	6,961	本	耘田器・紐	2007/10
337	S-254	4	結晶片岩		雑草	生		穂・押し切り	200		本	耘田器・紐・ペイント	2012/6
338	S-255		結晶片岩		イネ	生		穂摘み	300		本	耘田器・穂摘み,作業途中破損	2002/10
339	S-256a		結晶片岩		イネ	生		穂刈り	1,032		本	耘田器・穂刈り,作業途中破損	2002/10
340	S-256b		結晶片岩		イネ	生		穂刈り	2,547		本	耘田器・穂刈り	2002/10
341	S-257	1	結晶片岩		イネ	生		穂摘み	4,104	4,104	本	耘田器・穂摘み	2002/10
342	S-257	2	結晶片岩		イネ	生		穂摘み	2,777	6,881	本	耘田器・穂摘み	2004/11
343	S-258		結晶片岩		イネ	生		根刈り	174		株	大型石庖丁・根刈り	2002/10
344	S-259	1	結晶片岩		イネ	生		根刈り	164		株	大型石庖丁・根刈り	2002/10
345	S-259	2	結晶片岩		イネ	生		根刈り	311	475	株	大型石庖丁・根刈り	2004/11
346	S-259	3	結晶片岩		イネ	生		根刈り	109	584	株	大型石庖丁・根刈り	2005/10
347	S-260		チャート	木曽川	土器	水漬け	有	bore	2,000		回		2004/4
348	S-261		チャート	木曽川	土器	乾燥	無	bore	2,000		回		2004/4
349	S-262a		泥岩	庄内川	イネ科草本	生		cut	3,000		回		2001/9
350	S-262b		泥岩	庄内川	骨（ブタ）	水漬け	有	whittle	3,000		回		2001/9
351	S-263a		泥岩	庄内川	鹿角	水漬け	有	saw	3,000		回		2001/8
352	S-263b		泥岩	庄内川	鹿角	水漬け	有	scrape	3,000		回		2001/8
353	S-263c		泥岩	庄内川	皮（シカ）	乾燥・なめし	無	whittle	4,000		回		2001/8
354	S-264a		泥岩	庄内川	木（スギ）	乾燥	無	saw	3,000		回		2001/8
355	S-264b		泥岩	庄内川	木（スギ）	水漬け	有	saw	2,500		回		2001/8
356	S-265		泥岩	庄内川	石（結晶片岩）		有	saw	1,500		回	石材のすり切り	2001/8
357	S-266		泥岩	庄内川	土（水田）	湿った状態		掘る	2,000		回		2001/8
358	S-267	1	結晶片岩		イネ	生		穂・押し切り	2,457	2,457	本	有柄石刀	2004/11
359	S-267	2	結晶片岩		イネ	生		穂・押し切り	664	3,221	本	有柄石刀	2005/10
360	S-267	3	結晶片岩		雑草	生		穂・押し切り	200		本	有柄石刀・ペイント	2012/6
361	S-268	1	ホルンフェルス	中国	イネ	生		穂・押し切り	2,600	2,600	本	耘田器・柄	2004/11
362	S-268	2	ホルンフェルス	中国	イネ	生		穂・押し切り	555	3,265	本	耘田器・柄	2005/10
363	S-269		ホルンフェルス	中国	雑草（水田）	生			12		㎡	破土器	2005/7
364	S-270	1	ホルンフェルス	中国	土（水田）	湿った状態			577	577	m	破土器 70分	2004/11
365	S-270	2	ホルンフェルス	中国	土（水田）	湿った状態			200	777	m	破土器 60分	2005/10
366	S-271		結晶片岩	宮川	イネ	生		穂摘み	1,479		本	磨製石庖丁	2007/10
367	S-272	1	結晶片岩	宮川	イネ	生		穂摘み	1,851	1,851	本	磨製石庖丁	2007/10
368	S-272	2	結晶片岩	宮川	イネ	生		穂摘み・親指	500	2,351	本	絵の具塗布	2012/10
369	S-272	3	結晶片岩	宮川	イネ	生		穂摘み・手甲	500	2,851	本	絵の具塗布	2012/10
370	S-272	4	結晶片岩	宮川	イネ	生		穂摘み・親指	300	3,151	本	絵の具塗布	2012/10

16　序　章

番号	石器番号	回	石材	採集地	対象物	状態	水	操作方法	作業量	累計	鞄	備考	実験日付
371	S-272	5	結晶片岩	宮川	イネ	生		穂摘み・手甲	300	3,451	本	絵の具塗布	2012/10
372	S-272	6	結晶片岩	宮川	イネ	生		押し切り	200	3,651	本	絵の具塗布	2012/10
373	S-273		結晶片岩		イネ	生		根刈り	215		株	刃部磨製，途中からキザミ	2007/11
374	S-274		ホルンフェルス	中国	土（シルト）			押し切り，開削	1,025		m	着柄	2011/1
375	S-275		ホルンフェルス	中国	土（シルト）			掘る，掘削	5,000		回	着柄	2011/1
376	S-276	1	泥岩	木曽川	アワ	生		穂摘み	2,504	2,054	本	磨製石庖丁	2011/9
377	S-276	2	泥岩	木曽川	アワ	生		穂摘み	2,987	5,491	本	磨製石庖丁	2012/10
378	S-277		泥岩	木曽川	キビ	生		穂摘み	2,043	2,043	本	磨製石庖丁	2011/9
379	S-277		泥岩	木曽川	キビ	生		穂摘み	2,957	5,000	本	磨製石庖丁	2012/8
380	S-278		泥岩	木曽川	イネ	生		穂摘み	5,000		本	磨製石庖丁	2011/10
381	S-279	1	安山岩	山梨	アワ	生		cut	1,516	1,516	本	剥片，茎の切断	2011/9
382	S-279	2	安山岩	山梨	アワ	生		cut	3,484	5,000	本		2012/10
383	S-280	1	安山岩	山梨	キビ	生		cut	1,528	1,528	本	剥片，茎の切断	2011/9
384	S-280	2	安山岩	山梨	キビ	生		cut	3,472	5,000	本	剥片，茎の切断	2012/8
385	S-281		安山岩	山梨	未使用						本	背部加工してS-294に	
386	S-282		安山岩	山梨	イネ	生		穂刈り	5,002		本	剥片	2012/10
387	S-283①		泥岩	木曽川	イネ	生		穂刈り	400		回	石鎌（ペイント）	2011/10
388	S-283②		泥岩	木曽川	イネ	生		高刈り	100		回	石鎌（ペイント），地面から3,40cm	2011/10
389	S-283③		泥岩	木曽川	イネ	生		穂刈り	200		回	石鎌（ペイント）	2011/10
390	S-283④		泥岩	木曽川	イネ	生		根刈り	100		回	石鎌（ペイント），茎数本ずつ	2011/10
391	S-284①		泥岩	木曽川	イネ	生		穂刈り	400		回	石鎌（ペイント）	2011/10
392	S-284②		泥岩	木曽川	イネ	生		高刈り	100		回	石鎌（ペイント），地面から3,40cm	2011/10
393	S-284③		泥岩	木曽川	イネ	生		穂刈り	200		回	石鎌（ペイント）	2011/10
394	S-284④		泥岩	木曽川	イネ	生		根刈り	100		回	石鎌（ペイント），茎数本ずつ	2011/10
395	S-284		泥岩	木曽川	雑草	生		穂刈り・右手	200		回	石鎌・絵の具塗布	2012/6
396	S-284		泥岩	木曽川	雑草	生		穂刈り・左手	200		回	石鎌・絵の具塗布	2012/6
397	S-284		泥岩	木曽川	雑草	生		根刈り・右手	200		回	石鎌・絵の具塗布	2012/6
398	S-284		泥岩	木曽川	雑草	生		根刈り・左手	200		回	石鎌・絵の具塗布	2012/6
399	S-284		泥岩	木曽川	イネ	生		穂刈り・左手	200		本	石鎌・片刃，絵の具塗布	2012/10
400	S-284		泥岩	木曽川	イネ	生		穂刈り・右手	200		本	石鎌・片刃，絵の具塗布	2012/10
401	S-284		泥岩	木曽川	イネ	生		根刈り・左手	100		本	石鎌・片刃，絵の具塗布	2012/10
402	S-284		泥岩	木曽川	イネ	生		根刈り・右手	100		本	石鎌・片刃，絵の具塗布	2012/10
403	S-284		泥岩	木曽川	イネ	生		高刈り・左手	200		本	石鎌・片刃，絵の具塗布	2012/10
404	S-284		泥岩	木曽川	イネ	生		高刈り・右手	200		本	石鎌・片刃，絵の具塗布	2012/10
405	S-285		泥岩	木曽川	土	湿った状態		土掘り（鍬）	不明			打製石鍬，豊田市埋文展WS	
406	S-286		泥岩	木曽川								打製石鍬予備	
407	S-287		泥岩	木曽川	草	生		すきとり	2,702		回	刃部磨製（一部剥離），横柄	2012/9
408	S-288		泥岩	木曽川	土（畑）			鍬	2,000		回	刃部磨製（一部剥離），横柄	2012/4
409	S-289		泥岩	木曽川	土（畑）			掘り棒	2,000		回	刃部磨製（一部剥離），縦柄	2012/4
410	S-290		泥岩	木曽川	土（畑）			黎	300		m	刃部磨製（一部剥離），縦柄	2012/4
411	S-291		泥岩	木曽川	雑草	生		穂刈り・右手	200		回	石鎌・片刃，絵の具塗布	2012/6
412	S-291		泥岩	木曽川	雑草	生		穂刈り・左手	200		回	石鎌・片刃，絵の具塗布	2012/6
413	S-291		泥岩	木曽川	雑草	生		根刈り・右手	200		回	石鎌・片刃，絵の具塗布	2012/6
414	S-291		泥岩	木曽川	雑草	生		根刈り・左手	200		回	石鎌・片刃，絵の具塗布	2012/6
415	S-291		泥岩	木曽川	イネ	生		穂刈り・左手	200		本	石鎌・片刃，絵の具塗布	2012/10
416	S-291		泥岩	木曽川	イネ	生		穂刈り・右手	200		本	石鎌・片刃，絵の具塗布	2012/10
417	S-291		泥岩	木曽川	イネ	生		根刈り・左手	100		本	石鎌・片刃，絵の具塗布	2012/10
418	S-291		泥岩	木曽川	イネ	生		根刈り・右手	100		本	石鎌・片刃，絵の具塗布	2012/10
419	S-291		泥岩	木曽川	イネ	生		高刈り・左手	200		本	石鎌・片刃，絵の具塗布	2012/10
420	S-291		泥岩	木曽川	イネ	生		高刈り・右手	200		本	石鎌・片刃，絵の具塗布	2012/10
421	S-292		結晶片岩		雑草	生		穂刈り・右手	200		回		
422	S-292		結晶片岩		雑草	生		穂刈り・左手	200		回		
423	S-292		結晶片岩		雑草	生		根刈り・右手	200		回		

番号	石器番号	回	石材	採集地	対象物	状態	水	操作方法	作業量	累計	鞍	備考	実験日付
424	S-292		結晶片岩		雑草	生		根刈り・左手	200		回		
425	S-292		結晶片岩		イネ	生		穂刈り・左手	200		本	石鎌・片刃，絵の具塗布	2012/10
426	S-292		結晶片岩		イネ	生		穂刈り・右手	200		本	石鎌・片刃，絵の具塗布	2012/10
427	S-292		結晶片岩		イネ	生		根刈り・左手	100		本	石鎌・片刃，絵の具塗布	2012/10
428	S-292		結晶片岩		イネ	生		根刈り・右手	100		本	石鎌・片刃，絵の具塗布	2012/10
429	S-292		結晶片岩		イネ	生		高刈り・左手	200		本	石鎌・片刃，絵の具塗布	2012/10
430	S-292		結晶片岩		イネ	生		高刈り・右手	200		本	石鎌・片刃，絵の具塗布	2012/10
431	S-293		泥岩	木曽川	コムギ	生		穂摘み	5,000		本	磨製石庖丁	2013/6
432	S-294		安山岩	山梨	コムギ	生		穂刈り	5,000		本	剝片	2013/6

第Ⅰ部　石器使用痕の研究

第1章　使用痕分析の方法

第1節　研究史と課題

欧米と日本における初期の石器使用痕研究のあゆみについて，方法論的な展開を中心に概観する。

1　欧米における使用痕研究の展開

顕微鏡を用いた観察によって石器の機能を明らかにしようとする研究は，ロシアの研究者セミョーノフの著書『*Prehistoric Technology*（先史時代の技術）』［Semenov 1964］によって大きく進展したとされる。セミョーノフは，摩耗や線状痕を顕微鏡で観察・記録する手法，実験に基づいた機能推定，民族例の利用など，使用痕分析や痕跡研究の基礎を確立した研究者として，現在も高く評価されている。

セミョーノフ以後の研究では，1970年代に大きな画期がある。この時期には，実験使用痕研究の確立と高倍率観察に基づく微小光沢面の研究が大きく進展した。

キーリーは，1974年の論文において，顕微鏡観察の技術的な問題，使用痕の解釈のための実験に関する問題，民族資料の取り扱いに関する問題の三つをとりあげて，使用痕研究の方向性に大きな影響をあたえた［Keeley 1974］。

1970年代中頃から，条件をコントロールした体系的，網羅的な実験を行うことにより，石器の使用痕を解釈しようとする実験使用痕研究が開始される。代表的な研究の一つが，トリンガム等が行った実験研究である［Tringham et al. 1974］。これは使用による刃部の損傷，すなわち微小剝離痕の分析に主眼をおいたものである。実験はフリントの剝片を用いて実施され，カッティング・ソーイング・スクレイピング・シェーヴィング・ボーリングなどの操作方法，皮・肉・骨・角・木・植物・石などの作業対象物，生・調理・乾燥などの状態の違い，作業回数といった条件を細かく設定した網羅的なもので，これらの条件が刃部の損傷にどのように影響するかを検討している。この分析方法は，数十倍程度の実体顕微鏡を用いるため，後述する高倍率法に対して低倍率法とも呼ばれる。

高倍率法は，キーリーによって確立された分析手法で，線状痕や微小剝離痕に加え，100～500倍程度の高倍率の金属顕微鏡を用いて，微小光沢面（ポリッシュ）の観察を重視する点に特徴がある。微小光沢面は，顕微鏡下で石器の表面が光を反射する微細な痕跡で，キーリーは，この光沢面のバラエティーが作業対象物の種類・その状態などと相関関係があることを見いだし，石器の機能推定に応用した［Keeley 1977・1980］。この成果はニューカマーと共同して行われたブラインド・テストにおいて，使用部位，操作法，作業対象物について高い正答率を出したことで，一躍注目されるようになった［Keeley & Newcomer 1977］。

ただし，共同研究者のニューカマーは，後にキーリーの光沢面に基づく被加工物の推定を批判する立場をとることになった［Newcomer et al. 1986］。これは再度行ったブラインド・テストによって光沢面タイプと作業対象物との関係性はあいまいなものだとする批判であった。この批判に対して，そのブラインド・テストに参加していたモス［Moss 1987］をはじめとする高倍率法の推進者は反論を重ねた。この論争は「使用痕光沢面論争」と呼ばれている［御堂島 2003］。この論争についてまとめた阿子島香，山田しょう，御堂島正は，

論争を通じて使用痕の観察と解釈に分析者がより慎重になったこと，研究者がコーングロスなどよりはっきりとした出現頻度の高い光沢面に焦点をあてるようになったことを指摘している［阿子島 1989，山田 2002，御堂島 2003］。

使用痕光沢面論争で議論された諸問題は，高倍率法のみの問題ではなく，使用痕分析全般にわたる問題を含んでいる。分析における観察・記録・解釈にいたるプロセスの明示化，光沢面をはじめとする使用痕の形成過程・機構の問題，出土遺物の場合は使用だけでなく保管・埋没などによって生じるさまざまな影響など，広範な問題について今も議論が重ねられている。

2 日本における使用痕研究の展開

1 基礎的研究

日本では，田中琢によってセミョーノフ論文の邦訳（使用痕部分のみ）が発表され［セミョーノフ 1968］，使用痕研究への関心が喚起された。キーリーの微小光沢面の研究も鈴木正男によって翻訳されている［キーリー 1978］。中島庄一は，低倍率による剝離痕，線状痕の形成メカニズムについて，出土遺物の実例をあげて紹介している［中島 1983］。また，欧米における研究動向は，藤本強，阿子島香，山田しょう，御堂島正などのレビューにより，折に触れ紹介されてきた［藤本 1976，阿子島 1989，山田 2002，御堂島 2003］。

1970 年代の欧米における実験使用痕研究，高倍率法の確立は，日本の石器研究にも大きな影響をあたえた。東北大学使用痕研究チームは，いち早く組織的な実験研究に取り組み，重要な成果を発表している。まず，低倍率法による微小剝離痕の形態および分布パターンと操作方法，作業対象物との関係について実験的な検討を行った［阿子島 1981］。ついで，頁岩を対象として，金属顕微鏡による高倍率観察に基づく実験研究を発表した［梶原・阿子島 1981］。この研究では，光沢面をその属性によって分類し，光沢面タイプと作業対象物，作業量，操作方法との関係が検討されている。この研究は，それまで主に光沢面の特徴を作業対象物と一対一の関係でとらえていたのに対し，光沢面タイプの出現頻度の差として評価し直した点が特筆される。タイプ分類によって記述するという手法は，世界的にみても斬新なもので，先述した使用痕光沢面論争への光沢面肯定派の回答の一つになっている。東北大学使用痕研究チームのプロジェクトは，その後も使用痕分析の実験的な研究を蓄積し，日本における実験使用痕研究の基礎をつくっていった［芹沢ほか 1981，阿子島・梶原 1984，山田 1986］。

御堂島正は，黒曜石を対象として，刃角と微小剝離痕の形成過程に関する実験研究を発表している［御堂島 1982］。高倍率観察では，それまで光沢面の観察にはむかないと考えられていた黒曜石にも微小光沢面が形成されることを明らかにし［御堂島 1986］，操作方法，作業対象物との関係を検討した。さらに，チャート，サヌカイト，凝灰岩，硬質砂岩といった広範な石材に光沢面が形成されることを明らかにした［御堂島 1988］。御堂島も東北大学使用痕研究チームの光沢面の分類をおおむね踏襲しており，この光沢面の分類は国内で標準的な観察基準として認められていった。

この他，使用痕分析の方法論に関わる重要な論考をいくつかとりあげておきたい。

山田しょうは，微小光沢面の形成機構について，走査電子顕微鏡を用いた実験資料の観察をとおして，光沢面が摩耗によって形成されること，被加工物の硬さ，粘・弾性的特性，表面状態によって影響されるとする見解を示した［山田 1986］。

石器に残される痕跡は使用によるものだけではなく，製作時における痕跡，石器の保管状態によるもの，埋没後に被る変化など，さまざまな要因に左右される。使用痕分析を正確に実施するためには，これら使用以外の要因に関する理解を深めることも必要である。御堂島は，踏みつけなどの使用以外の要因で生じる痕

跡の実験的な検証［御堂島 1994］，袋に入れた状態で運搬・保管することによって生じる石器の変化の研究［御堂島 2010］について発表している。

2 石器使用痕研究会と研究領域の拡大

1990 年代になると，石器使用痕研究会が結成された。当初は使用痕研究に関する勉強会，情報交換の場として十数人でスタートした研究会だったが，しだいに使用痕研究に関心をもつ参加者の数が増えていった。

使用痕研究には，顕微鏡などの高価な観察機器を使い，多数の実験を行うなど，一般の考古学研究者には敷居の高い面もあるが，研究会の場では実際に顕微鏡を使って意見交換するなどしたことで，未経験者が研究に取り組むきっかけにもなり，研究の裾野を大きく広げることに寄与した。

石器使用痕研究会は，2002 年に「弥生文化と石器使用痕研究」，2003 年に「旧石器文化と石器使用痕研究」というシンポジウムを開催した。使用痕研究をテーマとした単独のシンポジウムとしては，国内では初めての開催であった。

「弥生文化と石器使用痕研究」では，弥生時代の石製収穫具の使用痕について，使用痕から農耕技術をどのようにとらえるか，また，収穫具の地域性が研究テーマとなった［石器使用痕研究会・大阪府立弥生文化博物館 2002］。本書第 3 章・第 4 章は，このシンポジウムでの議論をベースにして分析・研究を進めてきたものである。

「旧石器文化と石器使用痕研究」では，出土遺物への応用研究だけでなく，基礎的な方法論についても多くの時間が割かれた［石器使用痕研究会 2003］。特に「技術的組織」や「動作連鎖」概念など，石器研究を構成する方法論的な枠組みのなかに，石器使用痕研究をどのように位置づけるか，という関心が強く意識された研究会となった。

また，2000 年以後，日本人研究者が海外，特に中国や韓国といった東アジア地域で分析を行う機会が増えており，研究領域は時代だけでなく地理的にも広がりをみせている。

3 ブラインド・テスト

使用痕分析は，過去の実験的な経験則に基づいて使用痕の機能との相関関係を把握し，この関係を実際の出土資料の分析に適用するかたちで行われる。この使用痕と機能との相関関係が正しいものなのか，特に微小光沢面を主とする高倍率観察の妥当性を検証するために，ブラインド・テストの手法が用いられてきた［Evans 2014, Keeley and Newcomer 1977, 梶原・阿子島 1981, 御堂島ほか 1987 など］。ブラインド・テストは分析の客観性を保つための方法であるが，先にふれたニューカマーのように高倍率法に批判的な立場からは，その不確実性を実証するための手段ともなっている［Newcomer et al. 1986］。

ブラインド・テストにおいて注意しなければならないのは，機能推定の「正解」のレベルをどの段階に設定するかによって正答率は大きく変動してしまうことである。また，実験の条件として，そもそも使用痕の判別が難しい作業であったり，作業時間が十分確保できていなかったりすれば，それだけ正確な分析結果を導き出すのは難しくなる。

御堂島は，過去に行われたブラインド・テストも含めた検討により，作業部位，操作方法，作業対象物の順で正答率が低くなることから，作業部位，操作方法，作業対象物の順で段階的に機能推定を行うべきだと指摘している［御堂島 2005］。これは第 2 章第 2 節で後述するように，石器の機能の構造的把握を必要とする理由の一つである。

ブラインド・テストの結果によれば，石器の機能判定において，作業対象物を正確に推定するのは最も難

しいことになる。先の御堂島の集計では，使用部位の正答率が79〜93％，操作方法が69〜85％に対し，作業対象物の正答率は38〜71％と相対的に低くなる［御堂島2005］。しかし，個別の分析例をみてみると，木，角，皮といったより識別的な痕跡がみられた場合の正答率はかなり高い。また，間違いとされたものも，皮を木としたものや乾燥角を木と判断した事例など，実際の使用痕としては近い特徴の痕跡にまたがっている場合もある。阿子島は，微小光沢面のバリエーションが連続的で，特徴が重複する中間的な領域があることを指摘している［阿子島1989］。このような判断の難しい部分が実際の分析にも影響していると考えられるが，対象物をピンポイントで当てられなくても，一定の幅に絞り込むためには有効な方法と考えられる。また何よりも，ブラインド・テストの結果は，なぜ間違えたかを再検討することで，以後の分析の改善につながる新たな資料となりうるものである。

　以上をふまえれば，現状の考古資料の分析において，個々の資料の作業対象物の推定にはある程度の幅をもたせ慎重に判断すべきであるかもしれない。一方で，石器のなかには，管理的なツールとして作業が固定化されることで，同じような使用痕のパターンが繰り返し確認できるものもあり，このような比較的識別が容易な資料を研究対象として優先していくことも必要だと思われる。

4　方法論的な課題

　1980年代以降の日本における石器使用痕研究は，実験使用痕研究と高倍率法に基礎をおきながら発展してきた。1990年代以降は，使用痕研究者の増加もあり，いきおい出土資料の分析とその解釈という実践的な取り組みが中心になってきている。しかし，使用痕の研究方法に関する根本的な問題がすべて解決されたわけではない。使用痕光沢面論争以降の研究の進展は，研究者の増加と相互交流の活発化，より特徴のはっきりした出現頻度の高い使用痕に焦点をあてるといった研究者の現実主義的な対応によってもたらされたとする山田の指摘が妥当であろう［山田2002］。

　2000年に日本の考古学界を震撼させた旧石器ねつ造事件は，使用痕分析の信頼性にも深刻な問題を投げかけた。前期旧石器の標識的な遺跡とされてきた宮城県座散乱木遺跡8層上面の石器群は，使用痕分析によって角・骨の加工，皮・肉の加工といった場の機能をとらえることに成功した事例と考えられてきたが［梶原1989］，この使用痕分析の代表的な成果はねつ造によりまったく無効となってしまった。五十嵐彰は，座散乱木遺跡に意図的に埋められた石器は縄文時代のものであり，個別石器の使用痕分析そのものは適正であったとしても，分析結果の解釈において期待する方向に偏向が生じたのではないかと指摘している［五十嵐2003a］。五十嵐は，光沢面タイプと被加工物を結びつけるプロセスにおける問題にも言及しており，この問題は，使用痕の観察・分類・記録・解釈の各過程における不確かさと偏向の危険性をあらためて認識させることになった。

　このような問題について，即効性のある対処法は存在しないが，よりいっそうの観察記録の客観化と解釈過程の明示化が求められており，観察結果や解釈について研究者相互に検証できる仕組みを構築していく必要がある。これは一研究者の手にはあまるものであり，組織的に取り組むべき課題でもある。石器使用痕研究会では，共同研究として「石器使用痕の分析方法に関する共同研究」というプロジェクトを立ち上げ，石器使用痕の観察・記録方法についての検証を行ってきた。本章では，第3節において，使用痕の記録と観察基準について共同研究の一端を紹介する。また，観察記録の客観的な記録・提示方法として，筆者が分析に取り入れている焦点深度を合成した顕微鏡画像の作成方法について，第4節でとりあげることにしたい。

第2節　使用痕分析の枠組み

1　使用痕の種類

石器の使用痕分析は，使用によって生じた物理的・化学的な痕跡をもとに，その道具の機能や使われた環境など使用に関する情報を得ようとする分析手法である。道具の製作技術など，加工痕と対になって説明される場合もあるが，「痕跡」を主眼とする点では，どちらも痕跡研究（トラセオロジー）という共通の枠組みで理解することができる。

石器の使用痕（use-wear, microwear）の種類は，①破損，②摩滅，③線状痕，④微小剝離痕，⑤微小光沢面，⑥付着物（残滓）の6種類に分けて説明される［阿子島1989］。①～⑤の痕跡は石器の石材表面に生じた変化が観察対象となるのに対し，⑥は石器に残された物質そのものが分析の対象となる。また，それぞれの痕跡は単独で現れるのではなく，複合的に形成されるのが一般的であり，使用痕の観察・分析にあたっても，さまざまな痕跡の組み合わせから有意な情報を引き出すことが必要である。

①破損（図1-1）

単独で生じる物理的な損傷。その発生は偶発的な要因に左右されやすいが，同一の器種に繰り返し現れる損傷のパターンは，石器が受ける物理的な負荷の方向や道具の構造と関係することも多い。例としては，磨製石斧の損傷，石鏃等の衝撃剝離痕などがある。

②摩滅（図1-2）

縁辺や剝離の稜線などが磨り減って丸みを帯びたり面が形成されたりするもの。肉眼でみられる大きなものから顕微鏡レベルのミクロなものまでが含まれる。

③線状痕（図1-3）

直線的な外観をもつ使用痕の総称で，観察される規模，形状には多様なパターンがある。石器と対象物が

1　破損（磨製石斧の折損）　　2　摩滅（打製石斧の刃部）　　3　線状痕（磨製石斧の刃部）

4　微小剝離痕（実験石器剝片刃部）　5　微小光沢面（実験石器剝片刃部）　6　付着物（敲石に付着した赤色顔料）

図1　使用痕の種類

④微小剝離痕（図1-4）

使用によって生じる連続する剝離痕で，いわゆる「刃こぼれ」である。分布，形態などのパターンから，石器の使用部位，操作方向などの他，被加工物の硬さといった情報が得られる。

⑤微小光沢面（図1-5）

石材表面が摩耗し，光を反射することで光沢を帯びてみえる。通常は金属顕微鏡など高倍率の機器で観察する。光沢面が形成される範囲や表面の特徴のさまざまなパターンは，作業対象物を推定するうえで最も有力な情報になる。

⑥付着物・残滓（図1-6）

石器に付着した物質そのものを対象に分析する。例えば，磨石・石皿に付着した赤色顔料の分析，石皿などに残されたデンプン粒の分析などがある。

2 観察方法

微細な痕跡の観察には顕微鏡が使用されるので，使用痕分析イコール顕微鏡観察と思われているかもしれないが，分析の目的や対象によって観察機器や観察方法は違ってくる。

顕微鏡観察には，大きく低倍率法と高倍率法の二つの方法がある。低倍率法は，光学倍率10〜60倍程度の実体顕微鏡を使用して行われる。主な分析対象は，微小剝離痕，線状痕，摩滅痕など比較的規模の大きな痕跡である。高倍率法は，光学倍率100〜500倍程度の同軸落射照明装置の付いた顕微鏡（金属顕微鏡）を使用する。主な観察対象は微小光沢面で，光沢面に付随する微細な線状痕や摩滅痕も観察される。高倍率法は1970年代にキーリーによって考案されたが [Keeley 1977・1980]，当初低倍率法と高倍率法との論争があったこともあり [阿子島1989など]，しばしば対立的な分析方法として誤解されている。実際には，二つの分析方法は，機器の特性や観察対象に違いがあり，本来補完的に用いられるべきものである。前述した使用痕の

表3 使用痕の種類と観察方法

	名 称		説 明	肉眼	低倍率	高倍率
①	破損	breakage	単独で生じる物理的な損傷。その発生は偶発的な要因に左右されやすいが，同一の器種に繰り返し現れる損傷のパターンは，石器が受ける物理的な負荷の方向や道具の構造と関係することも多い。磨製石斧の損傷，石鏃等の衝撃剝離痕など。	○	△	
②	摩滅痕	rounding abrasion	縁辺や剝離の稜線などが磨り減って丸みを帯びたり面が形成されたりするもの。肉眼でみられる大きなものから顕微鏡レベルのミクロなものまでが含まれる。	○	○	○
③	線状痕	striation	直線的な外観をもつ使用痕の総称で，観察される規模，形状には多様なパターンがある。石器と対象物が接触する際の相対的な運動方向を知る手がかりとなる。	△	○	○
④	微小剝離痕	microflaking	使用によって生じる連続する剝離痕で，いわゆる「刃こぼれ」のこと。分布，形態などのパターンから，石器の使用部位，操作方向などの他，被加工物の硬さといった情報が得られる。	○	◎	△
⑤	微小光沢面 光沢 光沢面 使用痕光沢	microwear polish polish polished surface use-wear polish	石材表面が摩耗し，光を反射することで光沢を帯びてみえる。通常は金属顕微鏡など高倍率の機器で観察する。光沢面が形成される範囲や表面の特徴のさまざまなパターンがあり，石器の作業対象物を推定するうえで最も有力な情報になる。	△	△	◎
⑥	残滓（付着物）	residue	石器に付着した物質そのものを対象に分析する。例えば，磨石・石皿に付着した赤色顔料の分析，石皿などに残されたデンプン粒の分析など。	△	△	△

種類もその大きさによって，適した観察方法がある（表3）。

図2は，本研究において使用している観察機器である。図2-1はオリンパス製の小型金属顕微鏡で，微小光沢面等の高倍率観察に使用する。右側の光源装置からレンズ部分をとおして直接観察対象に光が照射される。この種の機器のなかではかなり小型なものではあるが，分析調査の際に携行するにはかなり骨が折れる。そこで，現在では図2-2のようなさらに小型の観察機器を導入している。光源装置，鏡筒部分，接眼レンズおよびレボルバー，撮影および映像取得装置は，それぞれ異なるメーカーのものを組み上げたものである。また，写真右側の鏡筒はズーム式の実体顕微鏡としての機能をもっており，高倍率観察だけでなく摩滅や微小剥離痕などの低倍率観察もあわせて行うことができる。

3 実験使用痕分析

実験は，使用痕研究の枠組みの重要な柱の一つである。実験資料に基づいて使用痕を観察・解釈する方法は実験使用痕研究（分析）と呼ばれる。ここでの実験は，考古資料に残された痕跡のパターンと過去の人間行動とを橋渡しするミドルレンジセオリー（中範囲理論）の考え方に基づく作業仮説であり［阿子島1999］，図3のような分析のプロセスによって検証される。

顕微鏡を駆使してどれだけ微細な痕跡を検出したとしても，その痕跡がどのような要因で形成されたものかがわからなければ，石器の機能を推定することはできない。そのためには，遺物に認められる痕跡がどのような条件のもとで形成されたのかを明らかにする必要がある。使用痕研究における実験は，使用に関わるさまざまな条件を制御したプログラムを多数実施することで，使用痕の形成過程を明らかにし，痕跡から過去の人間の行動を復元することを目的として行われるものである。

使用痕研究における実験は，その主たる目的によって大きく二つの方向性がある。

①網羅的な実験

使用痕を形成する条件と結果の因果関係を明らかにするために行われる基礎的な実験である。作業対象物

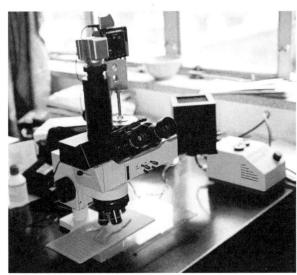

1　金属顕微鏡（オリンパス製BX30M）

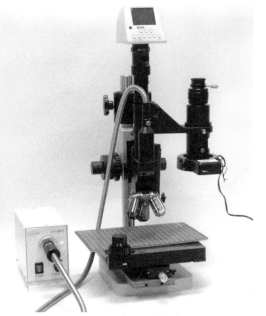

2　小型金属顕微鏡＋実体顕微鏡

図2　使用痕の観察機器

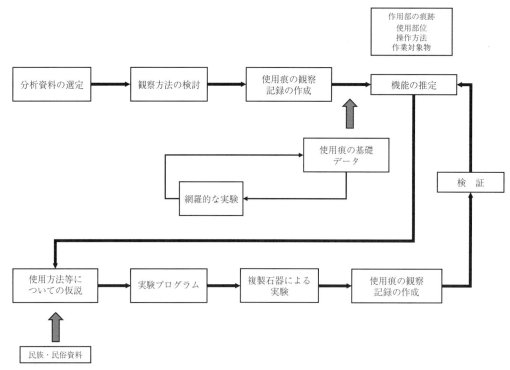

図3　実験使用痕分析のプロセス

の種類，石器の操作方法，作業回数（量）など，作業に関する条件をできるだけ単純化し，使用痕の形成過程に関する一般的な法則を見いだすことを目的として行われる．対象とする時代や地域を超えて参照可能な共通の基準となるものである．

②個別的な実験

時代背景や地域的な環境などを考慮し，石器が使用されたと想定される状況を復元的に再現し，石器の具体的な役割を絞り込んでいくための実験である．実験の条件設定には，考古学的あるいは歴史的な脈絡，自然科学的な分析の成果，民族学的な知見なども動員される．第Ⅱ部で扱う石製農具を用いた収穫実験などがその例であるが，実験の内容が具体的になる分制御すべき要素も多くなるので，予期せぬ因子の影響を受けたり，主観的な実験計画に陥ったりといった危険も大きくなる．できるだけ実験時の環境や条件を再現できるような記録のとり方が肝要である．

この①と②は厳密に区別できるものではなく，どちらにより比重をおくかということになるだろう．例としては，網羅的な実験は，東北大学使用痕研究チームや御堂島正等の実施した多数のプログラム［阿子島1981，梶原・阿子島1981，御堂島1982・1986・1988 など］があり，現在も使用痕研究を支える基礎資料となっている．一方，個別的な実験としては，復元石器による収穫実験など［御堂島1989a・c，斎野1996・2001 など］があげられるだろう．

本書の分析は，これらの実験的な先行研究と筆者自身が行ってきた実験資料に依拠している．実験の内容は，序章表2に示したとおりである．この実験には，チャート，サヌカイト，下呂石，黒曜石といった石材を用いた網羅的な実験と穀物の収穫実験，土掘り実験といった研究目的に応じた個別的な実験の両者を含むものである．個々の実験内容については，以降の各章・各節で必要に応じて説明する．

第3節　使用痕の記録と観察基準

1　概要

　石器使用痕分析の精度を高めるためには，観察記録の客観的な提示と解釈にいたるプロセスの明示化の必要性が認識されてきた。

　前者については，各種の使用痕の分類として，さまざまなかたちで検討されてきた。日本の使用痕研究では，東北大学使用痕研究チームが，高倍率の微小光沢面の観察に，光沢面のタイプ分類を導入した［梶原・阿子島1981］。この光沢面タイプは，国内の使用痕研究者の間で広く共有されており，分析者間での情報の共有化に一定の成果を果たしてきた。

　しかし，無意識的な使用痕タイプの当てはめの問題など，分析における観察，実験，解釈のそれぞれの過程で偏向が生じる危険性があるという根本的な問いかけもなされている［五十嵐2003a］。

　この問題は解釈過程の明示化に関わる問題であると同時に，使用痕の観察・記録の方法に関しても検討すべき課題である。筆者が所属する石器使用痕研究会では，属性分析による手法で，高倍率観察だけでなく肉眼から低倍率観察までの情報も網羅した使用痕の観察基準の作成を試みており［石器使用痕研究会共同研究チーム2014］，分析者がどのように使用痕をとらえ，解釈したのかという，プロセスの明示化に一定の貢献をなすものと期待される。

　本節では，これまで試みられてきた使用痕の観察記録の方法と現在議論が進められている新たな観察基準の概要についても述べていくことにしたい。

2　観察記録の客観化の試み

1　東北大学使用痕研究チームの光沢面タイプ分類

　光沢面と被加工物との関係を論じたキーリーは，ボーン・ポリッシュやウッド・ポリッシュといったように，被加工物の名称を冠したニックネームにより光沢面の特徴を記述した［Keeley 1980］。しかし，実際には，光沢面は種々の属性が組み合わさった連続的な変異を示し，一つの刃部にも複数の種類の光沢面が生じるのが普通である。

　東北大学の使用痕研究グループは，微小光沢面を各種の属性によって複数のタイプに分類する手法を提示している（表4・図4）。

　光沢面の特徴は，輝度（内部コントラスト・外部コントラスト），平滑度（きめ・まるさ），拡大度，高低差，連接度，その他の属性によって記述され，Aタイプ，Bタイプといった光沢面の分類が提起された。そして，被加工物と光沢面タイプとの間には，一定の相関関係があることを実験的に明らかにしている。

　東北大学研究チームでは，当初頁岩の実験から検討を始めた。その後，黒曜石，サヌカイトなど他の石材を用いた実験でも同じように光沢面が分類できるとされ［御堂島1986・1988］，日本における使用痕研究では，この分類による光沢面の記述が一般的な手法となっていった。

　なお，これらの実験は主に打製石器を対象として行われているが，原面が研磨された磨製石器の場合でも，ほぼ同様な光沢面のバリエーションが形成されることを実験的に確認していることを付け加えておく（図5）。

30　第I部　石器使用痕の研究

表4　光沢面の各タイプの特徴（阿子島1989を一部改変）

	輝　度		平　滑　度		拡大度	高低差	連接度	その他（線状構造・段上構造・群孔構造）
	外部コントラスト	内部コントラスト	きめ	まるさ				
A	きわめて明るい	強い（暗部島状に残る）	なめらか	まるい	内部まで一面に広がる	高所からはじまり全面をおおう	一面おおいつくす	埋められた線状痕（filled-in striation）彗星形の凹み（comet-shaped pit）
B	明るい	強い（パッチ状の光沢部）	なめらか	パッチがきわめてまるい（水滴状）	広い	高所から順に発達する。低所まで及ぶのはまれ	ドーム状パッチが連接していく	パッチが線形に連接, ピットは少ない
C	やや明るい	やや弱い（網状の光沢部）	粗い	凹凸鋭い（そぎだよう）	広い	低部の凹部を残して，中・高所に一様に広がる	パッチとして発達せずはじめから網状につながる	大小の無数のピット
D1	明るい	弱い（一様）	なめらか	平坦（はりついたよう）	限定される	微凹凸の高低がなくなる	縁辺に帯状に狭い面ができる	「融けた雪」状の段を形成, ピットが多い
D2	明るい	やや弱い（平行溝状）	やや粗い	峰状で鋭い	限定される	微凹凸は変形して線状になる	縁辺に帯状に狭い面ができる	鋭い溝状の線状痕, ピットが多い
E1	やや明るい	強い（小パッチ状）	小パッチ上のみなめらか	小パッチはややまるい	縁辺のみの狭い分布	高所の小パッチは明るく，低所は原面の微凸凹のまま鈍く光る	小パッチが独立して，連結しない	周囲の鈍い光沢（F2）とつねにセットで生じる
E2	鈍い	やや弱い	ごく微細に凸凹（つやけし状）	光沢部全体が摩滅してまるい	広い	なし（高低所とも同様に光る）	強度の摩減を伴って縁辺に広く光沢帯が形成	多様な線状痕が多い, 多くの微小円形剥落（micro-potlid）
F1	鈍い	弱い	粗い	角ばっている	多様	なし（高低所とも同様に光る）	原面の凸凹を変えず低所まで及ぶ	脂ぎったぎらつき（greasy luster）
F2	きわめて鈍い	弱い	原面を変えない	原面を変えない	多様	多様	未発達な小パッチ	原面を変えない

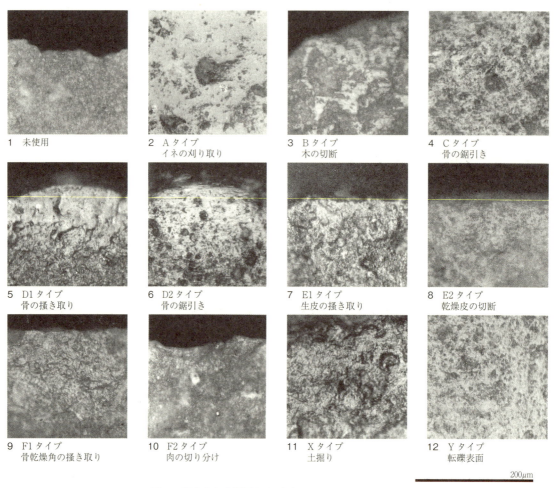

1　未使用　　2　Aタイプ　イネの刈り取り　　3　Bタイプ　木の切断　　4　Cタイプ　骨の鋸引き
5　D1タイプ　骨の掻き取り　　6　D2タイプ　骨の鋸引き　　7　E1タイプ　生皮の掻き取り　　8　E2タイプ　乾燥皮の切断
9　F1タイプ　骨乾燥角の掻き取り　　10　F2タイプ　肉の切り分け　　11　Xタイプ　土掘り　　12　Yタイプ　転礫表面

200μm

図4　代表的な光沢面タイプ（阿子島1989を一部改変）

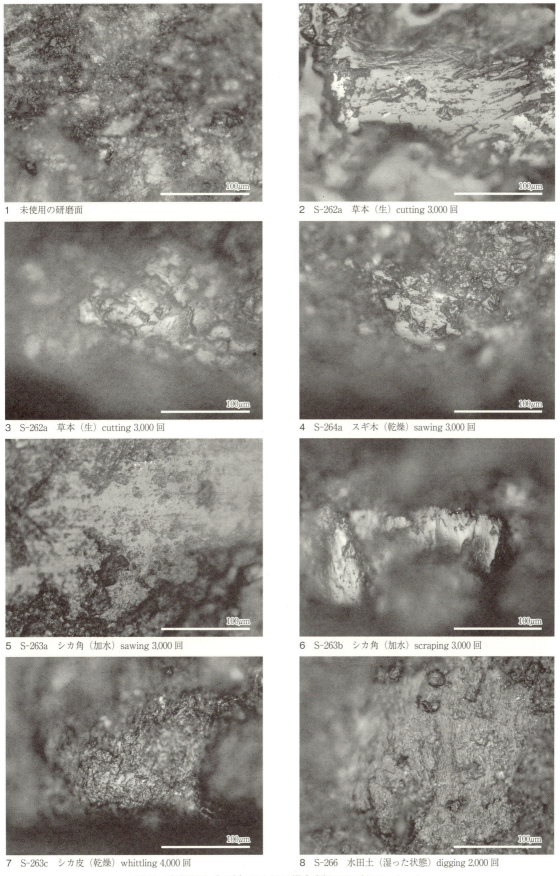

1　未使用の研磨面
2　S-262a　草本（生）cutting 3,000 回
3　S-262a　草本（生）cutting 3,000 回
4　S-264a　スギ木（乾燥）sawing 3,000 回
5　S-263a　シカ角（加水）sawing 3,000 回
6　S-263b　シカ角（加水）scraping 3,000 回
7　S-263c　シカ皮（乾燥）whittling 4,000 回
8　S-266　水田土（湿った状態）digging 2,000 回

図5　磨製石器（泥岩）における微小光沢面のバリエーション

32　第Ⅰ部　石器使用痕の研究

2　グレースによるエキスパートシステム

グレースは，多変量法に基づく使用痕の観察シートを考案し，石器形態，マクロな刃部損傷，ミクロな刃部損傷，光沢面の発達度といった属性的な要素を組み合わせた使用痕の観察・記録・解釈の仕組みを提案している［Grace 1989］。グレースは，先にみた光沢面論争において高倍率法に否定的な立場を主導した研究者であり，このため，微小光沢面の細かな特徴はあまり重視しておらず，一方で，マクロな使用痕も組み合わせた体系的な観察方法を提起している。

3　沢田・山田による属性分析

沢田敦と山田しょうは，属性分析の手法を用いることで，微小光沢面のより客観的な記述と分析における有効性を示す発表を行っている［Yamada and Sawada 1993］。

光沢面を記述する属性は，①刃部からの侵入度，②巨視的断面形，③微視的断面形，④低部侵入度，⑤分布形，⑥刃部からの侵入形，⑦なめらかさ，⑧ピットの量，⑨線状痕の種類，⑩刃部磨耗量からなる。この方法は，次項で解説する観察基準の検討のベースにもなっている。

3　観察基準検討の概要

石器使用痕研究会は，2003年から使用痕観察に必要な観察基準の検討，解釈のための標準的な手続きといったテーマを設定し，複数の研究者が共同で取り組んできた[1]。ここでは，使用痕の観察基準に関する観察項目の一覧とその概要について，公表されている一覧表をもとに紹介する［石器使用痕研究会共同研究チーム 2014］。

a．観察基準の客観化・明示化

石器使用痕の研究には，線状痕，微小剝離痕，微小光沢面など，それぞれの痕跡に特化して分析手法が検討されてきた経緯がある。低倍率法（微小剝離痕）と高倍率法（微小光沢面）との論争，使用痕光沢面論争に象徴される高倍率法への疑義とその反論など，しばしば対立的な図式で扱われてきた。しかし，このような論争を経ることで，使用痕研究者の間では，観察基準の客観化と複数の種類の痕跡を補完的に組み合わせることの必要性が，少なからず認識されてきた。

そのために必要なことは，観察手法（スケール）や観察する使用痕の種類を網羅し，体系的に使用痕を記録するための，できるだけ客観的な観察基準を整備することである。分析者が一定の観察基準を共有することで，分析内容や解釈の過程を明示化するとともに，第三者による検証が可能な仕組みを構築できるものと期待できる。

b．使用痕の種類と観察スケール

共同研究では，破損，摩滅痕，線状痕，微小剝離痕，微小光沢面等の使用痕をとりあげた。これらの痕跡は，形成範囲や規模によって，観察に適したスケールが異なっている場合がある。また，同じ種類の痕跡でも，観察スケールがかわれば把握される特徴（属性）も違ってくる。このため，肉眼・ルーペ観察，低倍率観察，高倍率観察の順に，それぞれの観察スケールで確認できる（注意すべき）痕跡をあげ，どのような特徴（属性）が把握できるのかを提示している。

c．属性分析

また，観察基準は，属性分析の手法に基づいた構成になっている。線状痕，微小剝離痕，微小光沢面など使用痕の種類ごとに，それぞれの痕跡を構成する属性を抽出し観察項目を設定している。属性のカテゴリーは，なるべく客観的な判断に基づいて区別できるよう，3〜5段階程度の段階的または選択的な区分をもう

けている。実際の観察手順に即し，大きな視点から小さな視点へと移行するように，観察・記録する項目，属性を整理・検討した。

　ｄ．観察シート

　これらの観察項目と属性を階層的に整理したものが，表5「石器使用痕観察シート」である。この観察シートは，観察機器（スケール）と使用痕の種類ごとに，観察項目（属性）とそのカテゴリーを記入していくものである。一定の基準に従って属性ごとに記録をとることで，使用痕の全体的な印象による特定タイプへのあてはめを防ぐよう意図している。また，分析者によって使用痕の同定・解釈に違いが生じた場合には，シートを使用して分析内容を相互にチェックすることも可能である。

4　観察基準

　以下，石器使用痕観察シートにしたがって，その概要について説明する。

1　肉眼・ルーペ

　肉眼および10倍程度のルーペを使った観察では，破損，光沢，線状痕，剥離痕などのマクロな痕跡の有無を確認する。石器の使用痕は，なにも顕微鏡によって観察されるミクロな痕跡だけではない。マクロな痕跡からも重要な情報が得られる場合がある。また，石器の形態や製作技術など，基礎的な情報を確認するためにも必要な作業である。

　ａ．破損

　肉眼で観察可能なレベルのマクロな物理的破損（器体自体の折損や大規模な割れ，剥落など）。例としては，磨製石斧の折損や剥離，尖頭器の衝撃剥離痕などがあげられる。破損の生じた位置，力の加わった方向などを記録する。

　ｂ．摩滅

　縁辺や稜線に生じた磨り減り。主に摩滅の生じた位置を記録する。

　ｃ．光沢

　石器の器面で相対的に光をより多く反射する部分。上記の摩滅と一体的に光沢がみられる場合もある。ただし，石器表面の光沢は必ずしも使用によるものだけではないので，注意が必要となる。記録としては，光沢の分布する位置，範囲などである。

　ｄ．線状痕

　石器表面の線状の傷。通常は使用によって生じたものをさすが，石器の器面は，自然的要因や研磨など加工によって形成された痕跡もあり，識別が難しい場合もある。線状痕が確認された位置・範囲，線状痕の方向などを記録する。

　ｅ．剥離痕

　刃縁などに形成される剥離痕の詳細については，低倍率での観察が有効であるが，剥離痕の位置や分布パターンについては，肉眼・ルーペで大まかにとらえたほうが効率がよい。

　肉眼・ルーペのレベルでは，このほかにも，石器表面の風化の程度，付着物の有無などの情報が得られる場合がある。付着物の例としては，磨石に付着した赤色顔料，石鏃の着柄に用いたアスファルトなどがあげられる。

表5　石器使用痕観察シート（石器使用痕研究会共同研究チーム 2014）

石器の情報					
石器番号等					
遺跡，遺構等					
岩石名					
器種・名称等					
大きさ・重さ・刃角等					
製作技術等					
観察者氏名					

機器	項目			凡例・記入例など	備考
I 肉眼・ルーペ観察	1 破損	有/無	a 位置	図示・Aの範囲	破損範囲について記入，図示してもよい
			b 方向	垂直方向からの加撃による	破損時の加圧の方向など
			c 備考		その他観察所見
	2 摩滅	有/無	a 位置	稜上／平面等	摩滅範囲について記入，図示してもよい
			b 備考		
	3 光沢	有/無	a 位置	刃縁から2mm程の範囲，分散する	
			b 備考	摩滅面と一体化している	
	4 線状痕	有/無	a 位置	図示・Bの範囲	
			b 方向	平行／直交／斜行（縁辺）	（）に対する方向
			c 備考	摩滅部に形成	
	5 剥離痕	有/無	a 位置		
			b 分布パターン		
			c 備考		
	6 その他				
II 低倍率観察	1 表面状態				
	2 摩滅	有/無	a 位置		範囲について記入，図示してもよい
			b 程度	強／中／弱	基準については今後検討
			c 備考		
	3 線状痕	有/無	a 位置		
			b 方向	平行／直交／斜行（縁辺）	（）に対する方向
			c 備考		
	4 微小剥離痕	有/無	a 位置		
			b 密集度	＊個(＊mm以上)	
			c 大きさ	～＊mm(最大)　S＊／M＊／L＊	
			d 平面形	sca／rec／tra／tri／irr／sli	各分類の出現頻度
			e 末端形状（断面形）	fea／ste／hin／sna	各分類の出現頻度
			f 備考		
	5 その他				
III 高倍率観察	1 表面状態		a 鉱物組織等	緻密／中／粗	
			b 微細形状		表面の起伏など
			c 風化	強／中／弱	程度を記入
			d 付着物等		付着物などの情報
	2 摩滅	有/無	a 程度	強／中／弱	
			b 備考		
	3 線状痕	有/無	a 方向	平行／斜行／直交	
			b 備考		
	4 微小光沢面	有/無	a 分布範囲	a 縁辺に平行する長さ	光沢分布範囲の刃縁に沿った長さ
				b 縁辺に直交する長さ	光沢分布範囲の刃縁からの最大距離
			b 縁辺における分布型	限定／点在／連続	
			c 分布の境界形	明瞭／中間／漸移的	
			d 巨視的低部への侵入度	大／中／小	微細凸凹の低部への侵入度合い
			e 微視的低部への侵入度	大／中／小	微細凸凹の低部への侵入度合い
			範囲に関する備考		
			f 平面形	点状／連接／面状／（帯状）	
			g 断面形	平坦／中間／丸い／縁辺のみ丸い／原面の凸凹にしたがう	
			h 光沢面の方向性	平行／斜行／直交	線状光沢／アンデュレーションなどの方向
			i 表面のきめ	なめらか／中間／粗い	光沢表面のなめらかさ
			j コントラスト	強い／中間／弱い	光沢面の反射の強さ
			形状に関する備考		
			k ピット	多い／中間／少ない	ピットの量
			l 彗星状ピット	不明・平行／斜行／直交	彗星状ピットの有無の方向
			m 線状痕の方向	不明・平行／斜行／直交	線状痕の有無と方向
			n 線状痕の種類	微細／溝状／独立的（二次的）／弧状のキズの連続	
			o クラック	なし・平行／斜行／直交	クラックの有無と方向
			付随属性に関する備考		
	5 その他				

2　低倍率観察

低倍率観察は，10倍から50倍程度で，実体顕微鏡などを用いる。摩滅痕，線状痕，微小剥離痕が主な観察対象となる。

a．摩滅

石器表面の磨り減りを摩滅とする。刃部など使用部と考えられる部分の摩滅の程度（弱・中・強）などを記録する。

b．線状痕

線状痕は石器表面に形成された線状の傷であるが，このスケールでは，比較的太く（深く），ストロークの長い明瞭な痕跡の観察に向いている。また，先の摩滅と一体的に線状痕が形成されている場合もある。観察項目としては，線状痕の位置，縁辺などに対する方向（平行・直交・斜行）である。例としては，打製石斧の刃部や主面に生じた線状痕，磨製石斧の刃部の短い線状痕などがあげられる。

c．微小剥離痕

微小剥離痕は縁辺に生じた連続的な破損である。縁辺の分布パターンは，肉眼やルーペのほうが把握しやすいが，この観察スケールは，個々の形態的な属性を把握するのに適している。

微小剥離痕を構成する主な属性は，次のとおりである。

大きさ（L：2mm以上　M：1mm〜2mm　S：0.5mm〜1mm　SS：0.5mm以下）

平面形（S：うろこ形（scalar）・Tr：三角形（triangular）・I：不規則形もしくは不整形（irregular）・Sl：三日月形（sliced）・R：長方形（rectangular）・T：台形（trapizoidal）・U：不明（unidentified））

末端形状（断面形）（Fe：フェザー（feather）・Hi：ヒンジ（hinge）・St：ステップ（step）・Sn：スナップ（snap））

微小剥離痕に類似した剥離痕は，石器製作，運搬，保管，落下，人間や動物の踏みつけ，埋没後，発掘調査およびその後の整理・保管といった使用以外の要因でも生じることが知られており，使用痕としての認定は慎重に行う必要がある。

3　高倍率観察

高倍率観察は，一般的に落射照明型顕微鏡（金属顕微鏡）を使用して，およそ100〜500倍の倍率で行う。石器表面の微細な形状を観察することができるが，被写界深度が浅いため，起伏の大きな石器の表面の場合，観察に時間を要する場合がある。このスケールでは，摩滅痕，線状痕，微小光沢面の観察が行えるが，顕微鏡の特性を活かし，多くの情報を得ることができるのは，微小光沢面である。特に作業対象物に関する多くの情報を得ることができるため，高倍率観察で最も重視される項目である。

a．摩滅痕

石器刃縁・表面の摩滅の有無とその程度（強・中・弱）について記述する。観察スケールは金属顕微鏡で100倍相当を目安とする。摩滅の状況は石材表面のもともとの粗さによっても受ける印象が異なる。剥片石器の場合，刃縁や刃縁に近い剥離の稜などにしぼって観察するのが適当であろう。

b．線状痕

100倍相当で観察される規模の大きな線状の痕跡である。摩耗痕と一体となって観察されることが多い。高倍率下では被写界深度が浅くなるので，高低差が大きな痕跡の観察には向いていない。範囲も広いことから，むしろ低倍率観察で有効な情報が得られる場合もある。刃縁または任意の主軸に対する主な方向（平行・直交・斜行など）を記録する。

c．微小光沢面

微小光沢面は，表面のきめが変化し，顕微鏡下で光を反射する微細面として観察されるものである。観察項目が多岐にわたるため，光沢面の形成される範囲に関する属性・光沢面の形状に関する属性・光沢面に付随する属性と，さらに階層化しつつ整理がはかられている。

光沢面の形成される範囲に関する属性は，光沢面の広がり方を把握するために設定した属性である。分布範囲（ａ．縁辺に平行する範囲，ｂ．縁辺に直交する長さ），縁辺における分布型（限定・点在・連続），分布の境界型（明瞭・中間・漸移的），巨視的低部への侵入度（大・中・小），微視的低部への侵入度（大・中・小）といった属性を設定している。なお，分布の境界型は，光沢域から未変化部分への表面変化の移行パターンをさしている。低部への侵入度は，断面での光沢面分布であり，石器表面の凹凸への光沢面の侵入度合いである。100倍程度で把握する巨視的，200〜500倍の微視的に分けているが，いずれも断面形における被加工物との接触範囲を知る目安となる。

光沢面の形状に関する属性は，顕微鏡視野での光沢面の特徴をとらえる際に有効な属性である。平面形（点状・連接・面状・（帯状）），断面形（平坦・中間・丸い・縁辺のみ丸い・原面の凹凸にしたがう），光沢面の方向性（平行・斜行・直交），表面のきめ（なめらかさ）（なめらか・中間・粗い），コントラスト（強い・中間・弱い）を設定している。このうち，光沢面の方向性は，石器の運動方向と関係する場合がある。平面形，断面形，表面のきめ，コントラストは，主に作業対象物の種類やその状態と一定の関係をもつとみられる属性である。

光沢面に付随する属性は，光沢表面上に観察される非常に微細な痕跡で，先の表面のきめやコントラストといった形状に関する属性の判定にも影響する。ピットの量（不明・少ない・中間・多い），彗星状ピットの有無，方向（平行・斜行・直交），線状痕の方向（平行・斜行・直交），線状痕の種類（微細・溝状・独立的（二次的）・弧状のキズの連続），クラックの有無と方向（平行・斜行・直交）といった属性を設定している。このなかで，彗星状ピット，線状痕の方向，クラックの方向などは，石器の運動方向を推定する手がかりとなる。ピットの形状や線状痕の種類，クラックの有無は，作業対象物との相関が強い属性である。

以上，微小光沢面の属性は非常に多岐にわたるが，これらの属性には，石器と被加工物との接触範囲，石器が作業対象物と接触した方向，作業対象物の種類といった石器の基礎的な機能を把握するために必要な情報が含まれている。

本節で紹介した使用痕の観察基準は，共同研究においてまだ検討途上のものであり，実際の出土品の分析に用いられた実例もほとんどない。本書では，従来の東北大学等によって提唱されてきた光沢面分類や使用痕の観察項目と併用，あるいはこれを補足するかたちで用いていくことにする。

第4節　焦点合成ソフトを用いた多焦点使用痕画像の作成

1　概要

使用痕分析において，顕微鏡写真は客観性を保つ最も信頼できるデータであるが，使用痕のもつ複雑な属性を伝えるには限界もある。その一つが焦点深度の問題である。光学顕微鏡で石器のような立体物を観察する場合，試料の高低差が焦点深度をこえてしまうと，視野の一部にしかピントが合わず，それ以外の部分はぼけてしまう。実物を観察しているときは，顕微鏡の照準器によってピントをずらすことで，立体的な構造を推定しながら石器表面の全体像をイメージすることができる。しかし，その一部分を切り取った顕微鏡写

真には，全体像の部分的な情報しか含めることができない。このぼけた画像は，使用痕画像の「わかりにくさ」の一因ともなっている。

本節では，この焦点深度をカバーする方法として，パソコンソフトを使って焦点深度を合成する方法について紹介する[2]。そのうえで，今後の使用痕研究にも活用できるいくつかの応用的な事例を取り上げて紹介する。また，画像処理の前提として，使用痕研究におけるデジタル機器の導入とそのメリットについても筆者の経験をふまえてまとめておきたい。

2　画像記録のデジタル化

顕微鏡写真には，以前は35ミリフィルムなどが用いられていたが，近年はさまざまなデジタル機器が普及し，電子的な画像データとして記録されるようになっている。

1　フィルムカメラによる撮影

筆者が使用痕分析に取り組み始めた1990年代中頃は，顕微鏡の撮影装置として，まだ35ミリフィルムカメラを用いた撮影装置が一般的であった。

フィルムの場合，大量の写真を処理するのには，かなりのコストと時間がかかった。フィルムを現像・焼き付けしないと画像を確認できないので，撮影画像をその場でチェックすることはできなかった。撮影時にはシャッターを切る必要があり，不安定な環境では機械的な振動によって像がぶれてしまうこともあった。また，プリント・フィルムの整理・保管の手間とコストも問題であった。

2　デジタルカメラの普及

90年代後半に入ると，デジタルカメラが急速に普及しはじめた。筆者が初めて手にしたデジタルカメラはカシオ製QV-2300UXだったが，ふとこれを顕微鏡に取り付けられないだろうかと考えた。カメラのレンズを顕微鏡の撮影レンズに押しつけて撮影したところ，顕微鏡の像を撮影することができた。そこで，カメラを三眼部に固定できるよう筒状のアダプターを自作し，最適な画像が得られるようカメラの設定なども試行錯誤し，簡易な撮影システムを構築することができた（**図6-左**）[3]。

今では，顕微鏡撮影には，さまざまなデジタル機器が用いられている。市販のデジタルカメラを顕微鏡にとりつける方法は，現在でも最も安価な方法のひとつである。最近ではカメラを顕微鏡に接続するためのアダプターも市販されている。また，CCDやCMOSなどのイメージセンサを用いた顕微鏡用撮影装置も普及し，簡単に高画質なデジタル画像が撮影できるようになった（**図6-右**）。USB経由でパソコンに接続し，直接画像を取り込んだり，機器を設定することができるほか，パソコンの画面に使用痕画像を映し出し，複数人で観察したり，観察と同時に計測したりといった使い方も簡単に実現できるようになっている。

3　デジタル化のメリット

画像のデジタル化のメリットとしては，フィルムのように経年変化による劣化がないこと，現像・焼き付けといった工程を必要とせずできあがりをリアルタイムに確認できること，大量のデータを低コストで扱う

左　デジタルカメラ
右　USBカメラ

図6　顕微鏡撮影装置

ことができること，そして，パソコンと連動した画像の加工・処理が容易であることなどがあげられる。

一方，デジタル化のデメリットとしては，撮影に使用する機器が高価であること，画像処理に専用のパソコンソフトが必要なことなどがあげられてきた。しかし，最近ではパソコンやプリンターの高機能化・低価格化が進み，画像の管理・加工に用いるソフトも，特殊な画像処理を行うのでなければ，市販の低価格なもので十分使用することができるようになってきている。

3 焦点合成画像の作成

1 概要

焦点深度は，レンズの受光面において，ピントが合って見える許容範囲のことである。一方，対物レンズと観察物との間のピントが合ってみえる領域を被写界深度という（図7）。一般的に同一仕様のレンズの場合，解像度や倍率が高くなれば，反比例して焦点深度・被写界深度は浅くなる。金属顕微鏡のように高倍率の顕微鏡で凸凹（高低差）の大きな石器表面を観察する場合，一部にしかピントは合わず他はぼけてしまう。

ここでは焦点深度をカバーする方法として，パソコンソフトを使って焦点深度を合成する方法について紹介する。その概要は，焦点位置が異なる連続的な画像を作成し，これを専用のソフトで処理することで，全体にピントの合った画像を合成するというものである。

この機能はデジタルマイクロスコープなどの付加的な機能として紹介されることもあって高価なイメージがあるが，市販のソフトを用いることで，一般的な光学顕微鏡や撮影装置でも比較的安価に実現することができる。

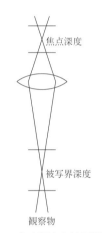

図7　焦点深度と被写界深度

2 連続画像の取得

画像処理に必要な顕微鏡画像を取得するには，顕微鏡の光軸方向に沿ってピントをずらしながら焦点位置の異なる連続した画像を撮影する。実際の撮影では，高低差のある観察物の最高所にピントを合わせて撮影をスタートし，顕微鏡の微動ダイヤルを一定の間隔でずらしながら，低所にピントが合うまで繰り返し画像を取得する（図8）。

上下方向に一定の間隔で画像を取得するためには，顕微鏡の微動ダイヤルの目盛を使って撮影する。高倍率であれば焦点深度が浅くなるので目盛の間隔を小さくし，低倍率であれば焦点深度が深くなるので目盛の間隔を大きくできる。

図は実際に作成した使用痕の連続画像である（図9）。最初の写真は画像右下の刃縁部分にピントが合っており，徐々に画像中央から左上方向に合焦位置が移動していることがわかるだろう。

3 焦点合成ソフト

複数の画像からピントの合った範囲を抽出する仕組みには，輝

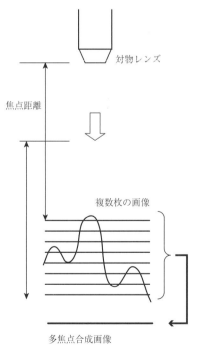

図8　焦点合成のイメージ

処理やフィルタ処理といった方法がある［山下ほか1994］。輝度処理は連続する領域のなかで最も輝度が高い部分を合焦した領域とみなす方法，フィルタ処理はコントラストの高い部分を合焦した領域とみなす方法である。実際のソフトではさまざまなアルゴリズムを調整し，合成画像を生成している。

図10は，図9の連続画像（実際には20枚の画像を使用）をソフトで合成処理したものである。右側の高所から左側の低所まで，撮影範囲全体に焦点が合った画像となっているのがわかるだろう。

焦点合成ソフトは，フォーカス合成ソフトあるいは深度合成ソフトなどとも呼ばれ，いくつかのものが市販されている。デジタルマイクロスコープなど観察機器の機能として実装されているものもあるが，ソフト単体で入手できるものもある。ここでは，筆者が使用しているHelicon Focus[4]というソフトを用いて説明する。

図11はHelicon Focusの画面である。作業の手順としては，まず合成処理を施す一連の画像ファイルを読み込む。次に合成する際のパラメータを設定し，合成処理を実行するだけである。左（上）側に読み込んだ画像が，右（下）側に画像の処理状況がリアルタイムで表示される。画像のサイズやパソコンの処理能力にもよるが，数十秒から数分で合成処理が行われる。Helicon Focusでは，合焦部分の検出方法を，コントラストによる検出（Method A）と輝度による検出（Method B）の二つの方法から選択することができる。パラメータは，処理を行う際の画素の径（Rsdius）と画像結合時のなめらかさ（Smoothing）を設定することで，合成画像の仕上がりを調整することができる。

4　活用の可能性

多焦点画像を作成する最大のメリットは，ひとつの画像により多くの情報を含めることができることにある。その応用として，いくつかの事例をあげ，今後の使用痕研究に資する可能性を考えてみたい。

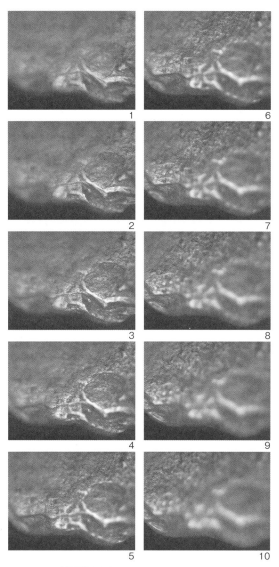

実験石器 S-096
チャート，イネ，cutting（根刈り），1,000回

図9　焦点位置の異なる連続写真

図9の連続写真をHelicon Focusで合成した多焦点画像。methodA（コントラスト処理）によって作成した。

図10　多焦点使用痕画像

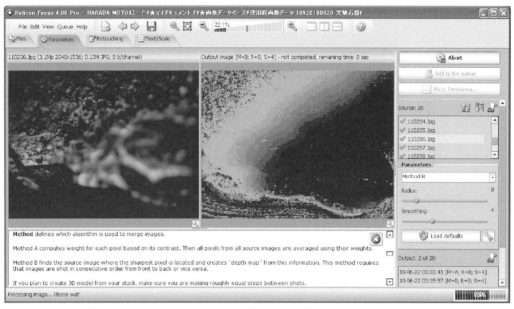

左側のウィンドウは読み込んだ画像，右側のウィンドウには現在の処理状況および処理結果が表示される。カメラについたゴミなどを除去する機能，スケールやコメントを画像上に記入する機能もある。

図 11　Helicon Focus 画面

1　定量的な計測

　視野の全体に焦点があった鮮明な画像が得られることで，定量的な処理・計測が可能になると期待される。使用痕分析では，微小剝離痕の形態，微小光沢面の外観上の特徴など，定性的な観察に基づいて判定されることが多い。その一方で定量的な視点での観察や記録の作成はあまり行われていなかった。多焦点使用痕画像を活用することで，画像解析ソフトなどとも連携した定量的な分析が行いやすくなる。

　ここでは，石庖丁などの表面に形成される点状の微小光沢面を例としてあげる。この使用痕は作業量が増えるにしたがって，光沢面の大きさと分布密度が増加する。同一の器面上での分布密度の違いは，石器と作業対象物との接触頻度の差を反映し，石器の使用方法を推定するうえでも重要な情報である。図 12 のように，光沢面の径を計測したり，画面上に占める光沢部分の面積を算出するといった計測が行いやすくなり，定量的な情報の取得および客観的なデータの提示が可能になる。

2　パノラマ画像の作成

　顕微鏡視野には，焦点深度のような高さによる情報の制限だけでなく，視野の隣接範囲など広範囲な情報を一度に呈示できないという限界もある。観察者は，ステージ上の試料を X 軸・Y 軸に沿って移動させることで，広い領域の情報を取得しているが，顕微鏡画像として切り取られるのはその一部である。

　焦点合成画像を用いれば，視野を少しずつずらした画像を結合することで，平面的に連続したパノラマ画像を作成することも可能である。Adobe PhotoShop などの画像処理ソフトには，重複した範囲を自動で計算して画像を結合する機能がある[5]。一部にしかピントが合っていない顕微鏡画像では，重なり合う範囲を正確に検出できないが，焦点合成によって全体にピントが合った画像を作成することで，これらの処理が容易になる。

　パノラマ画像を用いることで，使用痕が形成された領域内の漸移的な変化や使用痕の形成範囲と使用痕のない範囲との比較といったことについて，よりわかりやすく情報を提示することができる（図 13）[6]。

第1章 使用痕分析の方法 41

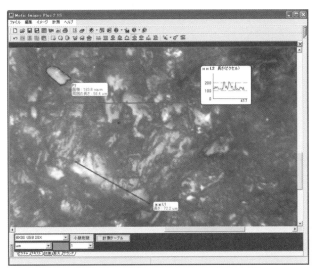
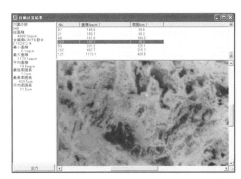

全域に焦点が合った画像であれば，画像計測ソフトを使用して，正確な長さや面積の計測ができる。図はMotic Image Plus 2.1S を使用した例。

図12 使用痕画像の計測

左 磨製石斧刃部（パプア・ニューギニア民族資料，南山大学人類学博物館蔵）
　実体顕微鏡で撮影した刃縁の画像を連結。
右 実験石 S-259 大型磨製石庖丁，イネ根株の刈り取り584株
　画像下が刃縁で上方向が内側になる。刃縁には明るくなめらかな微小光沢面が分布しているが，内側にいくにしたがって漸移的に光沢が弱くなっていくのがわかる。写真は5カット計70枚の画像を処理して作成したものである。

図13 使用痕画像のパノラマ合成

3　3D画像の作成

図8でも示したように，顕微鏡の対物レンズから観察物の間で焦点が合う距離は一定である。つまり，連続した各画像の合焦した部分は，レンズからみて同じ高さということであり，各画像の合焦した範囲は擬似的な等高線に見立てることができる。この仕組みを利用することで，擬似的に立体的な画像を作成することもできる。焦点合成ソフトには3D画像の作成機能を備えたものもあり，本書で紹介しているHelicon Focusも，プロ・バージョンではこの機能が実装されている。

図14は，実際にHelicon Focusで作成した多焦点使用痕画像をもとに3D画像を作成した事例である。画像の作成方法でも説明したように，ここで紹介している方法は，顕微鏡の照準器のダイヤル目盛から手動で取得したものである。自動制御のZ軸ステージのように正確な位置情報を取得しているわけではないので，厳密な計測に用いることはできないが，画像上のおおまかなイメージを得ることは可能だ。

石器使用痕分析では，使用痕が形成されている石器表面の微細な地形を把握し，使用痕がどの部分にどのように形成されているかを理解することが重要である。特に微小光沢面の場合は，微地形の高所から低所まで変化が及んでいるのか，あるいは高所だけに限定しているのかという特徴が，被加工物などを推定する情報になることもある。3D画像は，このような立体的なイメージを得るうえで補助的な情報として期待できる。

5　まとめ

近年の顕微鏡画像のデジタル化の実態をふまえ，その有効な活用の方法として，焦点合成ソフトによる多焦点使用痕画像の作成とその応用について述べてきた。ここでは，筆者が行っている低コストの方法を紹介したが，高度な専用の観察機器を用いることで，より高精度な情報を簡単に取得することも可能だ。また，この分野の技術的な進歩は著しいので，ソフト，ハードの改良によって，新しい機能が追加されることもある。しかし，どんなに高価な機器を用いても，使用痕そのものの理解と確かな観察基準が確立していなければ，有効な成果は望めない。この点をふまえつつ，本節で紹介した方法が今後の分析技術の向上に役立てれば幸いである。

注

1) 共同研究は2003年～2005年にかけて基礎的な実験試料の作成を行い，2005年～2008年にかけて，ここでとりあげる観察基準の基本的な枠組みが議論された。以降，研究報告書としてまとめるための作業と原稿執筆・検討が続けられている。共同研究には多くの研究者が関わっているが，観察基準の作成および執筆者として参加しているのは次のとおりである。阿子島香，遠藤英子，岩瀬彬，斎野裕彦，澤田敦，高橋哲，高瀬克範，原田幹，御堂島正，藪下詩乃，山岡拓也，山田しょう。いずれ本報告がまとまる予定であるが，その際には，本論の基準についても報告にしたがうものとする。

2) 焦点合成の技術は，使用痕分析だけでなく，顕微鏡やカメラなど光学機器を扱う広い分野で応用が可能である。筆者が目にした範囲では，プラント・オパール分析の同定に応用しようとした論文があった［Yan and Changsui 2009］。

3) デジタルカメラを顕微鏡に取り付ける際に注意することを付け加えておこう。まず，デジタルカメラの標準の画角では周辺部がケラレて黒くなってしまうことがある。なるべく望遠側に設定し，最適な画角がえられるよう，撮影レンズとカメラレンズとの距離を調節する必要がある。カメラの設定はフォーカスをマニュアルまたは無限大に設定し，顕微鏡の照準器を使用してピントを合わせるようにする。画像の色合いが変わってしまう場合は，カメラのホワイトバランスを調節する。

4) このソフトはウクライナのHelicon Soft社が提供しており，インターネットを通じて購入・ダウンロードできる

1 実験石器 S-180a
黒曜石,シカ皮(乾燥),
cutting,1,000 回

刃縁に沿って微細な線状痕が形成されている。線状痕は微細な起伏の比較的低所にも及んでいる。

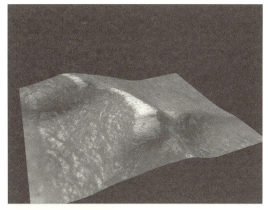

2 実験石器 S-089
チャート,貝殻(加水),
sawing,2,000 回

剥離の稜線に沿って光沢面が形成されている。光沢面は非常に平坦で,ほとんど低所に侵入していない。これは粘弾性の小さな硬い被加工物の特徴である。

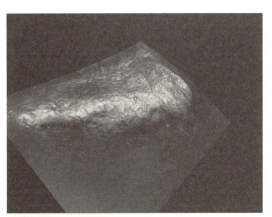
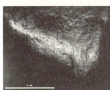

3 実験石器 S-102
チャート,シカ皮(乾燥),
scraping,2,000 回

刃縁が大きく摩滅し,全体に丸みを帯びている。微細な起伏の凹部にも変化が及んでいる様子がよくわかる。

4 実験石器 S-096
チャート,イネ(生),
cutting,1,000 回

光沢が発達している部分(立体図左手前)は,元の地形も平坦に変化している。右奥の部分はやや低く,表面の起伏に沿って徐々に光沢が広がりつつある。

図14 使用痕画像の3D表示

(http://www.heliconsoft.com/heliconfocus.html)。

5) PhotoShopでは,フォト・マージという機能を使用して合成画像を作成する。図13のパノラマ画像はこの機能によって合成したものである。

6) これまでの使用痕分析でも,焦点合成こそしていないが,顕微鏡画像を多数つなぎ合わせ広範囲の情報を呈示しようと試みられている[平塚2003]。

第 2 章　使用痕と人間行動の復元

本章の目的

「現在―過去，静態―動態という隔たった両者を架橋するために，実験によって動態である行動とその結果生じる痕跡との相関を明らかにし，実験試料における痕跡を対比させ，過去の行動を推定しようとするものである」［御堂島 2005：8 頁］。トラセオロジー（痕跡学）の基本的な考え方が述べられたものであるが，これは石器使用痕研究の大きな目的でもある。この点において，しばしば使用痕分析で重視あるいは期待される「何を切ったのか」という被加工物の推定は，分析・検討対象の一部でしかない。

本章では，石器の使用痕分析によっていかにして人間行動を復元するのか，その方法論的な特質を実際の研究・分析事例を交えて述べていく。第1節では，石器の機能を使用部位，操作方法，作業対象物として構造的にとらえる考え方を示す。第2節では，石器の道具としての成り立ちを機能部の使用痕，装着・保持の使用痕としてみていく。第3節では，石器のライフヒストリーの観点から，石器上の痕跡の重なりを人間行動の履歴として復元した事例をとりあげる。最後に，第4節では，石器使用痕から復元した個々の石器使用の動作を社会的，文化的な環境によって規定される「身体技法」として理解しようとする試みについて概述する。

第1節　石器使用をめぐる関係性

1　道具としての石器

道具は，人間の手や足といった身体器官の延長として，その役割を補い，あるいは増強する役割をもち，身体に代わって作業対象に直接作用するものである。斧の場合であれば，斧の柄を握ることで手の延長としての構造をなし，これを対象の木材に振るうことで，斧の刃による物理的な衝撃が加わり対象の木材を変形加工することになる。包丁であれば，手で包丁の柄を握り，刃を対象にあてがい操作することで，対象となる肉，野菜などを物理的に切断することになる。

現在では斧や包丁の刃は鉄などの金属でできているが，本研究の対象となる先史時代ではこの部分が石すなわち石器によって構成されている。石器は刃部など主に利器として用いられることが多いが，必ずしもそれ単独で用いられるとは限らず，しばしば道具を構成する一部として使用される。例えば，石斧は石の斧身を木柄に装着することで，一つの道具として意味のある構造となる。

2　石器を使用する環境

「生命は生存のために自然に適応する行動と身体的変化をする。人は生存するために必要に応じて自然を変える。その結果として人は自分たちの生活基盤として社会を作る。それら一連の行動に応じて道具が利用される。道具は脳で創作され，創作された道具は使われた自然や社会環境を変え，さらに改良がされる」［森

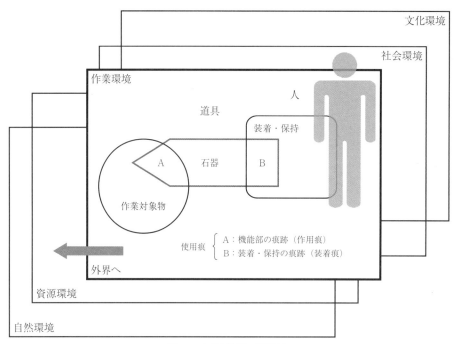

図 15　石器使用の関係性

2008：20 頁]，これは森昌家の道具と身体機能との関係性を説明する概念図に添えられた解説である。人間は道具を使用することで外界に働きかけるが，同時に外界からの情報によって道具の扱いは制御されている。

また，道具を使用するという行為は，多分に自然環境や社会環境の影響を受け，その関係性によって成り立っている。図 15 は石器の使用を想定してその関係性を模式的に表現したものであるが，道具一般の使用に置き換えることができる。例えば，包丁で食材を切り分けるという一見単純な行為もさまざまな環境との関係性のなかで行われている。まず作業対象との関係性においては，切り分ける対象が魚なのか牛や豚などの肉なのか，その種類は何かといった対象の違いは，その行為が行われる自然的な環境や資源環境によって異なってくるだろう。一方，包丁を使用する人については，性別，年齢，職業などさまざまな社会的な属性に規定される。主婦が家庭の台所で料理をしている場合，あるいはレストランの厨房で専門のシェフが料理をしている場合では，その振る舞いは違ってくるのだろうか。また，料理の専門家であっても，日本の寿司料理の厨房と中華料理の厨房では，道具立てやその扱い方などに文化的な差異を見いだすこともあるだろう。

現代の社会であれば，このような道具使用をめぐる関係性は，一連の行為と関連づけて観察，記述することができる。しかし，本研究の対象となる石器の場合，石器を使用した人々の行為を直接目にすることはできない。発掘された断片的な情報も，さまざまな関係性をつなぐ糸は途切れてしまっている。

石器使用痕研究の目的は，道具としての使用とこれをめぐるさまざまな関係性を復元することにある。作業対象との関係性 (図 15-A)，石器を使用した人との関係性 (図 15-B) をそれぞれの痕跡から読み取ることで，道具使用の具体的な内容を明らかにし，作業環境を復元していくことが最初の目的である。また，自然環境，資源環境，社会環境，文化環境といったより高次の関係性について，他の考古学的な諸情報と照らし合わせながら，途切れた糸をたぐり寄せていくことも重要な目的なのである。

第2節　使用痕と石器の機能

1　機能の構造的理解

1　概要

使用痕研究の直接的な目的は，石器が何に対してどのように使われたのか，といった石器の機能を明らかにすることである。しかし，この「機能」の意味する範囲は，しばしば作業対象物の種類や作業の個別的な内容に限定して用いられることがある。「この石器は何の動物を切ったものか」とか「イネの収穫具であることがわかった」といったやり取りがなされるが，これは分析結果をもとにした二次的な推論や解釈というべきもので，直接的な分析結果と混同しないよう注意する必要がある。

使用痕分析によって得られる最も基礎的な情報は以下の3点である。

①石器が作業対象物と接触した範囲（使用部位）

②石器と作業対象物との相対的な運動方向（操作方法）

③作業対象物の大別およびその状態（作業対象物・被加工物）

①は各種使用痕の形成される範囲をもとに推定される。摩滅痕，線状痕，微小光沢面など，作業対象物との継続的な接触と摩耗によって生じるような痕跡が特に有効である。②は線状痕の方向や各種痕跡の分布の偏りなどから推定できることが多い。図16は，実験石器等の基本的な操作方法を示したものである。鋸引き（ソーイング），切断（カッティング），掻き取り（スクレイピング），削り（ホイットリング），穿孔（ボーリング），打ち付け（チョッピング）など，石器操作の基本的な単位を表している。実際の石器操作はより複雑なものも想定されるが，個々の動作を復元するためには，まず石器の運動方向を単純化して把握することが必要である。次に③被加工物の種類であるが，そもそも間接的な痕跡を扱う使用痕からは，種レベルでの詳細な特定や識別はかなり難しい。実験的な成果に照らせば，低倍率の微小剥離痕であれば加工物の硬さ，高倍率の微小光沢面でも骨や角，草本植物といったレベルでの同定が現実的である。種レベルでの使用痕の違いより，乾燥した皮，水を加えた骨・角の加工，といった作業物の状態や付加的な条件による変異のほう

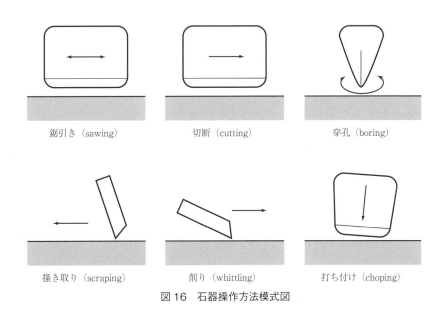

図16　石器操作方法模式図

が大きいので，むしろ作業に関わる条件や環境について有意な情報を得られる場合がある[1]。したがって，特定の作業対象物の同定だけを目的として，使用痕分析に過度の期待をよせるのは危険である。むしろ，①→②→③のように石器の機能を構成する要素を構造的に把握しようとするほうが有効である。

2　分析事例

図17は弥生時代のスクレイパーを対象とした使用痕分析の事例である。この資料を①②③の理解に基づいて，検討してみよう。

図17-1は豊田市川原遺跡［服部編2001］出土の弥生時代中期の石器で，ヘラのような形をしたチャート製の小型石器である。高倍率観察での観察結果は，①腹面側の先端付近を中心に微小光沢面が分布。②光沢面上の線状痕は縁辺に対し直交。③光沢面は明るくコントラストが強く，平坦だが縁辺に丸みをもつ。光沢面分類のDタイプに近い。

機能の推定は，①石器の腹面側を作業対象物にあて，側縁を刃部として，②刃を直交方向に動かす，ホイットリングの操作が推定される。③被加工物として想定されるのは，水分を含む骨・角などである。

図17-2は，清須市・名古屋市西区朝日遺跡［蔭山編2007］出土のサヌカイト製スクレイパーである。高倍率観察での観察所見は，①実測図左辺の縁辺に微弱な光沢面が認められる。②光沢面にともなう線状痕は縁辺と平行。③やや風化しているため光沢面のタイプは不明。

機能推定は次のとおりである。①実測図左辺を刃部とし，②刃縁を平行に操作したと推定される。③作業対象物は不明。

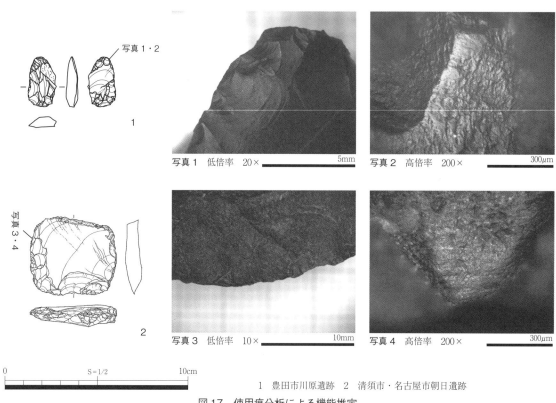

1　豊田市川原遺跡　2　清須市・名古屋市朝日遺跡
図17　使用痕分析による機能推定

2　痕跡連鎖構造と道具の成り立ち

　五十嵐彰は，使用痕を「使用」と「痕跡」および両者の相互関係としてとらえ，「痕跡」を媒介とした使用（加工具）と製作（被加工物）の連鎖構造であると指摘した。「作用主体としての加工具（労働手段）と対象物としての被加工物（労働対象）が接触して変形痕跡が生じるときに，加工具には使用痕跡が，被加工物には製作痕跡が生成される」[五十嵐2003b：5頁]。また，実際の考古資料としての石器は，柄などに装着して用いられることもあり，石器と柄との装着部にも使用による痕跡連鎖は生じる。五十嵐の痕跡連鎖構造は，次のような要素から成り立っている（図18）。

①加工痕跡　加工具との接触によって製作物に生成される製作痕跡
②作用痕跡　加工具として被加工物に直接作用して生じた痕跡
③装着痕跡　柄などの装着具と接触して生じた痕跡
④被装着痕跡　利器との接触によって装着具に生じた痕跡

　利器としての機能部が石器だとすれば，ここで使用痕に相当するのは，②作用痕跡と③装着痕跡である。②作用痕跡は，石器の機能部の生じた痕跡であり，本書では機能部の痕跡または作用痕として扱う。一般的に使用痕と呼ばれるのは，この作用痕のことである。②装着痕跡には，広くみれば石器の保持に関する痕跡という意味があり，本書では装着・保持の痕跡または装着痕とする。

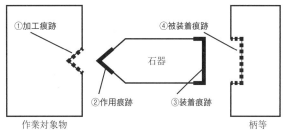

図18　痕跡連鎖構造の模式図

　以下，機能部の痕跡と装着・保持の痕跡について，使用痕分析による実例をあげて説明する。

3　機能部の使用痕（作用痕）

1　概要

　石器の機能部は，作業対象に直接接触し対象を物理的に変形させる役割をもつ。作業対象物には加工の痕跡が形成され，石器機能部には使用痕が形成される。

　機能部の特定は，まず，石器の形態的特徴から使用部位として合理的であるとともに，各種の使用痕の観察結果を総合して判定される。この機能部の特定が正しく行われないと，その後の観察，機能の推定も不正確なものとなってしまう。

　機能部の使用痕の形成過程は，機能の構造的理解でとりあげたように，①作業対象物との接触範囲，②石器と作業対象物との相対的な運動方向，そして③作業対象物の種類やその状態によって規定される。

2　分析事例

a．石錐

　石錐は先端を尖らせた形状の石器で，穴をあけるための工具として理解されている。筆者は愛知県清須市・名古屋市西区朝日遺跡[原田2007]，豊田市川原遺跡[原田・服部2001]，同堂外戸遺跡[原田2011b]から出土した弥生時代の石錐の分析を行った（図19）。

　石錐には下呂石，サヌカイト，チャートといった石材が用いられているが，高倍率観察で微小光沢面が確認できるのはチャートに限られる。下呂石とサヌカイトは風化による表面変化が大きく微小光沢面まで確認

50　第Ⅰ部　石器使用痕の研究

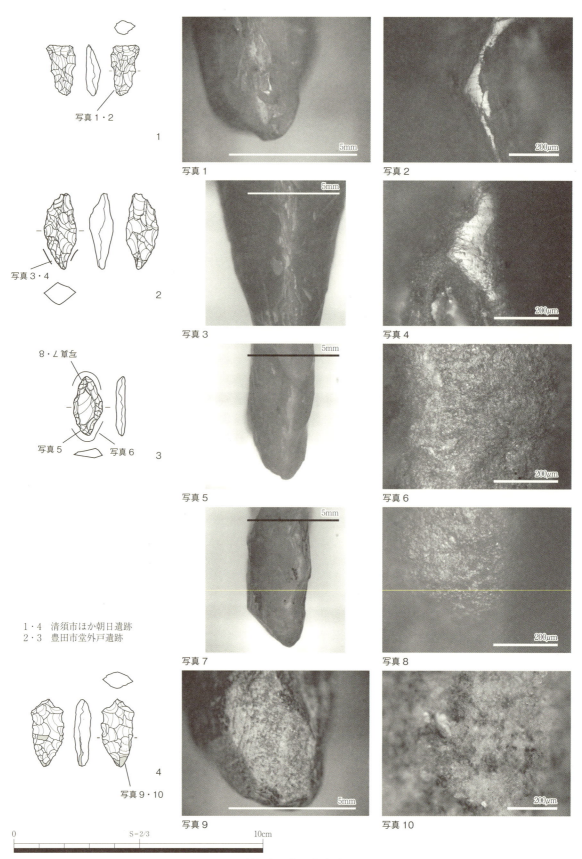

1・4　清須市ほか朝日遺跡
2・3　豊田市堂外戸遺跡

図19　機能部の使用痕（1）石錐

第2章 使用痕と人間行動の復元 51

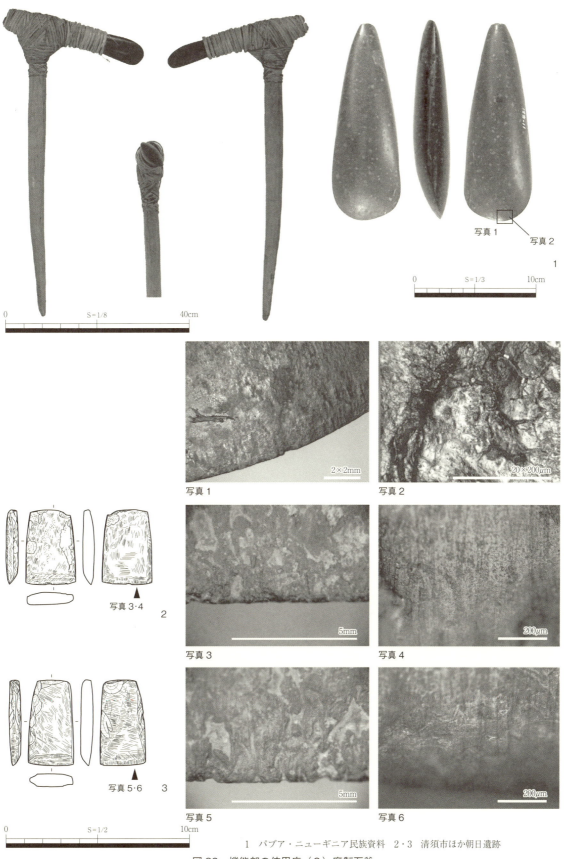

1 パプア・ニューギニア民族資料 2・3 清須市ほか朝日遺跡

図20 機能部の使用痕（2）磨製石斧

できたものはない。ただし，低倍率で観察される摩滅痕，剝離痕は，風化の程度にもよるが，これらの石材でも確認することができる。

摩滅痕は，石錐の錐部の先端と側縁において顕著である。微小剝離痕は主に側縁に形成される。微小光沢面は摩滅痕や微小剝離痕の範囲と重なり，側縁の稜に沿った部分で観察されることが多い。通常一方の先端部が機能部として用いられるが，稀に両端に機能部をもつものもみられる。

図19-1 低倍率では，錐部の側縁を中心に微小剝離痕が顕著にみられる。縁辺から奥にはあまり広がらず，狭い範囲にステップが発達した剝離痕が密集している。高倍率では，稜上の限定した範囲に光沢面がみられる。平面形は面状。断面は平坦で貼り付いたようにみえる。非光沢部との境界は明瞭で，コントラストは強く，きめは滑らか。ピットは少なく，微細な線状痕をともなう。DタイプあるいはBタイプの一部に近い。機能は，先端の機能部を回転させるボーリングが推定される。被加工物は水漬けの角・骨のほか竹や木なども想定される。

図19-2 低倍率は，1と同様に錐部の側縁を中心に微小剝離痕が顕著にみられ，狭い範囲にステップが発達した剝離痕が密集している。高倍率では，光沢面が稜上の限定した範囲にみられる。平面形は面状で，範囲は限定的。断面は平坦で貼り付いたようにみえる。1の光沢面とよく似ているが，若干コントラストが弱く，表面も少し荒れている。非光沢部との境界は比較的明瞭だが，面的な光沢の周辺が摩滅し荒れている。ピットはやや多く，線状痕もみられる。表面にクラックをともなう。D2タイプやGタイプに近い。機能は，先端の機能部を回転させるボーリングが推定される。被加工物は乾燥した角・骨や貝など粘弾性の乏しい硬質なものが想定される。

図19-3 両端が機能部として用いられた事例である。両機能部とも使用痕の特徴は同じものである。低倍率では，錐部先端や側縁に顕著な摩滅痕がみられる。摩滅部分と非摩滅部との境界は明瞭で，発達した摩滅部の断面は平坦にみえる。摩滅部に比較的明瞭な線状痕をともなう。高倍率では，摩滅による原面の変化が認められるものの，光沢面としてはあまり発達していない。変化した摩滅面の表面が一様に鈍い光沢をもつ。規模の大きな溝状の線状痕をともなう。機能部は両端で，いずれも回転をともなうボーリングに用いられた。この痕跡の被加工物は，筆者実験資料との比較によると，土器に用いられた可能性が高く，焼成後の土器穿孔の工具だったと考えられる。

図19-4 下呂石製の石錐であるが，他の3点とは異なる使用方法が想定される。低倍率では，先端の摩滅面は平坦な面をなし，摩滅部は複数の平坦面によって構成され，多面体状を呈している。線状痕はわずかに観察され，方向は一定しない。高倍率では，風化により光沢面は観察できない。機能は，低倍率の観察により，回転をともなう運動は考えられない。石などの硬い物質に対して，向きを変えながら先端部をこすりつけるような操作が推定される。

b．石斧の刃部

図20-1は，パプア・ニューギニアで20世紀前半まで実際に使用されていた磨製石斧である［原田・黒沢2008］。塩基性岩製のやや小ぶりな石斧が，木製の柄に装着されている。柄の形態は膝柄状の形態で，石斧は柄に対して斜めに装着されている。佐原真が縦横中間斧と呼んだ形態の斧である［佐原1994］。この斧の場合，斧が振るわれた際の石斧の向きや装着部の位置も判明している。

斧の機能部は石斧の刃先であるが，機能部の使用痕（作用痕）としては，次のようなものが観察された。低倍率では，刃縁は摩滅し，刃部の断面はやや丸くなっている。刃縁には直交方向の凹みのような線状痕が認められる。微小剝離痕は目立たないが，刃縁に微細な凸凹があり，これは微小剝離痕の縁辺が著しく摩滅し痕跡的な凹みとして残ったものとみられる。高倍率では，少しコントラストが強い小さな点状の光沢面が

分散してみられる。光沢面がやや発達した部分では，微凸凹の高所から中所[2]に及ぶやや丸みのある光沢面となっており，光沢表面にはピットは少なくややなめらかである。

図20-2・3は弥生時代の扁平片刃石斧の分析事例である［原田2007］。いずれも低倍率では，刃縁が若干摩滅しており，微細な剥離痕と直交方向の太い線状痕が観察される。この部分の高倍率観察では，石材全体が鈍い光沢に覆われているが，明確な微小光沢面は見られない。高倍率でも直交方向の線状痕が認められる。なお，低倍率・高倍率とも，使用痕の範囲は刃が付けられた面よりも平坦な面のほうに顕著である。

使用方法としては，石器の平坦な面を対象に向け，刃はほぼ直交方向に作業対象物と接触するような使用方法が想定される。高倍率での光沢面は不明だが，低倍率の痕跡はパプア・ニューギニアの石斧と類似しており，作業対象物は木であると推定される。

4　装着・保持の使用痕（装着痕）

1　概要

使用による痕跡は作業対象物との接触以外でも生じる。石器が道具として使用される際，直接であれ間接であれ，使用する人と石器をつなぐ部位が存在し，そこにも何らかの痕跡が残される。

大阪府池上遺跡の報告では，石庖丁の孔の縁に認められる摩滅の位置から紐の付け方と保持の方法が推定されている［石神ほか1979］。石器の保持と使用方法を分析した好例である。このような痕跡は高倍率の観察でも認められることがあり，松山聡は高倍率の観察で孔周辺の微小光沢面にふれ，その素材についても推定している［松山1992b］。

斎野裕彦・平塚幸人等により，磨製石斧の装着部に微小光沢面が形成されることが，遺物の分析と実験の双方から検証されている［斎野1998，平塚・斎野2003など］。これらの分析は，主に東北日本の片岩製の片刃磨製石斧を対象としたもので，報告されている痕跡はかなり明瞭な微小光沢面である。一方，蛇紋岩などの実験石斧からのレポートでは，きわめて微弱な光沢面として報告されており［高瀬2007］，石材によって光沢面の形成過程に違いがある可能性もある。

この他，直接的な痕跡が残らない場合でも，使用痕が不自然に途切れたり，使用痕が欠落したりする「負の分布」によって，柄や器具の装着した可能性を指摘できる場合もある。また，アスファルトなど，石器の固定に関わる付着物も装着痕の一つである。

装着等の痕跡は，作業対象物との痕跡に比べ実験的なデータの蓄積も十分でなく，まだ研究者間での議論を必要とする部分もあるが，道具としての構造を復元し，実際の使用状況を推定していくうえで重要な分析対象である。

2　分析事例

a．石斧の装着痕

図21　図20-1と同じく，パプア・ニューギニアで収集された民族資料の塩基性岩製磨製石斧である。これらの資料は，図20-1のように柄に装着されたものもあるが，この資料は石斧のみで収集・保管されている。

高倍率の観察では，刃部の使用痕（作用痕）だけでなく，基部に近い側面に微小光沢面が観察された（図21-写真1・2）。光沢面は，限定的ではあるが，やや明るくなめらかで面的に広がっている。断面形は非常に平坦なのが特徴である。この光沢面が観察された場所は，石斧柄のソケット状の部分に収まる部分であり，石斧の形態から柄の使用者側に向く面（前側面）とみられる。この使用痕は柄との接触によって生じた装着痕の可能性がある。パプア・ニューギニアの石器では，他にも主面基部側でこれと同様な光沢面が確認され

54　第Ⅰ部　石器使用痕の研究

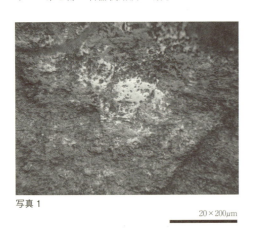

写真1

20×200μm

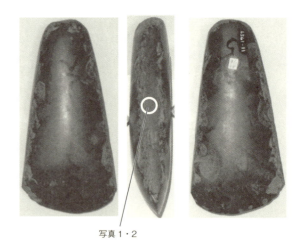

写真1・2

写真2　写真1の立体画像

図21　装着・保持の使用痕（1）
磨製石斧に形成された装着痕

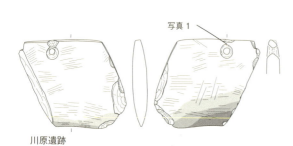

川原遺跡

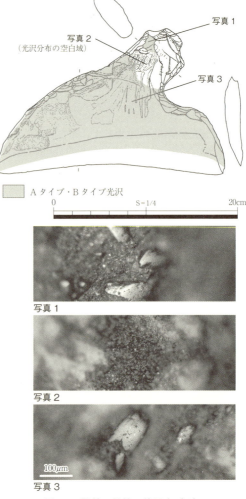

■ Aタイプ・Bタイプ光沢

0　　　　S=1/4　　　　20cm

写真1

写真2
（光沢分布の空白域）

写真3

100μm

写真3

図23　装着・保持の使用痕（3）
破土器の光沢面の空白域

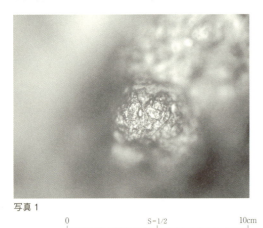

写真1

0　　　　S=1/2　　　　10cm

図22　装着・保持の使用痕（2）
石庖丁の穿孔部の使用痕

た。斎野等の分析した片岩製の片刃石斧の装着痕に比べると光沢面の発達が非常に限定される傾向はあるが，ほぼ同じような痕跡が民族資料でも確認できた。この情報は，考古資料の着柄方法の復元にも参考になるであろう。

b．石庖丁の紐孔の装着痕

図22　豊田市川原遺跡［服部編2001］の磨製大型石庖丁の紐孔の縁辺で，きわめて微弱な光沢面が観察された（図22-写真1）。この部分は肉眼でもやや摩滅しているようにみえる。光沢部は非常に微弱で，表面は微細な凸凹がみられ，全体にやや丸みをもっている。Eタイプあるいは未発達なBタイプとするべきか。光沢面の発達方向は，孔縁辺と直交する。

松山聡は，磨製石庖丁の紐ずれによる痕跡をEタイプの光沢面と報告し，皮などの紐が用いられていたのではないかと推定している［松山1992b］。この光沢面もよく似ているが，皮に限定できるかどうかは検討の余地がある。光沢面の微細ななめらかさなど，Bタイプの初期的な特徴もあることから，縄紐のような乾燥した植物製の材質のものも想定しておくべきであろう。なお，この資料は，磨製大型石庖丁の孔にも保持用の紐をとおして使用し，その紐は孔部ですれるような装着方法がとられていたことを示唆する。

c．破土器の柄の装着痕

図23　新石器時代後期の中国，特に長江下流域に特徴的な「破土器」と呼ばれている石器である。この石器の使用痕と機能については第6章第5節で詳細に検討するが，ここでは，使用痕の「負の分布」により装着方法の推定が可能な事例としてとりあげる。

高倍率観察では，この石器の表面の広い範囲がAタイプあるいはBタイプの光沢面に覆われており（図23-写真3），刃部だけでなく，柄部においても発達した光沢面がみられる（図23-写真1）。このことから，石器のほぼ全面が草本植物と接触するような使用方法がなされたと推定されるが，柄部周辺に，不自然に光沢面の分布が途切れ，光沢面の分布の空白域がみられる（図23-写真2）。このパターンは，この資料だけでなく，他の多くの出土品で繰り返し確認することができる。

筆者はこの空白域の解釈として，光沢面の分布しない部分には，柄があてがわれ，紐などで緊縛されていたのではないかと考えている。表面が柄や紐等で覆われた部分は，作業対象である草本植物と直接触れることはない。むき出しで作業対象物と接触した部分と装着により覆われていた部分の差が，結果的に光沢面の空白域を形成したと考えられる。間接的ではあるが，このような使用痕の負の分布も装着痕の一つである。

第3節　使用痕と石器のライフヒストリー

1　ライフヒストリーと痕跡

考古資料としての石器は，製作加工に関わる痕跡，使用に関わる痕跡，道具の維持管理に関わる痕跡，あるいは保管時や廃棄後に受けた痕跡など，人為的，非人為的なさまざまな痕跡が上書きされ，痕跡の重なりによって形成されたものである。沢田敦は使用痕を含めた石器のライフヒストリーの概念を図24のようにまとめている［澤田2003］。以下，製作，消費（使用），運搬，埋没，調査時の各段階の痕跡は次のようなものである。

a．製作痕跡

石器製作時に形成される痕跡である。打製石器の荒割り，剥離，押圧剥離などの調整痕，磨製石斧の場合は，荒割り，敲打調整，研磨といった各種加工痕が該当する。製作時の偶発剥離のように，使用痕と混同し

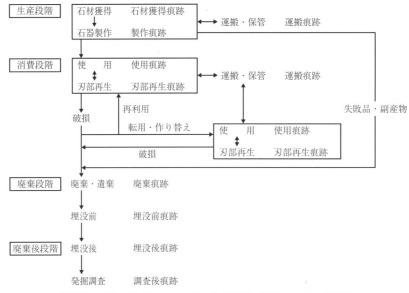

図24 石器のライフヒストリーと使用痕（沢田2003を一部改変）

やすい痕跡も生じる。刃部再生にともなう剝離痕や研磨痕も製作痕跡である。

　b．消費・使用痕跡

　先にみた直接作業対象によって形成される機能部の痕跡（作用痕），装着・保持の使用痕（装着痕）が主な痕跡である。本節では，作業の重複，刃部の再生，転用，作り替えといった人間行動の結果生じた痕跡について，分析事例をあげ具体的にみていく。

　c．運搬痕跡

　石器の運搬によって生じる痕跡である。従来あまり注意されていなかった分野であるが，黒曜石製の打製石器を革袋などに入れ持ち歩くことで，剝離痕，線状痕，摩滅痕等の観察・検討を行った実験研究が行われている［鹿又2010, 御堂島2010］。

　d．埋没痕跡

　埋没前・埋没後に形成される各種の痕跡である。御堂島による石器の踏みつけによる剝離痕等の形成過程の研究がある［御堂島1994］。石器表面の風化は，製作痕や使用痕の検出を大きく左右する。ソイル・シーンや輝斑など，いわゆるPDSM［阿子島1989］と呼ばれている痕跡は，埋没後に生じた摩耗を主な形成メカニズムとし，使用によって生じる微小光沢面との識別が難しい場合や光沢面の観察の妨げとなる場合がある。

　e．調査後痕跡

　発掘調査時に発掘器具によって生じるガジリなどがある。また，出土品整理時の注記や保管時の箱内での移動や接触による損傷も，実際の分析にあたっては無視できない痕跡である。

　これらの痕跡の重なりを読み解くことで，石器のたどってきた履歴を明らかにすることが可能になる。実験に基づき他の痕跡と独立した情報として得られる使用痕は，製作痕跡と消費痕跡を識別するうえで時系列上の定点となり，使用痕と各痕跡との新旧関係が石器のライフヒストリーを理解するうえで重要な情報となる。本節では，特に消費段階における刃部の再生，転用，作り替えについて，いくつかの分析事例をあげながらみていくことにしたい。

2　作業の重複

　同じ石器を複数の用途に使い回すということは十分に想定されることであるが，使用痕分析においてこれらを明確に識別することは非常に難しい。しかし，使用痕の形成過程を正しく読み解いていくことでこのような事例を実証できる場合もある。

　鹿又喜隆は，荒屋遺跡の彫刻刀石器の刃部にみられる2種類の不明光沢について，重複した作業によって形成されたものと考え，実験的な検討をもとに，同じ刃部が角（骨）と乾燥皮のように異なる加工物に対して用いられたことを考察した［鹿又2002］。

　複数の作業に用いられた使用痕の重複を検出するためには，作業内容や被加工物の組み合わせを想定した実験を行っていく必要があるが，その組み合わせは多岐にわたる。また，実際には，鹿又の分析のように，乾燥皮と角（骨）といった使用痕の特徴としては対称的なものの組み合わせのほうが認識されやすい。このような難しさはあるが，一つの道具がどのような使用の履歴を辿ったか明らかにすることは，道具の技術的構造や使用者の社会的な位置づけを知る手がかりとなる。

3　刃部の再生

1　概要

　石器の機能を維持していくうえで，刃部のメンテナンスは不可欠な作業である。弥生時代の場合，磨製石器の刃部を維持するための研ぎ直しなどの刃部再生を指摘することができる。例えば，磨製石庖丁では，刃縁の光沢面の発達が弱くむしろ刃縁から内側の部分で光沢面が発達しているものがみられる。本来被加工物と最も接触する刃縁で光沢面が発達しているはずなのだが，この場合，刃部を研ぎ直して刃を再生させることで，それまでに蓄積されてきた使用痕がいったん消去されてしまい，研磨が及ばない内側との光沢面の発達に差が生じたためと理解されている。これはイネ科草本類による光沢面が，非常に広範囲に形成され継続的に発達拡大するという特性によって把握できる現象である。

2　分析事例

　a．磨製石斧刃部の研ぎ直し

　図25　パプア・ニューギニアで収集された磨製石斧である。この石斧の刃部には，図20-1と同じように使用による摩滅痕や太い線状痕が観察されたが，断面の湾曲が少ないほうの面では刃縁に斜行する粗い線状痕が観察される。この部分では光沢面等の使用痕はほとんど観察されなかった。逆にこの線状痕の内側では，石器表面の摩滅痕，微小光沢面等の使用痕が分布しており，これらの痕跡が斜行する研磨痕によって消されているとみられ，刃部の研ぎ直しによる痕跡だと判断した［原田・黒沢2008］。

4　転用

1　概要

　本来の機能・用途とは別の用いられ方をした石器はそれほど珍しいものではない。考古資料において転用が認識されるのは，もとの石器の使用方法からは想定できないような形態の変形が認められる場合，あるいは，異なる使用痕が重複して検出された場合などである。転用される際の経緯や使用のされ方は多様だが，以下の事例は個別の痕跡の連鎖を読み解くことで人間行動の一端を明らかにしたものである。

58　第Ⅰ部　石器使用痕の研究

図25　刃部再生と使用痕

2　分析事例

a．粗製剝片石器から敲打具への転用

図26　粗製剝片石器の詳細については第3章・第4章で検討するが，主要な使用痕は刃縁の表裏に形成されたAタイプを主とする微小光沢面で，機能は剝片の鋭い縁辺を刃部とし，刃を平行に操作し，イネ科草本植物の切断に用いられたものである。ところが，愛知県朝日遺跡［宮腰編2000］出土のこの石器は，縁辺の一部で光沢面の分布が確認されたにもかかわらず，刃部とみられる部分はやや丸みを帯びた面となっており，ものを切断するような鋭さはない（図26-写真1）。この丸みを帯びた面は敲打痕とみられ，縁辺と直交する多数の線状の凹みをともなう。敲打痕は図のように縁辺を全周するように分布している。切断と敲打の作業は同時になされたとは考えにくく，草本植物の切断具としての機能を停止した後に敲打具に転用された事例と考えられる。

b．石鏃から石錐への転用

愛知県豊田市川原遺跡［服部編2001］において，チャート製の石鏃を石錐に転用した例である。

図27-1　先端部から側縁が大きく破損しており，刺突時に生じた衝撃剝離痕の可能性がある。石錐としての使用痕は，先端部の側縁の摩滅痕で，これは微小剝離痕が密集して形成されたものである。高倍率では，側縁の稜に沿って，なめらかで平坦な微小光沢面が観察され，光沢面の特徴は骨角などの加工に関連するDタイプに近い。先端部を使用した回転運動を用いた穿孔が機能と推定され，使用痕の切り合いから，破損によって石鏃としての機能を停止した後に，石錐に転用されたと推測できる。

図27-2　有茎の石鏃を石錐に転用しているが，鏃の先

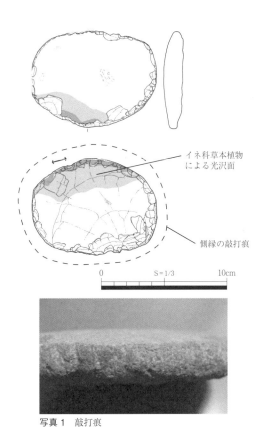

図26　転用と使用痕（1）
粗製剝片石器から敲打具へ

端部だけでなく，基部側も錐として使用している。微小光沢面は両端ともDタイプに類似している。

図27-3　石鏃の先端部が摩滅している。摩滅痕は特に側縁で顕著にみられ，線状痕をともなう面となっている。高倍率では，明瞭な微小光沢面は認められず，摩滅により荒れた面が広範囲に形成されている。これと同様な痕跡は，土器への穿孔によって生じることを実験的に確認している。

5　作り替え

1　概要

川原遺跡では安山岩製の打製尖頭器が出土しているが，そのなかに同石材の大型直縁刃石器を尖頭器に作り替えたと推定されるものがある（図28）。この遺跡では，石鏃・石錐など小型の剥片石器がチャートを主要石材として製作されているのに対し，安山岩を主に大型の剥片石器が製作されている。このような石材利用の脈絡のなかで，大型直縁刃石器を素材剥片に転用して，尖頭器が製作されたものとみられる。

他器種への転用や作り替えは，石材環境とその指向性と密接に関連し，石材の獲得・供給をめぐる問題とも強く関係していることが指摘できる。川原遺跡の場合は，個別的な事例であって過大評価はできないが，

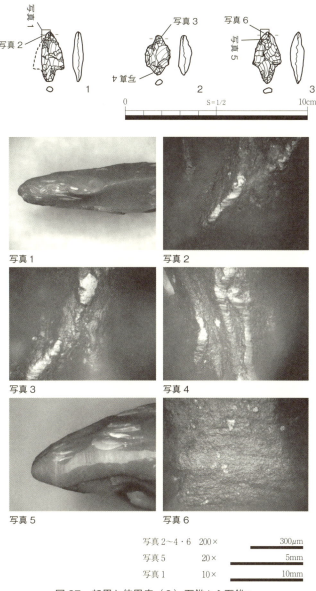

図27　転用と使用痕（2）石鏃から石錐へ

岡山平野ではサヌカイト製の打製石庖丁を打製尖頭器に作り替える事例が知られており，金山産サヌカイトの素材としての流通構造に着目し，中部瀬戸内に分布する金山産サヌカイト製の打製石剣の製作方法は打製石庖丁の製作体系を前提とするような構造をもっていた，という指摘もなされている。［高田2002］。このような視点は，技術的組織における石材の兵站（補給）の構造と維持・消費の構造と強く関わるものである。

2　分析事例

a．大型直縁刃石器から打製尖頭器へ

図28-1　川原遺跡出土の安山岩製の打製尖頭器。先端から縁辺に沿って肉眼でも光沢が認められる。微小光沢面は風化の影響でやや荒れているが，Aタイプの光沢面と推定された。川原遺跡では，安山岩製の大型直縁刃石器が製作されているが，大型直縁刃石器を素材剥片に転用して，尖頭器に作り直されたものとみられる。

b．磨製石庖丁から扁平片刃石斧へ

図28-2 朝日遺跡出土の扁平片刃石斧。側縁には石庖丁の孔が残っている。平坦な面には石庖丁特有の点状の微小光沢面が分布しており、刃部と側縁以外は、もとの形状をほとんど改変せずに作り替えられたようである。刃部には石斧としての使用痕が認められる。微小光沢面など高倍率での使用痕は不明だが、低倍率の観察では刃縁に直交する線状痕が認められ、横斧としての使用方法が推定される。

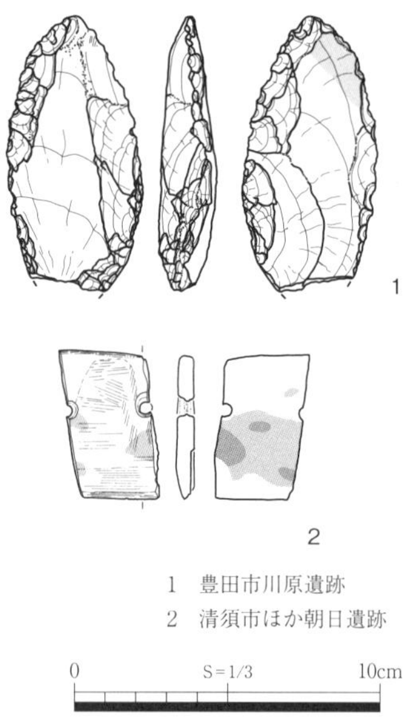

1　豊田市川原遺跡
2　清須市ほか朝日遺跡

図28　作り替えと使用痕

第4節　使用痕と身体技法

1　概要

人間の体の使い方は、身体機能的な側面だけでなく、人間の属する社会や文化によっても異なる。歩き方や座り方、ものを運ぶ動作にいたるまで、何気ない日常の所作も、社会的・文化的な背景のなかで習得されたものといえる。この文化的に習得された体の使い方は「身体技法」と呼ばれている。

このような文化と身体の所作との関係性は、道具を介した作業動作や作業姿勢においても成立する。同じような機能・用途の道具であっても、社会・文化によって道具の形が違っていたり、道具を使用する動作や姿勢が異なっていたりすることがある。また、社会・文化に固有の身体動作は、道具の形態やその使用方法を規定することになる。つまり、道具の成り立ちや構造はその使用方法によって規定されると同時に、道具の使用方法は一方で使用者の動作を規定する要因となる。道具とその道具の用い方には、その社会・文化を理解するためのさまざまな情報が内包されているのである。

文化人類学や社会学などの分野において、身体技法の違いは、行為者を直接観察することで、意識的に記述・理解されるものである。しかし、考古学の場合、観察対象たる行為者はすでに存在せず、道具と人との関係性に関わる情報の多くは失われているため、使用者の動作そのものを直接観察することはできないという最大の問題を前提としなければならない。

この失われた情報を補う手段として、使用痕分析による操作方法の復元が重要な意味をもってくる。物質資料そのものを観察対象とし、残された痕跡から使用者の作業動作を復元することで、作業者の行為と道具との関係性を復元することができれば、間接的とはいえ身体技法レベルの問題について考察することが可能になるのではないか。本節では、まず民族資料や民具研究で検討された、道具使用における身体技法について例示し、物質資料としての道具とその社会的な側面との関係性についてみていくことにしたい。

2　道具と身体技法

1　モースの身体技法と道具

M・モースは、歩行、水泳などの人間の身体所作が、社会的・文化的に多様なあり方をみせることを指摘し、「身体技法」という概念を提唱した［モース／有地・山口訳1971］。モースの身体技法とは、「人間がそれぞれの社会で伝統的な様態でその身体を用いる仕方」と定義されている。

モースの論考のなかで、道具使用と身体技法との関係についての記述は少ないが、「シャベルの使い方」の例をあげている。第一次世界大戦中の体験として、「英軍はフランス製のシャベルを使うことができなかっ

たので，われわれがフランス軍の一師団を交代される場合には，師団ごとに80,000丁のシャベルを取り替えることを余儀なくされた」（124頁）というエピソードである。ここでは，イギリスとフランスのシャベルの形の違い，使い方の違いがどのようなものか，具体的な説明はないが，道具の形とその使用方法は不可分なものであり，社会的な伝統のなかで習得されるものだということを示唆するエピソードである。

2　道具使用の社会的側面と歴史性

鋸には押して切るものと引いて切るものがあるが，日本では伝統的に引いて切るタイプの鋸が用いられてきた。渡邉晶によれば，もとは押しても引いても機能する性能の低い鋸であったが，15世紀頃に引き使いの鋸が成立した［渡邉2004］。また，この頃には，「大鋸（おおが）」という二人で作業する鋸が中国から移入され，製材技術の大きな転換期となったとされる。建築木材の需要が高まったことで，大量の建築材を効率よく製作する道具が必要とされたためである。ただし，この大鋸は近世になると一人で使う「前挽（まえびき）」という鋸に変わり，二人で作業する鋸はあまり定着しなかったという［渡邉2008］。

先の渡邉の論考によれば，中世までの日本の大工仕事は基本的に座ったままで行われることが多かったようである。川田順造は，浮世絵に描かれたさまざまな職人の作業姿勢を西洋の絵画に描かれた職人作業姿勢と比べ，西洋のそれが基本的に立位から高中座位での作業姿勢が多いのに対し，日本では腰をおろした平座位の姿勢での作業が多いことを指摘している［川田2008］。このような作業姿勢の理由について，渡邉は中世に成立した職人集団である「座」のなかにおける職人たちの社会的な関係性に起因するものとみている。なお，近世から明治にかけて大工仕事の作業姿勢に立位の姿勢が多くなっていく。この作業姿勢の変化は，商品経済の発展と職人の供給過剰による効率化が求められたことによって生じたとされる。

道具の使用における身体技法は，文化や経済を含む社会的要因と無関係ではなく，むしろその影響を強く受けながら歴史的な経緯のなかで変化しつつ現在へと受け継がれてきたものだといえる。道具使用の身体技法を明らかにすることは，道具と人との社会的な関係性を読み解くことにつながるものと考えられる。

3　民具研究と身体技法

道具とその身体技法は，道具の機能・効率的な側面だけでなく，地域の歴史的背景，交流史などを反映する場合がある。政治的・歴史的な大きな変化は，ときに地域の伝統的な道具と身体技法を断絶させることもある。道具を対象とした民具や民族資料の研究には，次のように道具と身体技法の関係を扱った論考がある。

a．アイヌの「マキリ」［大西2003］

大西秀之は，特徴的な形態の木工用の小刀状の民具「マキリ」をとりあげ，刃を手前に引くという木工技術におけるアイヌの身体所作を復元し，考古資料との比較からその起源が擦文文化前期にまで遡るとした。さらに近代日本の国民国家の形成という歴史的な背景によりこの道具と身体技法が断絶したことにも言及している。

b．木摺臼の形態と分布［河野2004・2005］

大陸伝来の脱穀用の木摺臼は，中国・朝鮮半島では立ち姿勢で操作するのに対し，日本では座った状態で操作されると理解されてきた。河野通明は，木摺臼の形態と作業時の姿勢（立ち姿勢か座った姿勢かなど），操作方法を復元し，その分布から日本の木摺臼の形態と身体技法はじつは多様なものであったとする見通しを述べている。

河野の方法は，全国の博物館等に収蔵している多量の民具資料を対象とした悉皆調査を行っている点，民具の形態を機能・操作方法との関連で分類するなど，多分に考古学的手法に近い。また，農具の形を理解す

る際に，地形やその土質など機能的な面だけではなく，その土地の歴史的事情（他地域との交流など）も考慮する必要があると述べている。

c．斧による木の伐採

以前，テレビの紀行番組で，オセアニアの原住民の男性が横斧を頭の上から振り下ろして木を伐採している映像を目にした。木の伐採といえば縦斧を横から振るって切るという先入観があったので，その動作を意外に思ったことがある。その後，佐原真の『斧の文化史』［佐原1994］で，ニューギニア島などでは，横斧しかもたず伐採・加工の区別なく使う部族がいたなど，多様な斧の使用方法があったことを知った。斧の使い方といった一見当たり前にみえる身体動作にも，使用する人間が属す社会や文化的な背景が反映されているのである。

4 考古資料における動作の復元と身体技法

1 概要

身体技法を検討するためには，道具の使用時の動作がわかることが前提となる。しかし，絵画資料などが残されているような場合をのぞき，道具の形だけで使用方法を正確に推定することは難しい。この点において，使用痕分析から得られる情報は，使用動作の推定にも大きな役割をはたすことができる。

石器使用痕分析では，使用痕をもとに石器の機能を推定する際に，①使用部位，②操作方法，③作業対象物といったように石器の使い方を構造的に把握しようとしている（本章第1節）。①使用部位は，石器のどの部分が用いられたかということであり，他の要素を検討するために不可欠である。②操作方法は，刃の動かし方が平行か直交か，回転をともなう穿孔か，といった石器の動かし方に関する情報である。③は被加工物の種類やその状態（乾燥，水を含むなど）についてである。このうち①②の情報は，石器使用者の動作を復元することに直結する。また，装着・保持に関わる使用痕（装着痕）が検出できれば，道具と人をつなぐ部分の情報が得られる可能性が高まる（本章第2節）。このように，石器の使用動作を明らかにするうえでは，石器の機能部の特定と作業対象物との相対的な運動方向および装着部の構造を明らかにしうる痕跡の検出が重要である。

2 使用痕と動作の復元

a．敲石の使用痕と使用動作

池谷勝典は，磨石・敲石・石皿を対象として堅果類の加工に関する実験使用痕研究を行ってきた［池谷2003a］。出土資料の分析では，縄文時代の敲石に形成された凹痕について，その成因となった作業内容と敲石の保持および使用動作の復元を行い，凹痕が作業者の安定した同じ動作によって形成されたものであることを指摘した［池谷2004a］。

敲石のような敲打具の分析については，考古資料だけでなく，民具のなかのトチムキ石など，実際に堅果類の処理に用いられた資料を分析することで，その使用目的とともに，使用動作を考慮した使用痕の形成過程の研究も行われている［池谷2003b，上條・中澤2012］。

b．獣皮加工の石器

獣皮を加工するためのスクレイパーは比較的専用度の高い道具の一つであり，獣皮加工の工程と道具の対応など民族学的研究との接点も多い分野である。高瀬克範は，カムチャッカ半島における民族資料としての皮革加工用の石器の分析を行い，実験や考古資料で確認されているEタイプの光沢面を検出している［高瀬2004・2005・2008］。高瀬は，スクレイパーの刃角と刃部の寝かせ具合（作業時の刃部と対象との接触角度）

との関係性に注目し，考古資料のスクレイパーの作業時の運動方向や作業姿勢との関係性を明らかにしようとしている。

c．石斧の操作方法

弥生時代の磨製石斧には，伐採斧としての両刃石斧と主に加工用に用いられた片刃石斧の二つの磨製石斧が存在した。この時代の斧は，これらの石斧に対応する木製の柄が装着状態で出土した資料などもあり，斧としての構造についてかなり判明している。

両刃石斧の刃部は弧状を呈するものが多く，図29-上のように直柄に穿たれた孔に直接石斧を差し込んで装着された。一般に想定される立木の伐採動作は，体の横で斧を振るって刃を斜めに打ち込むものである。この場合，刃部全体が木材と接触するのではなく，使用者側の刃が偏って対象と接触することになる。このため，両刃石斧刃部の線状痕は，石器の主軸に対し斜行するものが多くみられる。

片刃石斧は，板状の扁平な石斧に直線的な刃部がつく扁平片刃石斧，方柱状の形態の柱状片刃石斧などがあり，一般に図29-下のような横斧として装着され使用されたと理解される。斎野裕彦や平塚幸人による扁平片刃石斧の使用痕分析および実験的な検討により，斧としての使用痕と使用方法との関係が明らかになっている［斎野1998，平塚2003］。扁平片刃石斧の使用痕は，図20-2・3のように，刃縁と直交方向の線状痕が発達し，使用痕は扁平な面に偏って観察される場合が多い。また，刃が付けられているほうの面に，平坦な光沢面が観察されることがあり，木製の柄と接触によって生じた装着痕と考えられている。これらの使用痕から，石斧は刃面側の面を木製柄の台座と接して装着され，垂直に振り下ろすようにして使用したと考えられる。

このように弥生時代の石斧は，体の横で振るう縦斧の両刃石斧（図29-上），垂直に振り下ろす横斧の片刃石斧（図29-下）というように，石斧の形態と着柄方法，使用動作に明確な使い分けがなされている。弥生時代の石斧は，大陸系磨製石器と呼ばれるように，形態的に中国や朝鮮半島との関係が強く，縄文時代以前の比較的単純な石斧の構成と比べ，かなりドラスティックな構成の変化を遂げている。これは単なる技術的な発展としてだけでなく，おそらくは木材の伐採，製材，加工に関わる製作技術体系の一環として導入され，以降の木材利用に関わる社会的，経済的な環境にも大きな変革をともなった現象であったとみられる。道具のバリエーションが多様化すると同時に，道具の形態のなかに身体技法が固定化されていった事例としてみておきたい。

3　身体技法の復元

石器に形成された使用痕から身体技法を復元するためには，いくつかのハードルがあり，次のような条件をクリアしていくことが求められる。

まず，作業対象物がある程度明らかなものであること。次に使用痕の情報から作業時の身体動作を復元することであるが，これは一定の動作が繰り返し行われることで，ある程度パターン化された痕跡が定着していることが必要である。また，動作を復元するためには，柄の装着方法や道具の保持の仕方など，道具の構造と身体との関係性もある程度明らかになっていることも必要である。

このような情報を考古資料だけにたよって考察することは

図29　縦斧と横斧（復元模型）

難しい。これを補足するものとして，民族資料や民具の使用方法に関する情報は非常に有益である。最終的には，民族資料などを含め設定した実験を行い，痕跡レベルでの整合性を検証することで，動作を復元することができる。本書では，第3～6章で扱う，石庖丁や「耘田器」といった収穫具の作業動作の復元において，この身体技法の視点から具体的な資料を検討していく。

注

1) ブラインド・テストの結果によれば，①②③の順番で正答率が下がっていくことが指摘されている［御堂島ほか 1987］。ただし，実験プログラムに含まれる種類のすべてにおいて同様な正答率だというわけではなく，種類を特定しやすい識別的な痕跡があったり，痕跡として表れにくいものがあることも知られている。また，作業量による使用痕の発達程度も正答率に影響を与える。
2) 顕微鏡レベルのスケールでは，石器の表面は大きな起伏をもっている。観察にあたって，起伏の高い部分を高所，低い部分を低所，その中間的な部分を中所と表現しているが，あくまでも相対的なものである。

第Ⅱ部　使用痕からみた東アジアの石製農具

第3章　石製農具の使用痕

本章の目的

　本章では，農耕に関わる石器の使用痕について，研究史および研究の現状を概観しつつ，使用痕の基本的な情報と研究の課題を整理する。

　まず，第1節では，穀物の収穫に関わる使用痕として古くから注目されてきたコーングロスとその形成機構に関する研究を整理し，西アジアの初期農耕，東アジアの日本を中心とした農耕研究の実例をあげ，使用痕分析と農耕研究との接点を探っていく。また，筆者の実施した実験石器をもとに，植物を対象とした作業で形成される使用痕の特徴についてまとめる。

　第2節では，弥生時代の集落跡愛知県朝日遺跡の出土資料から収穫に関わると目されてきた3種類の石器をとりあげ，高倍率観察を用いた使用痕分析によって，それぞれの使用方法，作業対象を分析し，復元石器による検証実験をとおして，その機能・用途を評価する。

　第3節では，農具のなかでも，耕起など土に対する作業が想定される石器を対象とした研究の現状を確認し，土を想定した作業とその使用痕の実験的検討，そして，縄文時代から弥生時代の出土資料の分析をとおして，使用痕の特徴と課題を整理する。

第1節　収穫に関わる石器の使用痕

1　コーングロスの研究

　西アジアからヨーロッパの先史研究では，穀物の刈り取りによってフリント製の石器の刃部に独特な光沢が生じることが知られていた。この光沢はコーングロスあるいはシックルグロスと呼ばれ，農耕文化の起源と農耕技術の発達に関する研究分野において，重要な役割をはたしてきた。

　カーウェンは，青銅器時代のヨーロッパから西アジアの鎌の類例から，柄に埋め込まれたフリント石器の刃に沿って生じる帯状の光沢に着目した [Curwen 1930]。新石器時代の遺跡から出土する鋸歯状の剥片にみられる光沢も同様のものと考え，木・乾いた骨・とうもろこしの茎を対象とした実験を行い，とうもろこしの茎で鎌刃と同様に広い範囲に光沢が生じることを確認した。光沢の成因としては，木や茎に含まれる有機質のシリカによるという考えを示している。

　ウィットホフは，コーングロスの形成メカニズムについて，実験や民族的な事例をあげて説明しており，摩擦熱によってフリントの表面が融解し，植物珪酸体との化学変化によって光沢層が形成されるという考えを示している [Witthoft 1967]。また，この痕跡は植物の刈り取りのみに関係するものだとしている。

　1970年代後半には，キーリーによる高倍率分析の手法が確立された [Keeley 1980]。金属顕微鏡による高倍率下の観察では，草本植物だけでなく，さまざまな材質の加工物においても，光沢が形成されることが実験的に明らかにされた。角・骨，木，皮などの被加工物の違いは，それぞれ異なる特徴をもつ光沢を形成し，

高倍率観察においても植物による光沢の識別が有効であると示された。

　アンダーソンは高倍率分析の推進者の一人であるが，光沢面の形成要因については，ウィットホフの理解を発展させ，「移着説」の立場から理解しようとしている［Anderson 1980］。草本，木，骨などの実験石器の光沢表面の特徴を電子顕微鏡で詳細に観察した。アンダーソンの説は，対象物との接触によりフリント石器の表面が溶解し，シリカ・ゲル層が形成され，そのなかに植物や骨などの残渣が取り込まれているとするものである。

　また，後述する脱穀ソリの刃に関連した分析では，同一箇所の変化を正確に計測し，使用によって高低差がなくなる様子をとらえ，これを移着した物質によって凸凹が埋められたことによるものと理解した。

　一方，山田しょうは，光沢面の形成は基本的に摩耗による現象だという立場から，トライボロジー[1]における「摩擦による固体表面の逐次減量現象」こそが，光沢面（微小光沢面）の最大の形成要因だとする［山田 1986］。山田は学史的な検討をふまえ，アンダーソンなどの移着説，シリカ・ゲル説の問題点を指摘した。自身の行ったススキ，木，煮た骨，水漬けの鹿角，乾燥皮，ぬれた皮を被加工物とする実験石器を試料として，金属顕微鏡および走査電子顕微鏡で同一地点が作業の進行によってどのように変化していくのかを観察することで，光沢面の形成機構について考察している。その結果，光沢面の形成は，石器の微細な高まりが失われながら，徐々に進行することが確認でき，摩耗による形成が最も合理的だとしている。さらによりミクロな光沢面の形成機構については，トライボロジーの「引掻き摩耗」によって形成され，線状痕をともなう切削型の損傷，ピットをともなうぜい性破壊型（粒子・粒子塊の脱落）の2種類の損傷が作用すると説明している。光沢面のタイプは，研磨剤として働く被加工物の硬さ，粘弾性的性質，表面の状態によって決定づけられるとしている。

　町田勝則は，欧米でのコーングロスと収穫具との関係，栽培植物の起源に関する研究を，日本における稲作開始期の石器にみられる「ロー状光沢」[2]と収穫具との関係に置き換えている［町田 2002］。町田は金属顕微鏡と走査電子顕微鏡を併用した石器表面の観察を行い，あわせて走査電子顕微鏡による光沢部分の元素解析を行い，光沢の成因について考察している。その結果，光沢は鉱物粒の摩耗によって生じた変化であり，10ミクロン程度の小さな鉱物粒に生じた点状の光沢面が結合もしくは近接することで，より大きな光沢面として観察される。ただし，元素分析の所見によると，光沢部分では一定量のシリカ（SiO_2）で構成されることから，光沢形成に残滓の付着に由来するシリカの薄層を完全に否定することはできないとしている。

　以上，コーングロスの形成機構に関する主な研究を概観してきたが，そのメカニズムをめぐってはさまざまな考えがあり，完全に一致してはいない。コーングロスのように，肉眼でも把握できるほどの規模で光沢が形成されないまでも，顕微鏡レベルでは，木，角，骨，皮，肉など性質の異なるさまざまな材質の加工物で光沢をもつ面が形成されるので，光沢面の成因を穀物の刈り取りだけに関連づけて考えることはできない。しかし，顕微鏡レベルでの微細な特徴の観察によって，穀物をはじめとする植物を同定することはより確実性をもつので，農耕技術の復元に有効な方法論といえる。

　光沢が残滓等の移着によるものか，表面の摩耗によるものかという議論については，顕微鏡による同定作業を行ってきた経験からみて，基本的には摩耗説の立場を支持する。どのような被加工物であれ，光沢は石器の微細な凸凹の高所から形成され，徐々に高さを減じながら広範囲に広がる（あるいは点状の分布範囲を広げていく），というプロセスで形成される。移着によるものであれば，谷間などより低所に残滓が残されていくと考えられるが，そのようなものが光沢面の形成に関与している例はみられない。ただし，町田の元素分析の結果からすれば，より小さなレベルで表面に石材とは異なる何らかの層が形成されている可能性をまったく排除することはできず，摩耗による物理的な現象のほかに，石材の表面を変化させる化学的な要因

が関与している可能性はある。

2　西アジアにおける収穫具の使用痕研究

穀物に対する作業によって生じる独特の使用痕の分析から，石製農具の機能・用途についてどのような研究がなされているか，ここでは，穀物の収穫に用いる鎌の刃部の分析事例，脱穀ソリの刃部として用いられた石刃の分析事例をとりあげ概観する。

1　鎌刃の使用痕

高倍率分析を体系的に石製農具の研究に応用した代表的な研究として，アンガー・ハミルトンによる鎌刃の実験的な研究があげられる［Unger-Hamilton 1989・1991］。西アジアにおける農耕技術の発展過程をテーマとし，非常に細かな条件を設定した多数の実験を行い，作業方法や環境が使用痕に与える影響を検討している。

分析はキーリーの高倍率分析の手法に基づき，微小光沢面の観察に主眼をおいている。刈り取りが行われた作業の場の環境の違い，刈り取られた植物の種類の違いが摩耗痕（光沢）にどのように反映されるかを明らかにし，ナトゥーフ文化から後続する新石器文化の石器の痕跡に当てはめる。そのために，条件を違えた多様な実験プログラムを実施していることが特筆される。収穫実験としては，野生穀類，オオムギ，エンマーコムギ，カラスムギ，ライムギなどの栽培穀物の他，麻，マメ類などの各種栽培植物，ススキのような野生植物も対象とされ，植物の状態（乾燥している，水分を含むなど），刈り取り時の他の植物の混入状況，切断する高さの違い，などを考慮した条件が設定された。

結論としては，植物の種類によって微小光沢面に違いがみられることから，ムギなどの植物種の絞り込みに有効であるとされた。また，線状痕は耕作で緩められた土と関係づけられた。植物の熟し方の程度は微小光沢面の盛り上がり方に反映されるとする。この実験結果をふまえ，ナトゥーフ文化の鎌刃の使用痕は，野生種の刈り取りによるものが主であり，耕作と関わる線状痕に富んだ使用痕は，新石器時代に入って増加する傾向が見られた。南部レバント地方における本格的な農業活動は，先土器新石器文化Bの段階だと結論づけている。

2　脱穀ソリの刃の使用痕

西アジア地域からヨーロッパにかけての伝統的な農具として，脱穀ソリが用いられてきた。収穫したムギを脱穀場に敷きつめ，その上でウシやウマに牽かせたソリを走らせ，動物の踏みつけ，ソリの荷重，ソリの底の刃によって脱穀するという方法である。このソリの底に取り付けられる刃は，現在でもフリント製の石刃が用いられている。コーングロスの形成メカニズムでもみたように，カーウェンやウィットホフなど過去の研究者は，このソリ刃に残された痕跡に触発されてコーングロスの研究を進めてきたともいえる。

先史時代の石器のなかには，鎌の刃以外にも，このような脱穀ソリに用いられた石器が含まれているのではないかと考えた研究者も多い。藤井純夫は，民族資料の脱穀ソリに用いられていた石刃の観察から，ソリ刃としての同定基準について，平面形態，調整剥離，装着法や装着材の使用，使用による光沢の特徴・分布範囲といった想定される属性を整理し，従来鎌刃として報告されているものに，脱穀ソリの刃が含まれていないか注意を促している［藤井 1986］。

アンダーソンは石器使用痕分析の視点から，積極的に脱穀ソリ刃の存在を明らかにしようとした［Anderson 1994］。初期青銅器時代のニネヴァV文化にともなうカナン・タイプと呼ばれる石刃は，金属製のパンチを用いて製作されたとみられ，断面が厚く，端部は折りとられている。非常に強い光沢をもつ。18点の資料が，

使用痕分析の対象となった。分析に用いられた機器は，実体顕微鏡（12〜50倍）で擦り傷，エッジの摩耗を，高倍率顕微鏡（100〜250倍）で微小な属性，光沢，テクスチャ（きめ），研磨剤の性質が観察・検討された。

分析の結果明らかになった使用痕の特徴は次のようなものであった。

- ・平行する線状の摩耗（linear abrasions）は，単方向の運動，強い圧力によることを示す。
- ・二つのタイプの使用痕（光沢）が観察された。光沢タイプ①の特徴は，明るく，なめらか，細い筋（線状痕），狭くて短い範囲に形成され，断面形が「V」字形を呈する。光沢タイプ②の特徴は，鈍く荒れた外観，線状の摩耗，断面は「U」字形を呈する。
- ・彗星のようなくぼみが波打った表面を形成している。
- ・使用痕の範囲と未変化部分との境界は明瞭である。

これらの使用痕の解釈については，光沢タイプ①は鎌刃としての収穫による使用痕だが，タイプ②は民族資料との比較から，脱穀ソリの刃として用いられたものと考察された。

アンダーソンは，その後も脱穀ソリに関する論文を発表している。2006年の論文では，脱穀ソリの構造と刃に使用された石器の使用痕についてまとめ，脱穀にかかる物理的なメカニズムの検討，トライボロジー（摩耗学）の理論に基づく使用痕の形成過程の解釈を試みている［Anderson et al. 2006］。

脱穀ソリの存在は，次のような視点からも，農耕技術の発展を考えるうえで重要な問題を提起している。それは，脱穀するためには，根本で刈り取られたムギが必要であり，根刈りの普及が前提となること，牽引する動物の存在は家畜の起源の問題と関係すること，藁を細かく裁断するという効果は，レンガの混和剤や家畜のえさとしての利用とも関連すること，そして，ムギ類の製粉技術との関係である。

3　日本を中心とした収穫具の使用痕研究

ムギ類を主作物とする西アジアに対し，東アジアでは，主に中国華北を起源とするアワ，キビ，長江中下流域を起源とするイネが，初期農耕の主要な作物として展開してきた。これにともなう収穫具としては，中国北部で成立した石刀（石庖丁）や石鎌といった石器がよく知られているが，これらの使用痕に関する研究は日本の弥生文化の研究において大きく進展してきた。

1　石庖丁をめぐる研究

石庖丁は弥生時代の代表的な石器であり，早い時期から研究の蓄積がある。ここでは機能・用途論，使用痕に着目した研究をとりあげ概観しておきたい。

石庖丁の命名の由来が，エスキモーの女性用のナイフとの形態的な類似から，調理用の庖丁として誤認されたというエピソードは有名である［小林 1959］。1920年代には，中国北部でコウリャンの穂刈りに用いられる鉄製の穂摘具との類似が注目され，穀物の穂摘具としての認識が一般化したようである。弥生文化と原始農耕を追究した森本六爾も，穀物を刈る鎌として使われたと想定し［森本 1933・1934a・b］，収穫具としての評価が定まっていくことになった。

石庖丁の使用方法については，いくつかの考え方が提出されている。石毛直道は広く中国，東南アジアの収穫具の事例について，民族，考古両資料を集成し，東アジア的な視野で日本の石庖丁を位置づけるとともに，刃部の上下の回転運動によって穂を摘むという使用方法を推定した［石毛 1968b］。一方小林公明は，東南アジアの民族事例に基づき，直角に柄を取り付け「水平押切法」による収穫が行われたとの推論を発表している［小林 1978］。両者の使用方法に関する推定は異なっているが，いずれも複製品（石毛の場合はアルミ製の模型）による使用実験を行っており，それぞれ機能的な有効性が認められたとされている。また，石

庖丁は地域や時期による形態差や大きさの違いがみられるが，これらは使用方法や用途の違いとして評価される場合もあった［原田1954］。

使用痕に注目した論考，記述もみられる。すでに1930年代には小林行雄によって使用痕に関する指摘が行われている。小林は石庖丁の刃部にみられる「磨り減った痕」に着目し，これらの石庖丁が片刃であることと関連して，刃と直角方向に動かしたものと推定した［小林1937］。香川県紫雲出遺跡の報告では，サヌカイト製打製石庖丁にみられる「光沢をもつ摩滅痕」を西アジア・北アフリカの石鎌にみられる穀物による光沢と同じものと考え，摩滅痕の分布から使用方法を復元した［小林・佐原1964］。大阪府池上遺跡の報告書では，肉眼で観察される摩滅痕を「方向性をもつ磨減痕」「磨減による光沢面」「紐擦れ痕」等に類型化して実測図に表記し，刃部の摩滅痕と紐擦れ痕の方向から使用方法の復元がなされている［石神ほか1979］。

このように石庖丁研究の初期から使用痕について注意されていたが，あくまでも遺物に残る痕跡から常識的に使用方法を想定する「憶測的機能アプローチ」［阿子島1989］といえるものであった。石毛や小林のような実験的なアプローチも石器の機能的な有効性を明らかにすることに主眼がおかれ，使用痕の実態と結びつけた議論にまでは発展しなかった。

2　高倍率法を用いた研究の展開

弥生時代の石製農具の使用痕分析としては，1984年に発表された宮城県富沢水田遺跡，同下ノ内浦遺跡出土の磨製石庖丁の分析が最初のもので［阿子島・須藤1984，須藤・阿子島1984］，翌年の日本考古学協会においてもその成果が発表されている［須藤・阿子島1985］。光沢強度分布図（図30）に基づいて，各観察資料に共通する使用痕の分布パターンがまとめられ，イネ科植物を対象とする「穂摘み」具としての使用方法が復元された。「穂摘み」という使用方法は従来からの考古学的な推定を追認するものであったが，微小光沢面や線状痕に基づく微細な使用痕の観察が可能になったこと，刃部の研ぎ直しなど個々の石器の使用状況をより詳細に指摘したことは，その後の研究を方向づけるものとなった。磨製石庖丁については，その後も大阪府の資料を用いた松山聡の分析が行われ，左利きによる使用痕，刃部を平行に操作したと推定される使用痕のほか，「属人器」としての占有性といった社会的な側面に踏み込んだ指摘もなされている［松山1992a・b］。

形態だけでは農具として認定できないような石器にも，植物による使用痕が認められる例が報告されるようになった。1987年には，山田しょうによる宮城県富沢遺跡の大形板状安産岩製石器と流紋岩製の剝片石器の分析において，刃部を平行に操作しイネ科植物を切断する機能が推定され，石庖丁以外に「穂摘み」とは異なる使用方法がなされた石器があることが示された［山田1987b］。青森県垂柳遺跡では剝片にイネ科植物による使用痕が検出され［須藤・工藤1990］，石庖丁が稀少な地域においてスクレイパーなど簡易な石器が

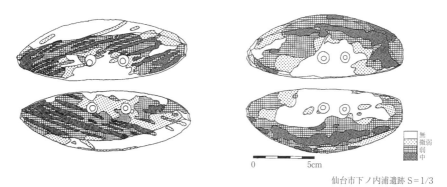

仙台市下ノ内浦遺跡 S＝1/3

図30　磨製石庖丁の使用痕光沢強度分布図（阿子島1989）

収穫具として用いられた可能性が具体的に認識されるようになった。

1989年から1991年にかけて，御堂島正により長野県恒川遺跡群出土の有肩扇状石器，抉入打製石庖丁，横刃型石庖丁，磨製石庖丁等各器種を対象とした使用痕分析が発表された［御堂島1989a・b・c・1990・1991］。それまで土掘具や浅耕除草具など諸説あった有肩扇状石器の機能について，イネ科植物の切断具であることを明らかにした。石庖丁の使用方法については，民族例，考古学的な推定に基づく詳細な使用実験の結果をふまえ，機能が推定された。また，抉入打製石庖丁，横刃型石庖丁，磨製石庖丁の使用方法について，「穂摘み」以外に「穂刈り」の使用方法も想定されるなど，器種と機能の相関関係が明らかにされている（図31）。特定の地域において，異なる器種，機能の組み合わせによって石製農具が構成されていたことを明らかにしたことの意義は大きい。斎野裕彦は，東北地方の大形板状安山岩製石器の使用痕分析や御堂島の「有肩扇状石器」の分析をふまえ，磨製の大型石庖丁，刃部磨製，打製の大形剝片石器を「大型直縁刃石器」と定義し全国的な集成を行った［斎野1993・1994］。イネ科植物の切断を機能とし残稈処理や除草などの用途が推測される石器が，穂摘具とセットで広範に分布していることを指摘するとともに，実験による機能の検証を行っている［斎野1996，斎野ほか1999］。同様な視点での実験は，前述の御堂島の他，新潟県の「石庖丁」［沢田1995］，愛知県の粗製剝片石器［原田1999a］においても実施され，刃部を平行に操作する切断具としての

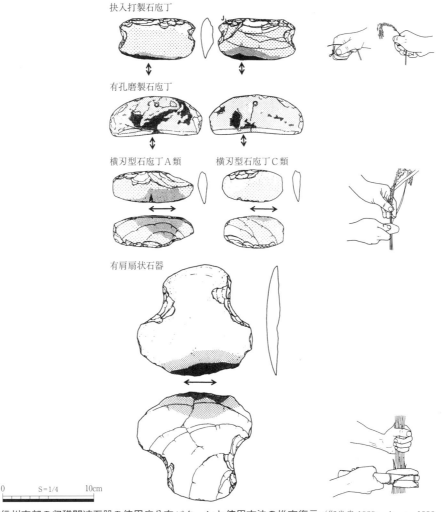

図31　信州南部の収穫関連石器の使用痕分布パターンと使用方法の推定復元（御堂島1989a・b・c・1990・1991）

機能が支持されている。

2001年には斎野による石鎌の使用実験と出土資料の観察結果が提示された。イネ科植物に対し刃部と直交方向に操作し切断する機能をもち，穂首の刈り取りに用いられた収穫具であると推定されている［斎野 2001］。

高倍率の観察による使用痕分析は，製作技術や形態の異なる器種を同一の視点から機能的に比較することを可能にした。この結果，従来から収穫具として想定されていた石庖丁以外にも農具の可能性が考えられる石器が広く存在すること，収穫具として穂摘具以外の使用方法も想定されることを明らかにし，弥生時代の農耕技術の多様な側面を浮き彫りにしつつある。

4　草本植物の使用痕と光沢強度分布図

1　イネ科草本植物の使用痕

草本植物に対する実験によって形成される使用痕の特徴は次のようなものである。

a．光沢・摩滅

イネ科等の草本植物の使用痕は極度に発達した場合，肉眼でも光沢として識別できるようになる。コーングロス，シックルグロス，「ロー状光沢」などと呼ばれているもので，石庖丁の研究において「摩滅」や「光沢」として認識されてきた痕跡はこれにあたる。

b．微小光沢面

微小光沢面は，対象物との接触によって生じた摩耗面が顕微鏡下で光沢を帯びて観察される使用痕である。草本植物との関係が強い微小光沢面は，Aタイプ，Bタイプの光沢面である。東北大学使用痕研究チームの実験では，Aタイプの特徴は「明るくなめらかで，広く縁辺を覆う。未発達の状態ではBに近く，極度に発達すると，白い雪原のように石の元の面をすっかり覆いつくしたようになる。線状痕は所々に刷毛で掃いたように見られるが，時にはゆるやかなうね状を呈するものもある。ピットは一般に少ないが，部分的にすい星状を呈する場合がある」と表記されている［梶原・阿子島 1981：10 頁］。Bタイプの特徴は「明るく滑かで丸みを帯び，水滴状を呈する例がある。外部コントラストが極めて強く，光沢部が島状に広がる。ピットはそれほど多くはないが，線状痕は明瞭である。すい星状の凹みはタイプAほど明瞭ではないが存在する。タイプBには，上記の典型的な物の他に，滑かだが表面に微妙な凹凸のある物や，やや平面的でタイプDに近い物もある」と記載されている［梶原・阿子島 1981：13 頁］。

Aタイプはイネ科草本植物に特徴的な光沢面で，Bタイプは木に対する作業，またはイネ科植物の初期段階に形成される光沢面とされている（イネ科草本植物でも乾燥状態の場合Bタイプの光沢面が主に形成される）。草本植物による光沢面については，石器器面の比較的広い範囲にみられること，上記のようなBタイプからAタイプにかけての特徴をもつ光沢面が，発達程度を違えながら漸移的に分布していることが大きな特徴である。

2　実験石器の使用痕

図32は筆者の実施した網羅的な実験のなかから，植物を対象としたカッティングまたはソーイングの作業によって生じた使用痕をとりあげたものである。1〜8は上段が低倍率の実体顕微鏡，下段が高倍率の金属顕微鏡によって撮影した使用痕画像である。9〜11は高倍率で観察された典型的な光沢面を刃部斜め上から俯瞰した立体画像である。

図32-1〜4はイネの刈り取りを行ったもので，下呂石，サヌカイト，チャート，黒曜石の各石材の使用痕

74 第Ⅱ部 使用痕からみた東アジアの石製農具

図32 植物を作業対象とした使用痕

を比較した。上段の低倍率観察では，いずれも2mm以下の微小剝離痕が観察され，剝離痕の縁辺など稜部に摩滅が生じている（2・4が比較的顕著）。また，縁辺に沿って光沢も分布している。下段の高倍率観察では，低倍率の摩滅・光沢部を中心に明瞭な微小光沢面が形成されている。光沢面は非常に明るくなめらかで，高所から低所を覆うように発達し，3のチャートや4の黒曜石では，撮影範囲のほぼ全域に及んでいる。光沢面上にはピット等は少なく，刃縁と平行してハケでなでたような微細な線状痕がみられる。以上，典型的なAタイプの光沢面である。

次に図32-5～8は，他の植物に関わる使用痕である。下段の高倍率を中心にみていく。5は非イネ科の雑草を切断した石器である。作業量は1～4のイネの切断よりも多いが，光沢面の発達は限定的で，原面をあまり変えずに光沢が広がっている。Bタイプに分類される。6は竹のソーイングの使用痕。竹は条件によっては，Aタイプに匹敵するほどの明るさ，なめらかさをもつ場合がある。7・8は木のソーイングに使用した石器である。光沢面は稜などの突部に限定されるが，これも非常になめらかなBタイプの光沢面が形成されている。

図32-9～11は，イネ，竹，木の光沢面の立体画像である。竹や木は高所を中心に限定的に光沢面が形成されているのに対し，イネの光沢面が他に比べ非常に広い範囲に生じていること，また，高所だけでなく低所にまで及んで原面を変化させていることがよくわかる。このような特徴は，イネ科等草本植物の光沢面，いわゆるコーングロスの大きな特徴である。

3　光沢強度分布図

図30や図31のように，微小光沢面の発達の強弱を実測図上に分布図として示す手法は，石製農具の使用痕分布の表現方法として広く用いられている。この光沢強度分布図は，阿子島香が石庖丁の分析に導入した手法である［須藤・阿子島1984，阿子島1989］。石庖丁のコーングロスパッチが，点状光沢から面的広がりをもつ点状の光沢へと徐々に変化する過程をとらえ，点状の光沢面の数・大きさを段階的に分布図として表記したものである。草本植物など光沢面の分布範囲が広く，漸移的に発達を強める光沢面に有効な手法で，石器と作業対象物との接触範囲や石器の使用方法を復元するうえで有益な情報が得られる。

本書では，AタイプやBタイプの植物光沢について，顕微鏡の観察視野中[3)]に占める光沢面の広がり方（大きさ，連接度，密度といった属性）を目安とし，光沢面の発達に応じて次のように区分する（図33）。

強：光沢面が大きく発達した状態。平面的に広範囲に広がるものを含む。
中：小から中程度の光沢面が密集または連接し広がりつつある状態。
弱：小さな光沢面が単独で散在する状態。
微弱：微小な光沢面がわずかに確認される状態。
なし：光沢面が認められない状態。

光沢面の大きさ，面積等は厳密に計測しているわけではないが，強はおおむね径100μm以上，中は50～100μm，弱は50μm以下を目安としている。実測図中には，強・中・弱・微弱の光沢強度，あるいは光沢なし・観察不能といった観察結果を記号で記入し，光沢面の分布状況を記載していく。

5　収穫実験にみる使用痕

使用痕分析による機能推定において，条件を制御した広範な実験の重要性は研究史の部分でも述べたとおりである。弥生時代の場合，その主たる対象にイネが想定されているため，現在の水田において，穂摘みや穂刈りといった石器の操作方法の復元，穂首や根株などの違いを目的として実施されてきた。一方，最近の

76　第Ⅱ部　使用痕からみた東アジアの石製農具

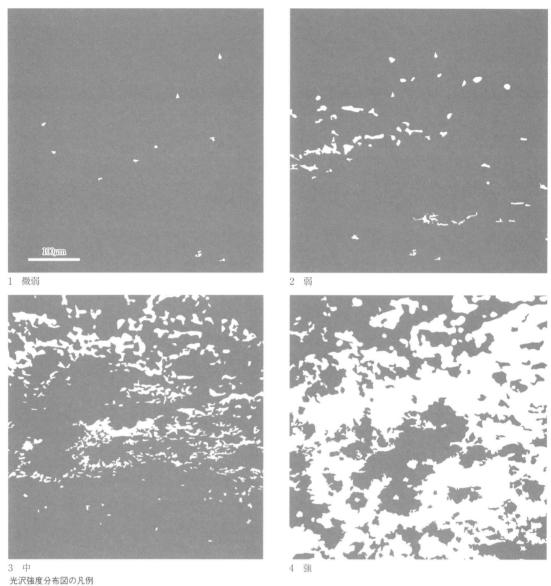

1　微弱　　　　　　　　　　　　　　　　　　　2　弱

3　中　　　　　　　　　　　　　　　　　　　　4　強

光沢強度分布図の凡例
- ● 強：光沢面が大きく発達した状態。平面的に広範囲に広がるものを含む。
- ◉ 中：小から中程度の光沢面が密集または連接し広がりつつある状態。
- ○ 弱：小さな光沢面が単独で散在する状態。
- ・ 微弱：微小な光沢面がわずかに確認される状態。
- × なし：光沢面が認められない状態。

図33　光沢強度の基準

研究では，イネだけでなく，アワやキビなどの雑穀類の栽培についてもその重要性が再認識されつつある。しかし，現状では，イネ以外の穀物に関する使用痕のデータは多くない。そこで，雑穀の収穫にともなう使用痕の基礎的なデータを収集する目的で，アワ，キビ，コムギを対象とした収穫実験を行った。比較のために行ったイネの収穫実験と合わせ，実験の概要および使用痕について報告する。

1　実験の方法と経過

　実験は，アワ，キビ，コムギ，イネの4種類の穀物を対象として行った（図34）。

　実験を行った場所は，山梨県笛吹市の山梨県立博物館（アワ，キビ，コムギ），山梨県小菅村のNPO法

1 アワ
イネ科アワ属に属す1年生植物である。祖先種はエノコログサで、その発祥地は東アジアとされる。茎の先に円形の小穂が密生し、刺毛がある。茎はイネに比べやや太い。

2 キビ
イネ科キビ属に属す1年生植物である。栽培キビの原産地は中央および東アジアの大陸性気候の温帯地域とされる。茎の先に穂ができるが、刺はなく、アワより若干実が大きい。茎はイネに比べやや太い。

3 コムギ
イネ科コムギ属に属す。本来は越年生の植物である。多数の栽培種がある。中央アジアから西アジアにかけてが原産地とされる。実は硬い外皮に覆われ、長い芒が特徴。

4 イネ
イネ科イネ属に属す1年生植物である。イネの栽培起源地は長江中下流域とする説が有力である。本実験では、いわゆる赤米の収穫を行った。

図34 実験対象の穀物

1 山梨県立博物館の畑　　2 小菅村雑穀栽培見本園　　3 貝殻山貝塚資料館体験学習用水田

図35 実験場所

1 穂摘み　　2 穂刈り

図36 実験石器の操作方法

人自然文化誌研究会が管理している畑（アワ、キビ）、愛知県清須市の愛知県清洲貝殻山貝塚資料館の体験学習用水田（イネ）である（図35）。

実験用の石器は次の2種類のものを用意した。

①磨製石庖丁（S-276・277・293・278）

愛知・三重・岐阜県境を流れる木曽川の下流域（愛知県弥富市）で採集した泥岩を用いて、長さは8〜8.5cmの片刃の石庖丁を製作した。全体をグラインダーで削っておおまかに整形した後に、砥石で表面を研磨して仕上げた。背部には孔を開け、紐輪をつけて使用した。

②剝片石器（S-279・280・294・282）

もう一つは安産岩製の剝片石器である。山梨県の金川流域（笛吹市）で採集した川原石を母岩とし、打ち割った剝片の縁辺を加工せずそのまま刃部とした。

78　第Ⅱ部　使用痕からみた東アジアの石製農具

表6　雑穀収穫実験作業量

石器 No.	器種	使用方法	本	分	本/分
S-276	石庖丁	アワ・穂摘み	5491	234	23.5
S-277	石庖丁	キビ・穂摘み	5000	206	24.3
S-293	石庖丁	コムギ・穂摘み	5000	200	25.0
S-278	石庖丁	イネ・穂摘み	5000	172	29.1
S-279	剝片	アワ・穂刈り	5000	201	24.9
S-280	剝片	キビ・穂刈り	5000	125	40.0
S-294	剝片	コムギ・穂刈り	5000	163	30.7
S-282	剝片	イネ・穂刈り	5002	172	29.1

　次に石器の操作方法であるが、穂の下の茎を切断する収穫作業を想定し、穂摘みと穂刈りの二つの操作方法を行った（図36）。

　穂摘み（磨製石庖丁）　親指で器面に穀物の穂を押さえつけ、手首を内側にひねることで、刃部と直行方向に対象物を切断する。刃面を裏側にし、平坦な面に穂を押さえつけて使用した。

　穂刈り（剝片石器）　刃部を平行方向に操作し、引き切るように切断する。石器は自然面のある面を上にして使用した。穂の下の10〜20cm下を切断するように行ったが、キビの2回目の実験では、根本に近い部分も切断した。

　実験は、作業時間を10〜30分に区切って繰り返し行い、回ごとに作業者を入れ替えた。ただし、イネの収穫実験はすべて一人で行った。いずれの石器も作業量（切断する茎の本数）は5,000回を目処にしている。表6には、作業時間の累計および1分あたりの収穫本数を示しているが、作業環境の違い、作業者による本数の偏りなどもあるので、これはあくまでも参考程度にとどめておきたい。

　実験現場では、デジタルカメラによる作業写真の記録、実験石器の記録を行った。

　また、アワ、キビの2回目の実験では、石器の表面に水色の水性絵の具を塗布した状態で収穫を行った。これは、作業対象物との接触により絵の具が徐々に剥落していくことを利用し、作業対象物が石器のどの部分に強く接触しているかを把握する目的で行ったものである。この接触範囲は、使用痕が形成される分布範囲を推測する補助的な情報とした。

2　実験石器の使用痕

　実験によって生じた使用痕等の観察結果について報告する。なお、石器の記述にあたっては、使用時に上になる面をa面、下側になる面をb面として表記する。磨製石庖丁の場合は、穂を押さえつけるほうがa面となる。

　a．対象物との接触範囲について

　アワ、キビの実験で行った、絵の具による接触範囲の記録について確認しておく（図37）。

　この方法では、接触範囲に関係する二つの変化が認められた。一つは接触範囲の絵の具が剥離し、石器の表面が露出した部分で、この範囲は頻繁に接触を繰り返した部分と考えられる。もう一つは、植物の茎の残滓が絵の具の上に付着した部分で、絵の具が剥離した部分の周囲に広がっていることが多い。絵の具が剥離した範囲ほどではないが、作業中に対象物と接触したことによって生じたものである。

　実験石器の接触範囲は、使用方法の違いによって異なる結果が得られた。穂摘みを行ったS-276、S-277は、a面の中央より左側の広い範囲で絵の具が剥離している。この部分は親指で茎を押さえつけたところから刃部にかけての範囲である。一方、反対のb面では、刃部周辺の狭い範囲しか接触していないことがわかる。このような接触の仕方は、穂を器面に押し当て、刃を直交方向に動かす穂摘みという使用方法の特徴をよく表している。穂刈りのS-279、S-280は、刃部に沿った帯状の範囲で絵の具が剥離し、それより広い範囲に残滓が付着している。写真ではS-280がわかりやすいが、接触範囲は刃部の片側に少し偏っている。この接触の仕方は、石器の刃を平行に動かすという石器の操作方法を反映しており、穂摘みに比べ対象物との接触範囲は狭く、使用痕の形成範囲も限定されるとみられる。

b．使用痕の観察

実験石器は，中性洗剤をつけ水でおおまかに汚れを落とした後，さらに超音波洗浄機で細かな汚れを除去した。顕微鏡での観察にあたっては，エタノールで石器表面の脂分や汚れを拭き取った。

観察に使用した顕微鏡は，オリンパス製金属顕微鏡BX30Mで，10・20・50倍の対物レンズにより，使用によって石器表面に形成された微小光沢面，線状痕の観察を行った。

顕微鏡写真には，焦点合成ソフトを使用した。光軸にそってピントをずらしながら撮影した複数の画像をパソコン上で合成処理し，多焦点画像を作成した。

光沢面のタイプ分類によれば［阿子島1989］，観察された微小光沢面は，Bタイプ，Aタイプの光沢面に相当する。ただし，作業対象物あるいは使用方法によって，光沢面の外観にはわずかな違いがみられる。ここでは，石器の操作方法ごとに，各実験石器の使用痕の状況について記述する。

①石庖丁（穂摘み）の使用痕

この使用方法での共通点は，いずれもa面の刃部左側

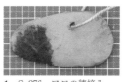

1　S-276　アワの穂摘み

2　S-277　キビの穂摘み

3　S-279　アワの穂刈り

4　S-280　キビの穂刈り

図37　対象物との接触範囲

の縁辺を中心に微小光沢面が分布し，光沢面は斑点状に独立して発達していること，刃部縁辺の摩滅が顕著で刃縁と直交する溝状の線状痕をともなっていることである。

アワに使用したS-276（図40-上）は，第2回目の実験時に，刃部が節理に沿ってやや大きく破損した。作業時に負荷のかかる部分であり，光沢面が最も発達した部分が失われたかもしれない。微小光沢面は，a面の刃縁に沿って分布し，b面ではみられない。光沢面の分布範囲は，イネS-278よりも若干狭い。微小光沢面は，斑点状の光沢面が独立して発達している様子は，イネの場合と同じであるが，イネに比べ総じて光沢の発達は弱い。光沢表面は明るくなめらかだが，刃部近くでは，刃縁に直交する微細な線状痕が観察される（図38-写真1）。また，刃部を正面からみると，縁辺は溝状の線状痕をともなって摩滅している（図38-写真2）。

キビに使用したS-277（図38-下）は今回の実験では最も使用痕の発達が弱かった。刃部は使用時に生じた微細な剥離痕が所々みられる。微小光沢面は，a面の刃縁に沿って観察されるが，範囲は限定的で，最大に発達した部分でも，光沢面は径50μmに満たない。光沢の表面はやや明るくなめらかで，光沢面上のピット，線状痕は不明である（図38-写真3）。刃部を正面から観察すると，縁辺は溝状の線状痕をともなって摩滅している（図38-写真4）。

コムギS-293（図39-上）は，a面の刃部左で最も強いが，光沢面の径は50μmに満たず，発達程度は弱である（図39-写真5）。刃部正面では，縁辺が摩滅し，刃縁に直行する溝状の線状痕が形成されている（図39-写真6）。

イネS-278（図39-下）は，使用による刃部の損傷はなく，安定して使用することができた。顕微鏡では，a面の刃縁に沿って微小光沢面が分布している状況が観察される。反対側のb面では，微小光沢面は確認で

きない。光沢面の分布範囲は，使用時に親指で穂を押さえた部分の下にあたり，切断する際に茎が最も強く接触した部分である。微小光沢面は微細な凸凹の高所を覆うように独立した斑点状に発達している。大きなものは100μm以上あり，これは穂摘みを行った3点のなかで最も発達している。光沢面の形状は，非光沢部との境界が明瞭で，光沢面の断面は丸みをもち，水滴状の外観を呈している。光沢の表面は非常に明るくなめらかで，ピットや線状痕は少ない。ただし，刃縁に近い部分では，微細な線状痕をともなうものも確認できる（図39-写真7）。刃部を立てて正面から観察すると（図39-写真8），刃縁全体が摩滅し，丸みを帯びている。この摩滅部分は，縁辺と直交する溝状の線状痕をともなっており，所々に小さな点状の光沢面がみられる。これも刃部を直交方向に動かす「穂摘み」による痕跡として理解できる。

②剥片石器（穂刈り）の使用痕

穂刈りによる使用方法では，使用痕はa面，b面の刃縁に沿って形成される。光沢面は石材表面の起伏に沿って面的に広がっている。刃を平行方向に操作するため，線状痕は刃縁と平行するものが主となる。

アワ S-279（図40-上）は，b面の刃縁に沿って微小光沢面が形成されているが，あまり発達しておらず，分布も限定的である。b面のほうは比較的発達しているが，a面では微弱な光沢面しか確認できない。微小光沢面は，微細な凸凹の高所から生じ，面的に発達している部分もみられるが，総じてイネよりも発達は弱い。光沢面はやや平坦で，非光沢部との境界は比較的明瞭である。光沢面は明るくなめらかだが，ピット，線状痕が比較的多いという印象を受ける（図40-写真9・10）。

キビ S-280（図40-下）は，b面の刃縁に沿って微弱な光沢面が認められるが，礫風化面となっているa面では確認できない。b面の光沢面も非常に限定的で，発達は弱い。微細な凸凹の高所に沿って形成している。光沢は原面の起伏を大きくかえていないが，部分的に丸みをもつ部分がある。光沢部と非光沢部との境界はやや漸移的である。光沢の表面はやや明るくなめらかだが，未発達な部分は微細な凸凹をもちやや荒れた印象を受ける。光沢面に刃部と平行する線状痕をともなう（図40-写真11・12）。

コムギ S-294（図41-上）は，切断時にあまり負荷をかけなくても茎が折れてしまい，作業量に比して光沢面の発達は微弱である。a面，b面とも刃縁に沿ってわずかな光沢面が生じた（図41-写真13・14）。光沢面はあまり明るくなく，表面も若干なめらかさを欠く。これは光沢面発達がごく初期のため，光沢面の特徴が未分化な状況にあるものと思われる。

イネ S-282（図41-下）は，石器の礫面側を上にして使用したので，剥離面がa面，礫面側がb面となる。微小剥離痕等マクロな使用痕は確認できなかった。微小光沢面は，a面，b面とも認められ，分布は表裏対称である。光沢面は高所から中低所を覆うように面的に発達し，光沢部の輪郭は明瞭である。光沢断面はなめらかな丸みをもち，原面の起伏に沿って流動的な外観を呈する部分もある。光沢の表面は非常に明るくなめらかである。光沢表面には，刃部と平行する微細な線状痕，ピット，彗星状ピットがみられる（図41-写真15・16）。

3　実験結果のまとめ

石器の操作方法によって，使用痕の分布の仕方，光沢面の発達の仕方が異なる。穂摘みの場合は，穂を押さえつける主面の刃部付近および刃縁に注意する必要がある。特に，刃縁にみられる溝状の線状痕と丸みを帯びた摩滅痕は，作業作物の種類に関わらず共通しており，穂摘みの使用方法を推定する際に有力な根拠となるだろう。一方，刃を平行に操作する穂刈りは，茎との接触範囲が限定されることから，使用痕の形成範囲も限定的になる。出土資料では，御堂島正によって分析が行われた信州南部の横刃形石器が，このような使い方が想定される石器のよい例である［御堂島1990］。

第3章 石製農具の使用痕 81

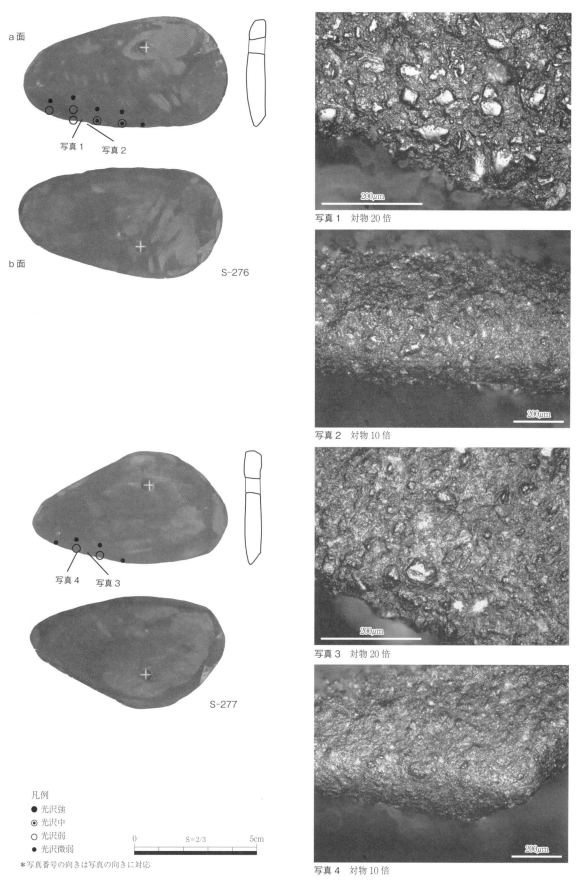

図38 実験石器使用痕分布図・顕微鏡写真（1）

82　第Ⅱ部　使用痕からみた東アジアの石製農具

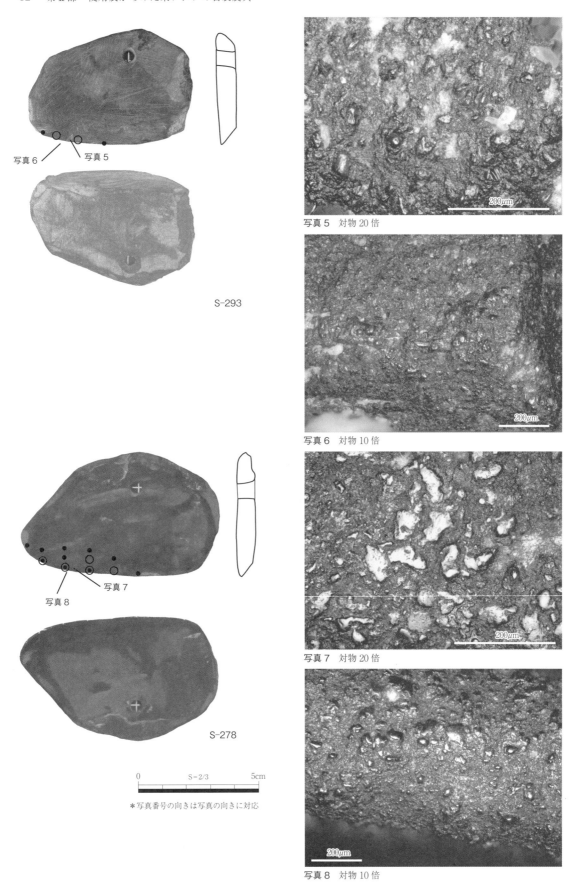

写真5　対物20倍

写真6　対物10倍

写真7　対物20倍

写真8　対物10倍

図39　実験石器使用痕分布図・顕微鏡写真（2）

第3章 石製農具の使用痕 83

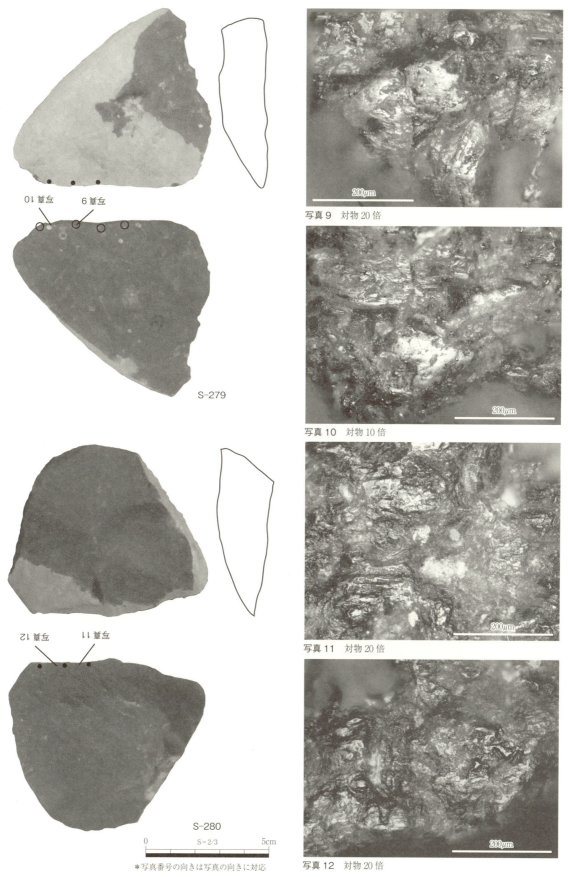

図40 実験石器使用痕分布図・顕微鏡写真（3）

84　第Ⅱ部　使用痕からみた東アジアの石製農具

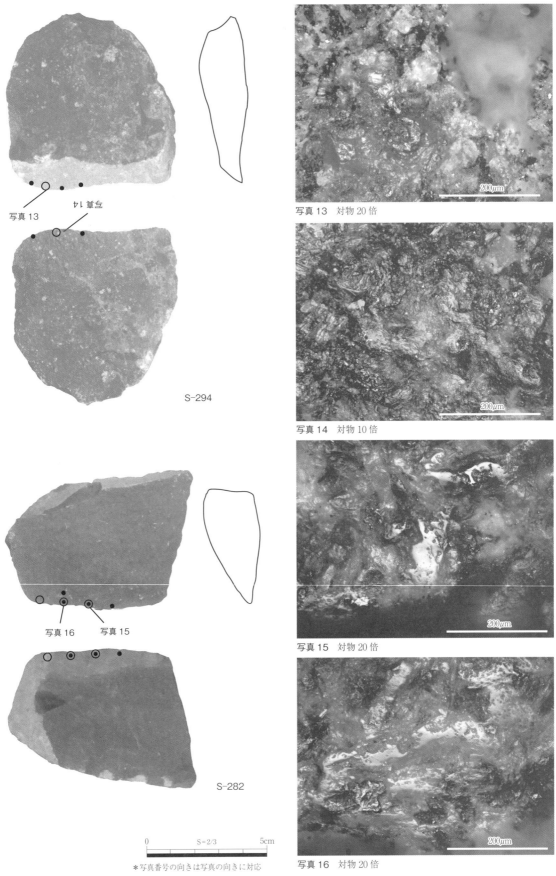

写真13　対物20倍

写真14　対物10倍

写真15　対物20倍

写真16　対物20倍

＊写真番号の向きは写真の向きに対応

図41　実験石器使用痕分布図・顕微鏡写真（4）

微小光沢面は，イネが最も発達し，アワ，キビ，コムギの順に発達は弱くなっている。特にイネは識別的な使用痕が早い段階で形成されることが今回の実験でも確認できた。微小光沢面は，非常に微細な摩耗によって形成されると考えられている［山田1986］。イネの場合，茎や葉に豊富に含まれるプラント・オパールが研磨剤としての役割をはたすことで，石器の表面に非常に明瞭な微小光沢面を形成すると理解できる。ただし，今回の実験のコムギについては，非常に乾燥し茎が折れやすくなっていたため，作業時に石器刃部にあまり負荷がかからず，このことが光沢面の発達を遅らせたと考えられる。

今回の実験でみられた差違は，作業植物の違いによって異なるタイプの光沢面が形成されたというよりは，光沢の発達程度の違いとしての側面が強い。微弱なキビの光沢面も，さらに回数を重ねれば，より明瞭な光沢面へ発達すると予測される。本実験で確認された微小光沢面の差違をもって，すぐに作業植物の種類が識別できるという性格のものではないが，いずれの植物の場合も使用痕分析が収穫具とその使用方法の推定に有効だということが確認できた。

第2節　弥生時代の石製収穫具——朝日遺跡の石庖丁をめぐって——

1　目的

前節では石製収穫具の使用痕に関するこれまでの研究を概観しきた。本節では，石製農具の使用痕研究の具体的な事例として，弥生時代の愛知県清須市・名古屋市西区朝日遺跡から出土した石製収穫具をとりあげて，実際に使用痕の観察を行っていく。朝日遺跡が所在する愛知県西部は，弥生文化のなかでも西日本の文化と東日本の文化が接する特徴的な地域である。その影響は，農耕文化に関わる石製農具のあり方にも反映されている。この地域では，従来から，収穫具である磨製石庖丁が少ないことが指摘されてきたが，一方で打製の剥片石器が多くみられ，これが磨製石庖丁に代わる収穫具ではないかと目されてきた経緯がある。

本節では，朝日遺跡から出土した石器のうち，大陸系磨製石器の磨製石庖丁と磨製大型石庖丁，粗製剥片石器をとりあげ，使用痕の観察，復元石器による使用実験をとおして，各器種の機能を明らかにし，形態的特徴との関係性について検討する。

2　朝日遺跡の収穫具

朝日遺跡はその規模，質ともに東海地方を代表する弥生遺跡の一つである。愛知県清須市から名古屋市西区にかけて所在し，遺跡の範囲は東西約1.4km，南北約0.8kmにも及ぶ。濃尾平野における中核的な集落であり，これまでの発掘調査の出土遺物はコンテナ約2万箱をこえる。そのなかで石庖丁は，100点以上出土している。この地域の1遺跡から出土した石庖丁の数としては抜きん出ているものの，発掘面積の規模，遺跡の継続時期，出土遺物総数等からみると決して多いとはいえない。主要石器である磨製石斧や打製石鏃等に比べても，石器組成のなかで占める比率はきわめて低い。

出土した石庖丁は，法量と形態的特徴から大きく二つに分類される。一つは刃部に平行する辺が15cm以下を目安とするもので通常サイズの磨製石庖丁である。もう一つは長さ15cm以上を目安とする大型品である。以下，前者を単に磨製石庖丁，後者を磨製大型石庖丁とし，両者をあわせていう場合には石庖丁と呼称する。また，この地域における磨製石庖丁の稀少性を考えるにあたって，もう一つとりあげられなければならない石器がある。筆者等が粗製剥片石器と呼称している打製石器で，尾張地域を中心に出土している。以下，これら3種類の石器の特徴を概観しておきたい。

86 第Ⅱ部 使用痕からみた東アジアの石製農具

　a．磨製石庖丁（図42-1～6）

　磨製石庖丁は刃部の長さに対して幅が細身な形態で，全面を丁寧に研磨して仕上げるものが多い。紐掛け用の穿孔が2孔施され，孔は体部中央からやや背部寄りに穿たれている。左右の位置は，片側に寄るものとほぼ中央に穿孔されているものがある。刃部の平面形は，明確に外湾するものは少なく直刃のものが主流である。刃部断面形態は片刃と両刃があり，片刃のものについては刃部を形成する稜が明瞭に研ぎ出されている。刃部断面の角度は30～50度に分布する。

　b．磨製大型石庖丁（図42-7～12）

　次に磨製大型石庖丁の形態についてみてみよう。まず，磨製石庖丁と比較して，刃部と平行する長辺と短辺の比率が異なり，磨製石庖丁に比べ縦に長い形態となっている。また，磨製石庖丁は背部から側辺にかけて丸味を帯び明瞭な境をもたないが，磨製大型石庖丁の場合，直線的で斜めの側辺と短い背部の境が比較的明瞭で，平面形は台形状に近い形態を呈するものが多い。穿孔は2孔以上で，左右の位置関係では中央に施される例が多い。上下の位置では，磨製石庖丁が体部中央付近の背部寄りなのに対し，著しく背部に寄った位置に穿孔されている図42-7・8・10の例が典型的なものである。刃部の平面形は直刃のものが多く，図42-8・9のように内湾刃のものもみられる。刃部の断面形は，管見におよぶものはいずれも両刃である。刃部を形成する稜が明瞭でなく刃が鋭く研ぎ出されているのが特徴で，刃部角は20～40度と磨製石庖丁より小さな値に分布する。

　磨製大型石庖丁は，磨製であること，紐掛けのための穿孔が施されているなどの形態的な類似性から，磨製石庖丁の大型品として報告されることが多い。しかし，上記のように細部の形態では磨製石庖丁と異なる部分が多く，一定の形態的な属性をそなえた石器として評価することが可能である。

　c．粗製剥片石器（図43-13～20）

　この石器は主に砂岩や濃飛流紋岩など地域内で入手が容易な石材を用い，円礫から打ち剥がした剥片の鋭い縁辺を刃部とし，簡単な調整を加えるかあるいはそのまま使用する石器である。弥生中期に特徴的な形態として，両側辺に敲打，剥離による調整を施したものが多く認められる。

　朝日遺跡出土の粗製剥片石器は，県教委報告分［加藤編1982］でも数点が「不定形刃器」として掲載されている。さらに県埋蔵文化財センター報告分［石黒編1993］では約80点が図示され，一覧表を参照するかぎり600点以上出土しているとみられる。このうち，約20点は肉眼観察によって刃部に光沢が確認されており，その範囲が実測図中に図示されている。

　磨製石庖丁の用途については，イネの収穫に用いられた穂摘具と考えられてきたが，磨製大型石庖丁については，その機能・用途について大方の一致をみているとはいえない。代表的な意見としては，穂首を小型の石庖丁で刈った後稲束をまとめて刈り取る可能性を指摘した伊藤久嗣の意見がある［伊藤1980］。あるいは磨製石庖丁との形態的な類似から，磨製石庖丁を大型化した儀器的な性格をもった非実用的な石製品としてとらえる見解もある［加藤1994］。粗製剥片石器については，かねてから石庖丁の代用品ではないかとの意見があり，実体顕微鏡による使用痕の観察も行われている［町田1993］。これらの諸意見を検証するために，本分析では，高倍率での微小光沢面の観察をとおして，より詳細に石器の機能を復元していく。

3　使用痕分析

1　分析資料

　本節で取り扱う資料は愛知県教育委員会によって報告された昭和47年から55年までの発掘資料［加藤編1982］と（財）愛知県埋蔵文化財センターによって報告された昭和56年から平成元年までの出土資料［石黒

第3章 石製農具の使用痕　87

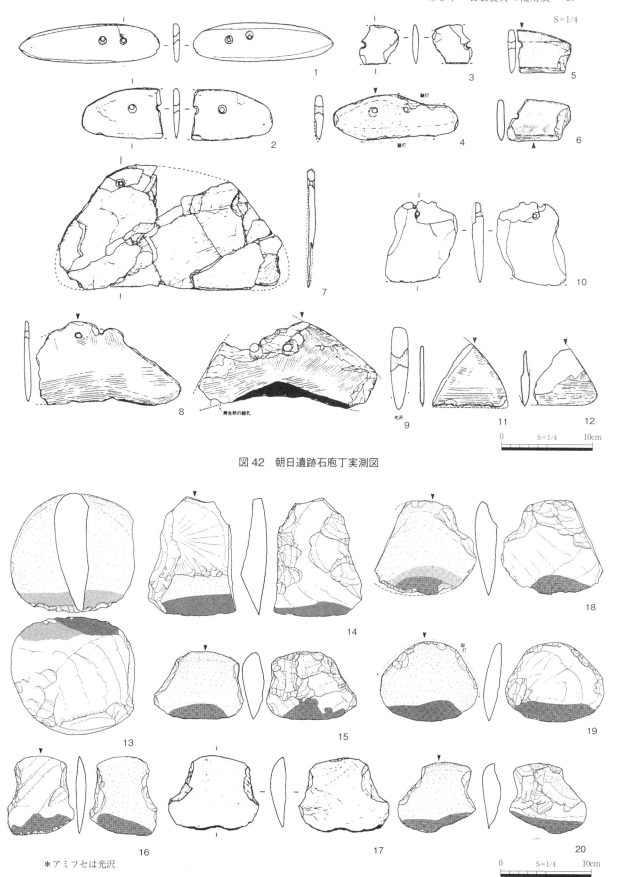

図42　朝日遺跡石庖丁実測図

図43　朝日遺跡粗製剝片石器実測図

88　第Ⅱ部　使用痕からみた東アジアの石製農具

編1993]である。遺構外出土資料が多く，継続時期の長さと複雑に遺構が切り合う状況から，資料個別の帰属時期を特定することは困難であるが，前期の集落域が主要な調査範囲に入っていないこと，当地域では弥生時代後期以降石器が急速に衰退することから，総体的には弥生時代中期に属するものと把握しておきたい。

2　分析方法

観察には落射照明付き金属顕微鏡を用い，倍率は主に100倍と200倍を用いている。石庖丁の刃部と推定される部分を1cm（場合により5mm）間隔に区切り，刃部と直交する方向に顕微鏡を走査し，光沢強度の範囲を記録し，光沢の類型，光沢面上の線状痕等必要な情報を記録した。

光沢面の発達強度は，本章第1節4の光沢強度分布図の基準に従い，強・中・弱・微弱・なしに区分した（図44凡例）。図44実測図中の写真番号は，使用痕顕微鏡写真の番号に対応し，キャプションの向きは写真の方向を示している。

3　観察結果

a．磨製石庖丁（図44-1・2・6，図46-写真1～5）

ある程度形状が復元できる1・2・4～6の5点について観察を行ったが，実際に光沢面が観察されたのは1・2・6の3点であった。

1は頁岩製で，完形品としては本遺跡資料でも唯一のものである。紐掛けの穿孔は片方の側縁に偏っており，刃は孔と反対側につけられている。刃部は両刃で，刃部稜が明瞭なほうをa面とした。光沢面はa・b両面に分布するが光沢面の強度が発達しているのはb面側である。a・b面とも，孔と反対側の体部の広い範囲に光沢面が分布し，刃部縁辺より体部で最も光沢面が発達している。光沢面は最も強度の強い部分でも点状の光沢面が単独で散在する弱で，強度が微弱の範囲は未分化な微小光沢面がみられる（写真1）。

2は約半分が欠損している。刃部は両刃で，任意の面をa面としている。光沢面はb面のみに確認された。孔下部の刃部周辺に光沢面がひろがっており，分布範囲の形状から欠損している左半部にかけて光沢範囲が及んでいたものと思われる。最も光沢面が発達した部分で中程度の光沢面がみられるが（写真2），光沢面上の線状痕は確認できなかった。

6は約3分の1が残存する破片資料である。光沢面が認められたのは刃部の稜が不明瞭なb面側である。光沢面の分布範囲は，体部残存部のほぼ全面に形成されている。刃部からやや離れた体部で最も強度が強い。光沢の発達は中が主体で，最も発達した部分で斜方向の線状痕が観察された（写真5）。

b．磨製大型石庖丁（図44-8・9，図45-写真6～図46-写真13）

完形に近い8・9の2点について詳細な観察を行い，光沢分布図を作成した。この2点は肉眼でも刃縁に光沢面が確認できる。

9は刃部に沿って光沢が分布する。a面では刃部中央の刃縁で最も光沢が強く，体部側にいくにしたがって漸移的に弱くなる。光沢範囲の幅は刃部中央で最大2.3cmを測り，刃部に沿った緩やかな山形を呈する分布となっている。b面もa面とほぼ同じ分布をしており，表裏対称に光沢面が形成されている。b面では，刃縁での光沢が弱く，a面とは分布の仕方が異なるが，これは刃部再生の研磨により光沢面が消失している可能性がある。最も光沢面が発達した部分では，光沢面が広い範囲に広がり，光沢表面に明瞭な線状痕が認められる。線状痕の方向は刃部と平行するものが支配的である（写真6）

8も9と同様な光沢分布を示しており，表裏対称の光沢分布が観察される。a面の刃部中央で最も光沢が強く，発達度「強」の光沢面が認められる。線状痕は刃部と平行するものが支配的である（写真12・13）。

c．粗製剥片石器（図44-20・21・23，図46-写真14〜16）

　報告書に実測図が掲載されたなかから，肉眼で光沢が確認されている6点（図43-17・18・20〜23）について石庖丁と同様な使用痕の顕微鏡観察を行った。観察を実施した6点について，いずれも発達度「弱」から「強」の微小光沢面が確認された。

　微小光沢面はいずれも剥片の鋭い縁辺で観察される。光沢面は刃部の広い範囲に分布し，刃部中央部で最も発達し，刃部の側縁，体部にいくにしたがって漸移的に弱くなる。石器のa面（自然面側），b面（剥離面側）とも光沢面が認められ，刃部の表裏対称に分布する。光沢面が発達した部分では線状痕をともなうものがみられ，その多くは刃部と平行する（写真14・15）。

4　機能推定

　本分析で観察された光沢面は，阿子島等が設定するBタイプ，Aタイプの光沢面に対応するものと考えられる［阿子島1989］。Aタイプの光沢面はイネ科植物の切断，Bタイプは木あるいはイネ科植物の初期段階にみられる光沢面とされる。磨製石庖丁および磨製大型石庖丁の場合，光沢面の分布が刃部だけでなく体部まで広い範囲に及んでおり，石器と対象物との接触範囲がかなり広い範囲に及んでいたことを表している。このことから，木のような硬さをもつものより，イネ等の軟らかい草本類が対象物と推定される。磨製石庖丁，磨製大型石庖丁，粗製剥片石器は，いずれもイネ科植物を対象とした作業に用いられた石器と考えられる。

　磨製石庖丁の使用痕分析については，阿子島香［阿子島1989］，松山聡［松山1992a・b］，御堂島正［御堂島1991］等の研究があるが，光沢面とその分布についての主な所見は次のようにまとめられる。刃部の中央より左寄りの部分に発達した光沢が認められる（刃部の片側に使用痕が発達し左右対称とならない）。使用痕の分布範囲が表裏対称とならない。刃部で光沢面が発達せず刃部から離れた位置に発達した光沢面が観察されるものがある。線状痕の方向は刃部と斜めあるいは直行するものが支配的である。今回の観察では明瞭な線状痕は6以外確認できなかったが，その他の特徴は観察所見と一致する。このような光沢面の分布状況は，対象物を親指で体部に押さえつけ手首の回転運動で摘み取る，いわゆる「穂摘み」の方法が合理的な解釈とされる。刃部で光沢面があまり発達しないのは，刃部再生のための研ぎ直しにより光沢面が消失したものとみられる。以上，朝日遺跡出土の磨製石庖丁についても他地域における分析と同様な使用痕が認められ，「穂摘み」の使用方法が推定される。

　磨製大型石庖丁の使用痕については，光沢面が刃部に沿って長い範囲に分布し，刃部中央部で最も発達する。このことは，石器と対象物の接触が中央部を中心に刃部の広い範囲に及んでいたことを示している。また，線状痕が刃部に平行し，光沢の発達も刃部平行方向に連接して発達するものが多いことから，石器の運動方向は刃部と平行方向に操作されたと推定される。光沢面が石器の表裏対称に分布していることからみても，磨製大型石庖丁の機能は，刃部と平行方向の運動による切断，すなわちカットと考えられる。

　粗製剥片石器の観察結果は，磨製大型石庖丁の使用痕ときわめて類似する。粗製剥片石器の機能は石器を刃部と平行に操作する切断と考えられ，その対象物はイネ科等の草本植物だと推定される。使用痕分析によりイネ科植物を対象とし同様な機能が推定されている石器には，斎野裕彦によって分析されている東北の「大型板状安山岩製石器」［斎野1996］，御堂島正によって分析された南信州の「有肩扇状形石器」［御堂島1989a］，沢田敦によって分析された新潟県下谷地遺跡出土の「板状剥片石器」［沢田1995］等の打製剥片石器があり，粗製剥片石器もこれらの打製刃器と同種の石器とみられる。

90 第Ⅱ部 使用痕からみた東アジアの石製農具

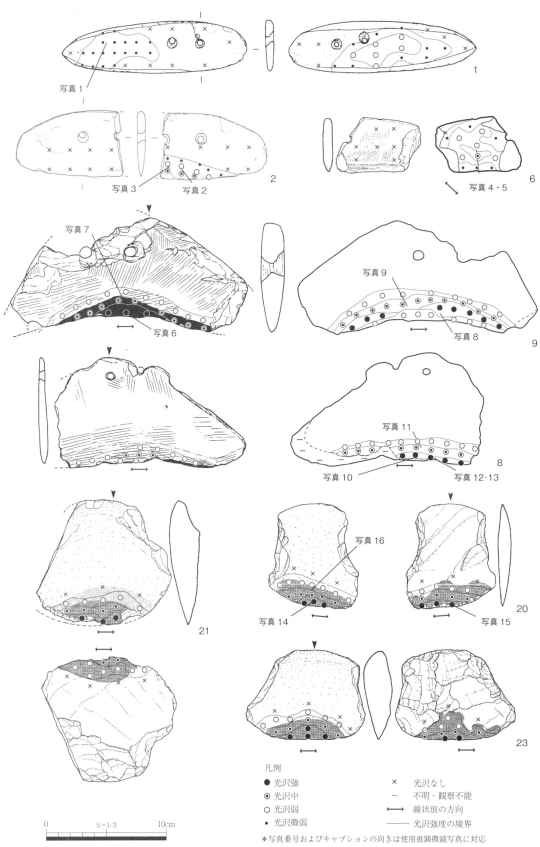

図44 朝日遺跡石庖丁・粗製剝片石器使用痕分布図・写真撮影位置図

第3章 石製農具の使用痕 91

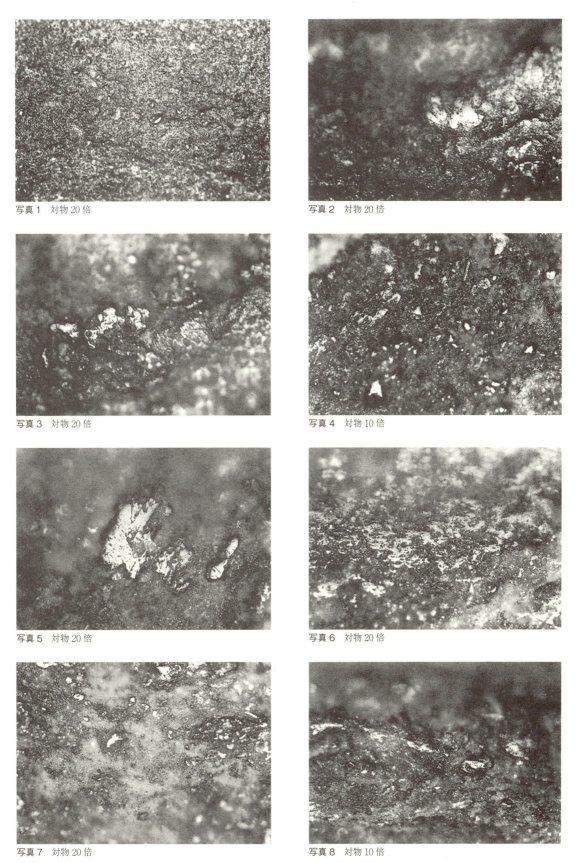

写真1 対物20倍

写真2 対物20倍

写真3 対物20倍

写真4 対物10倍

写真5 対物20倍

写真6 対物20倍

写真7 対物20倍

写真8 対物10倍

図45 使用痕顕微鏡写真（1）

92　第Ⅱ部　使用痕からみた東アジアの石製農具

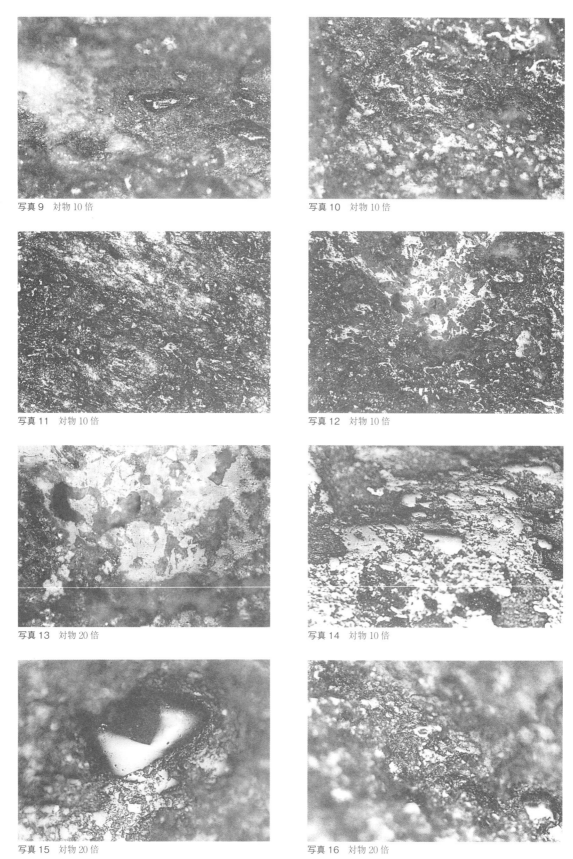

写真9　対物10倍
写真10　対物10倍
写真11　対物10倍
写真12　対物10倍
写真13　対物20倍
写真14　対物10倍
写真15　対物20倍
写真16　対物20倍

図46　使用痕顕微鏡写真（2）

4　実験的検討

　朝日遺跡出土の収穫関連石器の使用痕分析の結果を受け，磨製石庖丁，磨製大型石庖丁，粗製剝片石器の機能，使用方法を検討するために復元石器による実験を実施した（図47～49）。

1　実験の方法と経過

　a．実験の概要　水田におけるイネの収穫作業を行い，使用方法によってどのような使用痕が形成されるかを検証するものである。収穫方法は，イネの穂首を対象とした穂摘みと穂刈り（図49-写真17），そして根株を対象とした根刈り（図49-写真18）を行った。

　b．実験石器
　粗製剝片石器（横刃形石器）は岐阜・愛知県境を流れる木曽川の河原で採集した円礫から作製した。人頭大の扁平な円礫を選び，台石（周辺の大きな岩）に側面がぶつかるように投げつけることで剝片を割り取った。得られた剝片のうち縁辺が鋭く刃部として使用可能なものを選別し各実験に用いている。石器はすべて手で持って作業を行っており，手で持ちやすいように必要に応じて背部および側面に敲打等の調整を施した。刃部は剝片の縁辺をそのまま使用し，調整剝離は行っていない。
　磨製石庖丁および大型石庖丁は結晶片岩を用いて製作したものである。適当な厚みの剝片を作製し，グラインダーでおおまかに形を整えた後，砥石によって研磨して仕上げた。磨製石庖丁は片刃，磨製大型石庖丁は両刃である。

　c．使用方法
　①穂摘み：親指で石器の器面にイネの穂首を押さえつけ，手首を内側にひねることで刃を直交方向に操作して切断する。
　②穂刈り：刃を平行に操作し，イネの穂首を引き切る。
　③根刈り：刃を平行に操作し，イネの根株を引き切る。

　d．実験の経過
　主な実験場所は静岡県登呂遺跡の復元水田と愛知県清洲貝殻山貝塚資料館の体験学習用の水田である[4]。
　各復元石器の作業内容および作業量は表7のとおりである。作業時の天候，作業場所の状態，イネの生育状況などは実験を実施した年によって異なる[5]。また，実験時には，一定時間で区切って作業者を入れ替えており，各石器は複数の人間によって使用されたものである。

2　実験石器の使用痕（図47～49）

①穂摘み

　S-271　磨製石庖丁
　使用痕は，穂を押さえつけた面の刃縁に形成された。光沢面は丸みを帯びたBタイプである。光沢の分布範囲は刃部中央から少し左側に偏っている。これは穂を押さえつけた部分の下にあたるところで穂を切断したことと整合する。作業量が少ないため光沢の発達は弱く，分布は限定的である。ただし，器面左側の穂を押さえつけた部分では，鉱物の角がとれ丸みをおび，微弱だが点状の光沢面が形成されつつあるなど変化をおこしている（主に実測図微弱の範囲）。光沢面が未発達なため線状痕の方向は確認できなかった（写真19）。

　S-272　磨製石庖丁
　S-271と同様に，Bタイプの微小光沢面が刃縁に確認できるが，光沢の範囲は刃縁に限定される。光沢の

分布は刃部中央から少し左に偏った範囲である。光沢面が未発達なため線状痕の方向は確認できない（写真20）。なお，図には作業時にできた付着物の範囲を記入している。対象物との接触により変色した部分は，穂を押さえつけた面の左から中央を中心に，器面のほぼ全体に及んでいる。

S-001　粗製剥片石器

石器の自然面側に穂を押さえつけて使用したため，この面の左半に茎の残滓の付着が認められた。しかし，光沢面の発達は非常に弱く，左寄りの刃部の一部にきわめて微弱な未分化な光沢面が形成されたのみである。

②穂刈り

S-002　粗製剥片石器

自然面を上にして使用した。自然面，剥離面とも刃縁に沿って表裏対称に残滓の付着がみられた。光沢面は刃縁に沿って形成されているが，きわめて微弱な光沢面である。次の③根刈りに比べると，光沢面と残滓の付着範囲は縁辺に限定され，刃部の片側に偏って分布している。

③根刈り

S-258　磨製大型石庖丁

次のS-259に比べると作業量が少ないため，光沢の発達は弱く，分布範囲も狭い。光沢面は刃縁に沿って広い範囲に形成され，刃縁に対し表裏対称に分布している。光沢面は刃部中央で最も発達しており，発達した部分はなめらかなAタイプの特徴がみられる。

S-259　磨製大型石庖丁

刃長25cmを測る特大の石庖丁に相当する。刃が滑るため一度に多くの茎を刈り取ることができなかった。このため，付着物の範囲は，刃縁からあまり奥には侵入していない。微小光沢面は，Bタイプ・Aタイプが確認された。刃縁に沿って長い範囲に光沢面が形成され，分布範囲は刃縁に対し表裏対称となっている。光沢面の発達は中から微弱で，分布範囲は付着物の範囲とほぼ重なっている。光沢面は非常になめらかで，微細な線状痕が刃縁に平行にみられる（写真21・22）。

表7　実験石器一覧表

器種	石器番号	石材	対象物	操作方法	作業量	累計	単位	実験日付
磨製石庖丁	S-271	結晶片岩	イネ	穂摘み	1,479		本	2007年10月
	S-272	結晶片岩	イネ	穂摘み	1,851		本	2007年10月
磨製大型石庖丁	S-258	結晶片岩	イネ	根刈り	174		株	2002年10月
	S-259	結晶片岩	イネ	根刈り	164		株	2002年10月
			イネ	根刈り	311	475	株	2004年11月
			イネ	根刈り	109	584	株	2005年10月
粗製剥片石器（貝殻状剥片）	S-003	砂岩	イネ	根刈り	160	160	株	1998年11月
			イネ	根刈り	350	510	株	1999年10月
			イネ	根刈り	351	861	株	2002年10月
			イネ	根刈り	310	1,171	株	2004年11月
			イネ	根刈り	141	1,312	株	2005年10月
			イネ	根刈り	103	1,415	株	2007年10月
	S-001	砂岩	イネ	穂摘み	2,183		本	1998年11月
	S-004	砂岩	イネ	根刈り	909		株	1998年11月
	S-002	砂岩	イネ	穂刈り	2,212		本	1998年11月

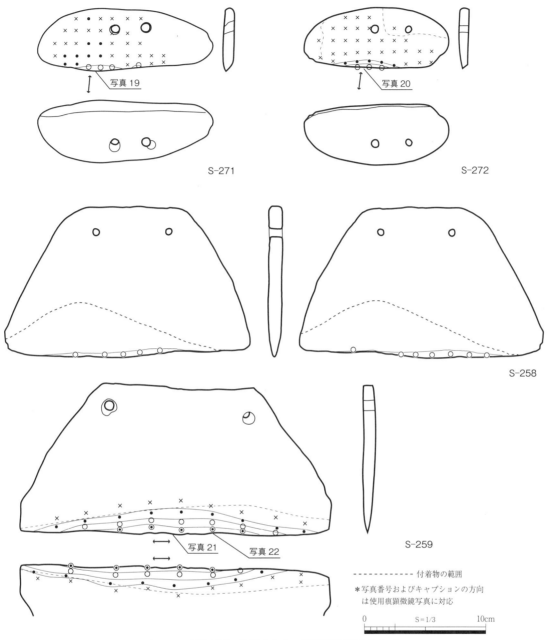

図47　実験石器の使用痕分布・写真撮影位置図（1）

S-004　粗製剝片石器

　有肩状の形態を意識して製作した石器である。使用時の切れ味は鋭く他の実験石器と比べても効率的に稲株の刈り取りを行うことができた。茎の残滓は刃縁に沿った表裏の広い範囲に付着した。微小光沢面も刃縁に沿って形成された。光沢面は明るくなめらかで，発達した部分では，面的に広がるもの，流動的な外観を呈するものもある。光沢表面には，ピット，なめらかな線状痕もみられる。線状痕は刃縁と平行する。

S-003　粗製剝片石器（横刃形石器）

　実験石器のなかでは，最も長く使い込んでいる石器で，光沢面もよく発達している。微小光沢面はAタイプ・Bタイプで，発達が強いところは，肉眼でも光沢が確認できる。礫の自然面と剝離面では光沢面の発達の仕方が少し違っている。礫の自然面側は石材表面の微地形が比較的なめらかなため，光沢面もやや平坦に

96　第Ⅱ部　使用痕からみた東アジアの石製農具

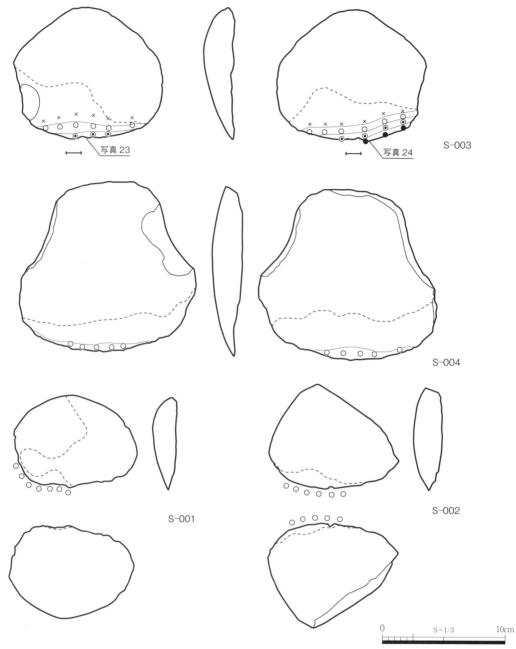

図48　実験石器の使用痕分布・写真撮影位置図（2）

発達している（写真23）。剝離面の側は微地形の起伏が大きく，光沢面は局所的に大きく発達したもの，高低差が大きく流動的な外観を呈するものもみられる（写真24）。光沢強度は強から弱までを表記した。微弱な部分を含めると，分布範囲はもう少し広がるが，鉱物の反射との識別が難しいため，分布には含めていない。微小光沢面はほぼ刃縁に沿って発達し，刃縁に対し表裏対称の分布をなす。光沢面の線状痕は明瞭で，刃縁と平行する。

3　使用方法と使用痕との関係

　本実験の①穂摘みと②穂刈りは，本章第1節で実施した穂摘みと穂刈りの収穫実験と共通する。これらの実験結果も考慮し，使用方法と使用痕の分布，光沢面の特徴との関係について整理しておきたい。

第3章 石製農具の使用痕 97

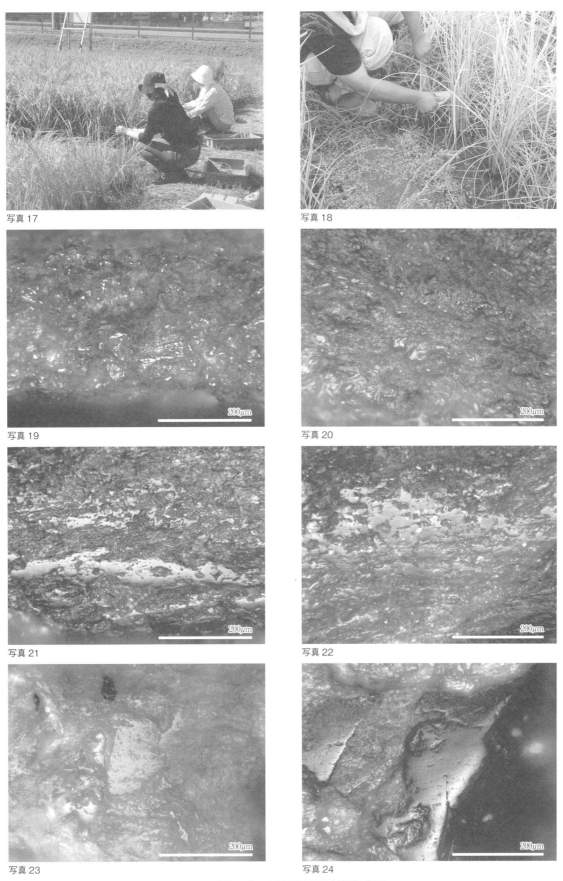

写真17

写真18

写真19

写真20

写真21

写真22

写真23

写真24

図49 実験写真・実験石器使用痕顕微鏡写真

①穂摘み

　点状の光沢面が形成され，徐々に大きさと量を増しながら発達していく。植物と石器との接触は広い範囲に及ぶが，穂を押さえつける主面の刃部付近で光沢面の発達が顕著で，強い光沢面の分布は器面の片側に偏る傾向がみられる。刃縁には，刃縁と直交する溝状の線状痕と丸みを帯びた摩滅痕が形成される。光沢面上の線状痕はきわめて微細である。刃縁では直交する方向のものが顕著だが，主面上の光沢面では線状痕はほとんどみられない。

②穂刈り

　光沢面は，まずBタイプの光沢面が形成され，面的に広がるAタイプに発達していく。刃を平行に操作する穂刈りは，穂摘みに比べ，茎との接触範囲が刃縁に限定される。光沢面は刃縁に沿って形成され，刃縁をはさんで表裏対称に分布する。刃縁での分布は，側縁側に偏る傾向がある。光沢面には微細な線状痕が形成され，刃縁と平行する。

③根刈り

　光沢面は刃縁に沿って形成されるが，穂刈りの場合より植物の接触範囲が広くなるため，使用痕もより広範囲に形成される。残滓の付着範囲を参考にすれば，刃部のほぼ全域にわたり，刃縁から内部へも数センチ以上奥まで接触する。光沢面は，刃部に沿って山形の分布をなし，中央付近が最も発達する。発達した部分の光沢面は，広い範囲を覆うようになめらかなAタイプで，面的に広がるもの，流動的な外観を呈するものがみられる。なお，器面が平滑な磨製石器では比較的平滑な光沢面が発達し，表面の起伏が大きい粗製剥片石器では流動的な外観の光沢面が発達する傾向がみられる。線状痕は，ストロークが長く，溝状の明瞭な痕跡が顕著である。

5　まとめ——使用痕からみた朝日遺跡の石製収穫具——

　朝日遺跡では，磨製石庖丁，磨製大型石庖丁，粗製剥片石器という3種類の石器がイネ科植物に用いられた農具として組成していたことが明らかになった。この3種の石器について，以下のように整理しておく。

　　磨製石庖丁　　　量：少　　石材：遠隔地　　機能・用途：イネ科植物・穂摘み
　　大型石庖丁　　　量：少　　石材：遠隔地　　機能・用途：イネ科植物・切断
　　粗製剥片石器　　量：多　　石材：地域内　　機能・用途：イネ科植物・切断

　磨製石庖丁，磨製大型石庖丁はいずれも片岩を主とする遠隔地の石材を用いており，石器組成に占める比率は低い。しかし，この2種類の石器は，大きさ，形態の面で異なる点が多く，使用痕分析の結果からも異なる使用方法が推定された。磨製石庖丁と磨製大型石庖丁の形態的な違いは，機能の違いを反映したものとすると合理的に説明ができる。磨製石庖丁に想定される「穂摘み」の場合，対象物を切断するというよりは引きちぎるといったほうが適当であり，刃部の鋭さはそれほど重要な属性とはならず，むしろ刃にかかる直交方向からの荷重に耐える一定の厚み，石器と手で対象物を挟むのに適した石器の幅が必要な属性になる。一方，刃部の平行方向の運動による切断を機能とする磨製大型石庖丁の場合，刃部の鋭さが石器の使いやすさを直接左右する属性となる。磨製大型石庖丁の刃部が薄く鋭くつくられ刃部を形成する稜がほとんど認められないことは，この機能を最大限活かすためだと考えられる。さらに刃部が長く，体部の幅があることは，磨製大型石庖丁の用いられた対象物が，穂摘みの場合の対象物よりもより厚みがあるものであったことを示唆している。

　粗製剥片石器は砂岩，濃飛流紋岩等，地域内で入手可能な石材を用い，組成上は磨製石庖丁を上回っている。使用光沢面の観察からは，磨製大型石庖丁と同様なイネ科植物の切断具としての機能が推定され，石材，

製作技術はまったく異なるものの磨製大型石庖丁と同じ機能をもつ「大型直縁刃石器」の一つだと考えられる。粗製剝片石器の法量は幅5cm前後・50g以下の小型品から15cm・800g近い大型品まで多様で，法量分布も明確に分化していない。肉眼で光沢を確認した資料については，刃縁のほぼ全域に分布しており，法量に一定の規格性は見いだしにくい。あるいは，小型の粗製剝片石器については，南信州の横刃形石庖丁のように「穂刈り」に用いられた収穫具の可能性も考えられた。しかし，「板状剝片石器」による「穂刈り」と「根刈り」の比較実験を行った沢田敦によれば，「穂刈り」の場合根刈りほどの光沢範囲の広がりがみられなかったとしている［沢田1995］。この点は，先の実験でも検討したように，小型品と大型品との間に，「穂刈り」と「根刈り」のような使い分けを想定できるような使用痕分布の差違は認められなかった。

第3節　土掘具・耕起具の使用痕

1　目的

第1・2節では，主に収穫や根刈りなど，直接植物を作業対象とした石器についてみてきた。一方，農具には，耕起など主に土を対象としたとみられる石器も存在する。しかし，現状では，これらの使用痕について収穫具ほど実験研究は蓄積されていない。

新石器時代の東アジアには，土を掘るためのさまざまな形態の石器がみられる。中国では，石鏟と呼ばれる扁平な石器や長江下流域で発達する破土器，石犂といった石器が出土している。朝鮮半島では，土掘具，石犂などと呼ばれる扁平な石器がみられる。日本列島では，縄文時代から弥生時代にかけて，打製石斧と呼ばれる土掘具が用いられていた。これらの石器は，穀物栽培との関係が想定され，しばしば耕作技術の発達と関連づけられているが，基礎的な部分で，石器としての機能・用途の解明に向けて多くの課題を残している。

本節の目的は，石器使用痕分析を用いて，土掘具と考えられる石器の機能・用途の解明につながる情報を整理し，今後の研究に役立てようとするものである。使用痕研究の立場から「土掘り」具の機能・用途の解明に必要なことは，柄の装着等道具としての構造の復元，使用時の操作方法の復元，使用された土壌あるいは周辺環境等の復元をあげておきたい。これらを明らかにしていくためには，実験をともなった研究によって，使用痕と使用の諸条件との関係をひとつひとつ明らかにしていく必要がある。

2　土掘具をめぐる使用痕の研究

1　研究史

日本では，打製石斧に形成された使用痕の観察が古くから行われてきた。ここでは，打製石斧の機能・用途に関係する実験的な研究を中心に概観しておきたい。なお，この項に限って，磨耗，磨耗痕等の使用痕の呼称はそれぞれの著者の使用名称を記し，統一していない。

川口武彦は，縄文時代中期に打製石斧が大量に消費されている割には，磨耗痕がほとんど観察されない，あるいは破損品より完形品の多くに観察されることなどを理由に，打製石斧は使用時間が短い使い捨ての道具であると考えた［川口2000］。打製石斧を鍬状の柄に装着し，複数種類の土壌に対して使用実験を行い，作業量（1,000～10,000回）と磨耗痕形成との関係について考察している。

久保浩一郎は，膝柄に装着した短冊形，撥形の打製石斧を用いた使用実験を行った［久保・鈴木2010］。さらに，山中での根茎類の採集を想定した掘削実験を行っている［久保2011］。膝柄，鋤，柄をつけず手持ち等で作業し，掘削能力の比較，肉眼による刃こぼれ，刃部の鈍化についての観察を行っている。

池谷勝典・馬場伸一郎は，長野県の飯田盆地の打製石斧を分析し，形態の形成加工と微小剝離痕，摩滅痕の偏りなどの情報をもとに，柄の装着方法と使用方法について検討している［池谷・馬場2003］。それによれば，曲柄に装着し平鍬として使用したと想定される石鍬がある一方，縦斧のように装着し使用したと想定できる石鍬もあるという。

また，最近の実験では，遺構の形状や具体的な作業内容に応じて，より詳細な設定のもとで作業動作の復元を試みようとする研究も現れてきた［岡本2011a・b］。使用痕が主テーマではないが，せっかく詳細な条件設定のもとで実験が行われているので，ぜひ使用痕についての情報も報告されるよう期待したい。

これらは，摩滅，線状痕など肉眼や低倍率の観察を重視した研究である。低倍率観察に高倍率観察を組み合わせた使用痕分析を取り入れたものとしては，次のような実験的研究が行われている。

高橋哲は，鍬状の柄に装着した打製石斧を復元し，土を掘る実験によって使用痕の形成過程の検証を行っている［高橋2008］。使用痕については，微小剝離痕，磨耗（摩滅）の位置，微小光沢面の特徴を報告している。

金姓旭は，韓国新石器時代の土掘具を想定し，柄の装着方法，運動方向，使用した土質といった条件を設定した実験を行っている［金2008］。着柄方法は，鍬（石器と柄を垂直に装着）と鋤（石器と柄を平行に装着）で，鋤は掘り棒に近い動かし方と土を掘り返す動かし方の二つを設定している。土壌は沖積地（砂質土で砂利を含む）と山地（粘質土で細かい滑石を含む），作業は畑作を想定した畝を立てる作業（沖積地）と山で根茎類を掘り出す作業を行った。使用痕については，摩耗（摩滅），刃こぼれ，線状痕，微小光沢面等の観察を行い，土壌の質，硬さの違いと摩耗範囲の関係，装着法の違いによる摩耗範囲の左右の偏りといった点について考察している。

遠藤英子は，ホルンフェルス，硬砂岩，粘板岩等の打製石斧を用いて，根茎類の掘削採集を想定した「突き刺し」，竪穴住居など土木作業を想定した「打ち引き」の動作での実験を行った［遠藤2011］。柄と作業動作の関係は，直柄に長軸と平行に装着したものを「突き刺し」，膝柄に柄と垂直に装着したものを「打ち引き」として使い分けている。土壌は，発掘現場の黒色土とローム層，草の繁茂した黒色土，ススキの繁茂した休耕田，稲刈り直後の水田など異なる条件で行われている。使用痕は，高倍率観察による微小光沢面，低倍率観察による「進入度の深い磨耗」について検討している。

また，出土資料の観察では，打製石斧から植物との関係が強いBタイプの光沢面が検出された事例もしばしば報告されている［池谷2002，高瀬2011］。先の遠藤の実験では，Bタイプの光沢面の形成についても検討され，実際にこれと類似する光沢面が複数の実験石器で観察されているが［遠藤2011］，非常に限定的な分布のため，その形成要因について積極的な評価はなされていないようである。

2　使用痕の種類

これまでの研究を参考にすれば，土に関する作業では，次のような使用痕が想定される。

a．剝離痕

微小剝離痕と呼ばれる連続的な刃こぼれである。打製石斧などの場合は，刃部に大小の剝離痕がみられるが，石器の形状を変えてしまうような大きなものは「破損」としてもよいだろう。

b．摩滅

縁辺や剝離の稜線などが磨り減って丸みを帯びたり面が形成されたりするもの。土の掘削では，肉眼でも識別できる規模の大きな摩滅が広範囲に生じることが実験的に確認されている。

c．線状痕

直線的な外観をもつ使用痕。土の掘削にともなって生じる線状痕は，肉眼でも識別でき，前述の摩滅痕と一体的に形成される場合がある。

d．微小光沢面

微小光沢面は，対象物との接触によって生じた摩耗面が顕微鏡下で光沢を帯びて観察される使用痕である。土による典型的な微小光沢面は，Xタイプと呼ばれる光沢面である。東北大学使用痕研究チームの実験では，Xタイプの特徴は「微小光沢面は鈍く，全面が凹みや線状痕で余すところなく覆われている。部分的に平坦な部分があるものの，一般的に凹凸が極めて激しい。凹みは大小様々で，形も一定しない。線状痕は明瞭で，様々の幅，深さの物がある。すい星状の凹みは，運動が一定の方向の場合には明瞭である」と記述されている［梶原・阿子島1981：15頁］。

3　土掘りに関わる実験と使用痕

1　土との接触による使用痕

a．実験の方法

この実験は，作業対象物と微小光沢面との関係を把握するために，骨・角，木，草本植物，皮といったように，対象物を変えて行った網羅的な実験のひとつである。実験に使用した下呂石，サヌカイト，チャート，黒曜石といった石材は，通常は石鏃，スクレイパーなど小形の剥片石器の素材として用いられる。実験の内容は，植物や皮を切断するように土に対してカッティングの動作を行い，剥片石器の刃部に使用痕を生じさせた。土はシルト質で，若干湿り気をもった状態であった。実験番号，石材，作業回数は次のとおりである。

・実験石器 S-024　下呂石，2,000回
・実験石器 S-025　サヌカイト，2,000回
・実験石器 S-041　チャート，2,000回
・実験石器 S-186　黒曜石，1,500回

b．実験石器の使用痕

実験石器に生じた典型的な痕跡について，実体顕微鏡，金属顕微鏡で同一部分を撮影した写真を図50に掲載した。

1・3・5・7は，観察倍率20倍相当の拡大写真である。摩滅痕は，製作，調整時に生じた剥離痕の稜などの凸部を中心に形成され，剥離痕内部の低所にまで及んでいるものもある。刃縁は鋭さを失い，丸みを帯びている。また，摩滅した部分には，刃縁と平行する無数の線状痕がみられる。摩滅の発達程度は石材によって若干異なり，サヌカイト，黒曜石は他の石材より摩滅の進行が速い。チャートは変化が遅く，摩滅の形成範囲も限定的であった。

2・4・6・8は観察倍率200倍に相当する高倍率の写真で，前述したXタイプとみられる微小光沢面が観察される。下呂石，サヌカイトなどもともと表面が暗い石材では，コントラストがやや強くみえる。光沢表面は，無数の凸凹，ピットで覆われ，操作方向に沿った粗い線状痕をともなっている。チャートでは，表面が少しなめらかで丸みをもつ部分もある。

この実験の作業内容は，実際の石器の使用状況としては想定しにくいものであるが，石器が一定の方向で土と接触した際に形成される使用痕の基礎的な情報である。

102　第Ⅱ部　使用痕からみた東アジアの石製農具

低倍率観察（実体顕微鏡）

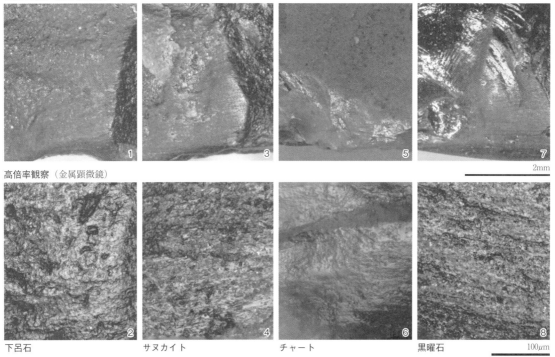

高倍率観察（金属顕微鏡）

下呂石　　　　　　サヌカイト　　　　　　チャート　　　　　　黒曜石

図50　土との接触で形成された使用痕

2　石鍬による土の掘削

a．実験の方法

　この石鍬は，2012年2月に豊田市郷土資料館で開催された企画展「ケヤキが語る二千年――弥生・古墳時代の木の文化――」のワークショップにおいて行われた木製鍬，打製石鍬の使用体験に用いられたものである。木製の膝柄に泥岩製の打製石斧を装着し（図51-1），花壇の土を掘り起こす作業を行った（図51-2）。1日の間に人が入れ替わり使用したため，正確な作業回数等は不明であるが，数メートルの範囲を繰り返し掘削する作業に用いられた。花壇の土は礫混じりで，ある程度掘削すると土中から水がしみ出してくるような状態であった。

b．実験石器の使用痕

　実験石器 S-285 は泥岩製の打製石斧で，幅7cm，長さ13.7cmを測る（図51-3）。自然面側が後主面，剥離面側を前主面として装着した。この実験では，肉眼でも識別可能なほど明瞭な摩滅，線状痕が形成された。後主面側では，刃縁全体が摩滅し，刃縁と直行する線状痕やキズ状の擦痕が観察される（図51-4）。前主面側では，後主面側ほど内側に及んでいないが，摩滅痕，線状痕が認められる（図51-5）。

　低倍率の顕微鏡観察では，刃縁の摩滅，摩滅面の起伏と一体的に形成された鈍い線状痕が確認できる（図51-写真1・2）。しかし，高倍率では，摩滅部分において微小光沢面は未発達であった（図51-写真3）。

　土に対する作業では，明瞭な微小光沢面が形成されない場合がある。この石鍬のように強い衝撃が加わるような使用方法の場合，土による摩滅が急速に進行し，微小光沢面が形成されるより先に石材の表面が更新されてしまうことが原因の一つと考えられる[6]。また，刃部には礫にあたった衝撃で剥離痕も生じていると思われるが，規模が小さかったために，摩滅によりそのほとんどは消失してしまったとみられる。

3 着柄・操作方法と使用痕の範囲

a．実験の方法

実験の条件としては，石器部分だけでなく道具の全体的な構造をどのように想定するかということも，操作方法と関係する大きな問題である。これまでの実験では，掘り棒を想定し柄と平行に装着する設定，鍬のように柄と垂直に装着する設定が多く行われている。

この実験は，これまで想定されてきた着柄の条件を考慮し，石器の着柄方法や操作方法が使用痕の形成，特に摩滅の形成範囲にどのように影響するのかを評価するために行った。摩滅などの使用痕が形成される範囲は，作業対象物の土と強く接触した範囲だと仮定し，操作方法と石器の接触範囲との関係を明らかにしようと試みた[7]。

実験用の石器はいずれも愛知県木曽川下流で採集した黒色の泥岩を素材として作製した。石器および器具は実際に想定される石器の半分程度に小型化したものである。表裏で刃部の形状をそろえるために，刃縁は研磨して仕上げている。

この実験では，作業時の接触範囲を客観的に把握するために，使用前に器面全体に水色の水性絵の具を塗布して作業を行った。使用によって，絵の具がはがれ落ちた範囲は作業中に土と強く接触した部分，逆に絵の具がはがれなかったところは作業対象物との接触がそれほど強くなかった部分と考えられる。

各実験の作業内容は次のとおりである。

図51　石鍬による土の掘削と使用痕

- 実験1（S-288）　カシの横柄に装着し（図52-1），鍬として畑の耕起を行った（図52-2）。作業量は計2,000回，3×1mほどの範囲を繰り返し掘り返した。
- 実験2（S-289）　ケヤキの直柄に装着し（図52-4），掘り棒として土を掘削した（図52-5）。作業量は計2,000回，3×1mほどの範囲を繰り返し掘り返した。
- 実験3（S-290）　ケヤキの直柄に装着し（図52-7），犂のように前方に押しながら畑を耕起した（図52-8）。作業は10mごとに折り返し，計300mである。
- 実験4（S-287）　カシの横柄に装着し（図52-10），操作方法は実験1と同じだが，畑に生えた草のすき取りを行った（図52-11）。作業量は2,000回，除草した面積は約15m²。

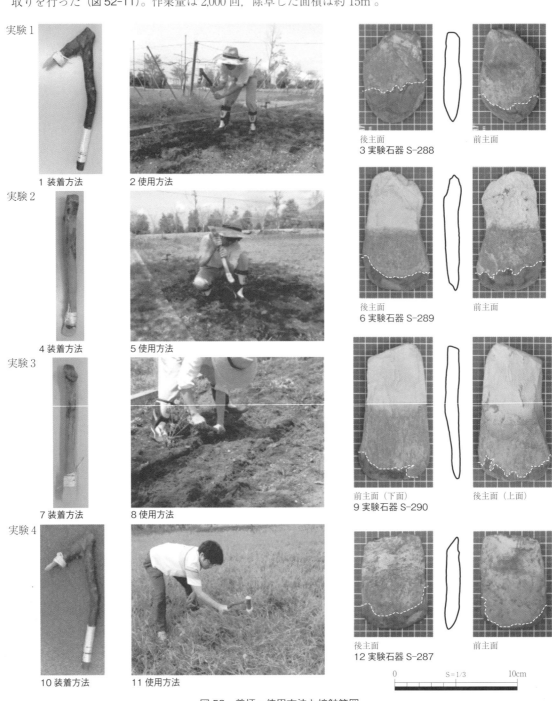

図52　着柄・使用方法と接触範囲

実験後，石器に付着した土を払い落とし，絵の具の残った範囲と，使用によって絵の具が剥落した範囲がわかるように記録写真を撮影した。

　b．実験結果

実験によって絵の具が剥落した部分は，強く土と接触し表面が変化（摩滅）した部分だと考えられる。鍬として使用した実験1は，後主面では刃縁から最大3cmほどの範囲で絵の具が剥落したのに対し，前主面では約1cm程度と，面による接触範囲の差異が大きくあらわれた（図52-3）。同じような操作方法で除草作業を行った実験4でも，実験1とほぼ同様な接触範囲の差があらわれている（図52-12）。一方，掘り棒として用いた実験2では，前主面，後主面ともほぼ同じような範囲が剥落している（図52-6）。これは，柄を垂直方向で振り下ろすことで，両面とも同じように土と接触したためと考えられる。実験3では，前主面（下面）の左半での剥落が大きく，後主面（上面）側でも刃縁に沿って狭い範囲で絵の具の剥落がみられた（図52-9）。これも前主面（下面）左半部がより強く土に接触したことをあらわしている。

この実験によって，石器の着柄および操作方法が土との接触の仕方に影響することが確認できた。使用痕（摩滅）の分布範囲を調べることは，石器の操作方法の復元にも有効だと考えられる。さらに操作方法のバリエーション，土壌条件などの条件を変えることで，比較資料を充実できるだろう。

4　使用環境・操作方法と使用痕

石器が用いられた土質についてもいろいろな条件が考えられてきた。分析の視点に応じて，黒色土，ローム，水田，畑等の環境の違いを考慮した条件が設定されているが，それぞれの土質が使用痕の形成にどのように影響するかについては，まだ検討されるべきことが多い。

筆者が試行している実験は，中国の長江下流域の新石器時代の破土器，石犂といった石器にみられる使用痕のあり方を理解する目的で行ったものである。実験の詳細は後述するが（第6章第5節），ここでは，土壌と使用痕との関係を考える参考として一部をとりあげる。

・実験1（S-269）　休耕田の除草。水田に生えた雑草をすきとる作業を行った。柄を平行に前後させ，植物を根本で土中に押し込むようにして，切断またはなぎ倒す動作を繰り返した（第6章図151-1～3）。

・実験2（S-270）　（イネ根株を含む）水田での土の開削。収穫後の水田で，柄を平行に押し出し，土壌を切り開いていく作業を行った。土中にはイネの根株が残っており，根に引っかかるたびにこれを押し切りながら作業を進めた（第6章図151-4～6）。

実験1では刃縁に明るくなめらかな光沢面が形成された（第6章図153-写真1・2）。この光沢面は，Bタイプ，Aタイプに相当し，草本植物との接触によって生じたものと考えられる。実験2でも，非常になめらかな光沢面が形成された。面的に発達した部分の周囲にやや荒れた光沢面が広がるものの，これもAタイプあるいはBタイプの光沢面に近い特徴をもっている（第6章図153-写真3・4）。

実験1は，刃部が土の中にめり込むように使用したが，草本植物との接触が主であったために，植物由来の光沢面が形成されたものと考えられる。一方実験2は，従来の見解にしたがえば土に起因する光沢面が生じると予想されたが，実際には植物に関係する光沢面が生じる結果となった。この原因としては，土の中に残るイネの茎をかなりの量切断しながら作業を進めたこと，ゆっくりと石器を動かしたために土との接触が比較的緩やかであったことなどを考えている。土との接触が想定される作業でも，土壌や操作方法等の条件によっては，形成される使用痕の様相もかなり違ってくることも想定しておく必要がある。

4 打製石斧の使用痕分析

日本列島では，新石器時代に相当する縄文時代に，打製石斧と呼ばれる石器が出現，盛行する。この石器は，続く弥生時代，地域によっては古墳時代初めまで用いられ，先史時代の日本において主要な石器の一つであった。

打製石斧は，石斧と呼称されているが，土を掘削する道具という見解が定着している。しかし，その具体的な用途については，畑等の耕作，根茎類の掘削採集，竪穴住居の掘削といった土木作業などさまざまな意見があり，これらの複合的使用や地域・時代による役割の変化も想定される。

また，打製石斧は，学史的に縄文農耕論との関わりのなかで評価されてきた側面がある。しかし，「打製石斧＝耕作の道具→農耕の実証」という論理展開には無理があることも常に指摘されてきたことである。縄文中期農耕論に始まり，縄文稲作の可能性，あるいは近年のレプリカ法による縄文時代晩期の穀物栽培の評価まで，この関係性は繰り返されている。遠藤英子による「何に使われていたのかいまだ不明であるにもかかわらず，打製石斧は『原始的な農業を物語る』役割を担わされ続け」，「打製石斧研究は堂々回りをしている」［遠藤 2011：130 頁］という指摘のとおりであろう。まずは，打製石斧という石器がどのように使用された道具なのか，石器そのものの自律的な研究に基づいて議論されるべきである。

本節では，縄文時代，弥生時代の出土石器を対象とした使用痕分析の事例を報告し，今後の研究のとりかかりとしたい。

1 分析資料

前節の実験的な情報をふまえ，遺跡から出土した打製石斧の分析をとおして，その使用痕と機能について検討する。

観察資料は地域，時代の異なる次の3遺跡である。

一宮市馬見塚遺跡［澄田ほか 1970］は，尾張平野低地部に立地する縄文時代後晩期を中心とする遺跡である。打製石斧は，『一宮市史資料編一』に掲載されたE地点出土品，小栗鉄二郎採集品，およびD地点南東のハツカ地点［川添・鬼頭 2012］で採集されたものである。石材はホルンフェルス製が多い。所属時期は，各地点の出土土器から，E地点が縄文時代晩期，ハツカ地点が縄文時代後期と想定される。

一宮市八王子遺跡［樋上編 2002］は，馬見塚遺跡と同じ尾張低地部に立地する遺跡で，弥生時代前期から中期にかけての資料である。馬見塚遺跡資料調査時に，比較資料として分析を行った。

北杜市金生遺跡［新津・八巻編 1989］は，山梨県の北西部，八ヶ岳山麓の標高 700 メートル台の尾根上に形成された縄文時代後晩期を主体とする遺跡である。住居跡のほか，配石遺構などの祭祀施設が多く検出されている。出土遺物は，土偶や石棒，石剣などの祭祀関係の遺物が目を引くが，打製石斧も約 400 点と大量に出土している。打製石斧の形態は，短冊形，分銅形，撥形，丸形など多様で，石材は砂岩，ホルンフェルスのほかさまざまな種類が用いられている。縄文時代後晩期を中心とする打製石斧のなかから，比較的使用痕跡が顕著なものを抽出して観察を行った。

2 分析方法

打製石斧の使用痕観察は，実体顕微鏡（10〜40 倍）による低倍率観察，金属顕微鏡（100〜500 倍）による高倍率観察の二つの手法を用いて行った[8]。

本分析では，ルーペまたは実体顕微鏡での観察をもとに，摩滅痕の程度を表す分布図を作成した。摩滅痕

の程度は，おおよそ次のような基準で区分している。
・強：高所から低所にかけて摩滅が進行し，石材の原面を残さず，大きく磨り減った状態。
・弱：剝離の稜などの高所が磨り減り，部分的に丸みを帯びた状態。
・なし：明確な摩滅痕が認められない部分。図面上での表記は，摩滅の分布範囲のなかで，剝離の内部など摩滅が及んでいない部分について表記した。
・側縁の摩滅範囲：石器側縁の稜は摩滅の摩滅範囲を実線（弱い部分は破線）で表記した。

摩滅の程度と範囲は，図53～57の使用痕分布図として，石器平面の写真上に1～2cmの方眼を目安に記載している。また，石器写真および断面実測図は，基本的に礫面（表面）を左に，剝離面（裏面）を右に配し，中央または左写真上に断面（側面）図を配置した。今後の表記は便宜的に，左写真をa面，右写真をb面として記載していく。

3　分析結果の概要

a．一宮市馬見塚遺跡（図53・54）

1～4は，小栗鉄治郎が採集したとされる打製石斧である。『一宮市史』第53図には，33～40の8点の打製石斧が掲載されているが，このうち明瞭な摩滅痕が認められたのは，図53に掲載した4点である。いずれもホルンフェルス製とみられるが，表面は風化し白色化したものが多い。刃縁は摩滅により丸みを帯びている（図53-写真1～3・5）。刃縁の摩滅部には刃縁と直交する粗い線状痕が形成されている（図53-写真1・3）。高倍率の観察も行ったが，いずれも微小光沢面は観察されなかった（図53-写真4）。

5はE地点で出土した大型の打製石斧。表面はやや風化している。写真左面（自然面）のほうが，若干摩滅程度が強いようにみえる。分布範囲は両面ともほぼ同じで，刃縁にはこれと直交する粗い線状痕がみられる。摩滅部（図54-写真6）を高倍率で観察したが，微小光沢面はみられなかった（図54-写真7）。

6はハツカ地点で採集されたホルンフェルス製の大型の打製石斧である。刃縁は摩滅し丸みを帯びている（図54-写真10）。摩滅範囲は表裏であまり差がない。刃縁の摩滅部は光沢を帯びている。この光沢部を高倍率で観察すると，微小光沢面が認められる（図54-写真8・9）。写真8ではやや明るい光沢面が網目状に広がっているが，そのなかには丸みを帯び点状に発達した光沢がみられる。写真9は，この点状の光沢面がより発達している部分で，Bタイプの光沢面に近いようにもみえる。写真9撮影時のデータをもとに立体画像を作成すると，低所にはXタイプに類似する網目状の光沢面が広がり，高所には点状の光沢面が発達している。線状痕の方向は，刃縁と直交している。

b．一宮市八王子遺跡（図55）

7はやや大型のホルンフェルス製打製石斧で，片方の刃部側縁は欠損している。刃縁は強く摩滅し，本来の石材表面の起伏は完全に失われている（図55-写真12）。高倍率観察では，ところどころに微小光沢面が認められる（図55-写真11）。光沢面は高所から低所に及び，光沢の境界は漸移的に変化している。光沢はやや明るく，微細な凸凹をもち，ピットが多く，やや荒れた外観をなす。いわゆるXタイプの光沢面に相当する。

8・9は小型の打製石斧で，上端から下端刃部にかけて撥型に広がる。いずれも摩滅は顕著でなく，側縁など限定的である。顕微鏡観察でも明確な使用痕は認められない（図55-写真13）。なお，9は報告書において，Bタイプの光沢が認められたとされる石器である。今回の高倍率観察では，鈍い光沢面がみられたが，表面はやや荒れた外観で，高低所に広がっており，使用痕とは断定できなかった。

10も撥形に開く形態の石器であるが，土による摩滅痕はなく，刃縁にはロウを塗ったような光沢がみら

れる（図55-写真15）。高倍率では，明るくなめらかな光沢面，いわゆるBタイプ，Aタイプに分類される光沢面が観察される（図55-写真14）。光沢面上の線状痕は，刃縁と平行する。なお，この石器の分布図は，高倍率観察による光沢面の発達程度を強，中，弱，微弱とする植物光沢の基準，記号で表記している。光沢面は刃部の両面に分布し，裏面（写真右面）では，左側に向かって光沢強度が強くなっている。一方で，側縁の加工によって生じた剝離痕の内部には，この光沢面は分布していない。以上の観察所見から，この石器はもともと草本植物を刈り取る粗製剝片石器であり，二次的に側縁を加工することで，現在の打製石斧の形状に作り変えられたものと考えられる。ただし刃縁の摩滅は顕著ではなく，土の掘削に用いられた形跡ははっきりとしない。

　c．北杜市金生遺跡（図56・57）

　400点と非常に多くの打製石斧が出土しているが，総じて摩滅の発達程度は弱い。分析では，ある程度強い摩滅が認められた資料を抽出しているため，ここに掲載した資料の状態が全体の様相を反映しているわけではない。11～14は報告書掲載資料，15～20は報告書に実測図が掲載されていないものである。

　11は両面ともほぼ同じように摩滅しており，刃縁には直交する線状痕が認められる（図56-写真16）。ただし，摩滅部分の高倍率観察では，微小光沢面は確認できない（図56-写真17）。

　12も刃縁の両面に摩滅がみられるが，発達は弱い。

　13は比較的発達した摩滅が認められ，刃縁には直交する線状痕が観察される（図56-写真18・20）。摩滅は広い範囲に及ぶが，基部側の摩滅は使用によるものではないかもしれない。刃部中央の大きな剝離痕は，剝離縁辺の稜が若干摩滅しているものの，内部には目立った摩滅は認められない。また，摩滅部の高倍率観察では，微小光沢面は認められない（図56-写真19）。

　14も刃縁に沿った範囲で摩滅が認められるが，全体の発達はそれほど強くない。

　図57-15～21は，未報告の資料であるが，比較的摩滅が発達していたので，分布図を作成したものである。このなかでは，15の摩滅範囲が，表裏で異なる発達を示している。図上では，b面の摩滅が強く，分布範囲も広い。これ以外の16～21については，表裏で若干の差はみられるものの，摩滅の分布範囲に大きな違いはみられない。また，高倍率観察では，いずれの石器も明瞭な微小光沢面は確認できなかった。

4　機能の検討

　これまでの観察で3遺跡にみられた打製石斧の使用痕は，大きく三つのパターンに分けて考えられる。①土掘具としての典型的な使用痕のあり方を示すもの，②Bタイプに類似する微小光沢面が認められたもの，③他の石器からの作り替えとみられるものである。

①土掘具とみられる打製石斧

　図54-6，図55-7・10を除く資料が，共通する使用痕の特徴をもち，土掘りに用いられた石器と考えられる。使用痕の特徴は次のようにまとめられる。

・肉眼および低倍率の観察では，刃縁に顕著な摩滅が認められる。
・摩滅の分布範囲は，a・b両面ともほぼ同じものが多い。ただし，図57-15は表裏に分布の違いがみられる。
・摩滅部に線状痕が確認できるものは，いずれも刃縁と直交する。
・摩滅部の高倍率観察では，明瞭な微小光沢面は認められない。

　これらの特徴は，実験に照らして，土に対する掘削を行ったものと考えられる。摩滅の分布は，表裏とも同程度のものが多く，実験の鍬として使用したもの（図52-実験1）よりも掘り棒のように使った場合の痕跡

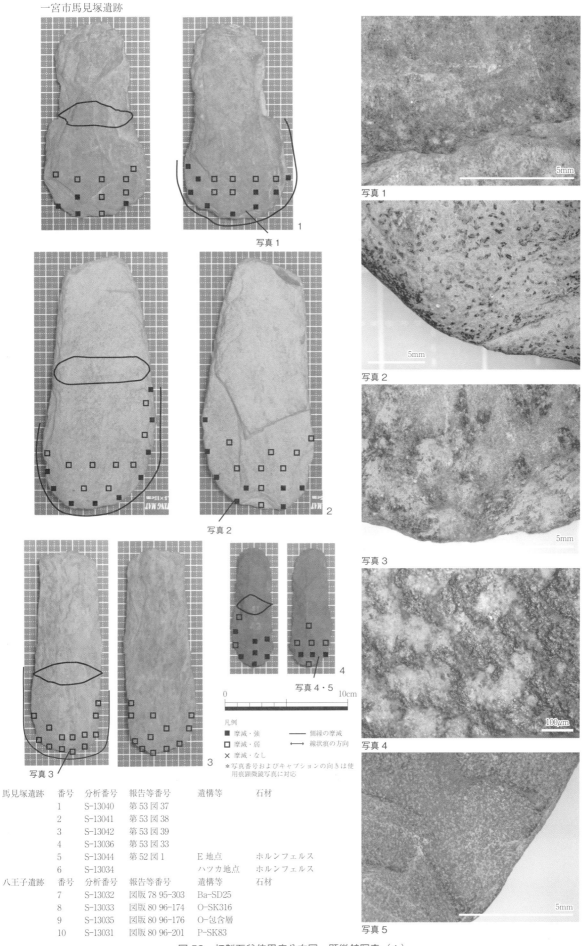

図 53　打製石斧使用痕分布図・顕微鏡写真（1）

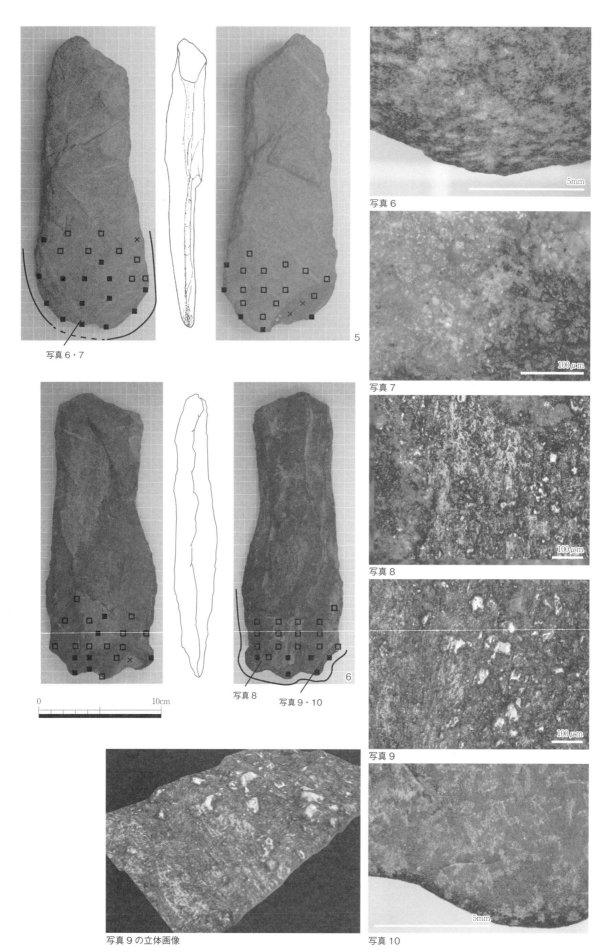

図54 打製石斧使用痕分布図・顕微鏡写真（2）

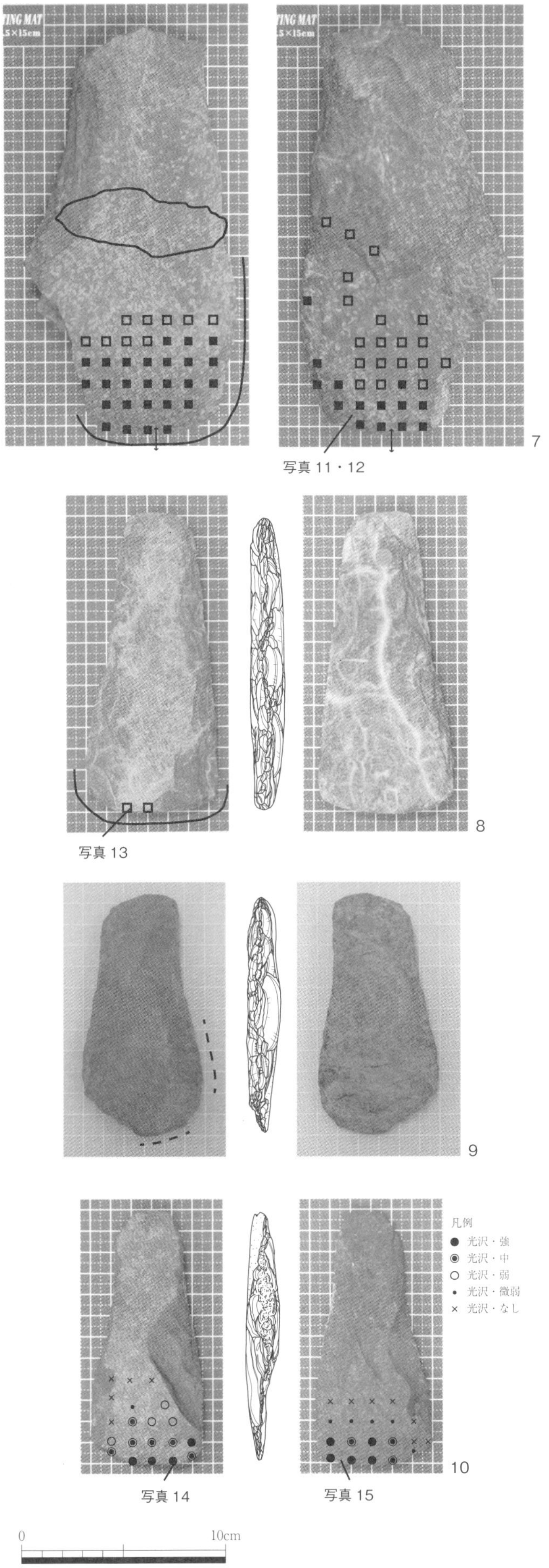

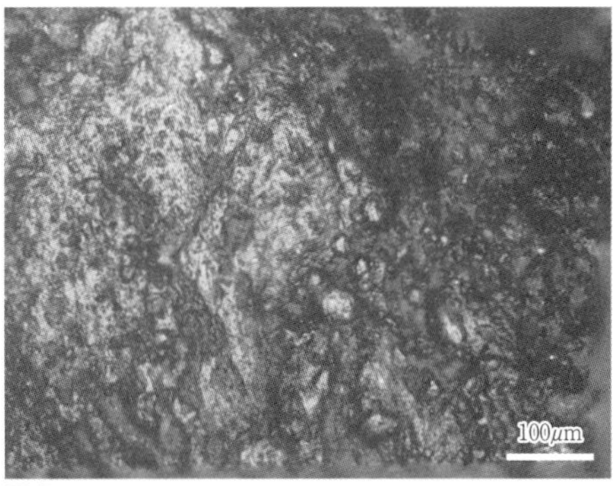

一宮市八王子遺跡

写真11

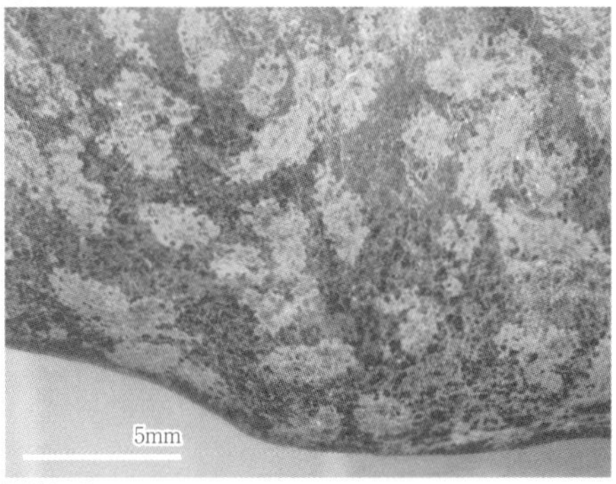

写真12

写真13

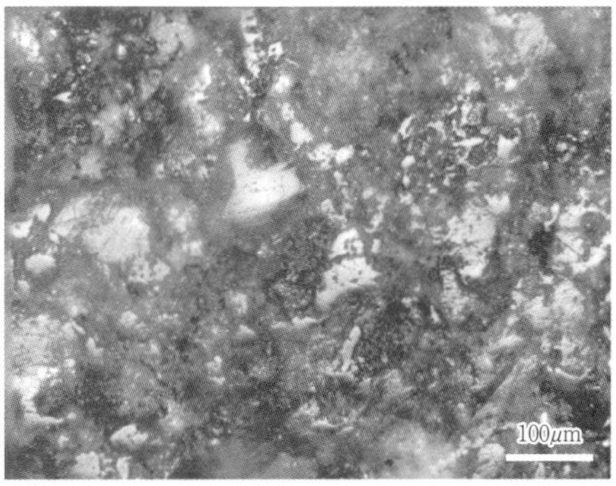

写真14

写真15

図55 打製石斧使用痕分布図・顕微鏡写真（3）

北杜市金生遺跡

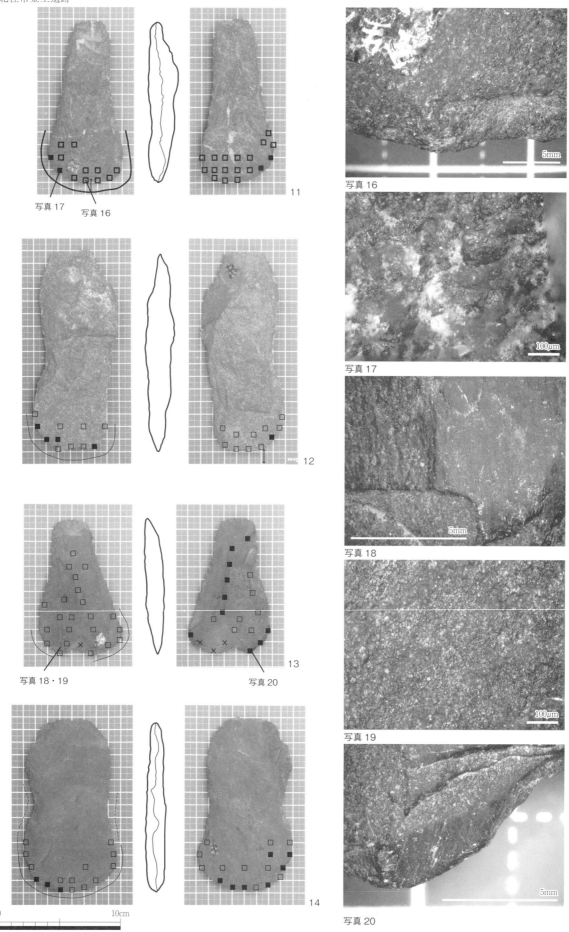

図56　打製石斧使用痕分布図・顕微鏡写真（4）

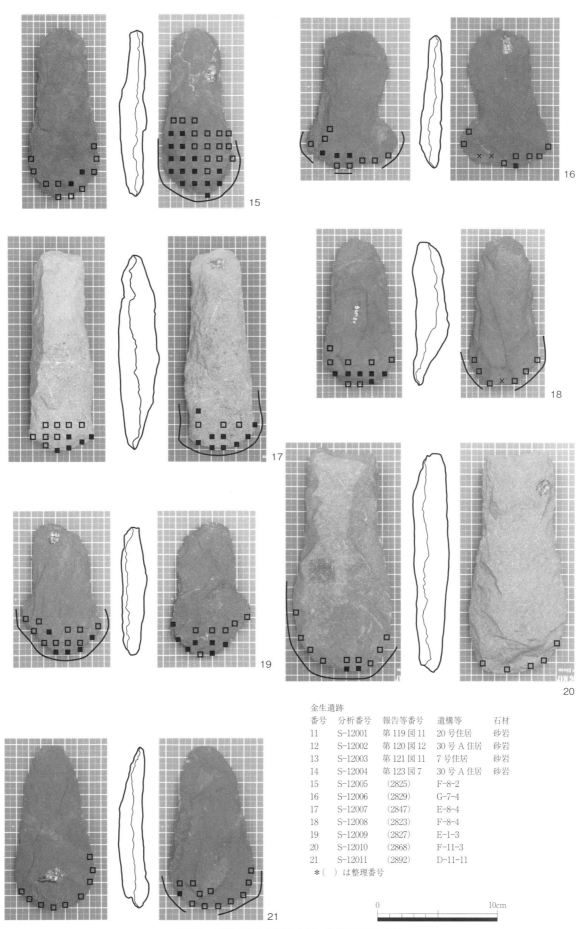

金生遺跡

番号	分析番号	報告等番号	遺構等	石材
11	S-12001	第119図11	20号住居	砂岩
12	S-12002	第120図12	30号A住居	砂岩
13	S-12003	第121図11	7号住居	砂岩
14	S-12004	第123図7	30号A住居	砂岩
15	S-12005	(2825)	F-8-2	
16	S-12006	(2829)	G-7-4	
17	S-12007	(2847)	E-8-4	
18	S-12008	(2823)	F-8-4	
19	S-12009	(2827)	E-1-3	
20	S-12010	(2868)	F-11-3	
21	S-12011	(2892)	D-11-11	

＊（ ）は整理番号

図57　打製石斧使用痕分布図・顕微鏡写真（5）

（図52-実験2）に近いものである。

馬見塚遺跡，八王子遺跡，金生遺跡の間でとりたてて異なる特徴がみられるわけではないが，金生遺跡では全般的に摩滅の発達程度が弱く，やはり短期間で使い捨てられるような使われ方が想定される。

②Bタイプに類似する光沢面

馬見塚遺跡の図54-6，八王子遺跡の図55-7の2点が該当する。2点ともホルンフェルス製で，比較的大型の打製石斧である。

高倍率観察では，次の2種類の微小光沢面が認められた。一つは，表面が粗くピット，線状痕をともない，高低所に広がる光沢面で，いわゆるXタイプの特徴と合致している。もう一つは，明るく丸みをもち，高所を覆うように点状に発達した光沢面で，Bタイプの光沢面に近い特徴をもつ。この二つのタイプの光沢面が，共存しているのが，本資料の特徴である。

肉眼，低倍率では摩滅も認められ，その範囲は，刃縁から基部側へ比較的大きく入り，両面ともほぼ同じ程度の範囲である。また，6は肉眼でも明瞭な光沢面がみられる。

この使用痕の形成についての解釈は難しい。Xタイプの光沢面から，土が介在する作業が考えられるが，Bタイプの形成要因として草本植物等との接触も想定される。ただし，二つの光沢面の分布域は重なっており，Bタイプといっても表面のなめらかさ，コントラストが少し弱い点は植物による典型的な光沢面とは違うようにもみえる。両者が同時に形成されたとすると，土による使用痕の変異のバリエーションに含まれる可能性もある。

これとまったく同じような使用痕は，実験的には再現されていない。ただし，本節3-4でとりあげた植物に関係する実験を考慮すると，作業時の草本植物の関与，水分の有無や細かな土質といった土壌環境，石器と土との接触が比較的緩やかであるといった操作方法などが，形成要因として疑われる。他の打製石斧とは使用状況が異なるかもしれず，打製石斧の用途を究明するうえでも興味深い資料である。

③作り替えられた石器

図55-10の1点が該当する。粗製剥片石器から打製石斧に作り替えられたもので，第2章第3節5でとりあげたケースにあたる。

粗製剥片石器とは，大形の剥片の鋭い縁辺をそのまま刃部とし，主に草本植物の切断に用いられた弥生時代前期から中期の尾張地域に特徴的な石器である（本章第2節）。粗製剥片石器の主要な石材は濃飛流紋岩，砂岩，ホルンフェルスなどで，打製石斧の素材と共通する。一般的な粗製剥片石器の大きさと小形の打製石斧の大きさが重なることも，本資料が作り替えられた背景として考えられる。

以上①②③の三つのパターンにまとめてきた。③は粗製剥片石器が用いられた弥生時代という時代的な背景のなかで生じたやや特殊なケースといえる。①は，最も一般的な打製石斧の使用痕のパターンであり，地域や時期をこえて普遍的なものだと考えている。一方，②は今回の分析では，馬見塚遺跡，八王子遺跡の低地部の遺跡で確認された。打製石斧の使用用途と遺跡立地との関係性を表すものだとすれば興味深いが，この使用痕の形成要因が十分に特定されていない現状では，その評価も慎重にならざるをえない。

5　まとめと課題

最後に，簡単なまとめと課題を箇条書きにして提示しておきたい。まず，使用実験からの展望としては，次の点をあげておく。

・土に関する典型的な微小光沢面はXタイプの光沢面だが，強い摩滅をともなう作業では光沢面が形成されない場合もある。

・摩滅および線状痕の分布と着柄・操作方法には，一定の相関が認められ，使用方法推定の手がかりになると期待される。
・土を想定した作業であっても，条件によっては草本植物に関係する光沢面が形成される場合がある。使用される環境と使用痕の関係を明らかにしていくことが重要である。

次に，打製石斧の使用痕分析からは，機能について次のような所見が得られた。

・低倍率で摩滅，線状痕は認められるが，高倍率では微小光沢面が認められない資料が多かった。
・また，摩滅の分布は両主面とも同程度の範囲のものが多く，実験の掘り棒に近いパターンを示している。
・高倍率観察で，XタイプとBタイプに類似する光沢面がみられる石器があり，他の打製石斧とは用途や使用時の状況が異なる可能性がある。
・他の石器から打製石斧への作り替えを示唆する資料がみられた。

土掘具の全般的な課題としては，本節では十分検討できなかったこともふまえ，次のようなことを提示しておきたい。

・土に対する細かな動作の違いが使用痕に反映されるのか，あるいはどこまで使用痕から推定が可能なのか，さらなる検証が必要である。また，手持ちの場合を想定した実験も必要である。
・縄文から弥生時代にかけて打製石斧の使用痕のあり方は一定なのか，地域や時期的な変化があるのか。特に弥生時代の石鍬と呼ばれるような大形石器の使用痕についても検討すべきである。
・弥生時代に発達する木製農工具との機能的な対応関係はどうなっているのか。打製石斧と農耕との関係を考えるうえで，この問題の検討が必要である。

注

1) トライボロジーとは，「擦る」を意味するギリシャ語"tribos"と学問を意味する"ology"とをあわせた造語で，摩擦を研究する学問領域のことである。作業対象と石器との摩擦によって生じる使用痕も，その科学的な形成機構はトライボロジーによって説明される。
2) 信州地域では，弥生時代の石器に観察される強く発達した光沢を俗に「ロー状光沢」と呼んでいた。
3) 観察視野の範囲は顕微鏡の器種等の観察条件によって異なる場合があるため，本分析では，視野中の500μm四方の範囲を目安として発達程度を判定している。
4) 登呂遺跡の復元水田では，体験クラブの方たちがさまざまな品種のイネを実験的に栽培するとともに，水田の一部は市民にも貸し出されている。静岡市登呂博物館のご厚意により，体験クラブの水田や市民水田の一部でイネ刈り実験を実施した。
5) 例えばイネの品種によって作業する高さが違う。背の低いイネの場合，しゃがむような姿勢で作業したものもある。台風の後にイネが倒れてしまい，穂をすくいあげて摘み取る場合もあった。また，非常にぬかるんだ水田で，作業効率があまりよくなかったこともある。
6) 遠藤英子は，「高倍率での微細光沢の観察では，Xタイプの荒れた光沢が土を被加工物としたときの特徴的な使用痕光沢と考えられるとしながらも，むしろ磨耗が強度であるにも関わらず明瞭な光沢が形成されていないことが，逆説的だが土の使用痕の特徴かもしれない」[遠藤2011：133頁]，「土の中に含まれる小石や砂が研磨剤となって激しい磨耗を引き起こすため，……（略）……光沢面が形成されにくい，もしくは消されてしまう可能性が高いのではないか」[遠藤2011：133頁]と指摘している。
7) ただし，打製石斧については，木製の柄に装着された出土例はなく，あくまでも仮定に基づいた復元である。逆に，製作技術上の観点から，手持ちでの使用を積極的に評価する意見[久保田2010]もあるが，今回の実験には反映していない。
8) 分析に用いた観察機器等は次のとおりである。低倍率観察：マイクロネット社製Cマウントズームスコープ Z-2（対

物倍率0.7〜5倍）。高倍率観察：モリテックス社同軸落射照明光学ユニットSOD-Ⅲ，対物レボルバー，オリンパス製対物レンズMPlan（10・20・50倍），10倍接眼レンズ，LED照明装置。撮影装置：Cマウント撮影装置セナマール（300万画素）またはデジタルカメラPENTAXQ，スーパーCマウントズームアダプターNY-CZ。画像処理：ヘリコン社製焦点合成ソフトHelicon Focus Pro。

第4章　日本列島における石製農具の使用痕分析

本章の目的

　第3章では，愛知県朝日遺跡から出土した弥生時代の石器の分析を行い，草本植物の切断に関わる石器として，磨製石庖丁，磨製大型石庖丁，粗製剥片石器の使用方法について検討してきた。これにより，穂摘み（磨製石庖丁）と刃部を平行方向に操作する切断（磨製大型石庖丁・粗製剥片石器）という機能上の違いがあることを確認した。

　これまで，弥生時代の農具と考えられる石器は，磨製と打製といった製作技術の違い，石庖丁と大型石庖丁といったように大きさ，形態による分類がなされてきた。なかには，打製の剥片石器など，形態だけでは農具として評価することが難しい石器もあるが，使用痕分析の成果に依拠することで，器種による組成を機能に基づく組成としてとらえ直すことが可能となった。

　また，南北に長く連なる日本列島では，同じ弥生時代であっても，石製農具の器種構成，磨製・打製といった製作技術，使用される石材など，時期・地域によって石製農具の受容・定着のあり方に違いが認められる。

　本章では，石製農具のなかから収穫関連石器をとりあげ，地域ごとに分析を行うことで，その地域において収穫あるいはこれに関係する石器を特定するとともに，その使用方法について明らかにしていく。器種構成，製作技術上の検討に加え，機能的組成を明らかにすることで，地域における収穫関連石器の受容・定着の仕方を描き出すことを目的としている。そのうえで，弥生時代における収穫関連石器の構成と農耕技術，農耕文化のあり方について考えていくことにしたい。

第1節　収穫関連石器の使用痕分析

1　分析の方法

1　分析対象

　本章では，東海（尾張・美濃・西三河），北陸（加賀・能登），中部高地（甲斐），山陽（吉備）の各地域の石製収穫具のあり方と使用痕からみた機能的な組成の組み合わせについて検討していく。

　第2節では，東海地方を尾張地域，美濃地域，西三河地域に分けて検討する。ここでは，愛知県および岐阜県における埋蔵文化財調査に際して，筆者が実施してきた使用痕分析のなかから［原田1998a・b・c・1999a・b・2000a・b・2003a・2005・2007，原田・服部2001］，収穫関連石器に該当する事例をとりあげて，その全般的な傾向について再検討する。

　第3節では，北陸の状況について，主に石川県埋蔵文化財センター，小松市教育委員会の発掘調査資料をもとに検討していく［原田2002a・2010］。

　第4節は，中部内陸地域の山梨県出土資料を対象として分析を行ったものである。この分析は，2010年から2013年にかけて「日韓内陸地域における雑穀農耕の起源に関する研究」［科学研究費基盤研究B・研究代

表者：中山誠二］に関わる日本国内の分析調査として実施したものである。この時点において，山梨県内で収穫具あるいは関連する石器とみられているほぼすべての出土品を悉皆的に分析することができた。分析報告は，網倉邦生との共著として発表している［原田・網倉 2011］。

第5節は岡山県内の出土資料の分析報告をとりあげる［原田 2002b］。本節では分析事例の少ないサヌカイトを扱うこともあり，基礎的な実験の概要についてもふれる。また，旧報告では省略した結晶片岩製の磨製石庖丁の分析レポートを追加している。

2 観察と記録

分析は，金属顕微鏡を使用した高倍率法に基づき，必要に応じて実体顕微鏡等の低倍率観察，肉眼による観察所見を加える。

高倍率の観察倍率は 100 倍・200 倍・500 倍（対物倍率 10 倍・20 倍・50 倍）で，主な観察対象は光沢面と光沢面上に形成された線状痕である。東北大学使用痕研究チーム［梶原・阿子島 1981］による光沢分類をもとに，石器に形成された光沢面の特徴，分布範囲と光沢の強度などの記録を作成し，必要に応じて使用痕の写真撮影を行った。観察した石器について特別な前処理や洗浄は行っていないが，観察前にエタノールによって脂分などの汚れを拭き取った。

観察にあたっては，第3章第1節4の基準に基づき光沢面の発達程度を実測図上に記入する光沢強度分布図を作成した。本分析では主に 200 倍観察視野中に占める光沢面の広がり方を目安とし，強・中・弱・微弱に区分している。ただし，微弱は，磨製石庖丁など一定の広がりが認められるものに設定し，弱のなかに含めている場合もある。

また，分布図はスクリーントーンを用いて表記されることが多いが，本分析の観察位置やその精度は資料によってかなり違っている。そこで，観察時の記録位置ごとに，強・中・弱・微弱・光沢なし・観察不能といった記号を配置し，実線または波線の補助線でおおよその分布の境界を示した。

各地域の分析結果とその検討は，第2節以降順次行っていく。ただし，個々の分析報告については，煩雑になるため，地域ごとに観察所見一覧としてまとめ，各節ではこの分析結果に基づく器種ごとの検討を中心に記述していく。

2 光沢面の分布パターンと操作法

収穫具関連の石器に観察される特徴的な使用痕は，主にイネ科草本植物を対象とした作業によって形成されたものである。第3章で検討してきたように，顕微鏡下では特徴的な光沢面として観察される。光沢面はなめらかで非常に明るく，光沢縁辺は独特の丸みをもつ。光沢表面には，ハケでなでたような微細な線状痕が形成される。発達すると非常に広範囲を覆い，肉眼でも光沢として識別できるようになる。

実験石器の観察によれば，まずドーム状の丸みをもつBタイプが形成され，光沢部が発達し，より広い範囲を覆うようになめらかで流動的な外観をもつAタイプへと変化する。通常，この変化は，ひとつの石器のなかで，発達程度の差として共存している。つまり，接触頻度の高い部分は相対的に光沢面の発達が強く，接触頻度の低い部分は発達が弱く，それらが連続的な光沢強度の変化として観察される。こうした特性は，光沢の発達程度を実測図上に表記した光沢強度分布図に活かされている。

さて，弥生時代の収穫関連石器には，その使用方法を反映して，いくつかの使用痕分布のパターンが知られており，斎野裕彦は，石庖丁，大型直縁刃石器，石鎌の3種類に類型化している［斎野 2002a・b］。筆者は斎野の論考をふまえ，パターン 1・2a・2b・3 の使用痕の分布パターンに整理した［原田 2003b］。各パター

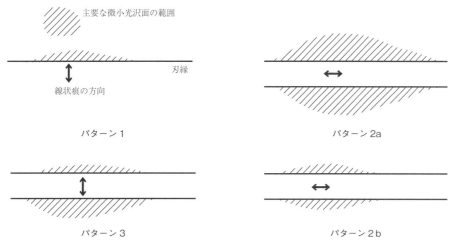

図58 使用痕分布パターン模式図

ンの特徴は次のとおりである（図58）。

①パターン1　光沢面は刃縁と主面の広い範囲に形成され，片側に偏って強い部分が観察される。刃部の線状痕は直行ないし斜行する。

②パターン2　刃縁に沿って光沢面が形成され，表裏対称の分布を示し，光沢範囲の中央で最も発達する。線状痕は刃縁と平行する。この分布パターンは次のように細分される。

2a　分布が刃縁のほぼ全域にわたり，分布範囲が広い。

2b　分布が刃部の側縁側に偏り，主要な光沢分布域が比較的限定される。

③パターン3　刃縁の表裏に光沢面が分布するが，片方が発達している場合が多い。線状痕は刃部と直交ないし斜行する。

パターン1は主に磨製石庖丁にみられるもので，いわゆる「穂摘み」による使用方法が想定される。この使用方法では，主面に対象物を押さえつけ，手首を内側にひねることで，刃部と直行方向に対象物を切断する。このため右手を使用した場合は，上面の主面左側に光沢面が発達する。

パターン2は，刃部を平行方向に操作し引き切るように切断する操作方法が想定される。分布範囲の大きなパターン2aは，磨製大型石庖丁，打製あるいは刃部磨製の大型の石器など，斎野裕彦の大型直縁刃石器に相当するものである。一方，分布範囲が限定されるパターン2bは，信州南部の横刃形石庖丁などにみられるパターンで，穂刈りの使用方法が想定される。

パターン3は，石鎌の使用痕として確認されているもので，刃を直交方向に操作し，穂首を刈り取る操作方法が想定されている。

第2節以降では，この分布パターンと操作方法に留意しつつ，各地の石製農具の実態とその機能的組成について検討していく。

第2節　東海（尾張・三河・美濃地域）における収穫関連石器の使用痕

1　目的

第3章では，清須市・名古屋市西区朝日遺跡の出土資料について検討した。本章では，近年の朝日遺跡出

土資料を含む尾張地域のほか，隣接する西三河地域および美濃地域の資料についても検討する（図59）。

　この地域では近畿以西の地域に比べ磨製石庖丁が少ないことは，すでに小林行雄によって指摘されてきた［小林1937］。近年までの調査で資料数は増加しているとはいえ，相対的な数の少なさは変わっていない。一方，打製の剝片石器が磨製石庖丁に代わる収穫具ではないかという推測もなされてきた［七原・加藤1982］。第3章第2節の朝日遺跡の分析により，この地域では，大陸系の磨製収穫具の他に，パターン2aの磨製大型石庖丁と粗製剝片石器が組み合わされていたことが明らかとなった。ここでは，これらの器種が地域的にどのように構成しているのかを検討する。また，この地域特有の石器として，刃部にキザミを施した磨製石庖丁をとりあげ，これらの石器の切断時の機能性についても考察する。

2　使用痕分析

1　分析資料

a．尾張地域

　分析資料は，一宮市三ツ井遺跡［田中編1999］，猫島遺跡［洲嵜編2003］，山中遺跡［服部編1992］，門間沼遺跡［石黒編1998］，東新規道遺跡［伊藤編1998］，稲沢市一色青海遺跡［蔭山編1998］，清須市・名古屋市西区朝日遺跡［宮腰編2000，蔭山編2007］である。いずれも濃尾平野の低湿部に立地する遺跡である。これらの資料のうち，朝日遺跡の一部，三ツ井遺跡，山中遺跡は弥生時代前期を中心とし，それ以外は弥生時代中期が遺跡の中心的な時期となっている。

　磨製石庖丁は朝日遺跡に，磨製大型石庖丁とみられる石器は朝日遺跡，山中遺跡，猫島遺跡にみられるが，出土点数は非常に少ない。粗製剝片石器は上記すべての遺跡から出土しており，分析資料の大半を占めている。

b．西三河地域

　分析資料は豊田市川原遺跡［服部編2001］である。川原遺跡は矢作川中流域の沖積地に立地する遺跡で，弥生時代中期の集落跡と弥生時代後期の墓域が調査されている。分析する石器は，弥生時代中期の集落にともなう資料である。この遺跡では磨製石庖丁，磨製大型石庖丁がみられる。打製石器では，安山岩製の大形の刃器が出土している。刃器は，未加工の鋭い縁辺を刃部とし，縁辺にわずかな調整を施しただけの簡易な技術で製作されており，剝片の形状は異なるものの，尾張地域の粗製剝片石器に近い石器である。

c．美濃地域

　分析した遺跡は，美濃加茂市野笹遺跡［千堂編2000］，可児市ほか柿田遺跡［小野木編2005］である。野笹遺跡は木曽川が形成した河岸段丘状に立地する複合遺跡で，弥生時代前期から後期にかけての集落が検出されている。分析資料は弥生時代中期とみられる無孔の磨製石庖丁と粗製剝片石器である。柿田遺跡は，可児川が形成した沖積平野および扇状地上に展開する遺跡で，弥生時代中期の水田址が検出されている。ただし，本分析の対象は，弥生時代後期の住居跡等から出土した磨製石庖丁と粗製剝片石器である。美濃東部地域では，弥生時代後期以降の住居跡から磨製石庖丁がまとまって出土する事例が多い。尾張地域では弥生時代後期以降石製農具が衰退するのに対し，この地域ではむしろこの時期に磨製石庖丁が増加する。

2　分析結果の概要

　ここでは，地域ごとの概要と石器のあり方についてまとめていく。個別の分析結果は，分布図は図60〜64，顕微鏡写真は図65〜67，観察所見は表8〜11に掲載した。分布図に記載した写真番号は使用痕顕微鏡写真の番号に対応し，キャプションの向きは写真の方向を示している。

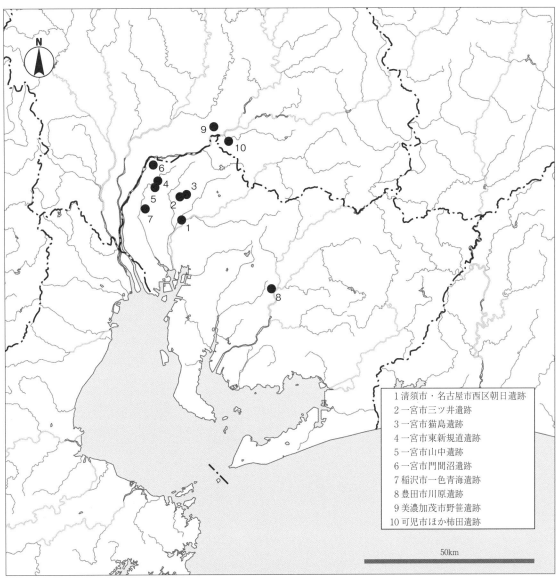

図 59　分析遺跡位置図（東海）

　a．尾張地域

　磨製石庖丁は，片岩系の石材のほか，ホルンフェルスや粘板岩なども用いられており，石材は比較的多様である。半月形直線刃の形態が主流であるが，大半は破片資料で，出土している遺跡も朝日遺跡など一部だけである。

　図60-1〜3，図61-13を分析した。Bタイプ，Aタイプの光沢面が観察され，パターン1の分布状況を示している。いわゆる「穂摘み」の機能を有していた石器と考えられる。3は磨製石庖丁の破片を扁平片刃石斧として再加工したものである。

　尾張地域の磨製大型石庖丁は，第3章第2節で検討した朝日遺跡出土資料のみ分析している。平面形が台形を呈するものが主である。石材は片岩など板状の素材を得やすいものが用いられる。刃部は基本的に両刃で，主面から刃面にかけて稜を残さず，鋭く研ぎ出されているものが多い。

　朝日遺跡の分析結果では，Aタイプ，Bタイプの光沢面が観察され，パターン2aの使用痕に属す。イネ

朝日遺跡

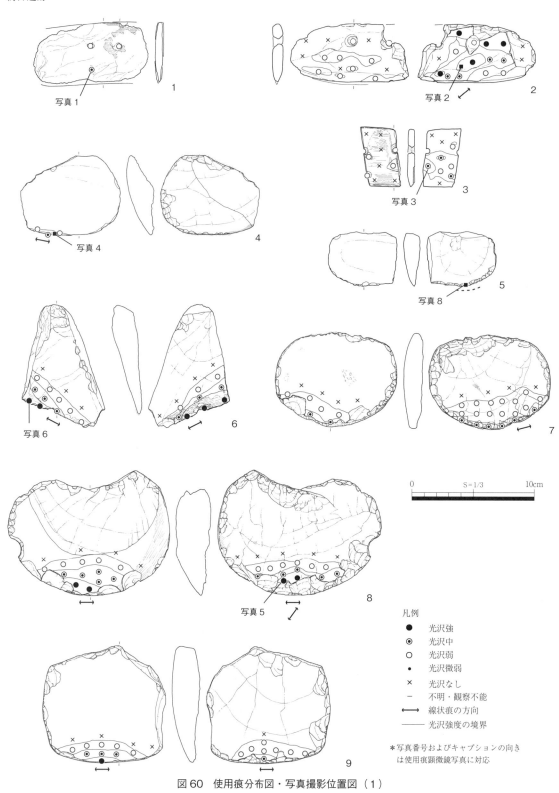

図 60　使用痕分布図・写真撮影位置図（1）

第4章　日本列島における石製農具の使用痕分析　123

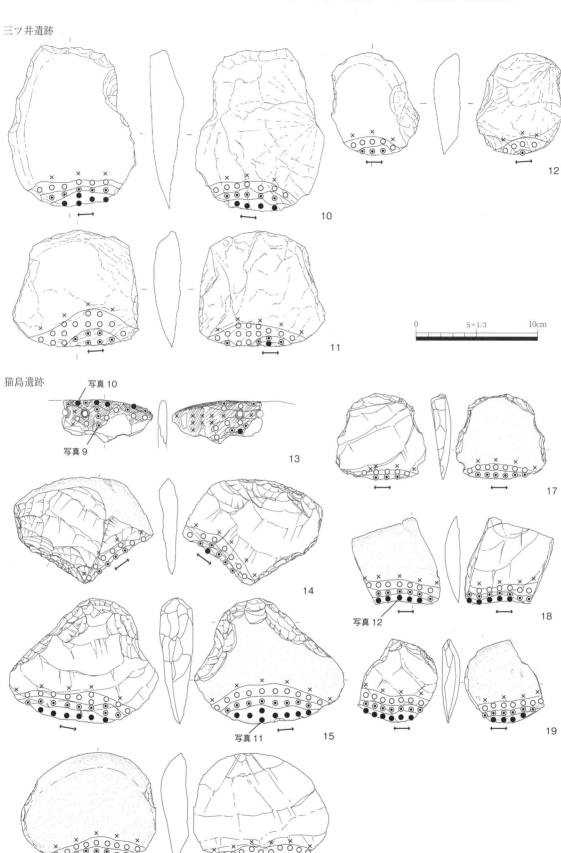

図61　使用痕分布図・写真撮影位置図（2）

124 第Ⅱ部 使用痕からみた東アジアの石製農具

東新規道遺跡

門間沼遺跡

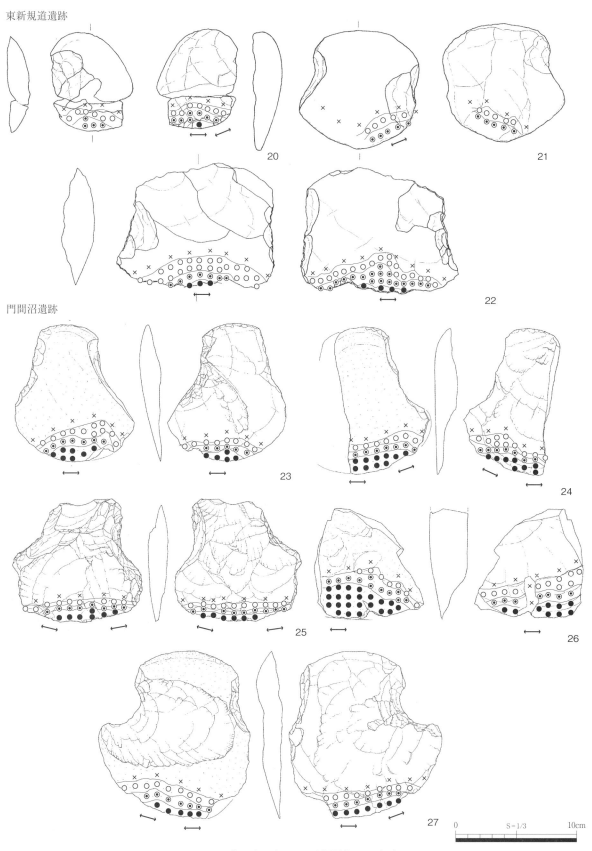

図62 使用痕分布図・写真撮影位置図（3）

第4章 日本列島における石製農具の使用痕分析　125

一色青海遺跡

川原遺跡

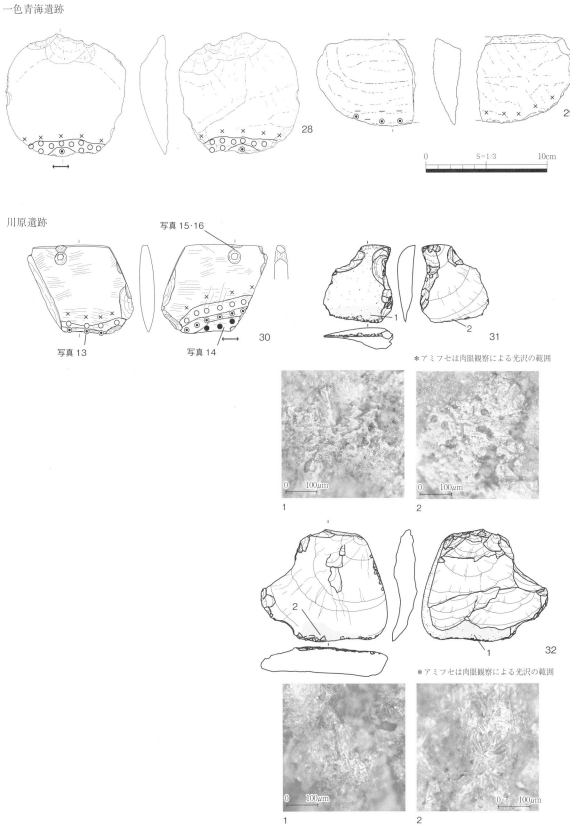

＊アミフセは肉眼観察による光沢の範囲

＊アミフセは肉眼観察による光沢の範囲

図63　使用痕分布図・写真撮影位置図（4）

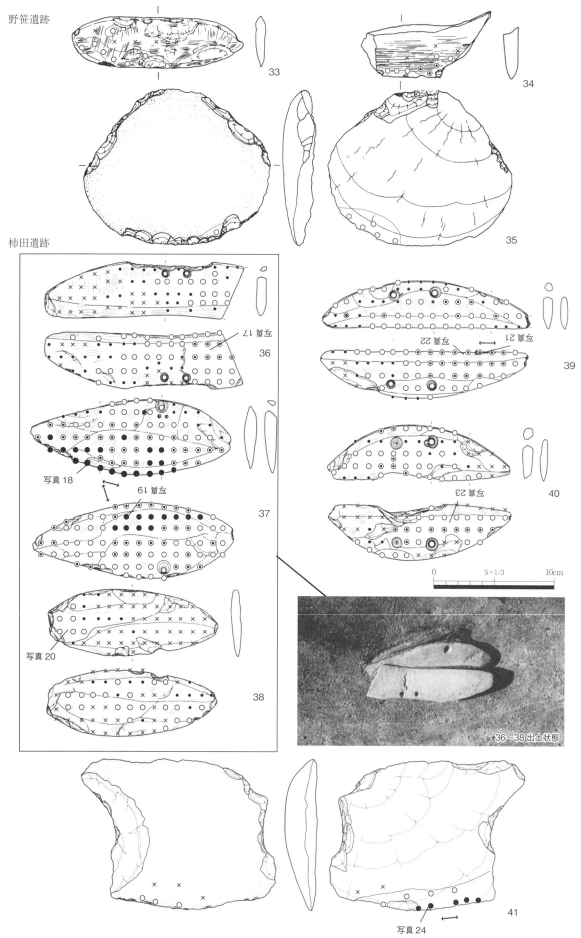

図 64 使用痕分布図・写真撮影位置図（5）

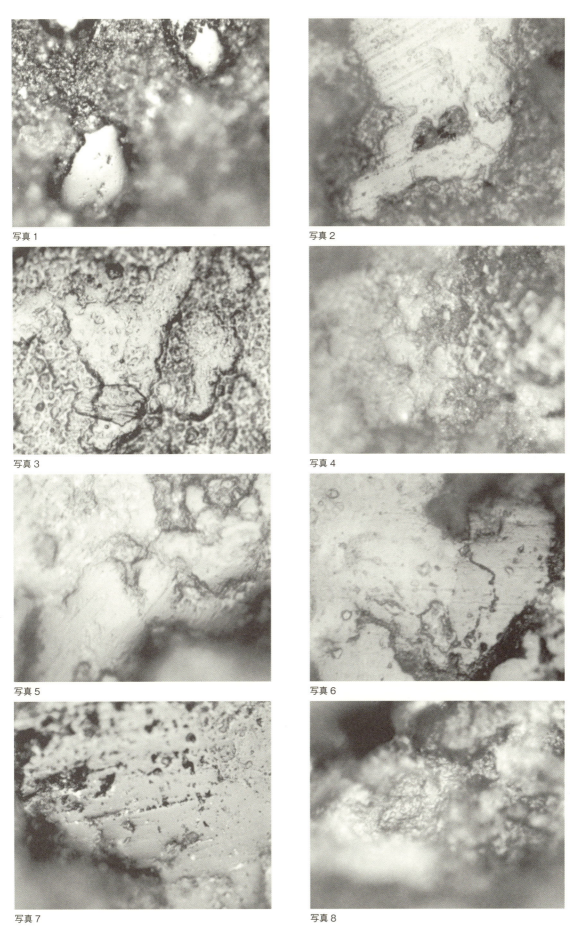

写真1　　　　　　　　　　　　　写真2

写真3　　　　　　　　　　　　　写真4

写真5　　　　　　　　　　　　　写真6

写真7　　　　　　　　　　　　　写真8

図65　使用痕顕微鏡写真（1）

128 第Ⅱ部 使用痕からみた東アジアの石製農具

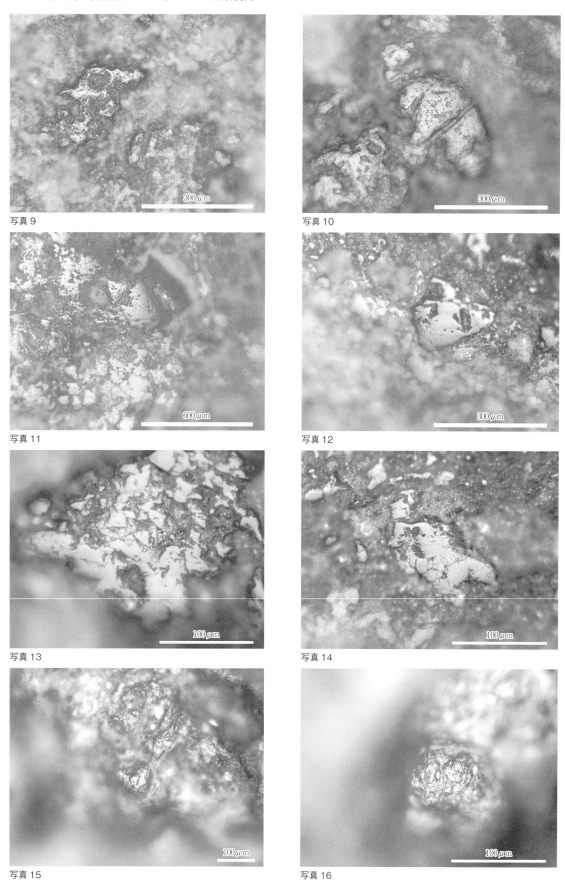

写真9
写真10
写真11
写真12
写真13
写真14
写真15
写真16

図66 使用痕顕微鏡写真（2）

第4章 日本列島における石製農具の使用痕分析　129

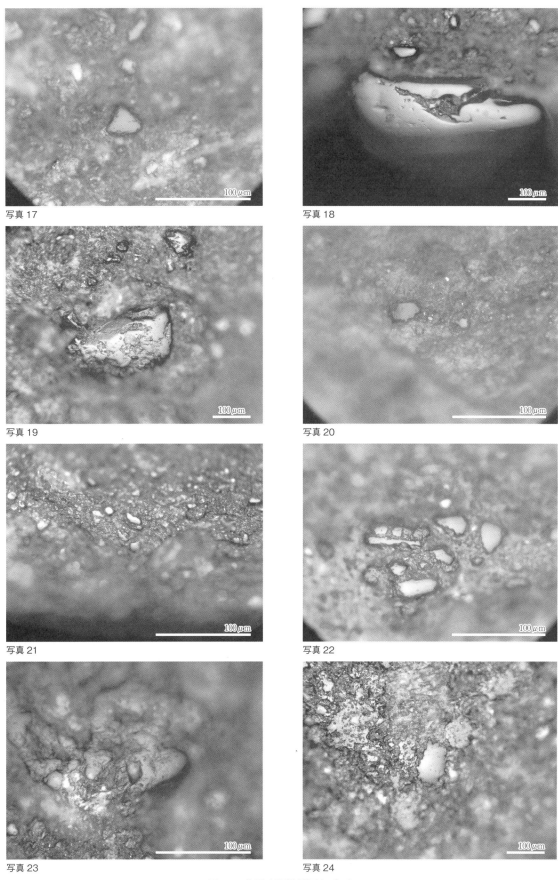

写真17　　　　　　　　　　　　　　写真18

写真19　　　　　　　　　　　　　　写真20

写真21　　　　　　　　　　　　　　写真22

写真23　　　　　　　　　　　　　　写真24

図67　使用痕顕微鏡写真（3）

科草本植物を対象とし刃部を平行方向に操作して切断する操作方法が考えられ，根株など厚みのある部位への使用が想定される。

粗製剥片石器は，砂岩などの石材を使用し簡易な加工を施す石器である。尾張地域において通常出土しているのは，砂岩や濃飛流紋岩などの扁平な円礫から打ち剥がされた剥片の鋭い縁辺を刃部とする石器で，側縁や背部に二次加工を施すもののほか，二次加工がまったく認められないものもある。刃部は未加工のものが主体だが，稀に刃部のみ研磨されているものもある。同様な石器は縄文時代にもみられるが，弥生時代の粗製剥片石器は，縄文に比べ大型化する傾向にあり，背部・側縁への二次加工が明瞭になるなどの変化がみられる［原田 1997］。

粗製剥片石器は，尾張地域では，本分析のすべての遺跡で出土している。分析資料は，朝日遺跡（図60-4～9），三ツ井遺跡（図61-10～12），猫島遺跡（図61-14～19），東新規道遺跡（図62-20～22），門間沼遺跡（図62-23～27），一色青海遺跡（図63-28・29）である。使用痕には一定のパターンが認められる。光沢面はAタイプ，Bタイプ，使用痕の範囲は刃部に沿って表裏対称に分布し，線状痕は刃部と平行ないし若干斜行するものが主である。使用痕の分布はパターン2aで，磨製大型石庖丁の使用痕と類似する。イネ科草本植物を対象とし，刃部と平行方向に操作し切断する使用方法が考えられる。刃縁の広い範囲に使用痕が分布することから，イネ株など厚みのある部位への使用が想定される。

粗製剥片石器は，刃部長6～15cm，重さ50g以下～1,000g近いものまで法量の幅が広く，大型直縁刃石器の定義に満たないものも含まれる。小型品では刃部に沿った狭い範囲に使用痕の分布が限定されるパターン2bのものもあるが（図60-4），非常に稀な例である。むしろ小型のものでも，図61-12・17，図62-20のように刃縁いっぱいに光沢面が分布するパターン2aのほうが主である。小型の一部には「穂刈り」など使用方法や対象物の違いも想定されるが，基本的な機能は大型のものとかわらないと考えられる。

このほか，粗製剥片石器にはイネ科植物以外の使用痕も認められることがある。比較的頻度の高いものは，敲打によって生じたとみられる刃部や側縁の潰れと剥離痕である。使用痕の観察では，植物の切断作業後に敲打具に転用されたものも多く認められる[1]。また，刃部が著しく摩滅したものがあり，使用痕分析から石材の擦り切りに用いられたことが推定される[2]。

b．西三河地域

図63-30は磨製大型石庖丁の残欠である。刃縁には表裏ともBタイプ，Aタイプの光沢面が観察され，分布はパターン2aとみられる。この資料は，第2章2節4でとりあげたように，穿孔部の縁辺に鈍い光沢面があり（図66-写真13・14），紐ずれの痕跡の可能性がある。

刃器類のうちいくつかには，刃縁に肉眼でも識別できる光沢が認められた。しかし，顕微鏡を用いた観察では，ほとんど光沢面を確認することはできなかった。石器はいずれも表面が白色化していることから，風化によって微小光沢面が失われてしまったものと考えられた。風化による影響が比較的軽度な図63-31・32の2点で，かなり変質しているものの，光沢面を確認することができた。分布はパターン2aとみられる。これらは，背部および側縁に調整が施されており，尾張地域の粗製剥片石器と基本的には同じ石器とみられることから，以後粗製剥片石器として扱うこととしたい。

c．美濃地域

野笹遺跡の無孔の磨製石庖丁（図64-33）は，片面の刃部左寄りに光沢面が分布するパターン1で，穂摘具としての使用方法が推定される。（図64-34）は刃縁に光沢面が認められ，磨製大型石庖丁の破片と考えられる。粗製剥片石器（図64-35）は，限定的だがAタイプの光沢面があり，刃を平行方向に操作したパターン2aである。

第4章　日本列島における石製農具の使用痕分析　131

表8　尾張地域分析資料・観察所見一覧表

図版番号 (分析 No.)	写真番号	遺跡名	遺構等	時　期	文献・図番号等
	観察所見　形状等，低倍率観察，高倍率観察				
図60-1 (S-00108)	図65-写真1	朝日遺跡	96-検出	弥生中期	文献1・図27-189
	磨製石庖丁。片側の側縁を欠損。ホルンフェルス製で，表面の多くは剝落し原表面は部分的に残存。原表面の残存部に微小光沢面。光沢面は明るくなめらかで，輪郭が明瞭で点状に発達し，刃縁ではかなり大きく発達したものもみられる。線状痕は微細で，刃縁に対し直交または斜行。				
2 (S-00111)	図65-写真2	朝日遺跡	95-SD21	弥生中期中葉	文献1・図27-185
	磨製石庖丁。片側の孔から側縁にかけて欠損。光沢面はAタイプ，Bタイプだが，一部に非常に鋭い溝状の線状痕をともなう。二次的な擦痕の可能性あり。両面とも主面の広い範囲に光沢が分布し，全体にb面の方が発達している。				
3 (S-00110)	図65-写真3	朝日遺跡	96-検出	弥生中期	文献1・図27-191
	磨製石庖丁。両側縁とも孔から外側に欠損し，破断面は研磨により整えられている。刃部の形状も変えられており，破損した石庖丁を扁平片刃石斧に作り替えたとみられる。Bタイプの光沢が両主面に分布するが，発達程度はそれほど強くない。刃縁には光沢の分布が認められず，これも石斧への作り替えによるものであろう。				
4 (S-00163)	図65-写真4	朝日遺跡	95-トレンチ	弥生	文献1・図61-389
	小型の粗製剝片石器。刃縁に沿ってBタイプの微小光沢面が認められる。表裏とも対応する部分に光沢が分布しているが，範囲は非常に狭く，分布の中心は刃縁の中央から片側に偏っている。光沢面の発達が弱く，線状痕の方向は判別できない。分布の傾向は，「穂刈り」の実験の分布パターンに近い。				
5 (S-00160)	図65-写真8	朝日遺跡	95-灰白色シルト	弥生	文献1・図61-392
	小型の粗製剝片石器。b面（剝離面）の刃縁にEタイプに類似した微細な凸凹をもつ光沢面が確認された。微細な起伏の方向性は，刃縁に対して直交する。発達初期の未分化な光沢面の可能性もあるが，草本植物とは異なる作業に用いられた可能性がある。				
6 (S-00179)	図65-写真6	朝日遺跡	95-SD104 上層	弥生中期中葉	文献1・図56-356
	両面とも剝離面からなる粗製剝片石器。片側を欠損。発達したAタイプの光沢面が確認された。光沢面は刃縁の表裏に分布。刃縁と平行する溝状の線状痕をともなう。				
7 (S-00138)	―	朝日遺跡	95-SZ339 最下層	弥生後期以前	文献1・図58-365
	粗製剝片石器。背部から側縁にかけて調整加工。光沢面は明るくなめらかで面的に広がるAタイプが主。刃縁に沿って形成され，表裏対称に分布している。光沢面上の線状痕は，刃縁に対し平行。なお，刃部はから側縁にかけて，敲打による潰れが顕著である。Aタイプの使用痕形成後に敲打されている。				
8 (S-00175)	図65-写真5	朝日遺跡	95-SD101 下層	弥生前期	文献1・図54-346
	粗製剝片石器。背部に二次加工。Aタイプ，Bタイプの光沢面が，刃縁に沿って分布。分布は表裏対称。光沢面の発達した部分は広い範囲を覆うように形成。線状痕は溝状で比較的明瞭。刃縁に対し平行するものが主だが，斜行するものもみられる。a面の側縁部には研磨したような部分もあり，Aタイプ形成とは異なる要因で生じた擦痕の可能性がある。また，縁辺は敲打による潰れが全周しており，草本植物の切断の後敲打具に転用されている。刃縁の剝離痕はAタイプの光沢面を切っており，敲打によって生じた剝離痕である。				
9 (S-00195)	―	朝日遺跡	96-SD101 1層	弥生前～中期初	文献1・図53-339
	粗製剝片石器。背部および側縁に二次加工。Aタイプを主とする光沢面が刃縁の表裏に分布している。光沢面上の線状痕は刃縁と平行する。刃縁は敲打によって潰れており，草本植物切断作業後に敲打具として用いられている。				
図61-10 (S-00032)	―	三ツ井遺跡	97B-SD14	弥生前期	文献2・第80図 57
	刃縁の広い範囲に使用光沢面が認められ，肉眼でも光沢として観察可能。光沢面は非常に明るく表面のきめがなめらかで，光沢面の縁辺は丸味を帯びている。光沢面上にはハケでなでたような線状痕が刃部と平行して観察される。光沢の分布範囲は刃縁の広い範囲に及び，刃部中央で最も強く発達しており，刃部の左右，石器の内側にいくにしたがって漸移的に弱くなる。発達部「強」はAタイプ，「弱」は水滴状の単独の光沢面が散在するBタイプを中心とし，「中」の部分はBタイプが連接しつつ発達するAタイプとの中間的なものが多い。光沢の分布状況は自然面側，剝離面側ともほぼ同様な分布をしており，刃部の表裏対称に形成されている。				
11 (S-00030)	―	三ツ井遺跡	97B-検Ⅱ	弥生前期	文献2・第80図 58
	石材はホルンフェルス。石器表面が風化しており所々剝落している。使用光沢面は刃部縁辺の原面が残存している部分に断片的に観察される。光沢分布図は断片的に残された光沢面の状況から復元的に作成している。光沢面は非常に明るくなめらかなAタイプの光沢が主で，石器の内側ではBタイプの光沢も確認される。光沢面上に刃部と平行する線状痕が観察される。光沢の分布は，刃部にそった表裏対称に形成されている。				

12 (S-00031)	—	三ツ井遺跡	97B-SD20	弥生前期	文献2・第80図59
	石材はホルンフェルス製。肉眼での光沢の観察はできなかったが，顕微鏡下では使用光沢面が観察された。光沢面は丸味を帯びた点状の光沢が散在的に広がっており，Bタイプの光沢が主である。刃部では部分的に光沢密度の高い部分があり，Aタイプの光沢が観察される。線状痕は発達部で確認され，刃部と平行する。光沢の分布範囲は弱から中で，刃縁の表裏対称に形成されている。				
13 (S-03019)	図66-写真9・10	猫島遺跡		弥生中期	文献3・図版98-288
	磨製石庖丁。背部のみの残欠。実測図左図をa面，右図をb面とする。点状に発達したBタイプの光沢面。a面では背部に発達した光沢面。孔周囲にも中・弱の点状の光沢面が分布。b面は，孔の上と孔の下に分布を確認。孔下刃部の刃部に近い部分の光沢が発達している。				
14 (S-03016)	—	猫島遺跡		弥生中期	文献3・図版90-201
	粗製剝片石器。やや不整形な形状で，剝離によって形成された2辺の鋭い縁辺がある。使用されているのは，二次的な剝離調整を行っていない辺で，明るくなめらかなAタイプ，Bタイプの光沢面が，刃縁に沿って表裏対称に分布している。線状痕は刃縁と平行する。				
15 (S-03002)	図66-写真11	猫島遺跡		弥生中期	文献3・図版88-195
	粗製剝片石器。背部・側縁上部に二次加工。Aタイプを主とする明るくなめらかな光沢面。刃縁に沿って表裏対称に分布。線状痕は刃縁と平行する。				
16 (S-03017)		猫島遺跡		弥生中期	文献3・図版90-204
	粗製剝片石器。両側縁に二次加工。Bタイプ，Aタイプの明るくなめらかな光沢面。刃縁に沿って表裏対称に分布。線状痕は刃縁と平行する。				
17 (S-03005)		猫島遺跡		弥生中期	文献3・図版89-197
	やや小型の粗製剝片石器。背部および側縁上部に二次加工。光沢面はBタイプからAタイプ。刃縁に沿って表裏対称に分布。線状痕は刃縁と平行する。				
18 (S-03007)	図66-写真12	猫島遺跡		弥生中期	文献3・図版91-213
	やや小型の粗製剝片石器。両側縁は折面となっている。明るくなめらかでやや平坦に発達するAタイプの光沢面。刃縁に沿って表裏対称に分布。線状痕は刃縁と平行する。				
19 (S-03011)		猫島遺跡		弥生中期	文献3・図版92-219
	やや小型の粗製剝片石器。両側縁は折面となっている。明るくなめらかなAタイプの光沢面。自然面のa面ではやや平坦に広がる。剝離面のb面では，うねるような流動的な外観を呈す。刃縁に沿って表裏対称に分布。線状痕は刃縁と平行する。				
図62-20 (S-00011)	—	東新規道遺跡	包含層	弥生中期？	文献4・第13図7
	ホルンフェルス。明瞭な二次加工はみられない。a・b面の刃縁に沿って明るくなめらかな光沢面が観察される。b面の光沢面に線状痕が観察され，方向は刃部に平行する。				
21 (S-00013)		東新規道遺跡	包含層	弥生中期？	文献4・第14図12
	砂岩。貝殻状剝片の側縁に二次加工を施す。刃縁に沿って，明るくなめらかな光沢面がみられる。分布はa面の刃部右側（b面は左側）に偏っている。線状痕は刃部に平行。				
22 (S-00012)		東新規道遺跡	包含層	弥生中期？	文献4・第13図6
	砂岩。側面および背部に二次加工あり。a・b面の刃縁に沿って明るくなめらかな光沢面が観察される。線状痕は刃部に平行。				
23 (S-00038)	—	門間沼遺跡	95A	弥生中期	文献5・図版85-2
	粗製剝片石器。側縁上部に抉り。光沢面はAタイプ，Bタイプで，明るくなめらかで面的に広がる。線状痕は刃縁と平行。				
24 (S-00035)		門間沼遺跡	94CSD58	弥生中期	文献5・図版82-2
	粗製剝片石器。側縁上部に抉り。片側を欠損。光沢面はAタイプ，Bタイプで，明るくなめらかで面的に広がる。線状痕は刃縁と平行。				
25 (S-00034)		門間沼遺跡	95DSD27	弥生中期	文献5・図版84-10
	粗製剝片石器。両面とも剝離面からなる。側縁上部と背部に二次加工。光沢面はAタイプ，Bタイプ。明るくなめらかで，面的に広がる。線状痕は刃縁と平行。				
26 (S-00037)	—	門間沼遺跡	94CSX06	弥生中期	文献5・図版83-2
	粗製剝片石器。片側側縁を一部欠損。光沢面はAタイプ，Bタイプで，明るくなめらかで面的に広がる。線状痕は刃縁と平行。				

図版番号 (分析No.)	写真番号	遺跡名	遺構等	時期	文献・図番号等
27 (S-00050)	—	門間沼遺跡	94C	弥生中期	文献5・図版83-1
	観察所見：粗製剥片石器。側縁上部に大きな抉りがあり，有肩状を呈する。光沢面はAタイプ，Bタイプで，明るくなめらかで面的に広がる線状痕は刃縁と平行。				
図63-28 (S-00016)	—	一色青海遺跡	E区 SX123	弥生中期末	文献6・第7図119
	観察所見：貝殻状剥片の背部に二次加工。刃部の利用面に光沢面分布。光沢面は非常になめらかで丸みをもち，水滴状を呈するものが特徴的。刃縁では光沢面は大きく密集し，刃部から離れると単独の点状光沢が散在する。分布範囲は，刃縁に沿った長さ6.5cm，刃部から内側への幅は1.2cm。分布範囲は刃縁に対して表裏対称。線状痕は剥離面側の光沢発達部で観察でき，刃縁に対して平行する。				
29 (S-00017)	—	一色青海遺跡	Bb区	弥生中期末	文献6・第7図120
	観察所見：約半分を欠損。表面の摩滅が著しく，光沢面は，自然面側の限られた範囲にしか残存していない。光沢面は明るく平滑な外観を呈し，光沢面上に刃部と平行する線状痕が認められる。				

表9 西三河地域分析資料・観察所見一覧表

図版番号 (分析No.)	写真番号	遺跡名	遺構等	時期	文献・図番号等
	観察所見　形状等，低倍率観察，高倍率観察				
図63-30 (S-00479)	図66-写真13〜16	川原遺跡		弥生中期	文献7・2001
	大型磨製石庖丁。両側縁を欠損。刃縁に非常に明るくなめらかな光沢が認められる。光沢部は平面的に広がり，縁辺はなめらかな丸みをもつ。典型的なAタイプの光沢である。使用痕光沢は刃縁の表裏に形成されており，光沢面上のなめらかな線状痕は刃部と平行するものが多い。水分を含んだイネ科草本植物を対象に使用されたと考えられ，石器は刃部を平行に操作したものと推定される。写真15・16は穿孔部付近で観察された光沢面である。この磨部分は肉眼でもやや摩滅しているようにみえる。光沢部は非常に微弱で，表面は微細な凸凹がみられ，全体にやや丸みをもっている。Eタイプあるいは未発達なBタイプとするべきか。紐ズレによって生じた可能性も考えられる使用痕である。				
31 (S-00389)		川原遺跡	98-SK730	弥生中期	文献7・3317
	背部寄りの両側縁に二次加工。安山岩製でやや風化。自然面側の刃縁に肉眼で光沢が確認できる。しかし，高倍率で観察すると光沢面は風化などの影響によりかなり損傷を受けている。比較的よく残っている部分は，面的に覆うように広がり，光沢面になめらかさがみられることから，本来はAタイプ，Bタイプの光沢であった可能性が高い。光沢表面の亀裂により線状痕は不明。				
32 (S-00386)	—	川原遺跡	97BCD-SB332	弥生中期	文献7・3336
	背部に二次加工をもつ。安山岩製でやや風化。刃縁に沿って表裏とも光沢が確認できる。光沢面は風化により損傷を受けているが，発達した部分では面的に覆うように広がり，本来はAタイプやBタイプの光沢であった可能性が高い。光沢表面の損傷により線状痕は不明。				

表10 美濃地域分析資料・観察所見一覧表

図版番号 (分析No.)	写真番号	遺跡名	遺構等	時期	文献・図番号等
	観察所見　形状等，低倍率観察，高倍率観察				
図64-33 (S-00106)	—	野笹遺跡	SB24	弥生	文献8・第138図1234
	磨製石庖丁。完形品だが，穿孔されていない。刃部は両刃である。使用痕は石器の片面のみで観察された。光沢面は非常になめらかで明るい表面を特徴とし，ドーム状の光沢面は点状に散在している。光沢タイプはAタイプ，Bタイプで，石器の刃部中央から左辺にかけて分布している。左側では器面内側に大きく侵入しており，背部に近い部分でも分布が認められる。対象物の接触は刃部および器面左側の内部でも頻繁に繰り返されたことが推定される。				
34 (S-00105)		野笹遺跡	NR1	弥生	文献8・第138図1236
	磨製石庖丁の刃部片。刃部は両刃。使用痕は石器の片面で観察された。光沢面はAタイプ，Bタイプで，非常に明るくなめらかな光沢が点状に分布。破片資料であり光沢の詳細な分布は復元できない。刃部付近で光沢が弱くなる部分がみられ，刃部の研ぎ直しにより古い光沢面が消失している可能性が考えられる。				
35 (S-00104)		野笹遺跡	SD18	弥生	文献8・第136図1198
	粗製剥片石器。やや風化しており，光沢面の検出は部分的である。光沢面は刃部の両面に形成されている。明るくなめらかなAタイプの光沢面が主で，光沢表面にピット，線状痕が認められる。線状痕は刃部と平行するものが支配的である。				
36 (S-03023)	図67-写真17	柿田遺跡	SB7	弥生後期	文献9・図版420-8088
	磨製石庖丁。両刃。風化弱。光沢面は，Bタイプ。パッチ状で，表面は平滑。a面の分布は，全般に発達が弱い。器面中央がやや強い。刃面はほとんど認められない。b面はa面に比べ発達が強く，中央より左が強い。刃面は微弱。線状痕は不明。				

37 (S-03022)	図67-写真18・19	柿田遺跡	SB7	弥生後期	文献9・図版420-8087
	磨製石庖丁。両刃。風化弱。光沢面は、Bタイプ、Aタイプ。表面は平滑で、点状に発達。a面は、ほぼ全面に分布。刃縁から器面左、中央にかけて強く発達。b面もほぼ全面に分布。器面中央から刃部にかけて強く発達。線状痕は刃部に斜行するものの他、平行するものも見られる。				
38 (S-03024)	図67-写真20	柿田遺跡	SB7	弥生後期	文献9・図版417-8075
	磨製石庖丁。孔なし。風化やや強。表面に鉄分が付着し、一部観察不能。Bタイプ。表面は平滑で点状に発達。a面の発達程度は全般的に微弱。器面左側に分布。刃面および刃縁はほとんど認められない。b面はa面に比べやや発達。ほぼ全面に分布。刃面にはほとんど認められない。線状痕は不明。				
39 (S-03025)	図67-写真21・22	柿田遺跡	SB11	弥生	文献9・図版420-8089
	磨製石庖丁。両刃。風化弱。Bタイプ。表面は平滑で点状に発達。a面は、ほぼ全面に分布。器面中央よりやや右側が強く発達。刃縁の光沢は弱い。b面は、ほぼ全面に分布。器面中央より左側が強く発達。線状痕はb面刃部で観察され、刃部と平行する。				
40 (S-03033)	図67-写真23	柿田遺跡	Ⅲ層	弥生	文献9・図版420-8090
	磨製石庖丁。両刃。片方の穿孔は貫通していない。風化はやや強。光沢面はBタイプ。表面は平滑で点状に発達。a面は、ほぼ全面に分布。器面左側がやや発達。背部縁辺も比較的発達している。b面は、器面中央と左側の発達が強い。背部縁辺にも分布。刃面は認められない。線状痕は不明。				
41 (S-03034)	図67-写真24	柿田遺跡	NR112	弥生	文献9・図版422-8093
	粗製剝片石器。両側縁に大きな抉り。風化やや強い。光沢面はBタイプ、Aタイプ。表面は平滑で、連接しながら広がる。a・b面とも刃縁に沿って分布するが、a面は風化により痕跡は断片的。線状痕は刃部と平行。				

表11 刃部鋸歯状磨製石庖丁分析資料・観察所見一覧表

図版番号 (分析No.)	写真番号	遺跡名	遺構等	時期	文献・図番号等
	観察所見　形状等, 低倍率観察, 高倍率観察				
図68-42 (S-06022)	図68-写真25〜28	朝日遺跡	99Aa-SB25	弥生中期初	文献10・図3-2-20 S-99Aa-9
	ほぼ完形の大型磨製石庖丁。刃部は両刃で、数ミリ間隔で刃にキザミを施している。光沢面は明るくなめらかで、やや平坦に発達している。Aタイプ、Bタイプの光沢面である。刃縁に沿って表裏対称に分布している。刃に近い部分の光沢の発達は弱い。線状痕は刃縁に対して平行。				
43 (S-03021)	図68-写真29・30	猫島遺跡		弥生中期	文献3・図版98-287
	大型磨製石庖丁。約半分の残欠。刃部は両刃で、連続するキザミが施されている。刃縁には、うろこ形、三日月形の微細な剝離痕も分布。微小光沢面は、明るくなめらかで点状の光沢面が連接しつつ広がるBタイプ、Aタイプの光沢面。刃縁に沿って表裏対称に分布している。線状痕は刃縁と平行。刃に近い部分は研磨による擦痕が明瞭で、微小光沢面の発達は弱い。刃部の研ぎ直しの影響によるものとみられる。				
44 (S-01037)	図68-写真31・32	山中遺跡	検出	弥生前期？	文献11・図版38-1
	石庖丁の刃部残欠。刃部は両刃。刃縁にキザミが施されている。片面（a面）は剝離によって主面の大半が失われている。光沢面は明るくなめらかなBタイプが主。点状の光沢面が連接しつつ、平坦に発達したものが特徴的で、刃縁の表裏に分布している。線状痕は微細で、刃縁に平行する。				

【表8〜11文献】
1. 宮腰健司編　2000『朝日遺跡Ⅵ──新資料館地点の調査──』愛知県埋蔵文化財センター
2. 田中伸明編　1999『三ツ井遺跡』愛知県埋蔵文化財センター
3. 洲嵜和宏編　2003『猫島遺跡』財団法人愛知県教育サービスセンター愛知県埋蔵文化財センター
4. 伊藤太佳彦編　1998『東新規道遺跡』財団法人愛知県埋蔵文化財センター
5. 石黒立人編　1998『門間沼遺跡』財団法人愛知県埋蔵文化財センター
6. 藤山誠一編　1998『一色青海遺跡』財団法人愛知県埋蔵文化財センター
7. 服部信博編　2001『川原遺跡』財団法人愛知県教育サービスセンター愛知県埋蔵文化財センター
8. 千藤克彦編　2000『野笹遺跡Ⅰ』財団法人岐阜県文化財保護センター
9. 小野木学編　2005『柿田遺跡』財団法人岐阜県教育文化財団文化財保護センター
10. 藤山誠一編　2007『朝日遺跡Ⅶ』財団法人愛知県教育・スポーツ振興財団愛知県埋蔵文化財センター
11. 服部信博編　1992『山中遺跡』財団法人愛知県埋蔵文化財センター

柿田遺跡では，弥生時代後期の住居跡を中心に磨製石庖丁が出土している。特に図64-36～38は住居跡の壁寄りの床面で3枚重なった状態で出土した。2孔穿孔のあるもの（図64-36），1孔以外は未貫通のもの（図64-37），穿孔がなく研磨も部分的なもの（図64-38），と加工の程度が異なる。このため，分析を依頼された時点では，未製品と使用中のものをまとめて保管したのではないかと考えられていた。しかし，使用痕を観察した結果，3点とも光沢面が確認され，未製品ではなく使用されたものであることがわかった。分布はいずれもパターン1で，穂摘具として使用されたものである。このほか，図64-39・40などいずれの磨製石庖丁も穂摘具としての使用が想定された。粗製剥片石器図64-41はパターン2aで，刃を平行に操作しイネ科草本植物の切断に用いられたものである。

3　機能的組成

a．尾張地域

尾張地域では，パターン1（磨製石庖丁）＋パターン2a(磨製大型石庖丁・粗製剥片石器）という構成が基本であるが，磨製石庖丁，磨製大型石庖丁は，粗製剥片石器に比べ著しく少ない。また，磨製石庖丁，磨製大型石庖丁とも朝日遺跡など中核的な集落に集中する傾向がみられ，周辺の中小集落では粗製剥片石器しか出土していない遺跡も少なくない。この構成は弥生時代前期から中期末まで継続し，後期以降は石製農具そのものが減少，消滅する。

b．西三河地域

川原遺跡の構成は，基本的には尾張地域と同様である。本分析ではとりあげなかったが，少数の磨製石庖丁も出土している。パターン1（磨製石庖丁）＋パターン2a(磨製大型石庖丁・粗製剥片石器）の構成となる。

c．美濃地域

弥生時代中期は，パターン1（磨製石庖丁）＋パターン2a(磨製大型石庖丁・粗製剥片石器）で，尾張地域とほぼ同じような状況である。しかし，弥生時代後期以降も石製農具が継続し，かつパターン1の磨製石庖丁の比率が高くなる。

3　鋸歯状刃部磨製大型石庖丁

尾張地域では，磨製の石庖丁のなかに，幅1mmに満たないキザミを連続して施し，刃部を鋸歯状にしたものが出土している（図68-42～44）。他の地域ではほとんど出土例がないためあまり注目されることはないが，農具としての石器の評価を考えるうえで興味深い資料である。本項では，このキザミを施した石庖丁の形態的な特徴をまとめ，出土資料の使用痕分析とともに，実際にキザミを施した復元石器を使用した実験を行うことで，この石器の機能およびその性格について検討する。

1　石器の形態

朝日遺跡出土の図68-42は全体の形状がわかる数少ない資料である。平面形は台形で，刃部は若干内湾気味で，刃部断面形は両刃，孔は背部寄りに少し間隔をあけて複数穿たれている。形態的には，典型的な磨製大型石庖丁である。朝日遺跡ではこのほか刃部のみの小片も出土している。猫島遺跡の図68-43も破片であるが，形態から磨製大型石庖丁とみられる。山中遺跡図68-44は刃部のみの小片であるが，身がうすく，刃部は両刃で鋭いことから，やはり磨製大型石庖丁の残欠とみられる。

刃部のキザミは，5～10mmほどの間隔で施されている。キザミ部分の幅は1mmに満たないものが多く，それほど深く刻み込まれているわけではない。刃部の全形がわかるものは図68-42のみであるが，残存部

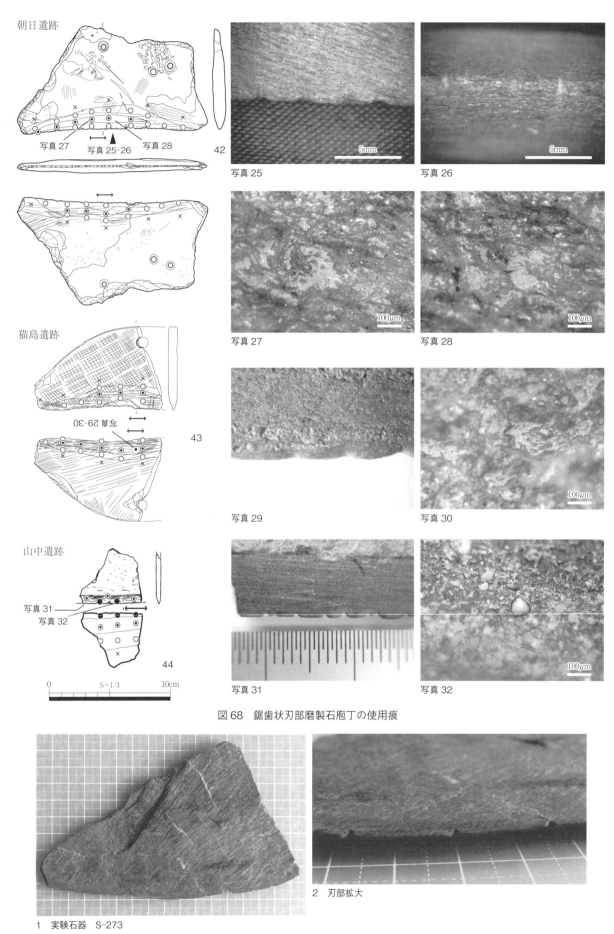

図68 鋸歯状刃部磨製石庖丁の使用痕

図69 鋸歯状刃部磨製石庖丁実験石器
1 実験石器 S-273
2 刃部拡大

をみる限り，刃部全体に一定の間隔で連続的に施されている。

　この種のキザミを施した石庖丁を仮に鋸歯状刃部磨製大型石庖丁と呼ぶことにする。その分布は今のところ尾張地域周辺に限られ，他の磨製大型石庖丁が出土する地域でも類例は報告されていない。また，時期がわかるものは，弥生時代前期から中期前葉に位置づけられ，時期もある程度限定されるようである。

2　使用痕の特徴

　高倍率観察の結果，刃縁にBタイプ，Aタイプの光沢面が認められた。光沢面は連接しつつ広がり，面的に発達している。確認されたものは，いずれも刃縁の表裏に分布している。線状痕の方向は，刃縁に対し平行する。

　以上の使用痕の特徴は，これまでにみてきた磨製大型石庖丁の使用痕の分布パターン2aに相当するものである。すなわち，刃部を平行方向に操作し，イネ科草本植物をまとめて刈り取る道具だと考えられる。具体的な用途としては，穂摘み等の収穫後の残稈処理や耕作地の除草作業などが想定される。

　キザミと光沢面の関係は，キザミを施した後に光沢面が形成されている。したがってキザミは，草本植物を切断する機能を補助するものであり，切断効率を高めるための刃部調整と考えるのが妥当であろう。

3　実験による比較

　磨製石庖丁の刃部にキザミを施すことで，どの程度切断効率が上がるのか，次のように実験的な手法でその効果を検証した。

　実験用の石器として刃部のみ研磨した結晶片岩製の石庖丁S-273（図69-1）を作製した。

　刃部にキザミがない研磨しただけの状態とキザミを施した状態それぞれでイネの根株を刈り取る実験を行い，その作業効率を比較した[3]。

　実験1　刃部キザミなし。イネの根株の切断。作業時間27分。

　実験2　刃部キザミあり。イネの根株の切断。作業時間30分。

　刃部の調整は，下呂石製の剥片で刃と直交方向に擦り切りを行うことで，1～1.5cm間隔のキザミを施した（図69-2）。この作業自体は，じつにあっけないもので，時間的には5分程度しかかからなかった。特殊な工具を必要とするわけではないので，農地での作業の合間でも行うことができる簡易な加工作業である。

　しかし，この簡単な作業によって，はっきりとした作業効率の向上がみられた。キザミのない状態での切断は，約39株（1分あたり1.4株）であった。研磨しただけの状態では，刃をしっかりと対象の根株に押しつけながら刃を引かないと，刃が滑ってしまうまく切断できない。

　一方，キザミを施した場合は，約66株（1分あたり2.2株）の作業を行うことができた。単純に考えると，1.5倍効率がアップしたことになる。刃部にキザミを施すと，この刃の凸凹が引っかかりになり，石器を強く対象に押しつけなくても，比較的容易に対象を切断することができ，これにより切断効率が高まったものと考えられる。1株の切断も，少ない動作で切断することができた。

4　鋸歯状刃部の機能的な意味

　以上の実験結果から，鋸歯状刃部磨製大型石庖丁は，刃部を平行に操作してイネ科草本植物を切断する作業において，その切断効果を高めるための刃部調整だったと理解することができる。

　これに関係して，第3章第2節4実験的検討でとりあげた磨製大型石庖丁と粗製剥片石器による稲株の切断作業を参考資料としてみてみよう。刃部長19.5cmの磨製大型石庖丁S-174では60分の作業で174株（1

分あたり 2.9 株）に対し，刃部長 11.6cm の粗製剝片石器 S-003 では 60 分で 351 株（1 分あたり 5.9 株）と倍近く差が生じた[4]。先にみたように，刃部にキザミのない磨製大型石庖丁では刃がすべってしまい作業効率はあまり高くないが，粗製剝片石器は打製の刃部に最初から適度な凸凹があり，これが作業効率を高める要因になっていると考えられる。また，全般に磨製大型石庖丁よりも，粗製剝片石器の方が，刃部奥まで使用痕が形成されることが多い。これも一度に切断できる量の違いを反映していると考えられる。

磨製大型石庖丁の刃部にキザミを施すという行為の背景には，粗製剝片石器の打製刃部と磨製大型石庖丁の刃部との間にある機能差を埋めようとする工夫があったのではないだろうか。

4　まとめ

尾張地域においてイネ科植物と関連する石器が明確になるのは弥生前期後半以降で，遠賀川式土器の出土遺跡と重なる。しかし，この時期の磨製石庖丁は山中遺跡出土の磨製大型石庖丁の破片などに限られ，ほとんど出土例はない。一方，粗製剝片石器は山中遺跡，朝日遺跡，月縄手遺跡などで出土しており，当初から主体的な器種であったとみられる。中期初めには磨製石庖丁，磨製大型石庖丁，粗製剝片石器という器種構成が確立したと考えられるが，磨製石器は客体的であり粗製剝片石器が主要な器種となっている。また，機能の面では，「穂摘み」具である磨製石庖丁は少なく，刃部を平行に操作し「根刈り」や「除草」の用途が想定される粗製剝片石器，磨製大型石庖丁に著しく偏った構成となっている。依然として「収穫具」が希少なことに変わりはないのだが，この点は粗製剝片石器の小型品に収穫具としての用途が想定できるかがポイントになるであろう。後期以降は，磨製石庖丁，粗製剝片石器とも急速に減少し消滅するとみられる。

西三河では，川原遺跡のみの分析であるが，基本的には尾張地域と同じような構成である。ただし，川原遺跡以外では，粗製剝片石器の存在は確認されていない。矢作川下流域の西尾市岡島遺跡など，弥生時代中期の石器のなかで確認されているのは，磨製石庖丁と磨製大型石庖丁だけである。

美濃東部地域は，磨製石庖丁と粗製剝片石器のセットで構成される。美濃加茂市尾崎遺跡など，後期以降（庄内式並行期を含む）の住居跡から磨製石庖丁や粗製剝片石器（有肩扇状石器）の出土が報告されており，穂摘み＝磨製石庖丁，根刈り・除草＝大型打製刃器という器種構成が古墳時代初頭まで残存していた可能性がある。

本分析以外の地域についても少しふれておく。伊勢地域を中心とする三重県下では，弥生前期以降，石製農具の主体は磨製石庖丁である。穂摘み用の磨製石庖丁に対し磨製大型石庖丁が優位な点は尾張地域と共通するが，粗製剝片石器のような打製石器は，使用痕分析を含め明らかにされていない。静岡県以東は磨製石庖丁の出土はさらに少なくなる。貝殻状の剝片や無孔で刃部をもつ磨製石器に収穫具の可能性が考えられ，静岡市川合遺跡，同有東遺跡の資料を対象に高倍率法の使用痕分析が実施されたが［山田・山田1992］，イネ科植物への使用には否定的な結果となっており，この地域における石製農具の実態は不明である。

本節では，尾張地域で出土している刃部に細いキザミを施した鋸歯状刃部磨製大型石庖丁の使用痕についても検討した。これらは，刃部を平行に操作し，稲株など厚みのある草本植物の切断に用いられたもので，実験による比較では，研磨により刃が滑りやすくなることを防ぐための加工として，植物の切断効率を高める働きがあることが確認された。弥生時代において，このような加工方法は今のところ東海の濃尾平野周辺でしか確認されていないが，石器の加工作業としては簡易なものであり，他の地域でも行われていないか類例の広がりに注意する必要がある。また，同一地域に打製と磨製の大型直縁刃石器が同時に組成していることの意味をどのように考えるのかという根本的な問題も提起している。今後ともこの種の石器をめぐる動向について注視していきたい。

第3節　北陸（加賀・能登地域）における収穫関連石器の使用痕

1　目的

　石川県を含む北陸地方は，東海地方と同じように，磨製石庖丁などの大陸系の石製収穫具が少ない地域とされてきたが，近年の集成的な研究では着実に資料が増加し，その種類も多様な状況がうかがえるようになってきた。これは，ひとつには発掘調査によって出土例が増加したこと，そして，もうひとつは従来収穫具として認識されていなかった打製石器の存在にも注意が払われるようになったことによる。本節では，磨製石庖丁，磨製大型石庖丁と2種類の打製石器について分析・検討する。

2　北陸の石製収穫具研究

　この地域では，農耕をテーマとしたシンポジウムや全国的な石器資料集成をみても［久田1997，田嶋ほか1994］，石製収穫具の比率は高くなく，それだけをとりあげて論じられることも少なかった。特に磨製石庖丁は全体の形がわかるものが少なく，これにかわって打製の横刃形石器や木庖丁などが積極的に併用されていたとみられてきた［安1995など］。

　最近では，石川考古学研究会による考古資料集成事業の一環として農工具の集成が行われ［石川考古学研究会1999］，石製収穫具は磨製石庖丁と打製石庖丁としてまとめられた。磨製石庖丁は刃部のみ磨製のものを含め60点以上が集成されている。破片資料が多いものの，最大幅から小型・中型・大型・特大型とサイズの違いを指摘し，大きさによって使用方法に違いがあったと推測している［木田1999］。打製石庖丁は，縄文時代の資料を含め100点近くが掲載され，横刃形石器（表面に自然面を残す貝殻状剥片を二次調整したもの）と大型板状石器を主とする内容となっている［久田1999］。補遺編では，石庖丁，横刃形石器として10点が追加された［景山ほか2001］。富山県では，磨製大型石庖丁を中心に資料が紹介されている［上田1998，細江2005］。

　また，松尾実は磨製石庖丁の石材に着目し，安山岩等を主体とする能登地域，流紋岩・粘板岩等を主とする加賀地域，凝灰岩を主とする北加賀地域という三つの流通圏が存在したことを指摘している［松尾2004］。

　2000年以降，石川県でも使用痕分析による報告がみられるようになる。松任市橋爪遺跡では町田勝則による観察が行われ，顕微鏡写真とコメントが記載されている［久田編2000］。金沢市戸水B遺跡では，筆者が横刃形石器5点の分析を実施している。このうち1点は打製石斧（土掘具）とし，他はすべて草本植物の切断具であるとした［原田2002a］。株式会社アルカによる分析として，羽咋市東的場タケノハナ遺跡［池谷・高橋2004］，鹿西町徳丸遺跡［池谷2004b］が報告されている。安山岩を主とする磨製，打製石器の分析で，草本植物に関する使用痕が検出されている。また，石川県ではないが，沢田敦による新潟県下谷地遺跡の大型板状石器の観察と実験［沢田1995］は，北陸地方における先駆的な業績であり，能登地域で主体をなす安山岩製板状石器との関係を考えるうえでも重要な分析である。

　久田正弘は，以上のような集成的研究と使用痕分析の成果を加味しつつ，北陸地方の農具の変遷を素材，製作技術，機能の違いによって整理している［久田2002a］。新潟県では，沢田敦が使用痕分析の成果に基づき，新潟県内の石製収穫具が大型直縁刃石器Ⅱ類（刃部磨製）を主体としこれに同Ⅰ類（打製）・Ⅲ類（磨製）と少量の石庖丁Ⅲ類（磨製）で構成されること，石材の利用を含め能登・越中地域と共通することを指摘している。そのうえで，これらの石製収穫具が定着した背景に，中期小松式土器をともなう集団がはたした役

割を大きく評価している［沢田2007］。

3　使用痕分析

1　分析資料

加賀地域から能登地域にかけての6遺跡19点の詳細な使用痕分析を行った（図70）。

小松市八日市地方遺跡　弥生時代中期後半を主体とする中核的な集落遺跡として知られている。小松市教育委員会報告資料［福海ほか編2003］と石川県埋蔵文化財センター報告資料［浜崎編2004］がある。石製収穫具は，磨製石庖丁，磨製大型石庖丁・石鎌・礫端片石器［県報告では粗製剝片石器］など複数の器種がみられる。大型石庖丁では，刃部長が30cmを超える特大のものが出土している。

松任市（現白山市）野本遺跡　県埋蔵文化財センター調査［木立ほか1993］。中期後半の「打製の石庖丁」と報告されている石器を分析した。

金沢市戸水B遺跡　中期後葉を主体とする集落遺跡である。一次報告［中屋編1994］と二次報告分［久田編

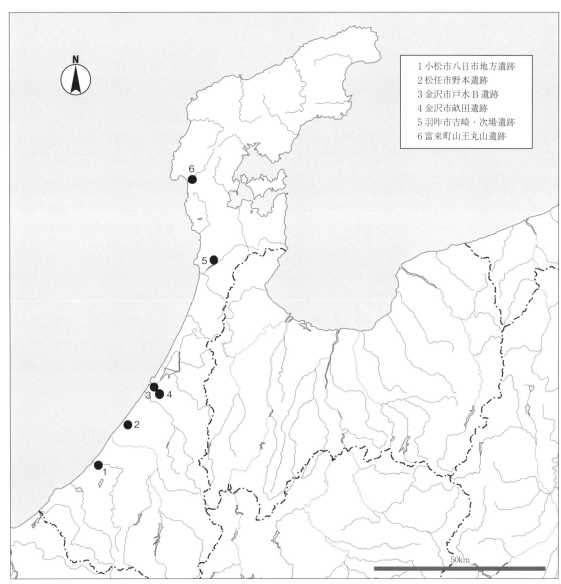

図70　分析遺跡位置図（北陸）

2002]があり，「横刃形石器」のほか石鎌1点が出土している。二次報告書には筆者の使用痕分析報告が収録されている［原田2002a］。

　金沢市畝田遺跡　自然河道の底付近から，剝片石器2点が出土している。この資料は報告書刊行時には未掲載であったが，久田正弘によって報告されている［久田2002b］。

　富来町［現志賀町］山王丸山遺跡　弥生時代中期から後期にかけての集落・墓域が調査されている［的場編1994］。石製収穫具は，安産岩製の剝片を使用した「大型石庖丁」が報告されている。本節では，報告書で「石核」として報告された石器をとりあげる。

　羽咋市吉崎・次場遺跡　能登地域を代表する弥生時代の中核的集落である。県埋蔵文化財センター報告［福島ほか1987・1988］では，「石庖丁」として報告されているが，全面を研磨する磨製石庖丁のほかに，刃部のみを研磨した大型の石器が多数掲載されている。

2　分析結果

　分析の結果，掲載した19点の資料すべてにAタイプおよびBタイプに分類される光沢面が認められた。今回観察された光沢面はきわめて広い範囲に分布しており，いずれもイネ科など草本植物の切断によって形成されたものと考えられる。

　個別の石器の観察結果および所見は表12，使用痕の光沢強度分布図は図71～74，使用痕等の顕微鏡写真は図75～77に掲載した。分布図に記載した写真番号は使用痕顕微鏡写真の番号に対応し，キャプションの向きは写真の方向を示している。以下，器種・形態ごとに整理しつつ，分析結果の概要と推定される使用方法について述べる。

　a．磨製石庖丁（図71-1・2，図75-写真1～3）

　小型で全面研磨のものを基本とする。全形を把握できる資料はきわめて少なく，完形の2は貴重な資料である。

　この器種で確認できた光沢面はBタイプで，滴状の光沢面が密集するもの，独立した点状の光沢面が大きく発達しているものが特徴的である。光沢面は非常になめらかで，線状痕は明瞭ではないが，刃縁に対して直交方向あるいは斜行するものがみられる。光沢面は器面のほぼ全体に分布し，刃縁から穿孔部の下側にかけてよく発達している。

　以上のような使用痕の状況から，この器種の操作方法は，器面に植物を押さえつけ刃を直交方向に操作して切断するものと考えられる。いわゆる「穂摘み」具としての使用方法が想定できる。なお，2の刃縁には剝離痕が連続するが，これは「穂摘み」具として使用された後に付けられたものである。

　b．石鎌（図71-3・4，図75-写真4～6）

　北陸地方では類例の少ない器種である。3は剝離によって刃部が形成され，剝離痕の稜は摩滅している。4は実測図では破片のようにみえるが，基部のラインは現状のままで，ほぼ完形に近い資料と思われる。実測図側の面（左主面）は風化または剝落により原面をとどめておらず，右主面の大半は石材の片理面をそのまま残している。

　いずれもBタイプの光沢面で，光沢面が大きく発達したものもみられた。しかし，石器の遺存や観察の条件はあまりよくなく，光沢分布については限定的な情報しか得られなかった。

　石鎌の使用方法について，斎野裕彦は北部九州から山陰地方の出土資料の分析と復元石器による実験の結果，刃縁に直交する方向のイネ科植物の切断を機能とする穂刈り用の収穫具とする考えを発表している［斎野2001］。残念ながら今回の分析では使用方法の推定までいたっておらず，この研究結果との比較はできな

142　第Ⅱ部　使用痕からみた東アジアの石製農具

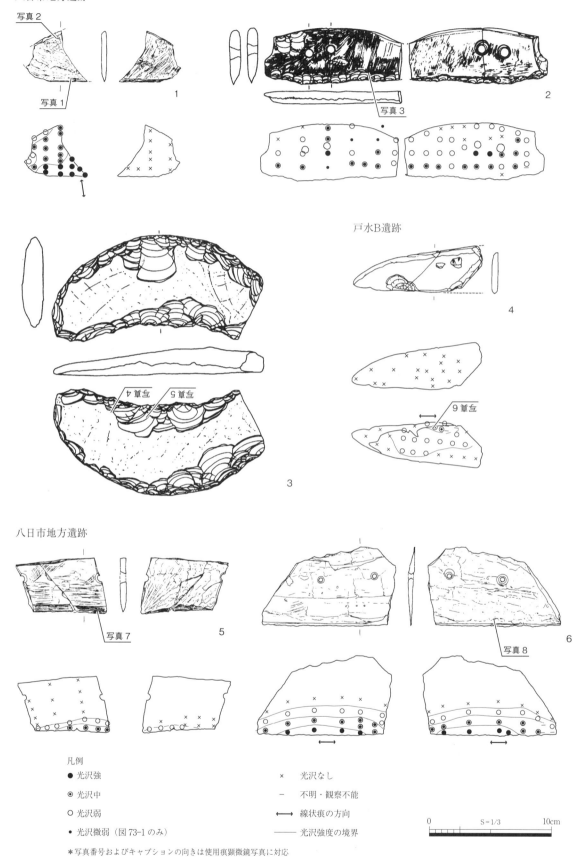

図71　使用痕分布図・写真撮影位置図（1）

第4章 日本列島における石製農具の使用痕分析　143

八日市地方遺跡

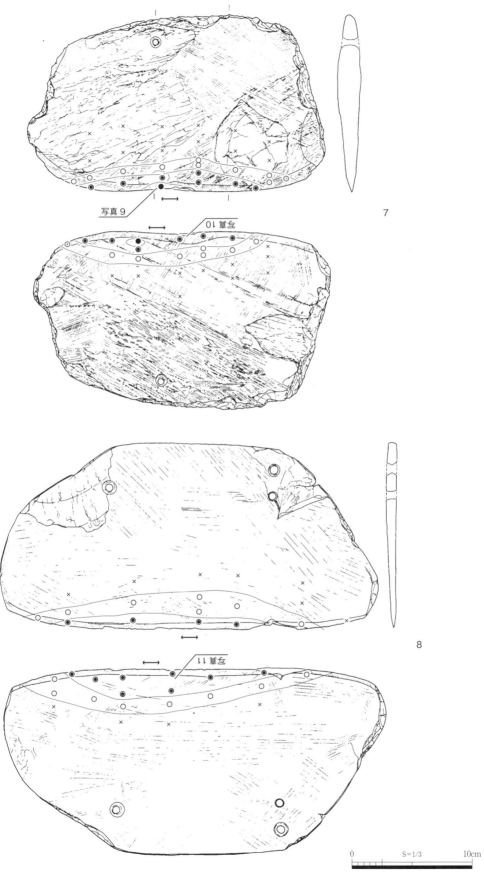

図72　使用痕分布図・写真撮影位置図（2）

144　第Ⅱ部　使用痕からみた東アジアの石製農具

吉崎・次場遺跡

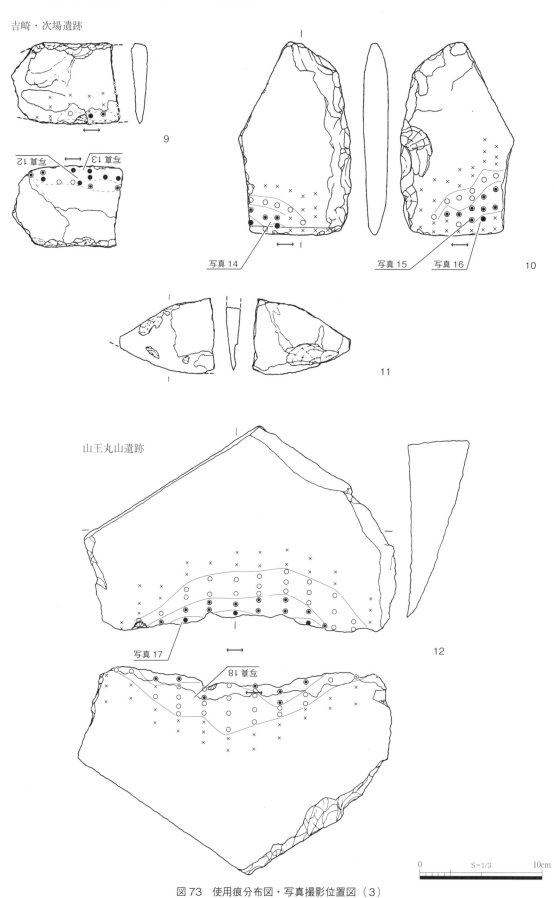

図73　使用痕分布図・写真撮影位置図（3）

第4章 日本列島における石製農具の使用痕分析　145

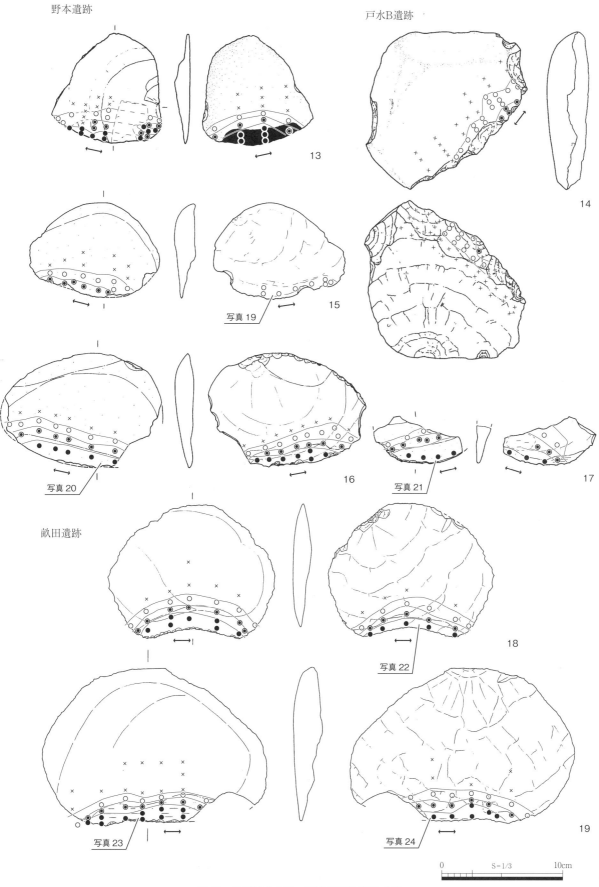

図74　使用痕分布図・写真撮影位置図（4）

146 第Ⅱ部 使用痕からみた東アジアの石製農具

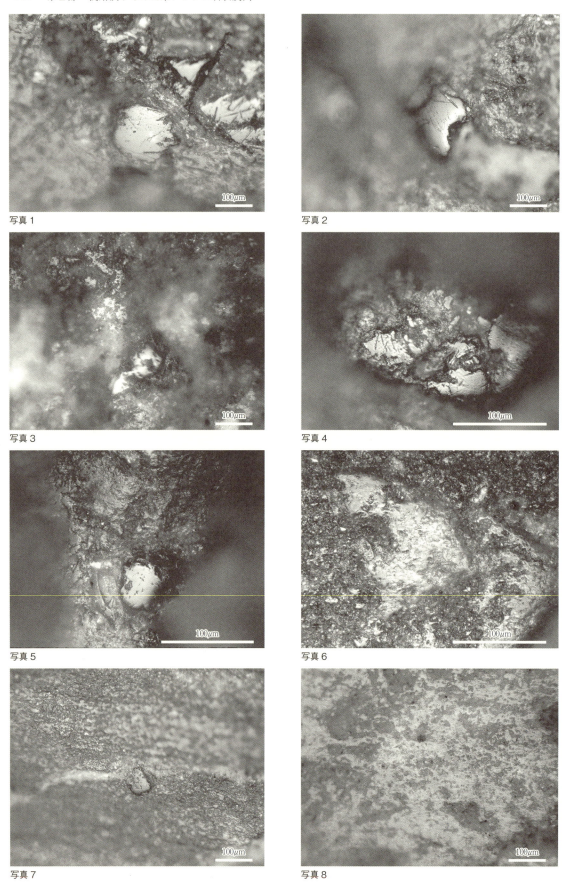

図75 使用痕顕微鏡写真（1）

第4章 日本列島における石製農具の使用痕分析 147

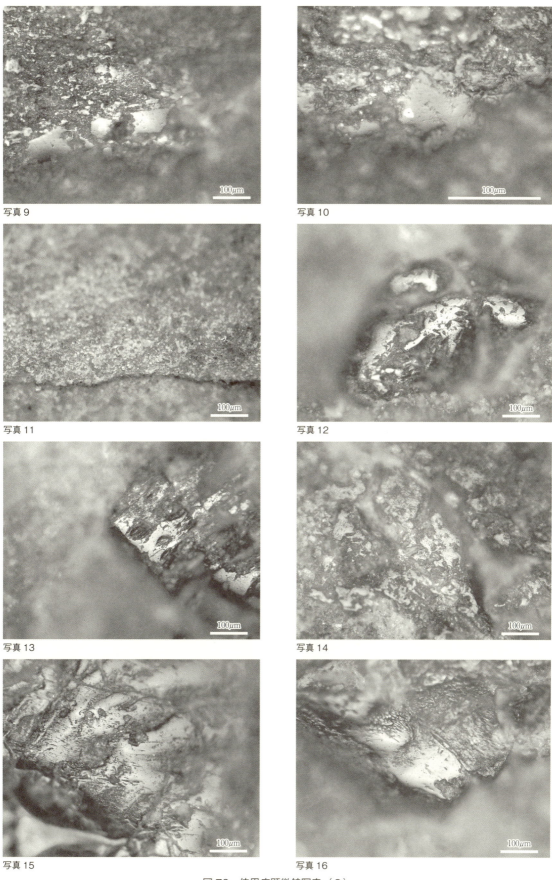

図 76 使用痕顕微鏡写真（2）

148　第Ⅱ部　使用痕からみた東アジアの石製農具

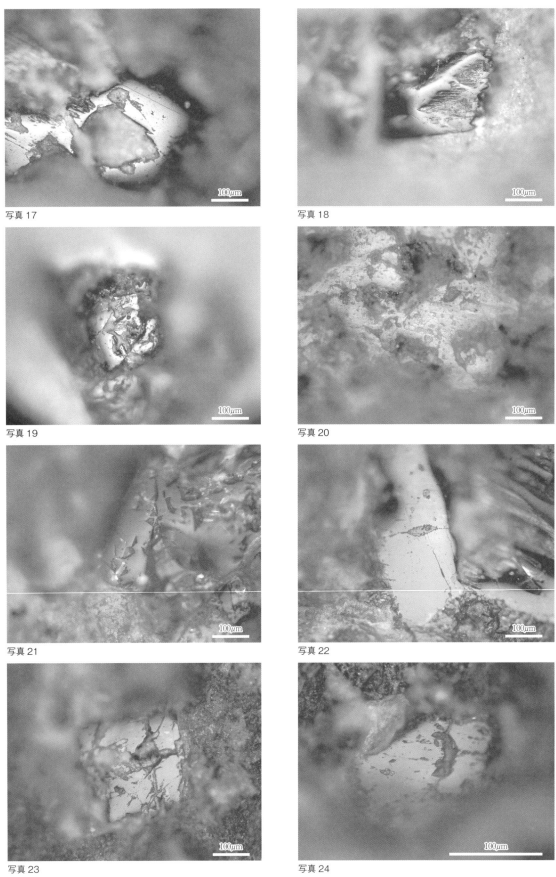

写真17

写真18

写真19

写真20

写真21

写真22

写真23

写真24

図77　使用痕顕微鏡写真（3）

表12　加賀・能登地域分析資料・観察所見一覧表

図版番号 (分析No.)	写真番号	遺跡名	遺構等	時　期	文献・図番号等
	観察所見　　形状等，低倍率観察，高倍率観察				
図71-1 S-01009	図75-写真1・2	八日市地方遺跡		弥生中期	文献1・第172図20
	磨製石庖丁残欠。光沢面はBタイプ（点状）。線状痕は刃縁に直交あるいは斜行。左面のみ分布し，刃縁に近い部分が最も発達。				
2 S-07002	図75-写真3	八日市地方遺跡	N地区SZ04西溝北部	弥生中期	文献2・第73図20
	磨製石庖丁。完形。光沢面はBタイプ（点状）。発達が弱く線状痕は不明。両面の広範囲に分布し，孔下部から刃部寄りで発達。				
3 S-07003	図75-写真4・5	八日市地方遺跡	S地区河道	弥生中期	文献2・第73図30
	打製石鎌。光沢面はBタイプと不明光沢。線状痕の方向は不明（ランダムな方向に擦痕）。広範囲に不明光沢が覆い，Bタイプ分布域は不明。				
4 S-07001	図75-写真6	戸水B遺跡	SD10	弥生中期末	文献3・第100図84
	磨製石鎌の破片。光沢面はBタイプ（点状）。線状痕は刃縁に平行。左主面は風化・剥落により分布不明。				
5 S-01008	図75-写真7	八日市地方遺跡		弥生中期	文献1・第172図15
	磨製石庖丁あるいは磨製石鎌。光沢面はBタイプ（点状）。光沢面未発達だが線状痕は平行か？刃縁で表裏対称だが，左面でより発達。				
6 S-01011	図75-写真8	八日市地方遺跡		弥生中期	文献1・第172図11
	大型磨製石庖丁。光沢面はAタイプ・Bタイプ（網目状に連接）。線状痕は刃縁に平行。刃縁に沿って表裏対称に分布。				
図72-7 S-01010	図76-写真9・10	八日市地方遺跡		弥生中期	文献1・第162図2
	大型磨製石庖丁。背部・側縁上部に整形時の剥離痕を残す。光沢面はAタイプ・Bタイプ（点状光沢面が拡大）。線状痕は刃縁に平行。刃縁に沿って表裏対称に分布。				
8 S-01012	図76-写真11	八日市地方遺跡		弥生中期	文献1・第162図1
	大型磨製石庖丁。光沢面はBタイプが主（連接）。線状痕は刃縁に平行。刃縁に沿って表裏対称に分布。				
図73-9 S-01007	図76-写真12・13	吉崎・次場遺跡	包含層	弥生	文献4・第133図201
	刃部磨製石庖丁。光沢面はAタイプ・Bタイプ。線状痕は刃縁に平行。刃縁に沿って表裏対称に分布（風化によって正確な範囲不明）。				
10 S-00456	図76-写真14～16	吉崎・次場遺跡	包含層	弥生	文献4・第134図214
	刃部磨製石庖丁。光沢面はAタイプ・Bタイプ。線状痕は刃縁に平行。刃縁に沿って表裏対称に分布し，刃縁は光沢希薄（研ぎ直しによる消失）。				
11 S-00455	—	吉崎・次場遺跡	包含層。	弥生	文献4・第132図196
	刃部磨製石庖丁。光沢面はAタイプ・Bタイプ。線状痕は刃縁に平行。分布図未作成。				
12 S-00453	図77-写真17・18	山王丸山遺跡	包含層	弥生中期	文献5・第69図76
	大型の安山岩製刃器。若干風化している。光沢面はAタイプ，Bタイプ。線状痕は刃縁に平行・斜行。刃縁に沿って表裏対称に分布（黒色鉱物状で発達）。				
図74-13 S-00454	—	野本遺跡	SX5壁溝1	弥生中期末	文献6・図55-289
	横刃形石器。光沢面はAタイプ・Bタイプ。線状痕は刃縁に平行。刃縁に沿って表裏対称に分布。				
14 S-00457	—	戸水B遺跡	不明	弥生中期末	文献7・第60図9
	横刃形石器。光沢面はAタイプ・Bタイプ。線状痕は刃縁に平行。刃縁に沿って表裏対称に分布。				
15 S-01003	図77-写真19	戸水B遺跡	D6区大溝SD30	弥生中期末	文献3・第40図12
	横刃形石器。光沢面はBタイプ・Aタイプ。線状痕は刃縁に平行。刃縁に沿って表裏対称に分布。				
16 S-01002	図77-写真20	戸水B遺跡	D5区南東SD19	弥生中期末	文献3・第40図13
	横刃形石器。光沢面はAタイプ・Bタイプ。線状痕は刃縁に平行。刃縁に沿って表裏対称に分布。				
17 S-01004	図77-写真21	戸水B遺跡	C7区SD30	弥生中期末	文献3・第40図14
	横刃形石器の刃部片。光沢面はAタイプ・Bタイプ。線状痕は刃縁に平行。刃縁に沿って表裏対称に分布。				
18 S-01006	図77-写真22	畝田遺跡	第1次調査SD5	弥生中期	文献8・第2図
	横刃形石器。刃縁に光沢。微小光沢面は，Aタイプ・Bタイプ。刃縁に沿って表裏対称に分布線状痕は刃縁に平行。				

19 S-01005	図77-写真23・24	畝田遺跡	第1次調査SD5	弥生中期	文献8・第2図
	横刃形石器。刃縁に光沢。微小光沢面は，Aタイプ・Bタイプ。刃縁に沿って表裏対称に分布線状痕は刃縁に平行。				

【表12 文献】
1．福海貴子・橋本正博・宮田明編　2003『八日市地方遺跡Ⅰ──小松駅東土地区画整理事業に係る埋蔵文化財発掘調査報告書──』小松市教育委員会
2．浜崎悟司編　2004『小松市八日市地方遺跡』石川県教育委員会・財団法人石川県埋蔵文化財センター
3．久田正弘編　2002『金沢市戸水B遺跡Ⅱ』石川県教育委員会・財団法人石川県埋蔵文化財センター
4．福島正実ほか　1987『吉崎・次場遺跡（資料編1）』石川県立埋蔵文化財センター
5．的場勝俊編　1994『山王丸山遺跡』富来町教育委員会
6．木立雅朗ほか　1993『石川県松任市野本遺跡』石川県立埋蔵文化財センター
7．中屋克彦編　1994『金沢市戸水B遺跡──金沢西部地区土地区画整理事業にかかる埋蔵文化財発掘調査報告書──』石川県立埋蔵文化財センター
8．久田正弘　2002「第5章 まとめにかえて」『金沢市戸水B遺跡Ⅱ』石川県教育委員会・財団法人石川県埋蔵文化財センター　161-172頁

かった。

　c．磨製大型石庖丁（図71-5・6，図72-7・8，図75-写真7・8，図76-写真9～11）

　1・2のような小型の磨製石庖丁に対し，より大型の石庖丁である。基本的に全面を研磨している。紐通し用の穿孔を複数もつものは，その間隔が通常の石庖丁より広く，背部や側縁に偏るものが多い。器体は薄く，刃部は両刃が基本である。流紋岩など層状に薄く剥離しやすい石材が用いられている。

　5は刃縁から背部までの幅が短く，厳密には大型石庖丁の範疇には入らないが，孔と孔との間隔が広く背部によることから，もともと大型石庖丁であったものが作り替えられたと考えている。刃部が内湾していることから，小型の石庖丁よりは石鎌を意識した形態であったかもしれない。また，7・8は大型石庖丁のなかでも特に大きなものである。

　6～8の使用痕はほぼ共通している。光沢面は，BタイプまたはAタイプで，線状痕は刃縁にたいし平行方向のものが支配的である。光沢の分布は，刃縁に沿って表裏対称に形成されており，刃縁から内側にいくにしたがって漸移的に発達が弱くなる。また，光沢分布の侵入度（刃縁から内側までの幅）が2cm以上と大きいことも特徴である。5も光沢面の特徴や分布の仕方は基本的には6～8と同じとみられる。しかし，光沢分布の侵入度は刃縁から1cm以下と小さい。

　6～8は，刃部を平行方向に操作し，引き切るように切断したと考えられる。刃縁から比較的奥まで光沢面が形成されていることから，根株などある程度厚みのある部位を切断したと推定される。ただし5については，刃縁からの侵入度が小さく，他と比べ対象物との接触範囲が限定されていたと推定される。例えば，茎を1本ずつ切断するような使い方を想定したい。

　d．刃部磨製石庖丁（図73-9～11，図76-写真12～16）

　板状に剥離した安山岩の剥片を用いて製作された石器で，縁辺のみを研磨して刃部を作り出している。基本的には，次の板状石器と同様な製作技術によっている。

　顕微鏡による観察では，明るくなめらかなAタイプの光沢面，連接しつつ発達するBタイプからAタイプへの漸移的な光沢面が確認できる。線状痕および光沢の発達方向は刃縁とほぼ平行する。光沢の分布は，刃縁に沿って表裏対称に形成され，刃縁から内側にいくにしたがって漸移的に弱くなっている。光沢分布の侵入度（刃縁から内側までの幅）も大きい。

　これらの石器は，刃部を平行方向に操作し，引き切るように切断したと考えられる。刃縁から比較的奥まで光沢が形成されていることから，根株などある程度厚みのある部位を切断したと推定される。

e．板状石器（図73-12，図77-写真17・18）

12は報告書では石核として報告されているが，使用痕分析の結果は板状石器と考えて差し支えない。刃長25.6cm・最厚部4.9cm・重さは1,727gもあり，この種の石器としては特に大きな部類に入る。鋭い縁辺をそのまま刃部として使用している。

光沢面タイプはAタイプを主とし，未発達な部分は小さな点状のBタイプもみられる。なお，安山岩では，光沢面が面的に広がらず，黒色の鉱物上などで局所的に発達しているようにみえるものがあるが，これは石材の風化によって光沢面の一部が変質しているためであろう。線状痕は，刃部と平行ないしは若干斜行するものが支配的である。光沢の分布は刃縁でよく発達し，石器の内側にいくにしたがって弱くなる。

機能は，刃部を平行方向に操作し，引き切るように切断したと考えられる。刃縁から比較的奥まで光沢面が形成されていることから，根株などある程度厚みのある部位を切断したと推定される。

f．横刃形石器（図74-13～19，図77-写真19～24）

円礫から剥離された貝殻状の剥片を使用した石器で，自然面と剥離面からなる。打点と反対側に生じた鋭い縁辺を刃部とする。二次加工を施さずそのまま使用するもののほか，打点側の背部や側面に簡単な加工を施したものもみられる[5]。

光沢面はAタイプ，Bタイプであるが，自然面側と剥離面では，石材表面のミクロな微地形の違いから若干異なった発達の仕方をしている。礫の自然面では，石材表面が比較的平滑なため，光沢面は漸移的に発達し平坦な外観を呈するものが多い。一方剥離面側は，微細な起伏が大きく，（光沢面はこの高所から形成・発達しているため）狭小な範囲で局所的に大きく発達したり，分布が途切れていたりすることもある。線状痕は明瞭で，刃縁と平行方向が主である。光沢分布は刃縁に沿って発達し，刃縁で表裏対称に分布している。光沢分布の侵入度は大きく，刃縁から2，3cm以上分布するものもみられる。

石器の使用対象物はイネ科草本植物で，根株など厚みのある部位が推定される。使用方法は，線状痕および光沢の発達方向から，刃部と平行方向に操作する切断と考えられる。

4　まとめ

石川県では，パターン1（磨製石庖丁）＋パターン2a（磨製大型石庖丁・横刃形石器・板状石器）の組成が基本である。東海地方と同じように，パターン1よりもパターン2aが多くを占め，その量・種類とも多様な点に特色がある。日本海側では東端となる石鎌も出土しており，パターン3が構成に加わる可能性があるが，今回の分析では詳細な使用方法の推定までには至らなかった。

石川県では穂摘具が少ないことはすでに指摘されてきたことであるが，今回の分析の結果でもパターン1の磨製石庖丁は少ない。打製石器のなかにこの機能を代替えする石器があるのではないかとの期待もあったが，イネ科草本植物と関係するものは，刃を平行に操作する大型直縁刃石器のたぐいであり，使用痕分布からは稲穂を刈り取るような作業は想定できない。

北陸地方では，木庖丁が比較的多く出土している。小松市八日市地方遺跡では，弥生時代中期に遡る木包丁が出土しており，その形態は磨製石庖丁を模したものと考えられる。これが実用的な利器であるのか，また，石器を補うほど普及していたのか，といったことも穂摘具の希少性を補完する要素として注目される点である。

パターン2aの大型直縁刃石器に相当する石器は，全面磨製・部分磨製・打製のものがみられるが，これは石材との関係が強く，製作技術とあわせ地域差がみられる。全面磨製で穿孔のある大型石庖丁は，加賀地域では薄く剥離しやすい石材が用いられており，穂摘具の磨製石庖丁と共通している。刃部磨製石庖丁と板

状石器は，いずれも板状に剥離する安山岩から製作されたもので，刃部の処理，つまり研磨によって刃部を形成するか鋭い縁辺をそのまま刃部とするか，といった違いのようである。この組み合わせは能登地域の特色である。今回筆者が分析した石器以外にも，鹿西町徳丸遺跡，羽咋市東的場タケノハナ遺跡などがあり（図78），パターン2aに相当する使用痕が観察されている［池谷2004b，池谷・高橋2004］。新潟県柏崎市では，石川県能登地域と同様な安山岩製の板状石器が出土しており（図79），使用痕分析の結果はやはりパターン2aに相当する［沢田1995］。一方，横刃形石器は円礫から素材剥片を割りとる技術と関係し，主に加賀地域で出土している。

　また，八日市地方遺跡では，刃部長30cmを超える特大の石庖丁が出土している。山王丸山遺跡の板状石器も，刃長こそ25cmであるが，重さは1,700g以上と特大のサイズである。このような特大サイズの大型直縁刃石器は日本海側の地域でしばしばみられるものである。久田はこのような特大サイズの石庖丁の使用方法について，藁の押切具のように石器をおいて使用する方法を指摘している［久田2002a］。これについては，同様な方法での実験データがないため，現状では肯定も否定もできない。ただし，押切による藁の切断の場合，茎がある程度乾燥した状態であること，水田のように泥が混入しないと考えられることなど，使用痕が形成される条件も違ってくると予想される。いずれにせよ，これまでの実験の枠組みを見直しつつ，想定されるさまざまな使用方法を検証していくことが必要であろう。

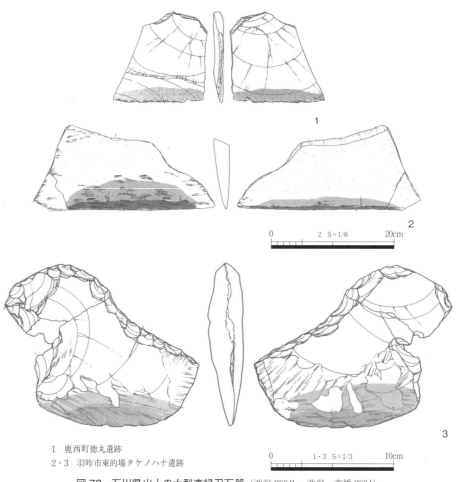

1　鹿西町徳丸遺跡
2・3　羽咋市東的場タケノハナ遺跡

図78　石川県出土の大型直縁刃石器（池谷2004b，池谷・高橋2004）

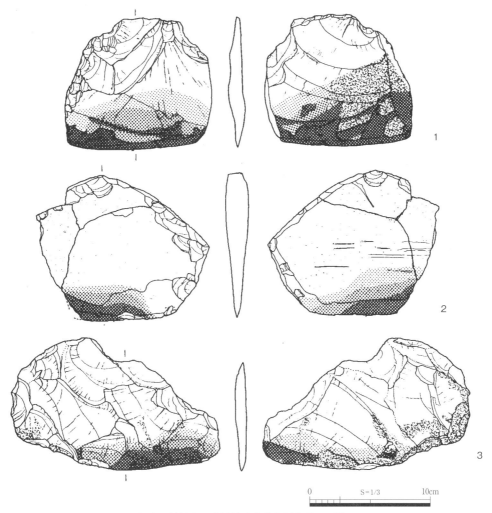

図79　新潟県柏崎市下谷地遺跡出土大型直縁刃石器（沢田 1995）

第4節　中部高地（甲斐地域）における収穫関連石器の使用痕

1　山梨県における収穫具の研究

　山梨県における石製収穫具を含む集成的な研究としては，中山誠二による弥生時代後期から古墳時代の資料集成［中山 1994］，『山梨県史』における資料集成［大嶌 1999］，弥生時代前・中期を中心とした検討［保坂 2003］，弥生時代後期から古墳時代前期の資料集成［宮澤 2004］などがある。

　弥生時代前・中期には磨製石庖丁のような定型的な石製収穫具はみられず，横刃形石器や剥片のなかに収穫具の存在が想定されてきた。また，弥生時代後期以降の資料には，磨製石庖丁，抉りの施された打製石庖丁が存在することが知られている。

　使用痕に関する先行研究では，山梨市市堀ノ内遺跡の報告書において，デジタルマイクロスコープによる抉入石庖丁の使用痕分析が行われ，石器の機能とその使用法が検討されている［池谷 2004c］。

154　第Ⅱ部　使用痕からみた東アジアの石製農具

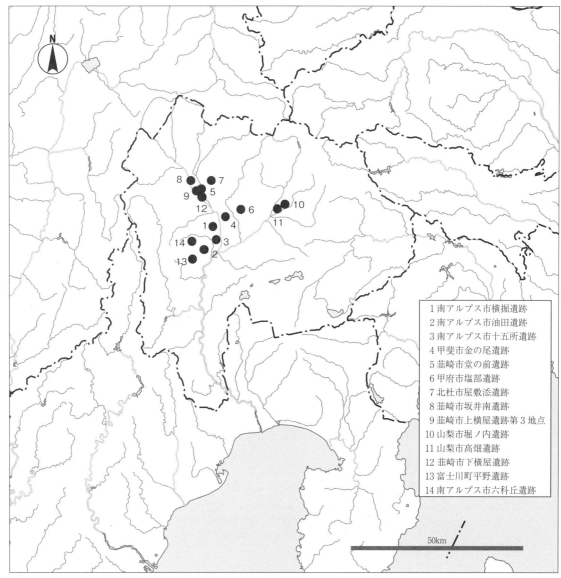

図 80　分析遺跡位置図（甲斐）

2　使用痕分析

1　分析資料

　今回の分析で対象とした資料は，これまでの報告で弥生時代から古墳時代の石製収穫具とされた抉入石庖丁・有孔磨製石庖丁・無孔の磨製石庖丁，横刃型石器などである。また，報告図面などから収穫具として用いた可能性のあると判断された資料についても分析対象に含めた。分析対象資料は 21 点である（図 80・81，表 13）。

　分析対象とした資料の器種は次のように定義した。

・抉入石庖丁　短辺に対向する抉りを設け，刃部のみを研磨する石器。

・有孔磨製石庖丁　表裏を全面ないしは部分的に研磨し，刃部に対向する辺の縁辺付近に穿孔を施したもの。

第4章 日本列島における石製農具の使用痕分析　155

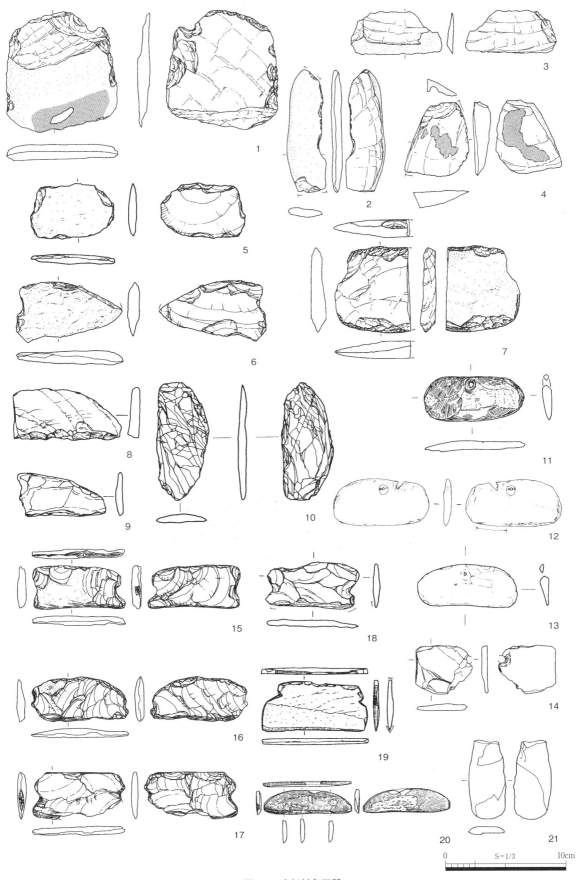

図81　分析対象石器

156　第Ⅱ部　使用痕からみた東アジアの石製農具

塩部遺跡

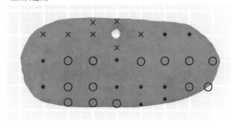

屋敷添遺跡

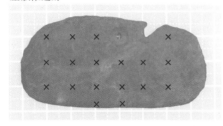

坂井南遺跡

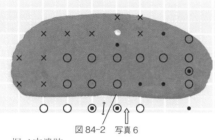
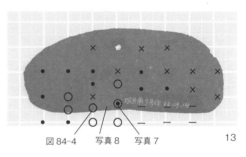

堀ノ内遺跡

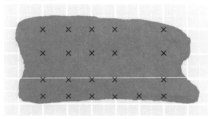
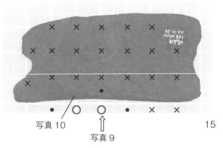

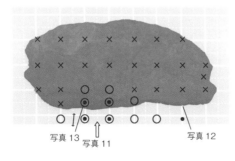
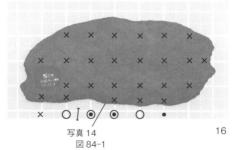

◉ 光沢　中　　／不明光沢　　│ 線状痕の方向
○ 光沢　弱　　× 光沢なし
・ 光沢　微弱　　― 観察不能

＊写真番号およびキャプションの向きは使用痕顕微鏡写真に対応

図82　使用痕分布図・写真撮影位置図（1）

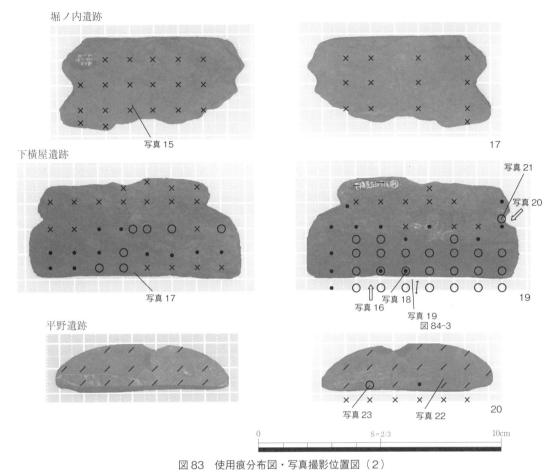

図83　使用痕分布図・写真撮影位置図（2）

・無孔磨製石庖丁　表裏の全面を研磨し，長辺に刃部を設けたもの。
・横刃形石器　素材の長辺に連続的・不連続的な調整を加えるもの。調整の種類は，刃部形成・背部の整形などであるが，調整による刃部形成が常に図られているわけではなく，鋭利な素材縁部がそのまま機能部として用いられた可能性も考えられる。

この他，技術形態的には石製収穫具として認定が困難な資料も使用痕分析の対象とした。

2　分析結果

観察した21点の石器のうち，8点に草本植物による使用痕が確認できた[6]。個別の石器の観察結果および所見は表13，使用痕の光沢強度分布図は図82・83，使用痕等の顕微鏡写真は図84および図85〜87に掲載した。分布図に記載した写真番号は使用痕顕微鏡写真の番号に対応し，キャプションの向きは写真の方向を示している。以下，高倍率観察を中心に，認められた使用痕の全体的な特徴について述べる。

光沢面が観察された資料は，全面または刃部等一部を研磨して作られたものが多い。研磨された部分は，大きな凸凹が削り取られ，石材表面が平滑になっている。また，研磨によって生じた比較的規模の大きな線状の痕跡を残しており，刃部では縁辺と平行するものが多い。高倍率下では，研磨面に光沢面をともなっていることもある。図87-写真22は研磨にともなう光沢面とみられ，草本植物による使用痕光沢とは，光沢面が一様に広がる点，コントラストが弱い点などが異なる。

草本植物による光沢面は，実験で生じるBタイプまたはAタイプの光沢面に相当する。今回の分析資料で

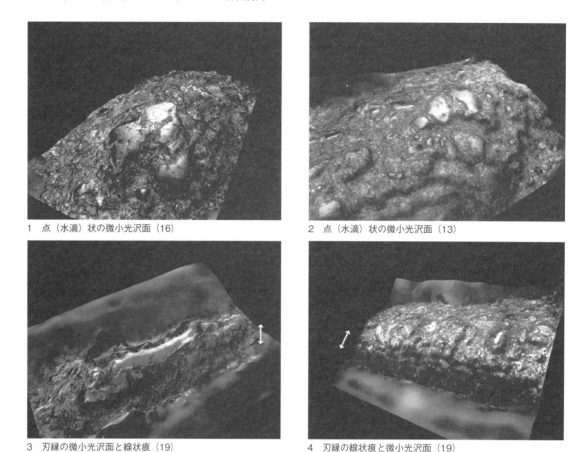

1 点（水滴）状の微小光沢面（16）
2 点（水滴）状の微小光沢面（13）
3 刃縁の微小光沢面と線状痕（19）
4 刃縁の線状痕と微小光沢面（19）

図84 使用痕立体画像

は、コーングロスパッチと呼ばれる水滴状に発達した光沢面が多く観察された。光沢面は、石器表面の微細な凸凹の高所から生じ、刃部から主面の広い範囲に分布している。光沢面は大きなものでも200ミクロン程度で、観察視野を覆うほど広く発達したものはみられず、発達は中程度に収まっている。光沢面の輪郭は明瞭で、点状（水滴状）の形態が特徴的である（図84-1・2）。光沢面の断面は丸みをもち、水滴状を呈する。光沢表面は非常になめらかで、非光沢部とのコントラストが強い。表面にはピット、微細な線状痕が認められるものもある。刃部に近い部分（刃を立てて正面から観察した部分の状況）は、摩滅により縁辺が若干丸みを帯び、摩滅部には刃縁と直交する比較的規模の大きな線状痕がみられる。この部分では、光沢面も線状痕に沿って発達しており、光沢の表面にも線状痕が比較的顕著に認められる（図84-3・4）。

次に、光沢面の分布状況を器種ごとに概観する。有孔磨製石庖丁図82-11・13は両主面の広い範囲に光沢面が分布している。刃部では、いずれの面も中央からやや左側で光沢面の強度が強く、主面の光沢も孔から下の中央から左側に偏って強い光沢面が分布する傾向がみられた。図82-12は写真右面の限定された範囲で光沢面が確認されたが、図82-11・13と同様に中央から左側にかけて光沢面が分布している。両端に抉りがある石庖丁図82-15・16は主面にはほとんど光沢面がみられず、分布は刃縁（研磨によって作られた部分）に限定される。両端に抉りがあり主面の大半を研磨している図83-19は、両面とも抉りより下の範囲に光沢面が分布している。この石器は、抉り部にもわずかに光沢面が分布している（図87-写真21）。全体に光沢面の発達が強い写真右面では、中央からやや左側で光沢面が強くなっている。

第4章　日本列島における石製農具の使用痕分析　159

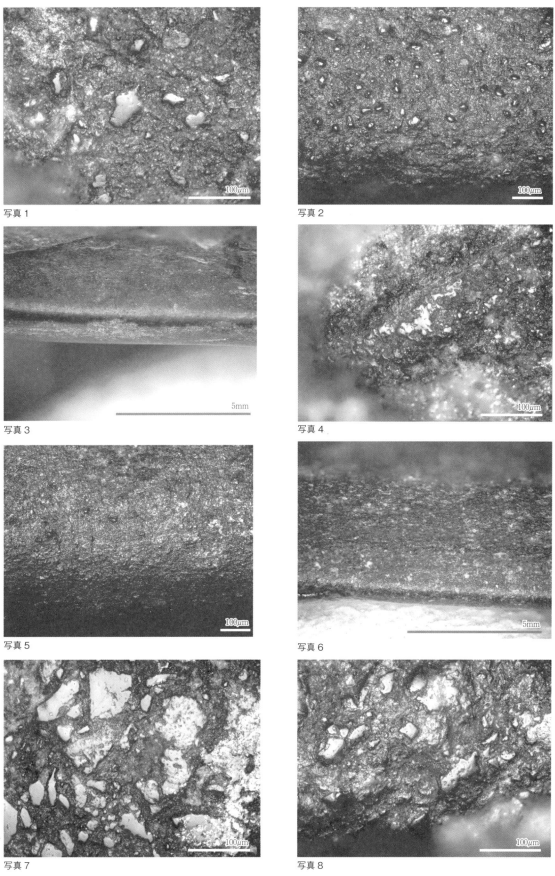

写真1

写真2

写真3

写真4

写真5

写真6

写真7

写真8

図85　使用痕顕微鏡写真（1）

160 第Ⅱ部 使用痕からみた東アジアの石製農具

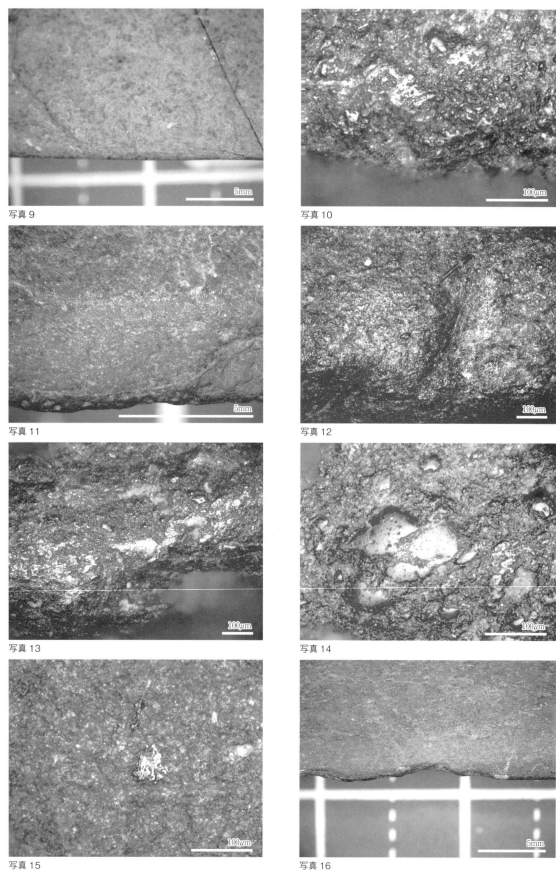

写真9

写真10

写真11

写真12

写真13

写真14

写真15

写真16

図86 使用痕顕微鏡写真（2）

第 4 章 日本列島における石製農具の使用痕分析 161

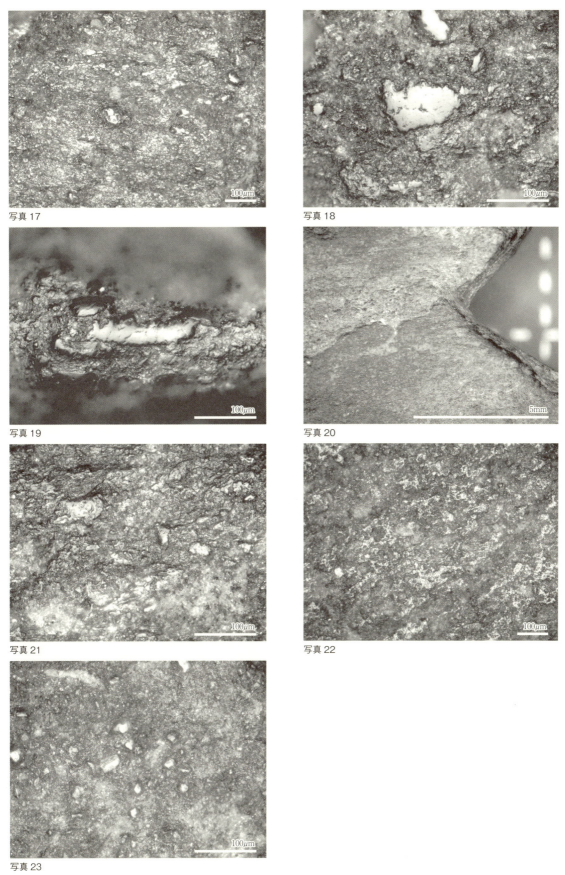

写真 17

写真 18

写真 19

写真 20

写真 21

写真 22

写真 23

図 87 使用痕顕微鏡写真（3）

162　第Ⅱ部　使用痕からみた東アジアの石製農具

表13　甲斐地域分析資料・観察所見一覧表

図版番号 (分析No.)	写真番号	遺跡名	遺構等	時　期	文献・図番号等
	観察所見　　形状等，低倍率観察，高倍率観察				
図81-1 (S-10022)	—	横掘遺跡	—	弥生前期	文献1・第28図19
	横刃形石器。報告では刃部に線状痕が認められるとされ，該当部分がトーンで表記されているが，高倍率観察，低倍率観察とも，使用痕は認められない。おそらく，刃縁に平行する節理の構造が，線状痕のようにみえたのではないだろうか。				
2 (S-10025)	—	横掘遺跡	—	弥生前期	文献1・第32図32
	報告では「微細剥離のある剥片」。縁辺に連続した剥離痕が認められる。縁辺の一部が残っている部分は，研磨されている可能性がある。高倍率観察では，微小光沢面等は確認できない。				
3 (S-10024)	—	横掘遺跡	—	弥生前期	文献1・第32図39
	肉眼観察，高倍率観察では，有意な使用痕は認められなかった。				
4 (S-10023)	—	横掘遺跡	—	弥生前期	文献1・第28図22
	報告では「微細剥離のある剥片」。表裏とも主面の一部が摩滅している（実測図トーン部分）。低倍率観察では，鉱物の凸部が丸みを帯びているものの，それ以外に使用痕とみられる痕跡は確認できない。また，刃縁と推定された部分にも使用痕は認められない。				
5 (S-10028)	—	油田遺跡	Ⅰ-NR01	弥生中期	文献2・PL82-802
	報告では「剥片」。刃縁の稜がわずかに摩滅しているようにみえる。しかし，高倍率観察では使用痕は確認できない。				
6 (S-10029)	—	油田遺跡	Ⅲ-SR05	弥生中期	文献2・PL82-801
	横刃形石器。肉眼観察，高倍率観察とも，刃縁に使用痕とみられる痕跡は確認できない。				
7 (S-10021)	—	十五所遺跡	—	弥生中期	文献3・第113図14
	報告では楔形石器と認定されている。肉眼観察，高倍率観察では，有意な使用痕は認められない。				
8 (S-10026)	—	金の尾遺跡	17住	弥生後期	文献4・第219図6
	報告では「打製横刃形石斧」。肉眼観察では，刃縁の剥離稜の一部が摩滅しているようにみえる。しかし，高倍率観察では，使用痕とみられる痕跡は確認できない。				
9 (S-10027)	—	金の尾遺跡	17住	弥生後期	文献4・第219図5
	報告では「打製横刃形石斧」。肉眼観察，高倍率観察とも，刃縁に使用痕とみられる痕跡は確認できない。				
10 (S-10038)	—	堂の前遺跡	19号住居址	弥生後期	文献5・第53図26
	報告では打製石斧。刃縁に連続する微細な剥離痕がみられるが，使用痕であるかは不明。高倍率観察では，微小光沢面等の使用痕は確認できない。				
図82-11 (S-10041)	図85-写真1・2	塩部遺跡	—	弥生後期	文献6・—
	磨製石庖丁。高倍率観察で，微小光沢面がみられる。光沢面は両面とも分布する。大きな光沢面でも100ミクロン以下で，光沢の発達は総じて弱い。刃部の光沢上の線状痕は，刃縁と斜行または直交方向である。				
12 (S-10034)	図85-写真3〜5	屋敷添遺跡	遺構外	弥生後期	文献7・第45図
	磨製石庖丁。孔一部欠損。光沢面はb面の左半部を中心に分布する。刃縁で最も発達しているが，それでも径100ミクロン以下の小さなものである。光沢表面の線状痕は不明だが，刃部の線状痕と光沢面の発達の仕方は，刃縁と直交する方向性をもつ。				
13 (S-10040)	図85-写真6〜8	坂井南遺跡	7号住居址	古墳前期	文献8・第49図19
	磨製石庖丁。光沢面は両面とも分布するが，全体にa面のほうが強い。また，a面の右側縁の光沢面が比較的発達している。大きな光沢面は径200ミクロンほどで，刃部付近で最も発達している。刃部の線状痕と光沢面上の線状痕の方向は，刃縁と斜行または直交である。				
図81-14 (S-10035)	—	上横屋遺跡第3地点	6号住居	弥生後期	文献9・第15図7
	磨製石庖丁残欠。刃部および側縁を研磨している。刃縁を中心に高倍率観察を行ったが，使用痕とみられる痕跡は確認できない。				
図82-15 (S-10031)	図86-写真9・10	堀ノ内遺跡	1号住居	弥生後期	文献10・第28図20
	挟入石庖丁。刃部のみ研磨。高倍率観察で，b面の刃縁に点状の微小光沢面が観察される。光沢面の分布は，ほぼ刃縁に無限定される。				

第4章　日本列島における石製農具の使用痕分析

16 (S-10032)	図86-写真11〜14	堀ノ内遺跡	1号住居	弥生後期	文献11・第28図21
	抉入石庖丁。刃部のみ研磨。a面の左側の刃縁を中心に点状の微小光沢面が分布している。光沢面は明るく非常になめらかで，刃縁では最大300ミクロン程度まで発達している。刃部の光沢面で観察された線状痕は，刃縁と直交する。また，刃部に溝状の規模の大きな線状痕がみられるが，加工時の痕跡の可能性がある。				
図83-17 (S-10033)	図86-写真15	堀ノ内遺跡	1号住居	弥生後期	文献10・第28図22
	抉入石庖丁。刃部のみ研磨。表面が風化・剥落しており，ほとんど原面をとどめていない。今回の観察では一部に微小光沢面が認められた。光沢の表面は明るく非常になめらかで断面は丸みをもつ。光沢面の周辺は，石材の表面そのものが剥落して失われているが，本来は微小光沢面がある程度広がっていたものと考えられる。				
図81-18 (S-10030)	—	高畑遺跡	—	弥生後期	文献11・—
	抉入石庖丁。刃部のみ研磨。刃縁および主面に微小光沢面等の使用痕は確認できなかった。				
図83-19 (S-10039)	図86・87-写真16〜21	下横屋遺跡	10号住居址	弥生後期	文献12・第21図4
	抉入石庖丁。刃部のみ研磨。低倍率観察では，刃縁に微細な剥離痕が観察され，この剥離の稜が摩滅しなめらかになっている。高倍率観察では，両面とも広い範囲に点状の微小光沢面が分布する。光沢の発達が強いのはb面で，相対的に左半部で発達している。刃部では，微細な線状痕は，刃縁と平行または直交する。この資料は，抉り部の周辺でも微小光沢面が確認できた。刃縁の光沢面ほど明瞭ではないが，極小の光沢面が分布している（写真21）。				
図83-20 (S-10036)	図87-写真22・23	平野遺跡	南側埋没浅谷	弥生後期	文献13・第83図1
	磨製石庖丁。片刃。無孔。高倍率観察では，研磨にともなうざらついた光沢が広い範囲に観察される。この光沢とは異なる点状のなめらかな微小光沢面が主面のごく一部にみられる。光沢の発達も小さく，線状痕等の方向は不明である。				
図81-21 (S-10037)	—	六科丘遺跡	第3号住居址	弥生後期	文献14・第15図25
	磨製石庖丁？一部欠損。高倍率観察では，器面に一様に微弱な不明光沢が広がるが，使用痕とみられる痕跡は確認できない。				

【表13 文献】
1．野代恵子編　2001『山梨県埋蔵文化財センター調査報告書第184集　横堀遺跡』山梨県教育委員会
2．保坂和博編　1997『山梨県埋蔵文化財センター調査報告書第130集　油田遺跡』山梨県教育委員会
3．米田明訓編　1999『山梨県埋蔵文化財センター調査報告書第158集　十五所遺跡』山梨県教育委員会
4．末木健　1987『山梨県埋蔵文化財センター調査報告書第25集　金の尾遺跡・無名墳（きつね塚）』山梨県教育委員会
5．山下孝司編　1987『中本田遺跡・堂の前遺跡』韮崎市教育委員会
6．佐々木満編　2004『甲府市文化財調査報告24　塩部遺跡Ⅰ』甲府市教育委員会
7．佐野隆編　1992『明野村文化財調査報告7　屋敷添』明野村教育委員会
8．山下孝司編　1997『坂井南遺跡Ⅲ』韮崎市教育委員会
9．宮澤公雄編　2007『上横屋遺跡第3地点』韮崎市教育委員会
10．宮澤公雄編　2004『山梨市文化財調査報告書　第7集　堀ノ内遺跡』財団法人山梨文化財研究所
11．櫛原功一編　2005『山梨市文化財調査報告書　第8集　高畑遺跡』財団法人山梨文化財研究所
12．山下孝司編　1991『下横屋遺跡』韮崎市教育委員会
13．保坂康夫編　1993『山梨県埋蔵文化財センター調査報告書　第78集　平野遺跡』山梨県教育委員会
14．清水博ほか編　1985『櫛形町文化財調査報告 No.3　六科丘遺跡』櫛形町教育委員会

3　機能推定

　光沢面の分布が明らかになった有孔磨製石庖丁図82-11・12・13と抉入石庖丁図82-15・16，図83-19の機能および使用方法について検討する。

　観察された光沢面の特徴は，点状に発達したBタイプの光沢面である。このタイプは，木に対する作業またはイネ科等の草本植物への作業と関係するが，今回観察された光沢面の詳細な特徴は，水分を含んだ草本植物に対する作業によって形成されたものである。主面の広い範囲に光沢面が分布するが，これは植物を主面に押さえつけることで生じたとみられる。また，刃部の線状痕，光沢面の方向性は，刃縁と直交ないしは斜行するものが主であることから，刃を直交または斜め方向に動かしたことが推定される。これらの特徴は，これまでの使用痕分析と実験によって推定されてきた石庖丁の使用方法と整合する。すなわち，石庖丁を手に保持し，石器の主面と親指で対象となる植物をとらえ刃部に押さえつけながら，手首を内側にひねって摘み取る，「穂摘み」具としての使用方法である。

　ただし，石器によって細かな使用法の違いも指摘できる。たとえば図82-12・15・16は，光沢面の分布

が刃縁に限られるが，これは，主面全体でなく刃に近い部分だけに植物の茎を押さえつけるような使い方が想定できる。刃部だけを研磨している図82-15・16は，凸凹の多い主面をさけ平滑な刃縁の研磨面に茎を押さえつけていたとみられ，光沢面の分布が石器の形態と使用方法の微妙な違いを反映している可能性がある。

なお，堀ノ内遺跡図82-15・16の使用痕分析を行った池谷勝典は，抉入石庖丁の使用痕の分布が刃部に限定されることから，刃部以外が何らかのもので覆われていたと考え，紐掛けによる使用方法を想定している［池谷2004c］。抉りの位置が高い図83-19でも，光沢面の分布は両端の抉り部を結んだラインより下に分布しており[7]，このことからも，抉入石庖丁に紐かけがなされていた蓋然性は高い。また，図83-19の抉部で確認された光沢面は，紐などの接触によって生じた可能性も考えられる。

3　まとめ――山梨県における収穫関連石器の特色――

有孔磨製石庖丁3点（図81-11・12・13），抉入石庖丁4点（図81-15〜17・19），無孔の磨製石庖丁1点（図81-20）に草本植物と関係する光沢面が観察された。光沢面の分布状況が把握できた石器はパターン1であり，いずれも刃を直交方向に操作する「穂摘み」の使用方法が推定できる。抉入石庖丁には，抉り部に紐かけ等が行われ，この部分が覆われていた可能性が考えられた。

今回の分析で，草本植物に関係する光沢面が検出された資料は，古墳時代前期の資料1点（図81-13）を除いてすべて弥生時代後期に比定される。一方，弥生時代前期から中期に所属する横刃形石器など，これまで収穫具の可能性が考えられてきた石器については，今回の分析では草本植物に関係する使用痕は認められなかった。したがって現状の分析では，これらの石器を収穫具として積極的に評価することはできない。

また，大型直縁刃石器に相当する石器についても，今回の調査では確認できなかった。東海，北陸では，穂摘具のパターン1よりも刃部を平行に操作するパターン2の石器が主であったが，山梨県では，弥生時代のすべての期間をとおして，この種の機能をもった石器は欠落している。

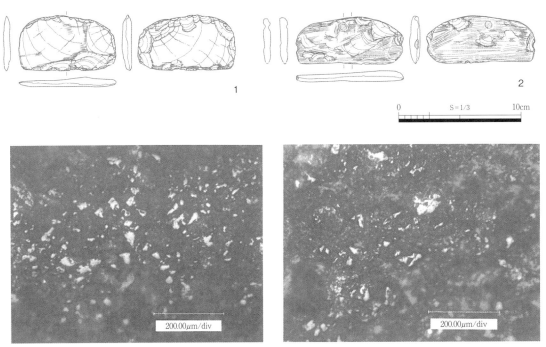

図88　山梨県韮崎市隠岐殿遺跡出土石庖丁と使用痕（高橋2011）

この地域で収穫具関係の石器が顕在化するのは，弥生時代後期から古墳時代前期にかけてである。器種は，有孔あるいは無孔の磨製石庖丁，抉入石庖丁など，複数の形態が認められる。弥生時代後期以降に穂摘具などの石製収穫具が顕在化するのは，第2節で検討した美濃地域や信州南部地域とも共通する現象である。網倉邦生は，このような石製農具組成の変化について，微高地に集落を形成し，低地を生産域として活用しようと，積極的に沖積地に進出していった集落セツルメントの変化を反映した事象ではないかとしている［原田・網倉 2011］。弥生時代後期以降の収穫具組成の変化については，内陸地域に共通した経済的，社会的な背景が存在するのかもしれない。

有孔磨製石庖丁と抉入石庖丁は，石器の機能としては同じ「穂摘み」具と考えられるが，紐かけの方法と保持の仕方は異なっている。この地域では，異なる形態の収穫具が併存しているが，その関係は排他的なものではないようだ。韮崎市隠岐殿遺跡では磨製の石庖丁が出土しているが，この石器は，側縁には抉りがあり，背部には未貫通であるが穿孔が施されていた（図88-2）。使用痕の分析も行われ，両面とも刃縁の中央から左寄りにかけて光沢面が分布し，イネ科草本植物の切断に用いられたことがわかっている［高橋 2011］。抉りと穿孔との先後関係はわからないが，穿孔が途中で終わっていることから，抉入石庖丁として「穂摘み」に使用されたものと考えられる。今後検討資料が増えれば，石器の技術形態的特徴と使用方法との細かな違いやその受容・定着の仕方といったことについてより明らかにできるだろう。

第5節　山陽（吉備地域）における収穫関連石器の使用痕

1　目的

瀬戸内地域は打製石庖丁に代表されるようにサヌカイト製の打製石器が卓越する地域であるが，これらの石器を対象とした高倍率の使用痕研究はほとんど行われていないのが現状である。本節では，サヌカイトに形成される使用痕の特徴と岡山県出土資料を対象とした使用痕観察の概要について述べ，現状におけるサヌカイト製石器の使用痕研究の問題について整理し，今後の課題を明らかにしたい。

2　サヌカイトに形成される使用痕

1　サヌカイトを対象とした使用痕研究

サヌカイト製石器の使用痕については，打製石庖丁に形成される摩滅痕が早くから注目されてきた。佐原眞・小林行雄はサヌカイト製打製石庖丁にみられる光沢をもつ摩滅痕について，西アジア・北アフリカなどの石鎌のように穀物に対する作業に起因する使用痕と考え，摩滅範囲等の観察から穀物を摘み取るという使用方法について言及している［小林・佐原 1964］。その後も打製石庖丁の摩滅痕に着目した観察は行われ［平井 1991，間壁 1985］，低倍率の顕微鏡を使用した観察［森下 1998］，肉眼による摩滅痕の分布範囲の検討［山下 1998］なども行われている。

一方，高倍率の使用痕研究では，御堂島正［御堂島 1988］，松山聡［松山 1995］によりサヌカイト石材の使用実験と光沢面の観察が報告されている。御堂島は草，竹，木，角，骨，皮，肉，貝，土等の作業対象物に対し，乾燥あるいは水分を含むといった対象物の状態，操作方法，作業回数といったさまざまな条件を設定した実験を行い，形成される使用痕光沢の類型化と対象物の種類とその状態，操作方法，作業回数との関係について整理している。松山はイネ科植物（ススキ），木，骨，角，肉を対象物とする実験のほか，指や石（サヌカイト）との擦れによる光沢を観察し，東北大学使用痕研究チームによる光沢面分類との比較を試みてい

166 第Ⅱ部 使用痕からみた東アジアの石製農具

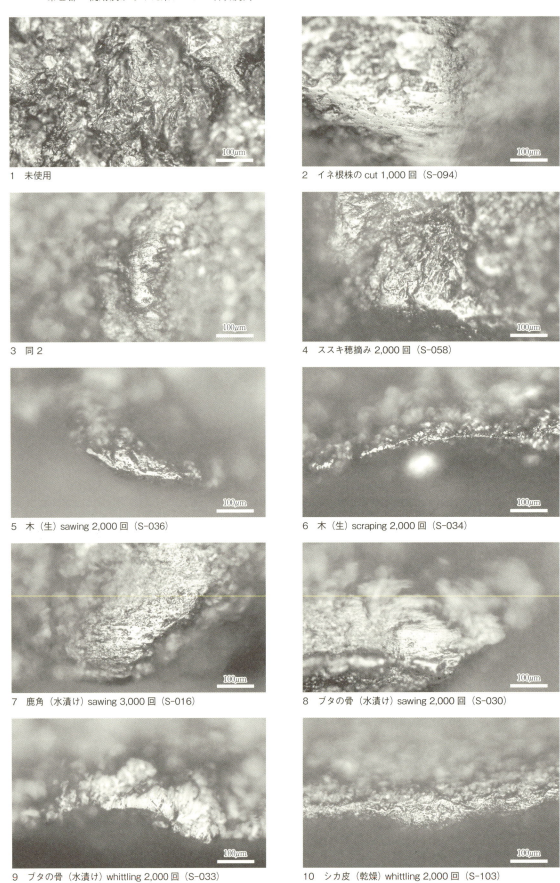

1 未使用

2 イネ根株の cut 1,000 回（S-094）

3 同 2

4 ススキ穂摘み 2,000 回（S-058）

5 木（生）sawing 2,000 回（S-036）

6 木（生）scraping 2,000 回（S-034）

7 鹿角（水漬け）sawing 3,000 回（S-016）

8 ブタの骨（水漬け）sawing 2,000 回（S-030）

9 ブタの骨（水漬け）whittling 2,000 回（S-033）

10 シカ皮（乾燥）whittling 2,000 回（S-103）

図89 実験石器顕微鏡写真・サヌカイト（1）

11　湿ったシカ皮 cutting 2,000 回（S-110）

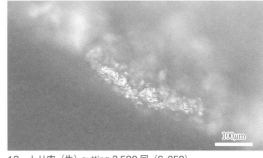
12　トリ肉（生）cutting 3,500 回（S-050）

13　貝（加水）ssawing 2,000 回（S-087）

14　石（加水）sawing 1,500 回（S-090）

15　湿った土 cutting 2,000 回（S-025）

図 90　実験石器顕微鏡写真・サヌカイト（2）

る。御堂島，松山による実験的な研究により，サヌカイトについても頁岩，チャートなど他の石材と同様に光沢面が形成されることが明らかになっているが，出土資料を対象とした高倍率分析はほとんど実施されておらず，実験レベルで観察される使用痕が出土資料に対してどのように適用できるかは十分検証されていない。

2　サヌカイトの使用実験と微小光沢面

過去に行われている使用実験をふまえ，筆者が実施している実験をもとにサヌカイトに形成される使用痕（特に光沢面）について概述する。

a．実験概要

香川県産のサヌカイトを使用し，約 80 の実験を行った。対象物はイネやススキなどのイネ科草本植物，木，鹿角，骨，動物の皮，肉，貝，石，土などで，対象物およびその状態，操作方法，作業量を違えた実験を行った。石器は実験終了後に中性洗剤で洗浄し，観察前にエタノールで脂分をふきとった。観察には落射照明付き顕微鏡（オリンパス製 BX30M）を使用し，観察倍率は 100 倍，200 倍，500 倍の各倍率で行った。写真撮影は市販のデジタルカメラを使用し，観察倍率 200 倍の写真を掲載している。

以下，観察された微小光沢面について，作業対象物ごとにまとめて説明する。

　b．形成された使用痕の概要（図89・90）

　①未使用の状態　未使用のサヌカイトの剝離面は微細な起伏が多く，光を反射する部分と反射しない暗い部分とが入り乱れた特徴的な外観をもっている（1）。松山は「アルミホイルを丸めてから拡げたような状態」［松山1995：5頁］と表現している。

　②イネ科草本植物　珪酸分を多く含むイネ科植物の場合，独特の明るさと表面のなめらかさをもつ光沢面が広範囲に形成され，発達した部分は肉眼でも光沢が観察可能である。実験ではイネの根株の切断，穂摘みなど，弥生時代の収穫，除草作業を想定した作業を行っている。根株の切断では非常に明るくなめらかな表面をもつBタイプ，Aタイプの光沢面が形成され，操作方向に平行した線状痕が観察される（2・3）。肉眼でも剝離の稜部がわずかに磨滅し光沢を帯びている。穂摘みはススキを対象として実施したが，作業回数が少なく光沢面はあまり発達していない。作業面の刃部と指で穂を押さえつけた器面の稜部に，明るくなめらかで丸みをもったBタイプの光沢面が形成されている（4）。

　③木　生，水漬け，乾燥の各状態で実験を行ったが，被加工物の状態に関わらずほぼ同じような光沢面が形成される。典型的な光沢面は表面がやや丸みをもつ明るくなめらかなBタイプである（5）。光沢の範囲は比較的限定され，Bタイプ以外にもEタイプ，あるいはCタイプに類似する光沢面も形成される。スクレイピングの操作では，光沢が刃縁に限定され，Dタイプの発達初期に類似する場合がある（6）。

　④鹿角・骨　水漬け，乾燥など状態の違いのほか，石器の操作方法によっても光沢面に違いがみられる。水漬けの状態でスクレイピングやホイットリングの作業を行うと，刃縁に沿って帯状の明るい光沢面が形成される。光沢面ははりついたように平坦で，刃部に直交する起伏をもつDタイプの光沢面である（9）。刃部を平行に操作するソーイングでは，高所から中所にかけて，明るいがやや表面の荒れた光沢面が形成され，操作方向に平行する線状痕が発達する（7・8）。Cタイプ，D2タイプに相当する光沢面である。

　⑤皮・肉　乾燥皮，水分を含んだ皮，肉の順に光沢の発達が遅くなる傾向がみられる。乾燥皮の場合，刃部の摩耗をともないやや鈍い光沢面が形成される。光沢面は微細な凸凹を有しており，発達した部分は平坦でつや消し状の光沢をもつ（10）。Eタイプの光沢面である。水分を含んだ皮の場合，乾燥皮ほど顕著な磨滅は生じず，光沢面もやや明るいものとなる（11）。生肉の作業の場合，光沢の形成速度は遅く範囲もきわめて限定される。光沢は微弱だが，Eタイプに近い特徴をもつ（12）。

　⑥貝　光沢面は微凸凹の高所に限定して形成される。光沢面は削り取ったように平坦で，無数の鋭い線状痕が操作方向に平行して観察される（13）。御堂島によりGタイプと設定された光沢面に分類される。

　⑦石　作業時の水の有無に関わらず，規模の大きな変化が観察され，使用部は肉眼でも容易に観察できるほど著しい磨滅を生じる。顕微鏡観察では，磨滅面に直線的でストロークの長い線状痕が形成される。光沢面は削り取ったように平坦で，明るくギラついており表面はやや荒れている（14）。本使用痕に対する特定のタイプは設定されていない。

　⑧土　数千回程度の使用でも，肉眼で観察できるほどの磨滅が生じる。磨滅の発達した部分を顕微鏡で観察すると，高所から低所まで一様に鈍く荒れた光沢面に覆われており，操作方向に沿った粗い線状痕が観察される（15）。いわゆるXタイプの光沢面に対応するものである。

　c．サヌカイトに形成される使用痕の特徴

　筆者の行った実験においても，これまでに報告されている実験と同様な微小光沢面が確認されている。松山も指摘しているように，サヌカイトの場合チャートや黒曜石など他の石材に比べ，光沢の形成速度がやや速いように感じられる。これは石材の摩耗に対する強度の違いのほか，石材表面が平滑なチャートや黒曜石

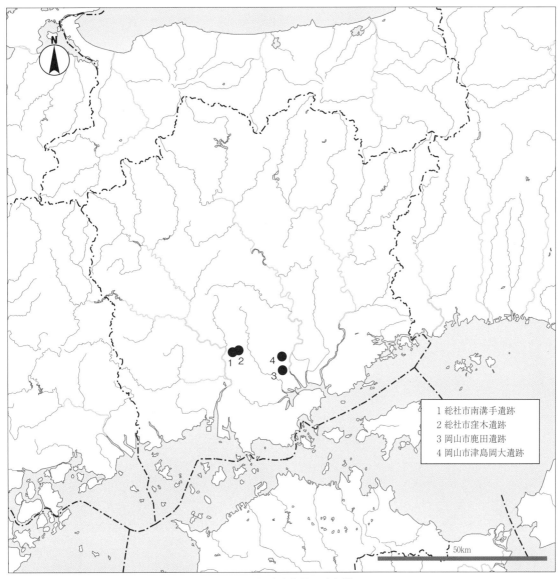

図91 分析遺跡位置図（吉備）

に比べ，微細な凸凹の高所を中心に光沢面の形成が比較的スムーズに進むことも一因と考えられる。一方で，石材表面の反射や凸凹により，微弱な光沢面を観察することが難しい。また，石材表面の反射面以外の部分は非常に暗いため，識別的な光沢面は全般的に明るく非光沢部とのコントラストも強くみえる傾向がある。

3　使用痕分析

1　分析資料

先の実験データをもとに，遺跡から出土した石器について顕微鏡による観察を行った。

観察資料は岡山市津島岡大遺跡［山本編1992］，同鹿田遺跡［山本編1988］，総社市南溝手遺跡［平井編1996］，同窪木遺跡［平井編1998］出土の石器である（図91）。対象とした器種は主に農具としての性格が想定されている打製石庖丁，剥片石器である。この他，摩滅痕の比較のため，打製石斧についても同様な観察を行った。

170　第Ⅱ部　使用痕からみた東アジアの石製農具

2　分析結果

　個別の石器の観察結果および所見は表14，使用痕の分布図は図92・93，使用痕等の顕微鏡写真は図94～97に掲載した。分布図に記載した写真番号は使用痕顕微鏡写真の番号に対応し，キャプションの向きは写真の方向を示している。

　a．石材表面の状態

　サヌカイトは風化するともとの灰黒色の表面が白っぽく変質する。出土資料は程度の差はあるが風化による変化がみられ，使用痕の検出にも影響を与えると予想された。そこで，風化の程度を肉眼で観察し，便宜的に強，中，弱と3段階に区分した。観察資料の顕微鏡写真から，使用による影響が考えにくい部分の写真を提示した（図94-写真7～10）。写真7・10は風化の程度が弱の表面で，実験石器の新鮮な面に近いが反射部と非反射部とのコントラストは若干弱くなっているようにみえる。写真8・9は風化程度中の部分である。全体に白色化しており，反射面の独特なコントラストがほとんど失われている。

　b．観察された使用痕

　比較的風化の影響が少ないと思われる資料を選択して観察を行ったが，顕微鏡レベルではほとんどの資料に風化による石材表面の変化が認められた。このことは，検出された使用痕も程度の差はあれ風化の影響を被っている可能性を示唆しており，実験により類型化されている光沢面との直接的な対比を困難なものにしている。今回の分析で最も残りのよかったのは9の大型刃器であり，光沢面の外観はBタイプ，Aタイプに類似する。しかし，高倍率で観察すると，光沢表面の一部が剥がれおちたようにひび割れており（図97-写真34），使用以外の二次的な変化を被っているとみられる。「剥がれ落ちた」部分の縁辺は，光沢本来の縁辺の丸みを欠いており，あたかも塗られたペンキが細かく剥がれ落ちているような状態である。程度の差はあるが，打製石庖丁の光沢面でも状況は似ており，Aタイプ本来の光沢表面が変質している可能性が考えられる（図95-写真17・図96-写真22など）。さらに風化が進んだ石器では，摩滅痕は認められても光沢面がまったく残存していないものもあり，個々の石器においても部位による風化程度の違いが使用痕の分布範囲の特定を難しくしている場合がある。なお，参考資料として提示した打製石斧の摩滅痕では，高低所を一様に覆うXタイプの光沢面とともに刃部と直交する粗い線状痕が明瞭に観察されるなど，上記の光沢面とは異なる様相を示しており，摩滅痕および光沢面の識別に一定の基準を設けることはできそうである。以上のように，今回の分析では個々の石器の機能推定にはかなりの限界があることを前提として，各器種の使用痕と機能についてみていきたい。

　c．各器種の使用痕

　①磨製石庖丁（図92-1）

　分析は1点だけであるが，典型的なパターン1の分布を確認した。全体に光沢面が分布するが，刃が付けられていない平坦な面の左半部が発達しており，この部分で草本を切断する作業，穂摘みの使用状況が推定される。

　②打製石庖丁（図92-2～6，図95-写真11～20，図96-写真21～23）

　打製石庖丁では，摩滅痕にともなって光沢が観察されているが，微小光沢面は変質を受けている。前述したようにAタイプの光沢面が変質した可能性が高い。摩滅痕の範囲であるが，これまでに指摘されているようにいずれも左側の刃部および主面で顕著である。このことから，暫定的ではあるが，パターン1の穂摘みの操作方法が想定できる。

　③石鎌状石器（図92-7，図96-写真24～27）

　7の石鎌状の刃器は河道内の縄文時代後晩期の堆積から出土しており，報告書に記載されている「石庖丁

第4章 日本列島における石製農具の使用痕分析 171

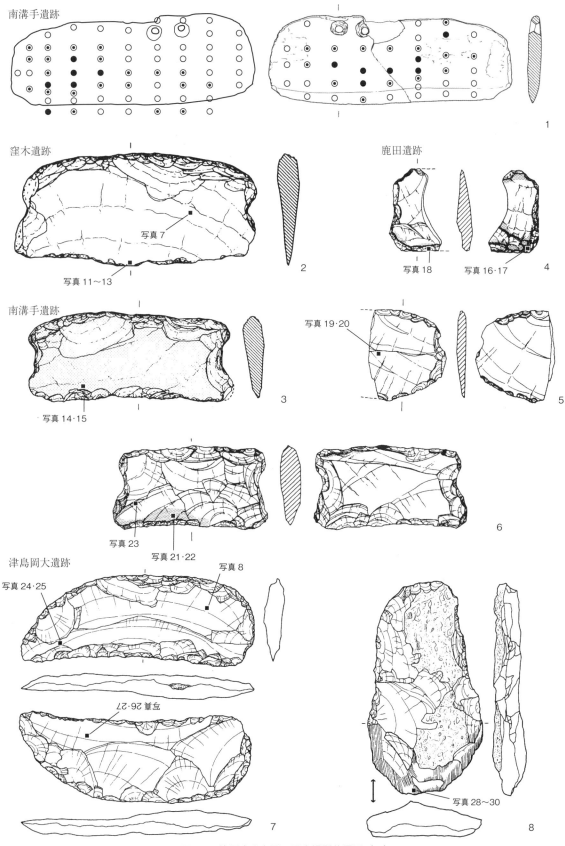

図92 使用痕分布図・写真撮影位置図（1）

172 第Ⅱ部 使用痕からみた東アジアの石製農具

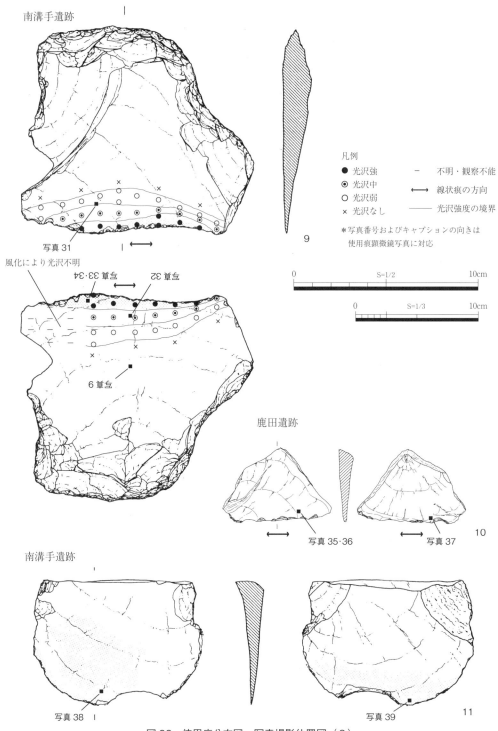

図93 使用痕分布図・写真撮影位置図（2）

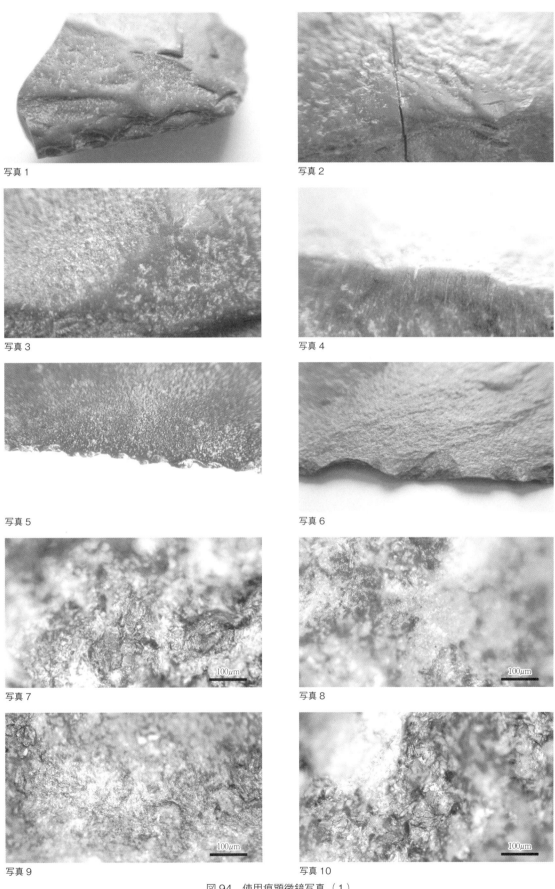

図94　使用痕顕微鏡写真（1）

174 第Ⅱ部 使用痕からみた東アジアの石製農具

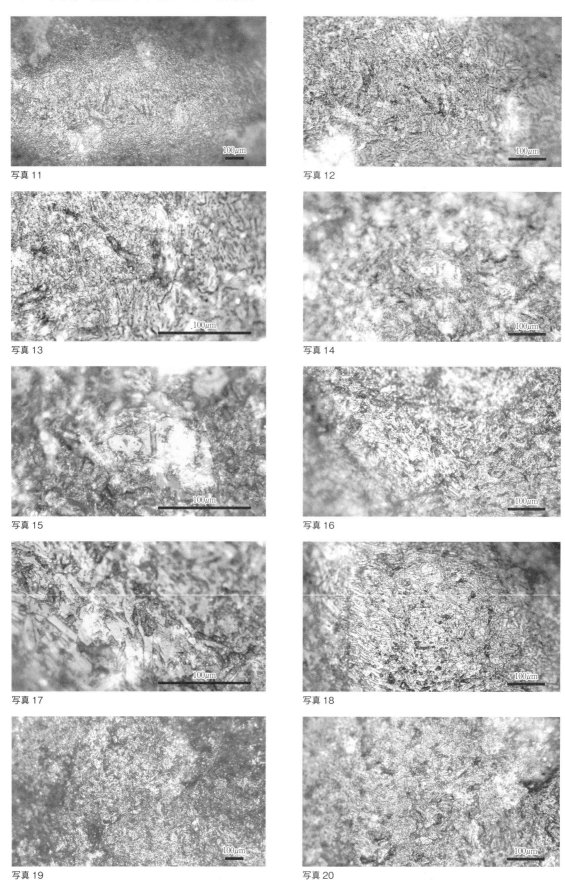

写真 11

写真 12

写真 13

写真 14

写真 15

写真 16

写真 17

写真 18

写真 19

写真 20

図95 使用痕顕微鏡写真（2）

第4章 日本列島における石製農具の使用痕分析 175

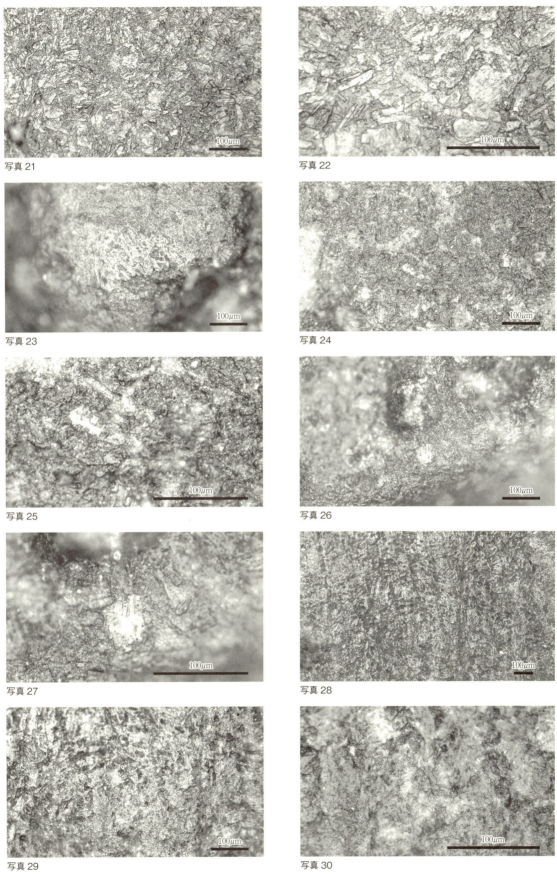

写真 21

写真 22

写真 23

写真 24

写真 25

写真 26

写真 27

写真 28

写真 29

写真 30

図 96 使用痕顕微鏡写真（3）

176 第Ⅱ部 使用痕からみた東アジアの石製農具

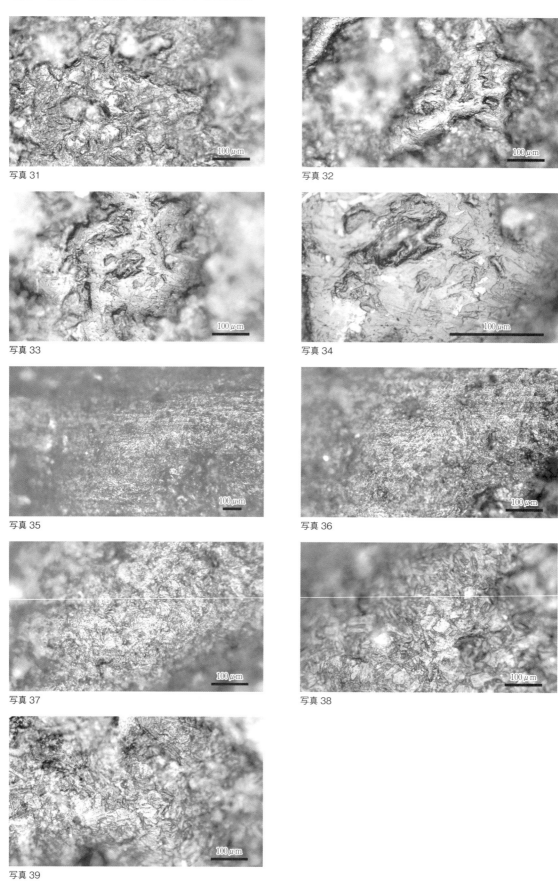

写真 31

写真 32

写真 33

写真 34

写真 35

写真 36

写真 37

写真 38

写真 39

図 97 使用痕顕微鏡写真（4）

第4章　日本列島における石製農具の使用痕分析　177

表14　吉備地域分析資料・観察所見一覧表

図版番号 (分析 No.)	写真番号	遺跡名	遺構等	時　期	文献・図番号等
	観察所見　　形状等，低倍率観察，高倍率観察				
図92-1 (S-00417)	—	南溝手遺跡	竪穴住居19	弥生中期末	文献1・第190図 S699
	磨製石庖丁。片刃。刃が付けられている面をb面，平坦な面をa面とする。光沢面は点状に発達し，Bタイプ，Aタイプに分類される。光沢面は両面ともほぼ全域に分布する。a面では主面左側が特に発達している。b面では孔の下が発達している。刃部の線状痕は刃縁に直交する。				
2 (S-00431)	図95-写真11～13	窪木遺跡	その他	弥生	文献2・第156図 S371
	打製石庖丁。長方形の打製石庖丁で，側縁に抉りがある。風化の程度は弱である。図化されている面では，刃部左側が摩滅している。顕微鏡下では，摩滅部は高所から低所を覆う面として発達しており，鈍い光沢をともなっている。光沢表面はかなり荒れており，無数のひび割れに覆われたような状態になっている（写真11～13）。				
3 (S-00420)	図95-写真14・15	南溝手遺跡	竪穴住居26	弥生中期末	文献1・第212図 S738
	打製石庖丁。長方形の打製石庖丁で，側縁に抉りのあるタイプである。風化の程度は中で，やや白色化している。刃縁および器面左側に摩滅痕がみられ，刃部左側が顕著である。顕微鏡下でも石材表面がやや白色化している。摩滅部は比較的なめらかな面となっているが，光沢面はほとんどみられない。部分的に使用痕の可能性のある光沢面が残存しており，光沢表面はやや明るくなめらかである（写真14・15）。				
4 (S-00452)	図95-写真16～18	鹿田遺跡	土114	弥生後期	文献3・図307-S59
	打製石庖丁の破片である。風化程度は弱で，遺存状態はよい。広い範囲が摩滅しており，剥離の稜は丸みを帯びている。摩滅部はやや光沢を帯びている（写真1）。顕微鏡下では，摩滅部全体がやや明るい光沢面になっているが，表面はひび割れたようになっており荒れた外観を呈する（写真16～18）。				
5 (S-00448)	図95-写真19・20	鹿田遺跡	土356	弥生中期末	文献3・図307-S58
	打製石庖丁の破片である。風化程度は弱で，広い範囲が摩滅し光沢を帯びている。顕微鏡下では，高所から中所にかけて摩耗し平滑な面となっている。全体がやや明るい光沢面に覆われるが，光沢表面は荒れている（写真19・20）。				
6 (S-01031)	図96-写真21～23	鹿田遺跡	包含層	弥生中～後期	文献3・図308-S61
	長方形を呈する完形の石庖丁で，側縁に抉りがある。風化の程度は弱である。刃部左側から器面左側の剥離の稜にかけてよく摩滅しており光沢をもつ（写真2）。顕微鏡下でも広範囲に摩耗した面として観察され，摩滅面と一体化して弱い光沢面が観察される。光沢面はやや明るく高所から低所を覆うように平面的に広がるが，光沢の表面は剥がれ落ちたように荒れている（写真21～23）。				
7 (S-00444)	図96-写真24～27	津島岡大遺跡	13層・河道斜面	縄文晩期	文献4・図67-S14
	石鎌状の石器。石鎌に類似した形態をもち，刃部は内彎する。風化程度は中である。両面とも先端部側の刃部と主面の高所に摩滅痕が認められ，左主面の方が若干強く磨滅している（写真3）。顕微鏡による観察では，摩滅面上にはほとんど光沢は認められないが，部分的に光沢部が残存しており，500倍ではやや平坦でなめらかな光沢面として観察される（写真24～27）。				
8 (S-01032)	図96-写真28～30	津島岡大遺跡	13層・河道斜面	縄文晩期	文献4・図69-S28
	打製石斧。完形の打製石斧で，片面に礫自然面を多く残している。側縁に粗い剥離が施されており，全体の形状はバチ形を呈する。刃部および側縁は摩滅痕が顕著で，剥離の稜も摩滅し丸みを帯びている。摩滅面では，縦方向の擦痕が密集していることが肉眼でも観察される（写真4）。顕微鏡下では，刃部と直交する縦方向の線状痕として観察される（写真28）。この擦痕にともなって鈍い光沢面が摩滅面上に一様に広がっている（写真28～30）。光沢面は，土に対する実験で観察されたXタイプの光沢面に類似する。				
図93-9 (S-00415)	図97-写真31～34	南溝手遺跡	河道3	弥生前期～中期前葉	文献1・第163図 S678
	大型の剥片石器で，背部および側縁に二次加工を施し有肩状の形態を作り出している。石材表面の遺存状況は比較的良好で，風化程度は弱，一部中である。刃部には明確な二次加工は施されていないが，数ミリ程度の刃こぼれ状の小剥離痕がみられる（写真5）。刃縁には肉眼でも識別できる光沢がみられ，刃部は摩滅している。顕微鏡下での石材表面の観察条件も良好である。肉眼で光沢が観察された部分は，明るい光沢面が高所から低所を覆うように発達している。光沢面は流動的な外観を呈し，Bタイプ，Aタイプ光沢の特徴と一致する（写真31～34）。しかし，高倍率でみると光沢表面は無数のひび割れに覆われて荒れており（写真34），実験で形成されたきわめて平滑な光沢表面とは異なる。なお，この石器については光沢面の遺存状況が良好なことから，光沢強度分布図を作成している。一部風化により観察できない部分があるが，光沢面は刃縁のほぼ全域に分布しており，器面の内側にいくにしたがって光沢面の発達は弱くなっている。光沢面の分布は刃部の表裏でほぼ対称に分布している。				
10 (S-00449)	図97-写真35～37	鹿田遺跡	土286	弥生中期末	文献3・図308-S62
	三角形を呈する小型のスクレイパーで，背部は自然面である。風化程度は弱である。刃縁に弱い摩滅痕と大きな剥離痕が認められる（写真6）。摩滅面は高所から中所を覆うように摩耗しており，やや明るい光沢面となっている。光沢面は荒れた外観を呈するが，刃部と平行する長く直線的な線状痕が観察される（写真35～37）。				

178　第Ⅱ部　使用痕からみた東アジアの石製農具

11 (S-00421)	図97-写真38・39	南溝手遺跡	溝158	弥生中期末〜後期	文献1・第376図S817
	大型の剥片の鋭い縁辺を刃部として使用しているが，明確な二次加工は認められない。風化程度は中である。刃縁に沿った広い範囲に摩滅痕がみられ，摩滅部はやや光沢を帯びている。顕微鏡下では，摩滅部は高所を覆うように発達した面となっており，光沢をともなっている。光沢面は荒れておりひび割れ明るさも弱い（写真38・39）。摩滅痕および光沢は石器刃縁の表裏両面に観察される。				

【表14文献】
1．平井泰男編 1996 『南溝手遺跡2』岡山県教育委員会
2．平井泰男編 1998 『窪木遺跡2』岡山県教育委員会
3．山本悦世編 1988 『鹿田遺跡Ⅰ』岡山大学埋蔵文化財調査研究センター
4．山本悦世編 1992 『津島岡大遺跡3』岡山大学埋蔵文化財調査研究センター

状削器」の名称にみるように，弥生時代以前の収穫具としての可能性が想定されている石器である［平井1996］。顕微鏡による観察では磨滅面上にほとんど光沢面は認められなかったものの，部分的になめらかでやや明るい光沢部が残存している。先の打製石庖丁の磨滅面とよく似た状況であるが，現時点では対象物や使用方法について積極的に言及することはできない。

④剥片石器（図93-9〜10，図97-写真31〜39）

剥片刃器では，9の有肩形の刃器が最も使用痕の残存状況がよい。観察された光沢面はBタイプ，Aタイプに類似しており，作業対象物はイネ科の草本植物と推定される。光沢は刃部のほぼ全域に分布し微小剥離痕の分布も対応していることから，長い刃部全体が対象物に対して機能していたと考えられる。光沢の分布および線状痕の方向から，刃部を平行に操作して厚みのある部位の切断に用いられたと推定される。なお，この種の大型の刃器は，斎野裕彦により大型直縁刃石器と総称されており，イネ株の切断や除草などに用いられた農具であると考えられている［斎野1993・1994］。分析結果はこのことを裏づけるものである。図93-11の大型刃器も刃縁の広い範囲に摩滅痕があり8の使用痕に類似するが，顕微鏡観察では光沢部分がかなり消失しているとみられる。図93-10の光沢面は，実験データのCタイプの光沢面に近いと思われるが，断定はできない。直線的な線状痕が多く観察され，刃部を平行方向に操作する使用方法が想定される。

4　まとめ

パターン1（磨製石庖丁・打製石庖丁）＋パターン2a（大型刃器）の組み合わせが確認された。パターン1は結晶片岩を素材とする磨製石庖丁とサヌカイト製の挟入打製石庖丁の二者がみられるが，後者が主である。パターン2はサヌカイトの大型剥片を用いた大型直縁刃石器である。

サヌカイトの出土資料の観察でも使用痕と考えられる痕跡を検出することができたが，実験データとの対比，機能の推定には多くの問題があることも明らかになった。分析の最大の障害は，風化による光沢面の変質である。日本における使用痕研究では，埋没後の表面変化や風化が使用痕に与えるダメージについての実験的な研究は多くない。山田しょうは水酸化ナトリウム溶液で人工的に石器表面を風化させ，光沢面が受ける変化を走査電子顕微鏡で観察している［山田1987a］。この実験では，Aタイプの光沢面が風化にともない粗い表面に変化していく過程がとらえられている。風化面の形成過程は石材組織の違いにも左右されると考えられ，サヌカイトのように風化の影響が顕著に表れる石材の場合，風化が使用痕に与える影響を実験的に把握することは使用痕の同定に有益な情報をもたらすものと考えられる。各タイプの光沢面がどのように変化するのか，また，どの程度の変化まで使用痕光沢面の同定が可能なのかといったことを慎重に見極める必要がある。

第6節　使用痕からみた弥生時代の収穫関連石器

　第2～5節では，東海，北陸，中部高地，山陽地域の出土資料の使用痕分析について個別の検討を行ってきた。本節では，これらの分析結果と筆者以外の研究者による分析成果を加え，弥生時代全般にわたる収穫関連石器の使用痕とその機能を整理し，石器としての系譜，弥生農耕技術のなかでの意義について考察する。

1　穂摘具について

1　磨製石庖丁の使用痕と機能

　パターン1の分布は，穀物の穂摘具としての用途が想定される。高倍率の使用痕分析では，光沢強度分布図が作成された須藤・阿子島の分析以後［須藤・阿子島1984］，御堂島正，松山聡等によって体系的な分析と実験が行われている［御堂島1989c，松山1992a・b］。

　使用痕の分布パターンの特徴は次のとおりである。①器面の広い範囲に光沢面が観察される。②器面の片側に偏って発達し，左半が強いものが多い。③両面に観察される場合，裏側も同一部で発達が強い（刃縁を挟んで点対称の分布になる）。④光沢面は非常になめらかで，点状に発達する傾向がみられる。⑤刃縁で観察される線状痕は直交する方向性が主である。

　これらの諸特徴は次のような操作によるものと理解されている。器面に植物の茎を押さえつけ，手首を内側にひねるように動かし，刃部と直交方向に摘み取るように切断する「穂摘み」の操作方法である。

　本分析では，図60-2（朝日遺跡），図64-33（野笹遺跡）・36～40（柿田遺跡），図71-2（八日市地方遺跡），図82-11（塩部遺跡）・12（屋敷添遺跡）・13（坂井南遺跡），図92-1（南溝手遺跡）などの資料で光沢面の分布が観察され，おおむねこれらの特徴を追認してきた。線状痕は主面の発達部ではあまり明瞭ではない。主面においても鋭い溝状の線状痕が認められる場合があるが，これは研磨による痕跡の場合もあり，注意が必要である。使用による線状痕は，刃部付近で顕著に観察される。刃を立てて正面から観察すると，刃縁は摩滅し丸みを帯び，摩滅部に溝状の規模の大きな線状痕が観察される。線状痕は直行ないし斜行するものが多く，光沢面もこの方向に沿って発達している。

2　打製石庖丁の使用痕と機能

　穂摘具は，磨製石庖丁の他に，瀬戸内地方のサヌカイト製打製石庖丁，中部高地の打製石庖丁など，地域によって異なる製作技術を用いて製作されたものもある。本分析では，吉備地方のサヌカイト製の打製石庖丁図92-2（窪木遺跡）・3（南溝手遺跡）・4～6（鹿田遺跡）と中部高地甲斐地域の打製石庖丁（含刃部のみ磨製）図82-15・16および図83-17（堀ノ内遺跡），図83-19（下横屋遺跡）を分析資料としてとりあげた。これら打製石庖丁の使用痕の分布も，基本的には磨製石庖丁と同じくパターン1の穂摘具として理解される。

　打製石庖丁の形態的な特徴として，通常穿孔による紐孔をもたない代わりに，両側縁に抉りをもつものが一般的で，これは紐かけのための加工として理解されている。紐かけおよび紐をかけない場合を想定した使用実験としては，御堂島正による信濃南部の打製石庖丁の分析，考察がある。実験では，①紐をかけずに抉り部に指をかけ保持する方法，②抉部に紐をかけ親指で穂を押さえつける方法，③手の腹全体で穂を押さえる方法，④親指・人差し指・中指で穂をつまみ，刃を上方にはね上げるようにして摘む方法，⑤抉り部に紐をかけ，刃を平行に押し出して穂を切断する方法が行われ，その結果②③のように紐かけをしたうえで，穂

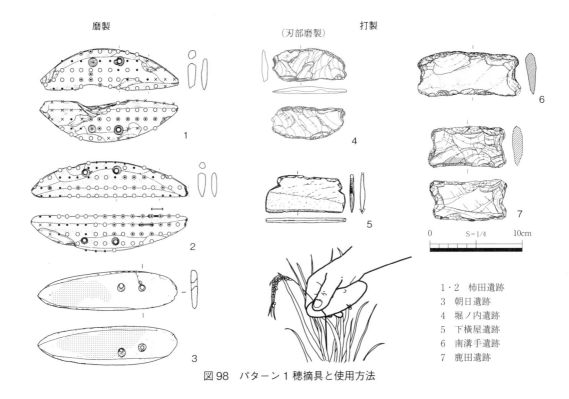

図 98　パターン 1 穂摘具と使用方法

を親指や手の腹で押さえつけて摘むものと推定した［御堂島 1989b・c］。

　ところで，本分析でとりあげた図 82-15・16 では，主面における使用痕分布が刃部付近に限定され，あまり広がらないという特徴がみられた。池谷勝典は，操作方法の復元として，刃部付近の刃面に穂を押さえて使用したのではないかと指摘している［池谷 2004c］。一方，同地域の磨製石庖丁図 82-11〜13 などは，光沢面の分布が主面の広い範囲に及んでおり，一般的な磨製石庖丁の分布パターンと同じである。また，第 4 節 3 で紹介した隠岐殿遺跡出土資料図 88-2 は，紐孔（未貫通）と抉りの両方の加工をもつが，使用痕の分布は刃縁に限られ，先の抉入石庖丁のパターンに近い。

　磨製有孔石庖丁と打製抉入石庖丁は，両者とも同じ「穂摘み」のパターンで理解できるものの，紐かけの方法だけでなく，その使用方法にも若干の違いが認められた。

3　穂摘具の伝播と定着

　磨製石庖丁をはじめとする穂摘具は，弥生時代早期に北部九州にもたらされた大陸系の磨製石庖丁をベースとし，列島に広がっていったものである。北部九州や近畿地方では，大陸系磨製石器のなかでも主となる器種であり，生産・流通に関しても議論されてきた。しかし，組成率が低いあるいはまったく欠落する地域もあり，定着の仕方には粗密がある。この傾向は，一般的に東日本において顕著なようである。

　現状では，穂摘具の中部地方への波及は，イネの受容・定着と密接に関係している。中部地方では，イネに先行して縄文時代晩期後半にアワ，キビの栽培が開始されていた可能性が高まっているが［遠藤 2012，設楽 2014，中山編 2014］，この段階の「穂摘み」具等の収穫関連石器の存在はまだ確認されていない[8]。

　美濃地域，伊那地域，甲斐地域といった内陸部では，弥生時代後期以降に穂摘具が定着あるいは普及する傾向がみられた。甲斐地域では低地へと進出する農耕集落の成立と関係する事象としてとらえたが，美濃や伊那でも規模の大きな集落の成立していく時期であり，農耕集落と生産基盤の強化と関連した事象としても

とらえられる。

また，弥生時代後期以降，住居跡からの1点あるいは複数点まとまって出土する傾向が強まるのも特徴である。美濃地域の柿田遺跡の事例では，穿孔または未穿孔など形態の異なる磨製石庖丁3点が重なった状態で出土し，いずれも穂摘みに使用した使用痕が残されていた。これらは，石庖丁の保有およびその管理のあり方に関する情報としても重要なものである。

2 大型直縁刃石器について

1 大型直縁刃石器の使用痕と機能

大型直縁刃石器の名称は，斎野裕彦によって提唱されたものである［斎野1993・1994］。刃部の正面観が直線的で，大形であること，刃角や器体の幅といった形態的な類似性から，それまで別個に扱われてきた磨製大型石庖丁や打製あるいは刃部磨製の刃器類（信州の有肩扇状石器，東海の粗製剥片石器，東北の板状石器など）を包括する分類概念として提示され，使用痕分析によって機能の共通性が明らかにされてきた。

斎野裕彦は，大型直縁刃石器をⅠ類（打製），Ⅱ類（部分磨製），Ⅲ類（磨製）に大別している。これについて，筆者はⅡ類（部分磨製）の位置づけをⅢ類（打製）の刃部調整のバリエーションとしてとらえたい。したがって大型直縁刃石器を磨製と打製に大きく大別する。磨製はいわゆる磨製大型石庖丁である。そのうえで，打製を円礫から打ち剥がした貝殻状剥片を素材とする形態のもの（東海地方の粗製剥片石器，北陸の横刃形石器）の技術系に属す一群と安山岩やサヌカイトなど，板状の大形剥片を素材とする形態のもの（北陸等の板状石器など）に大きく分けて整理していく。

使用痕の特徴は，次のようなものである。①刃縁に沿って光沢が発達し光沢範囲の中央部で最も発達する。②刃縁の表裏対称に光沢面が形成される。③点状の光沢面が連接しながら発達し，高低所を覆うようになめらかな光沢面が形成される。④線状痕は比較的明瞭で，刃縁と平行するものが主である。

推定される使用方法は，刃部を平行方向に操作し，引き切るように切断する操作である。出土資料では刃縁から比較的奥まで光沢が形成されていることから，厚みのある植物の束などの切断に用いられたと推定される。また，光沢面には比較的鋭い線状痕が顕著であることから，土などの粒子が混入する条件下での使用が想定される。複製石器による実験では，イネ株の根刈りなど厚みのある部位への有効性と使用痕の類似性が確認されている［御堂島1989a，沢田1995，斎野・山村・松山1999］。具体的には，「穂摘み」の後に残った稲株等の残稈処理のための二度刈り，耕作地やその周辺の除草作業といった用途が考えられる。

なお，使用方法の復元にあたって，御堂島は図31の推定復元のように信濃南部の有肩扇状石器に柄を付けて用いる方法を想定している［御堂島1989a］。東海地方の粗製剥片石器では，背部および側縁上部に加工を施し，一定の形状を作出しようとする意図がうかがえるものの，石器の基部側の厚みにはばらつきが多く，着柄に適した加工とはみられない。むしろ，基部の幅の調整や剥離の稜の鋭さをとるなど，手で握りやすくするための加工とみられるものがある。刃部から基部までの器体に必要な幅が確保されていれば，手持ちでも十分使用に耐えうる。また，川原遺跡の大型石庖丁図63-30の紐孔部で紐ズレの痕跡が認められており，大型石庖丁も，紐は柄部等の固定のためではなく，手持ちなど動かすことができるような保持がなされていたことを示唆する。

2 磨製大型石庖丁の由来

この石器について着目した下條信行は，大きくは大陸系磨製石器のひとつとしてとらえ，その型式分類と北部九州から東海までの事例と地域性を論じている［下條1991］。外湾刃のA式が北部九州玄界灘沿岸の弥

182　第Ⅱ部　使用痕からみた東アジアの石製農具

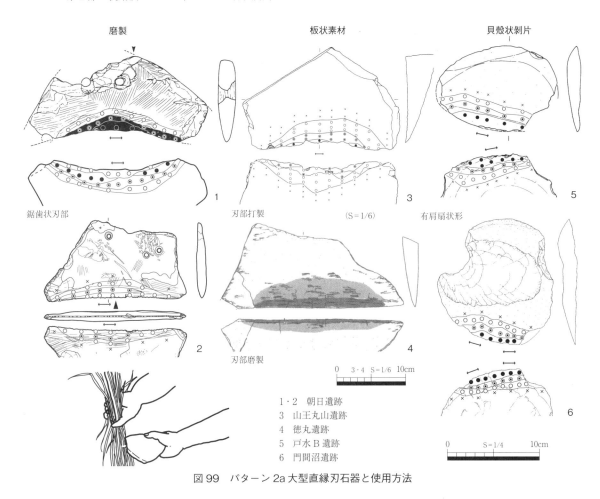

図 99　パターン 2a 大型直縁刃石器と使用方法

生時代前期に出現しており，初期の磨製石庖丁との形態的な関係性が想定される。下條の分類・検討によれば，B式（無孔有鈕）は北部九州でも遠賀川以東で出現し，C式（有孔有鈕），D式（台形），E式（直線刃半月形）は周防灘以東に出現・分布するとされる。

　磨製大型石庖丁は，その形態的特徴や製作技術からみて，磨製石庖丁と同じ大陸系磨製石器に属すと考えられるが，第5章で後述するように，朝鮮半島では機能的にこれに相当する使用痕の存在は確認されていないことから，朝鮮半島など大陸に直接の祖形を求めることは難しい。北部九州の初期のタイプが磨製石庖丁から発している点を考慮すれば，少なくとも日本列島に展開する磨製大型石庖丁については，日本で独自に創出され広まっていった石器だと考えられる。

　本書では東海の第3章図 42-8・9（朝日遺跡），図 68-42（朝日遺跡）・43（猫島遺跡）・44（山中遺跡），北陸の図 71-6，図 72-7・8（八日市地方遺跡）の出土資料を分析した。いずれも，パターン 2a の光沢面分布パターンであり，刃部を平行に操作し，厚みのあるイネ科草本植物を切断したと考えられる。

　また，東海地方の図 68-42～44 は，刃部に細いキザミを施した鋸歯状刃部磨製石庖丁である。実験による比較では，研磨により刃が滑りやすくなることを防ぐための加工であり，植物の切断効率を高める働きがあることが確認された。このような加工方法は今のところ東海の濃尾平野周辺でしか確認されていないが，他の地域にもみられるものか注意する必要がある。

3 打製大型直縁刃石器の成立をめぐって

　技術的にはとても簡易な石器である。素材となる剝片の縁辺の鋭さを活かし，最小限の形状の加工だけを施したものが多い。ただし，一部には刃縁のみ研磨するものもある。大きくは，安山岩など板状にはがれる節理構造を利用した板状石器の系統と円礫から剝片を割りとる貝殻状剝片（横刃形）の系統がある。両者はそれぞれの地域で産出する石材の性格によって地域が分かれており，磨製石庖丁や磨製大型石庖丁が結晶片岩など比較的広域の流通性をもつ石材に依存するのに対し，地域の石材環境への依存度が高い石器といえる。

　a．板状石器の系統

　本書では次のような資料を分析した。板状石器の系統のものは，北陸の図 73-9〜11（吉崎・次場遺跡）・12（山王丸山遺跡）を典型例とする。吉備のサヌカイト製の大型刃器図 93-9・11（南溝手遺跡）もこれに近いものであろう。

　この系統は山陰から北陸地方に多くみられる。これは素材となる板状節理の発達した安山岩の産出地域と重なる。平面形は多様だが，刃部の鋭さを作出することを強く意識して作られている。刃部のみに研磨を加え，形を整えるものがある。いわゆる部分磨製のものは，板状石器の系統の下位グループと考えられる。

　b．貝殻状剝片（横刃形）系統

　本分析資料では，東海の図 60-7〜9（朝日遺跡），図 61-10〜12（三ツ井遺跡）・14〜19（猫島遺跡），図 62-20〜22（東新規道遺跡），23〜27（門間沼遺跡），図 63-28・29（一色青海遺跡）・31・32（川原遺跡），図 64-35（野笹遺跡）・41（柿田遺跡），北陸の図 74-13（野本遺跡）・14〜17（戸水 B 遺跡），18・19（畝田遺跡）である。

　東海では粗製剝片石器，北陸では横刃形石器，信州では有肩扇状石器などと呼称される石器であるが，技術的には縄文時代にみられる横刃形石器と同じように，円礫の側面に打撃を加えて割りとった貝殻状剝片を素材とする石器である。ただし，縄文時代の横刃形石器の機能については，使用痕分析が行われていないため明らかにされていない。弥生時代の貝殻状剝片系統の大型直縁刃石器と縄文時代の横刃形石器との違いは，縦幅の増加，背部や側縁への敲打あるいは抉り等の形態的な加工処理，大型化といった傾向がみられることであり，これは残稈処理など厚みのあるイネ科草本植物に対する作業に特化した形態的な変化とみられる。

　この石器は技術的には縄文時代に系譜をもち，弥生時代の農耕技術に転化されたものとみることができるが，このような変化は各地でバラバラに生じたものなのだろうか。弥生時代前期の状況から，この種の石器の成立背景について考えてみたい。

　寺前直人は，弥生時代開始期の宮崎県，高知県，和歌山県の石器を比較検討し，外来系の磨製石器の受容の仕方は地域ごとに違っているが，在来系の簡易な石器には共通する要素がみられることから，太平洋沿岸を往来した集団の存在を想定している［寺前 2010］。寺前が指摘した在来の石器のなかには，ここでいう粗製剝片石器も含まれている。寺前は紀伊半島までしか検討していないが，伊勢湾沿岸地域の朝日遺跡の前期の出土事例を加えると，弥生時代前期で草本植物に用いられたことが確認された例は，高知県の田村遺跡群，和歌山県の堅田遺跡，愛知県の朝日遺跡など，前期稲作の波及と関連した環濠集落であり，水田稲作の東方への展開とセットで考えるべきである（図 100）。この時期のものは，背部と側縁に若干の加工を施す程度で，ほぼ素材剝片の形状のまま使用するなど，形態的にも似ている。一概に在来の縄文石器から生み出されたわけではなく，この種の石器の成立背景にも，西から東への情報の流れがあったと想定すべきであろう。

　中期になると側縁に大きな抉りを施す形態がみられるようになり（有肩扇状石器など），信州や北陸地方などより広い地域に定着していく様子がうかがえる。

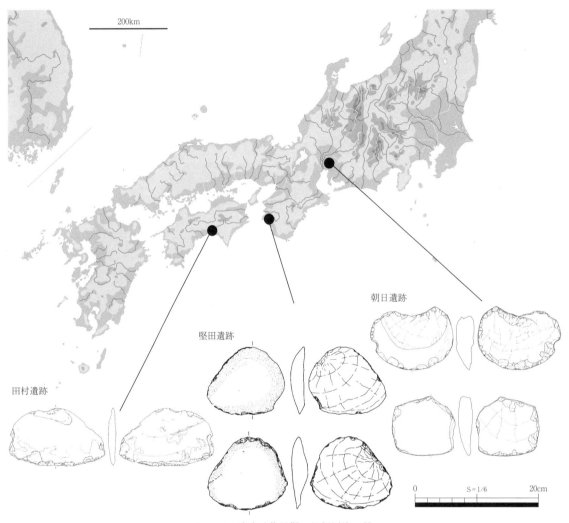

図100 弥生時代前期の粗製剥片石器

4 穂刈具（パターン 2b）について

パターン2には，もうひとつ想定される使用方法がある。御堂島の分析した信州南部の横刃形石庖丁の一部にみられる分布の特徴で［御堂島1990］，本稿ではパターン2bとしたものである。光沢面は，刃縁の表裏対称に分布し線状痕が平行するなどの特徴はパターン2aと同様であるが，分布が刃部の側縁側に偏り，主要な光沢分布域が限定される。石器自体も小形のものが多く，厳密には大型直縁刃石器の範疇に入らない。御堂島は穂首を刈り取る収穫具としての用途を想定している。対象をイネなどに限定した場合，根株の切断では光沢面は刃部の広い範囲に形成され刃部から奥まで広がるのに対し，穂首の切断では刃部の限定された範囲（体から反対の側縁側）に形成されあまり奥まで広がらないことは，第3章第1節および第2節の実験において確認しているとおりである。

本分析では，磨製石庖丁や打製石庖丁のような穂摘具の少ない地域において，このような穂刈具が存在するのではないかと注意したが，結果としてはほとんどの地域でこのパターンは確認できなかった。東海地方では，朝日遺跡の小型粗製剥片石器の一部図60-4にこのパターン2bを認めたが，法量と機能面での明確な分化は認められず，積極的に穂刈具の存在を認定することはできない。むしろ，このような器種が一定量存在している信濃南部地域の事例のほうが特異なものとみられる。

3 石鎌について

石鎌は主に西日本に分布する器種である。斎野裕彦は，北部九州，山陰，近畿の打製，磨製の石鎌の使用痕分析と複製石器による実験を行い，その使用方法を検討している［斎野2001］。右手で石鎌を持った場合，左手で対象物をおさえ，刃を直交方向に動かして切断する操作方法が考えられ，石器の下面（右手で保持した場合は右主面）で光沢面が発達する傾向があるとされ，穂首を刈り取る収穫具としての用途が想定されている。また，高知県田村遺跡群出土の石鎌の分析を行った小野由香も斎野の分析結果を追認している［小野2006］。

本分析では北陸の打製石鎌図71-3（八日市地方遺跡）と磨製石鎌図71-4（八日市地方遺跡），それと吉備地方の縄文時代晩期とされる石鎌状のサヌカイト製石器図92-7（津島岡大遺跡）の分析を行った。しかし，いずれの資料も，使用痕の残存状況が部分的であったため，詳細な分布状況や使用方法の検討はできなかった。これらの資料が斎野や小野の分析結果から想定した分布パターン3に属するものかどうかは，現状では不明である。

4 器種・機能の構成と農耕技術との関係

1 地域ごとの機能的組成

図101は，列島各地域の収穫関連石器を使用痕の分布パターンの組み合わせとして表記したものである。第2〜4節で検討した各地域の収穫関連石器の機能的組成を再度確認するとともに，本分析では扱わなかった北部九州・近畿・東北などの状況についても概観しておきたい。

a．北部九州

弥生時代の開始期には，パターン1（磨製石庖丁），パターン2a（磨製大型石庖丁），パターン3（磨製石鎌）がみられる。弥生時代における収穫関連石器の機能的組成は，その出発時点において成立していたものと考えられる。ただし，組成的には，パターン1の磨製石庖丁が当初より主体となっていた。

b．山陽

パターン1（磨製石庖丁・打製石庖丁）＋パターン2a（大型刃器）の組み合わせが確認された。パターン1は結晶片岩を素材とする磨製石庖丁とサヌカイト製の抉入打製石庖丁の二者がみられるが，後者が主である。パターン2はサヌカイトの大型剥片を用いた大型直縁刃石器である。本書では岡山県の資料を分析したが，出土石器の様相をみる限り，四国北部も含めた，瀬戸内地域の全般的な傾向と考えることができる[9]。

c．近畿

河内平野など大阪湾周辺地域の状況を代表させた。パターン1（磨製石庖丁），パターン2（磨製大型石庖丁），パターン3（磨製石鎌）で構成される。いずれも磨製石器が製作・使用されている。磨製大型石庖丁に比べ，磨製石庖丁が多く，穂摘具主体の構成となっている。

d．北陸

パターン1（磨製石庖丁）＋パターン2a（磨製大型石庖丁・横刃形石器・板状石器）の組成である。東海地方と同じように，パターン1よりもパターン2aが主体である。なお，打製の横刃形石器は円礫を母岩とする貝殻状剥片を素材とし，板状石器は節理の発達した安山岩を素材とし，その違いは母岩となる岩石の産出する地理的な条件の影響を強く受けている。また，日本海側では東端となる打製石鎌，磨製石鎌が出土しており，パターン3が構成に加わる可能性があるが，今回の分析ではその分布パターンは確認できなかった。

e．東海

パターン1（磨製石庖丁）＋パターン2a(磨製大型石庖丁・粗製剝片石器) という機能的組成で構成されるが，パターン1は非常に少ない。パターン2aは磨製大型石庖丁よりも粗製剝片石器が主となっている。また，粗製剝片石器には，穂刈具の可能性のあるパターン2bもみられるが，非常に例外的なものである。

ただし，弥生時代後期になると，尾張地域では石製農具そのものが衰退するのに対し，美濃東部地域では，パターン1（磨製石庖丁）が比較的一般的な器種として定着し，パターン2a(粗製剝片石器) と組成する。

f．中部高地

山梨県では，弥生時代前期から中期までは，収穫関連石器の存在そのものが不明である。後期になるとパターン1（磨製有孔石庖丁・抉入石庖丁）の2種類の穂摘具が定着するが，他のパターンは不明である。

長野県では，早くから大陸系磨製石器を受容し水稲耕作へ移行した北信から中信地域と大規模な水田開発が遅れる南信地域とで，生産形態に地域差が生じているとされ［町田1994］，この地域差は収穫関連石器のあり方にも反映されているようだ。図101では信州南部の資料を掲載している。この地域は御堂島の一連の分析により，パターン1（有孔磨製石庖丁・抉入磨製石庖丁・抉入打製石庖丁・横刃形石庖丁）＋パターン2a(有肩扇状石器・有柄石器など) となっている。パターン1の穂摘具が多様な器種で構成されていることが特徴であるが，これは弥生時代後期以降に定着する組成である。また，横刃形石庖丁の一部には，刃部を平行に操作するものがあり，これはパターン2bに相当するものとみられる。

g．東北

パターン1（磨製石庖丁）＋パターン2a(板状石器など) の構成である。

2　弥生時代における収穫関連石器の定着と地域差

弥生時代早期の北部九州では，磨製の穂摘具と大型直縁刃石器，そして石鎌のセットが成立し，いずれも磨製石器である。これらの石製農具が，大陸からもたらされた水稲耕作技術と密接な関係にあったことをうかがわせる。

弥生時代前期から中期までの列島各地への展開を概観すると，石鎌は西日本の日本海側，一部太平洋側にも分布するが，東日本への伝播の過程ではいち早く欠落する。一方，穂摘具と大型直縁刃石器は，形態的な変化，打製石器への転換といった地域的な変容を加えつつ，東北地方まで広がりをみせ，弥生文化を構成する基本的な石製農具のセットとして定着する。特に東海や北陸などの中部日本では，穂摘具以上に大型直縁刃石器が主要な石器として受容される傾向が強いようである。

これらの器種の濃淡には地域差があり，単純に西から東へのグラディエイションになっているわけではない。北部九州や近畿では，穂摘具＋大型直縁刃石器の組み合わせで，磨製石庖丁が優勢である。瀬戸内も穂摘具が打製石庖丁に変わるが，基本的には穂摘具が大型直縁刃石器より優勢である。一方，東海，北陸などの中部地方では，全般的に穂摘具が少なく，大型直縁刃石器が優勢であり，磨製・打製と複数の形態が組成する。ただし，美濃東部や中部高地の一部などの内陸部では，弥生時代後期以降に穂摘具の定着がみられ，近畿・北部九州型の穂摘具＋大型直縁刃石器のセットとなる（甲斐地域では大型直縁刃石器が欠落）。また，東海東部から関東地域にかけては，穂摘具だけでなく大型直縁刃石器も散発的にしかみられず，石製農具そのものの組成比が少ない。東北地方では，関東などに比べればはるかに収穫関連石器が多くみられ，穂摘具＋大型直縁刃石器の組み合わせが関東地方よりも安定してみられる。

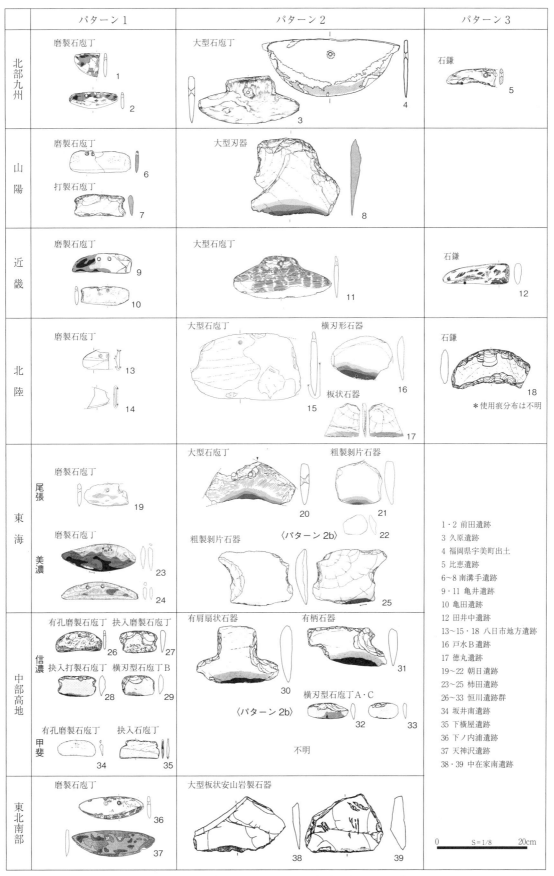

図 101　使用痕分布パターンによる収穫関連石器の組成

188　第Ⅱ部　使用痕からみた東アジアの石製農具

3　穂摘具と根刈り具のセット

　これまで，弥生時代の農耕技術では穂摘具による収穫技術が特に強調されてきたが，実際には「穂摘具＋大型直縁刃石器」という機能的な組成こそが，弥生農耕の技術システムを構成する重要な要素だと考えられる。残稈処理や除草といった大型直縁刃石器に想定される用途は，耕作地の継続的な管理が年間の農作業サイクルに組み込まれていたことを示唆するものである。

　また，これらの作業に関連して，稲藁等の資源としての利用についても考慮したい。従来，弥生時代の収穫作業は穂首を対象としたもので，残った稲の茎は特に利用されず立ち枯れのまま放置されるか火をかけて焼き払うなどと考えられてきたため［藤原1998］，稲藁の利用は考古学的にもあまり積極的に評価されてこなかった。今のところ稲藁の利用を示す直接的な資料は少ないが，いくつか気になる研究事例がある。愛知県一色青海遺跡では竪穴住居の土壌分析が行われ，竪穴住居床面直上からイネのプラント・オパールが検出された。報告者はイネ藁が置かれていた可能性を指摘しているが［杉山1998］，敷物など藁を素材とする道具の存在は考えられないであろうか。また，縄文土器から弥生土器への土器焼成技術の変化について，前者の開放型から後者の稲藁等を利用した覆い焼きへの変化を指摘する実験的な研究がある［久世ほか1997，岡安1999］。これらの研究はそれ自体が二度刈りや稲藁の利用を実証するものではないが，栽培植物の食料としての側面だけでなく，資源としての多目的な利用の可能性も考慮していく必要がある。

　水田稲作導入後の弥生文化に「穂摘具＋大型直縁刃石器」の組成が確立し列島各地に定着した背景を考えるには，このような農耕文化に付帯する技術，生活文化の変化についても注意を払う必要があるだろう。

注

1）　粗製剝片石器は居住域から出土する場合と生産地に隣接するような遺物，遺構の希薄な範囲から出土する場合がある。敲打痕が認められるものは前者からの出土する傾向が強く，廃棄される場が石器のライフヒストリーと強く関係している可能性がある。

2）　10cm以下の小型品に認められる場合が多い。当地域では磨製石斧の再加工による小型片刃石斧の製作に擦り切り加工が認められることもあり，磨製石器の製作に関わる工具の可能性も考慮される。

3）　S-273を使用した実験は2007年11月に愛知県清須市の愛知県清洲貝殻山貝塚資料館の体験水田で実施した。

4）　S-174，S-003は複数回実験を行っているが，ここでは作業時間を記録した2002年10月に静岡市登呂遺跡復元水田で行った実験のデータをとりあげた。

5）　石川県で「横刃形石器」と呼ばれている石器は，筆者等が愛知県において「粗製剝片石器」と呼んでいる石器とほぼ同じものであるが，本書では地域での名称をそのまま使用している。

6）　15・16・17の3点は，報告書作成時に株式会社アルカに使用痕分析が委託され，池谷勝典による分析と解釈が呈示されている［池谷2004c］。今回の分析は池谷の分析結果をほぼ追認することになったが，池谷分析で使用痕なしとされた17に局所的に光沢面が残存していることがわかった。

7）　御堂島が分析した信州南部地域の抉入打製石庖丁では，両端の抉りを結ぶラインから上にも光沢面が分布している事例が見受けられる。池谷はこの点を石器の保持の仕方や紐かけの方法等の違いを示すものではないかと注意を促している。

8）　この時期の横刃形石器等の剝片石器を収穫具として積極的に評価しようとする意見もあるが，使用痕分析による草本植物との関係性は実証されていない。

9）　四国の高知県では，磨製石庖丁，打製石包丁等の穂摘み具（パターン1），横刃形打製石器等の大形直縁刃石器（パターン2a），磨製石鎌（パターン3）と多様な組み合わせがみられる。筆者は，この地域でも使用痕分析を行っており，弥生時代中期末を中心とするバーガ森北斜面遺跡の磨製石庖丁の分析について別途報告している［原田2015c］。

第5章　朝鮮半島における石製農具の使用痕分析

本章の目的

　本章では，2010年から2013年にかけて韓国で実施した新石器時代から青銅器時代の石器の使用痕分析の成果に基づいて，韓国の石製農具関連資料の機能・用途を検討する。

　この調査は，韓国における雑穀，稲作農耕の起源を探る共同研究の一環として実施したもので，レプリカ法による圧痕分析，プラント・オパール分析の成果とあわせ，雑穀・稲作農耕の波及・定着と石製農具の発達との関係を明らかにすることを目的として研究に取り組んできた［中山編2014］。具体的には，主に内陸部に立地する遺跡から出土した石刀（石庖丁），剥片石器，土掘具（石犁）等の農耕と関連するとみられる石器を対象として，これらの石器の使用痕分析を実施することにより，当該時期の石器の機能・用途を明らかにし，農耕技術の実態の解明に役立てようとするものである。

　また，韓国における農耕の定着過程は，日本列島への農耕の伝播過程およびその技術的関係についても注目される分野である。本章では，石器の機能的な成り立ちから，この問題についても比較・検討していくことにする。

第1節　研究の背景

1　朝鮮半島の初期農耕

　宮本一夫は，朝鮮半島，日本列島など二次的に農耕を受け入れた東北アジアの農耕化について，アワ・キビの雑穀農耕の波及，雑穀にイネが加わる段階，本格的な水田稲作の到達と段階的にとらえるモデルを提示している［宮本2003・2009］。各段階の概要は次のようなものである。

　第1段階　紀元前4000年紀後半，韓国新石器時代中期初頭（前期末）に，華北のアワ・キビ農耕が，華
　　　　　北型農耕石器（磨棒，磨盤，石鋤）や柳葉形磨製石鏃をともなって朝鮮半島南部や東部地域に拡散した。

　第2段階　紀元前3000年紀後半，長江起源の稲作が，山東半島を経由して朝鮮半島西海岸の漢江下流域
　　　　　に到達し，雑穀の一つとして広まっていった。

　第3段階　紀元前2000年紀半ば，水田をもつ本格的な灌漑農耕が農耕具や加工石器をともなって到達した。
　　　　　朝鮮半島の無文土器文化が成立する段階にあたる。

　第4段階　紀元前8世紀，朝鮮半島で体系化された水田稲作が日本列島の北部九州に出現する段階。

　一方，栽培の直接的な証拠とされてきた植物遺存体の同定や年代の見直しが進み，宮本が第2段階とした雑穀栽培にともなうイネの存在については裏づけが不十分だとする意見もある［庄田2009］。

2　栽培植物の再検討

　このようななかで，近年注目されているのが，レプリカ法による土器の圧痕分析である。レプリカ法は，

190　第Ⅱ部　使用痕からみた東アジアの石製農具

土器の胎土中の凹部にシリコン樹脂を流し込んでレプリカを作製し，その表面を顕微鏡で観察するものである。圧痕には，施文具，整形痕など土器製作技術に関わる痕跡のほか，胎土に混入した植物種子，昆虫などの動植物圧痕があり，走査型電子顕微鏡を用いてより正確な同定がなされるようになっている。この分析の利点は，年代が特定しやすい土器と植物等の痕跡との同時性が保証される点にあり，植物利用の実態を解明するうえで重要な成果をもたらしている［小畑2011，中沢編2013，中山2010］。

朝鮮半島については，小畑弘己，中山誠二等によって，新石器時代から青銅器時代にかけて精力的な分析が行われている。筆者が参加した共同研究「日韓内陸地域における雑穀農耕の起源に関する科学的研究」［研究代表者：中山誠二］の成果として，韓国の植物種子圧痕について次のようなことが明らかになっている［中山ほか2013］。

朝鮮半島中部の西海岸から内陸地域における9遺跡の圧痕調査の結果，
・新石器時代中期には，アワ・キビ農耕が朝鮮半島内陸地域まで安定的に広がっている。
・この時期には，シソ属の利用も行われていた可能性がある。
・青銅器時代前期には，アワ，キビにイネが加わり，畠作と水稲作の複合的な農耕文化が浸透していった状況を裏づけることができた。

アワ，キビ，イネといった穀物栽培については，宮本の東北アジア農耕化の第1段階と第3段階の画期が，圧痕分析からも確認されたことになる。

朝鮮半島の穀物栽培起源については，韓国南部の新石器時代早期～前期段階のキビ，アワが検出されたとの報告もあり［小畑ほか2011，小畑・真邉2014］，さらに古くまで遡及する可能性がある。また，同時に行われたプラント・オパール分析では，新石器時代前期の資料からキビ属型のプラント・オパールが多く検出され，これらの植物利用が中期より前に遡る可能性も指摘されている［外山2014］。

3　新石器時代から青銅器時代の石器

植物圧痕の調査によって，韓国における農耕起源の問題は徐々に明らかになりつつある。一方で，これらの植物をどのように利用してきたかという技術的な問題については，耕作遺構の調査，農具に用いられた道具の研究といった考古学的な研究によって明らかにする必要がある。なかでも，石器は新石器時代から青銅器時代にかけて，最も安定的に出土する遺物のひとつであり，石器組成の変化のなかに，農耕に関わる技術的な変化を見いだすことが重要である。

韓国の新石器時代と青銅器時代の主要な石器について，調査遺跡の一つである金泉松竹里遺跡出土資料を例にみてみよう。図102-左は，同遺跡の新石器時代中期・後期を主体とする石器である。石鏃，石錐のほか，土の掘削に関わる土掘具，食物の加工技術と関係する磨棒，磨盤（石皿）といった石器がみられる。宮本一夫は，朝鮮半島や日本列島など二次的に農耕を受け入れた東北アジアの農耕化について，アワ，キビの雑穀農耕の波及，雑穀にイネが加わる段階，本格的な水田稲作の到達と段階的にとらえるモデルを提示している［宮本2003・2009］。その第1段階は，紀元前4000年紀後半，韓国新石器時代中期初頭（前期末）に，華北のアワ・キビ農耕が，華北型農耕石器（磨棒，磨盤，石鏟）や柳葉形磨製石鏃をともなって朝鮮半島南部や東部地域に拡散したとされる。金泉松竹里遺跡で行った土器圧痕分析の結果でもアワ，キビの存在が確認されており［中山ほか2013］，土掘具，磨棒，磨盤（石皿）もアワ・キビ農耕との関係が想定されている。

青銅器時代前期には，各種の片刃石斧，石刀，磨製石剣，紡錘車などが加わる（図102-右）。これは宮本の農耕化第3段階（紀元前2000年紀半ば，水田をもつ本格的な灌漑農耕が農耕具や加工石器をともなって山東半島から遼東半島を経て朝鮮半島へ広がった）にあたる。圧痕分析でも，青銅器時代の多数の遺跡で，

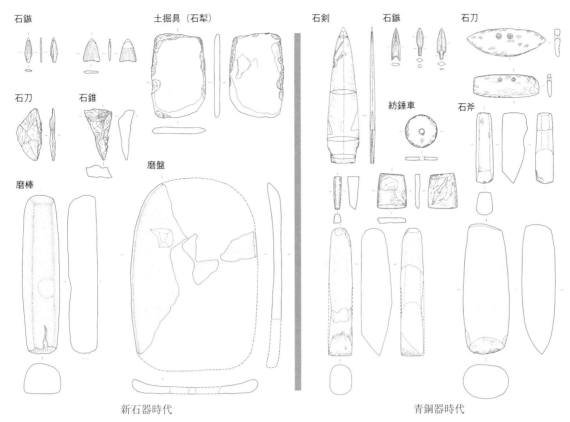

図102 新石器時代・青銅器時代の石器組成 （縮尺不同）

アワ，キビに加え多量のイネが検出され［中山2013］，稲作の定着・普及という農耕形態の大きな画期が想定される時代である。

4 韓国における石器使用痕研究

上記の韓国新石器時代から青銅器時代の石器のなかから，特に農耕技術と関係する石器をとりあげ，使用痕分析に基づく機能的な検討を行っていく必要がある。

韓国における石器使用痕研究は過去10年ほどで大きく進展しつつある。その多くは，日本人研究者による分析や日本における基礎研究を導入した韓国人研究者によって進められている。研究が最も進んでいるのは青銅器時代の石刀など農耕関連の石器であり，高瀬克範［高瀬2002，高瀬・庄田2004など］，孫晙鎬［孫2003］等の研究がその端緒となる。新石器時代では，この時期の収穫具を想定した分析［金2007］，土掘具の使用実験と出土品の分析［金2008］が注目すべき先行研究である。また，本分析では扱っていないが，磨棒と磨盤を対象とした使用痕分析も行われている［上條2008］。

第2節 調査と分析の方法

1 資料

本分析は，中山誠二を研究代表者とする日韓の研究者による共同研究「日韓内陸地域における雑穀農耕の起源に関する科学的研究」の課題の一つとして行ったものである[1]。

調査は，2010年から2013年にかけて，韓国国内の文化財調査機関，博物館等において実施した。石器使用痕分析については，新石器時代から青銅器時代の13遺跡で約80点の出土資料を分析した。調査遺跡の位置および遺跡の時期比定は図103に，分析結果の詳細は表15～17に示した。

分析した石器は，青銅器時代の石刀，新石器時代から青銅器時代の剝片石器，新石器時代の土掘具が主な資料である。

石刀は，日本で出土している磨製石庖丁に相当する石器である。紡錘形，半月形，長方形など平面形態には多様性が認められる。今回分析した資料では，中央背部よりに2孔穿孔をもち，刃部は外湾刃で，片刃のものが多かった。石刀の機能は，穀物の収穫具としての役割が想定されているが，今回の分析では，日本の石庖丁との比較，また，日本の大型直縁刃石器に相当する石器の有無についても注意した。

青銅器時代のような定型的な石刀がない新石器時代に，アワ，キビなど雑穀類の収穫に用いられた石器があるとすれば，あまり詳細がわかっていない剝片石器のなかに収穫に関する機能をもつ石器が見いだせるのではないか。また，青銅器時代においても，磨製石刀とは別の収穫に関わる石器はないだろうか。このような問題を想定し，剝片石器・剝片を対象とした試行的な観察を行った。

土掘具は，日本でいうところの打製石斧に相当する石器である。ただし，韓国の新石器時代の資料では，打製調整によって製作されたものだけでなく，刃部縁辺のみを研磨し形状を整えた部分磨製といえるような石器もみられる。今回の分析では，磨滅痕の分布状況など使用痕の基礎的な情報を得ることを目的として分析を行った。

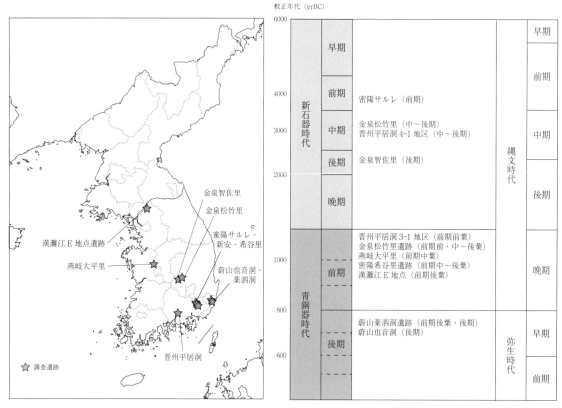

図103　韓国内調査遺跡位置・時期対比

2　分析方法

本分析は，実験資料に基づいて使用痕を観察・解釈する実験使用痕分析に立脚している［阿子島1989，御堂島2005］。低倍率観察（総合10～50倍）によって摩滅・線状痕等の観察を行い，高倍率観察（対物レンズ10～50倍・総合倍率100～500倍）によって微小光沢面・線状痕等の観察を行った。分析に用いた観察機器は次のとおりである。

低倍率観察　マイクロネット社製Cマウントズームスコープ Z-2（対物倍率0.7～5倍）

高倍率観察　モリテックス社製同軸落射照明光学ユニット SOD-Ⅲ，対物レボルバー，オリンパス製対物
　　　　　　レンズ MPlan（10・20・50倍），10倍接眼レンズ，LED照明装置

撮影装置　　Cマウント撮影装置セナマール（300万画素）

画像処理　　ヘリコン社製焦点合成ソフト Helicon Focus Pro release

観察された使用痕については，適宜写真を撮影した。掲載した顕微鏡写真は，ピントをずらしながら撮影した複数の画像をパソコン上で合成処理した多焦点画像である。合成処理には，焦点合成ソフト Helicon Focus を使用した。

各石器の分析結果は，表15～17の観察所見に記述した。次節以降，これらの観察所見に基づいて，石刀，剝片石器，土掘具の使用痕とその機能について検討していく。

第3節　石刀の使用痕分析

1　目的

石刀（石庖丁）は中国北部に起源をもち，朝鮮半島，日本列島に至る東アジアの広い範囲に分布する石器である。韓国において，定型化した石刀は，青銅器時代前期になって登場する。石刀の性格については，日本，韓国における使用痕分析から，穂摘具としての機能・用途が復元されてきたが，その使用法についてはいくつかの意見がある。本分析では，主に高倍率観察を用いて，微小光沢面の強度分布図を作成し，石器の使用方法を中心に検討した。

2　石刀の形態

分析した石刀は，青銅器時代前期から後期にかけての資料約30点である（図104・105）。全形が判別できるものは，長さ7～16cm，幅3～5cmで，手の平で握れるサイズである。平面形態は，刃部が外湾し背部が直線的で半月形を呈するもの（図104-11・14など），刃部・背部とも外湾する杏仁形のもの（図104-10・図105-17など），長方形を呈するもの（図104-12・13など），刃部が直線的あるいは内湾し背部が外湾するもの（図104-1・3など）があり，これらの中間的な形態や不整形なものもみられる。刃部の断面形は，片刃，偏片刃，両刃があるが，片刃あるいは偏片刃の石刀が主である。なお，図104・105では，刃がつけられていない平坦な面を上（左），刃がつけられている面を下（右）に配し，それぞれa面，b面と表記している［両刃の場合は任意の面を配置］。

また，図105-24～28は，薄身で両刃の鋭い刃部をもつ石刀である。これらは，石器の幅が狭く，刃部先端が尖っているなど，他の石刀とは異なる形態的特徴をもち，使用痕分析の結果からも他の石刀とは区別すべきと考えられた。この石刀については，4．考察において別途検討する。

194　第Ⅱ部　使用痕からみた東アジアの石製農具

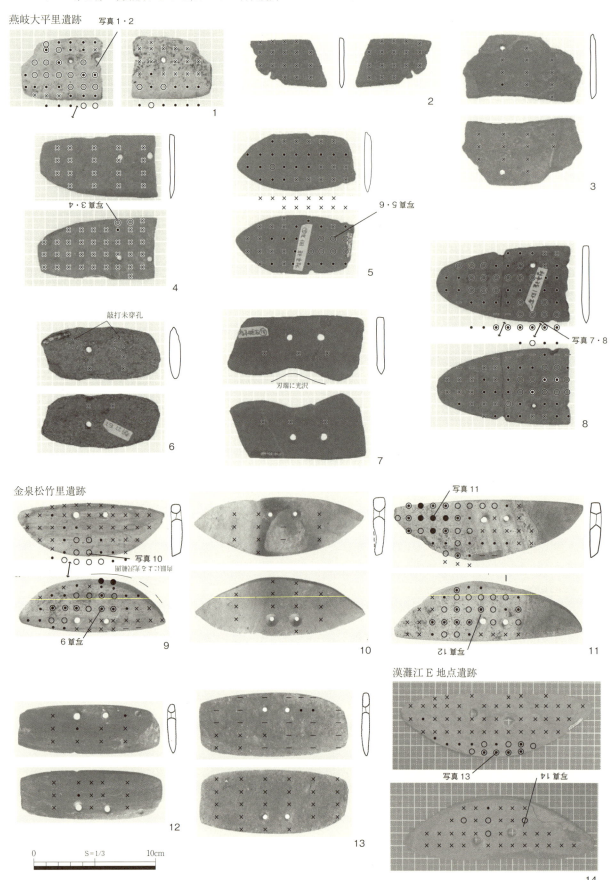

図104　石刀使用痕分布図・写真撮影位置図（1）

第5章 朝鮮半島における石製農具の使用痕分析　195

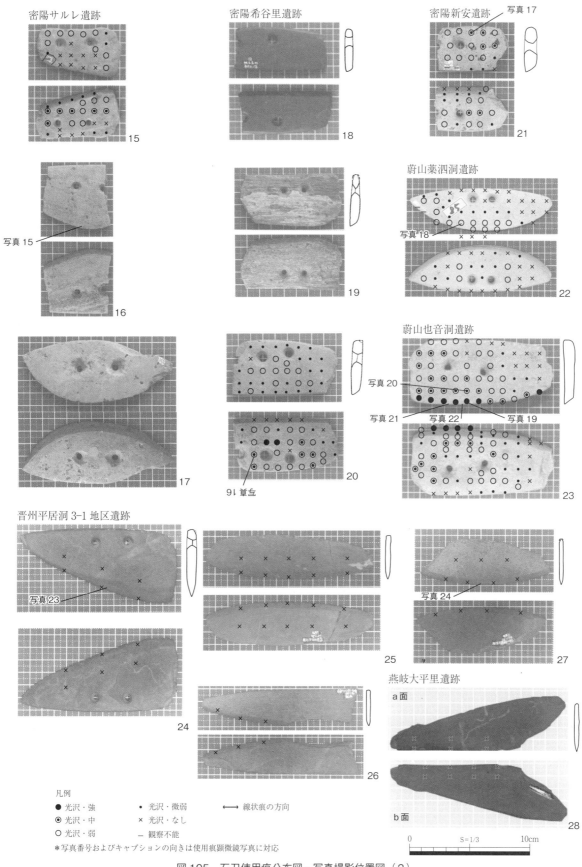

図105　石刀使用痕分布図・写真撮影位置図（2）

196　第Ⅱ部　使用痕からみた東アジアの石製農具

3　石刀の使用痕

1　記録の方法

石刀の分析は，高倍率観察による微小光沢面の観察とその分布状況の把握を主に行った。観察の進め方は，石器を方眼紙の上に設置し，1cmグリットを目安に検鏡を行い，微小光沢面の有無，発達の程度等を実測図（写真）上に記録した。

光沢面の発達程度は，10倍対物レンズの観察視野（約800ミクロン）中に占める光沢面の広がり方を目安とし，第3章第1節4の基準に基づき，強・中・弱・微弱に区分している。

個別の石器の観察結果および所見は表15，使用痕の分布図は図104・105，使用痕等の顕微鏡写真は図106～108に掲載した。分布図に記載した写真番号は使用痕顕微鏡写真の番号に対応し，キャプションの向きは写真の方向を示している。

2　使用痕の特徴

観察された使用痕の特徴は次のとおりである。

　a．微小光沢面

点状に発達するBタイプの微小光沢面がみられる（図106-写真6・8など）。光沢面は，非光沢部との境界が明瞭で，平面は点状に発達し，まれに面的に形成されているものもみられる。断面形は丸く，水滴状を呈するものが特徴的である。光沢表面は，明るく非常になめらかで，ピット，線状痕は比較的少ない。ピットは輪郭が明瞭で，縁辺はなめらかな丸みをもつ。

　b．線状痕

光沢表面の線状痕はきわめて微細である。刃縁を正面から観察すると，刃部の稜は摩滅し丸みを帯び，刃縁と直交方向の比較的規模の大きな線状痕が認められる。この部分では比較的発達した光沢面がみられ，ピットのくずれ方，微細な線状痕の方向は，刃縁に対して直交するものが支配的である（図106-写真7，図107-写真10，図108-写真21・22など）。

　c．光沢の分布

光沢面は石器器面の広い範囲に分布し，表裏とも光沢面が検出されるのが普通である。

光沢面の発達程度をみると，a面の中央から左半部にかけての刃縁，孔周辺から左半にかけて相対的に発達している。図104-8・11，図105-22・23といった資料がこの典型的なものである。反対のb面にも光沢面が分布しているが，孔の周辺で比較的光沢面が発達し，刃部ではあまり発達していないものが多い（図104-8・11，図105-22）。

光沢分布に関してもう一つ特徴的なものは，b面（刃がつけられている面）の孔直下で著しく光沢面が発達したパターンである。図104-9，図105-15・20などが典型的なもので，b面の紐孔下に強あるいは中程度の光沢面が分布し局所的に発達している。逆に刃部や反対のa面では光沢はあまり発達していない。

3　機能の推定

微小光沢面の特徴から，作業対象物は，イネ科等の草本植物と推定される。器面の広い範囲に光沢面が分布することから，植物を器面に押さえつけるように使用し，a面の中央から左半にかけての刃部を用いて切断したものと考えられる。刃縁の線状痕の方向および光沢面の発達方向から判断して，刃部を直交方向に操作して切断したとみられる。多くの資料は，a面（刃部がつけられているのと反対の平坦な面）が主要な使

第5章 朝鮮半島における石製農具の使用痕分析　197

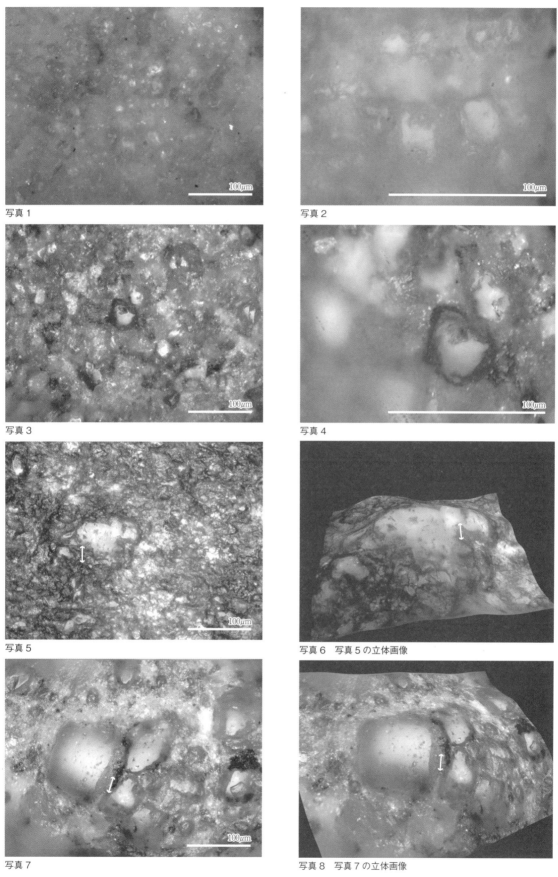

写真1

写真2

写真3

写真4

写真5

写真6　写真5の立体画像

写真7

写真8　写真7の立体画像

図106　石刀使用痕顕微鏡写真（1）

198 第Ⅱ部 使用痕からみた東アジアの石製農具

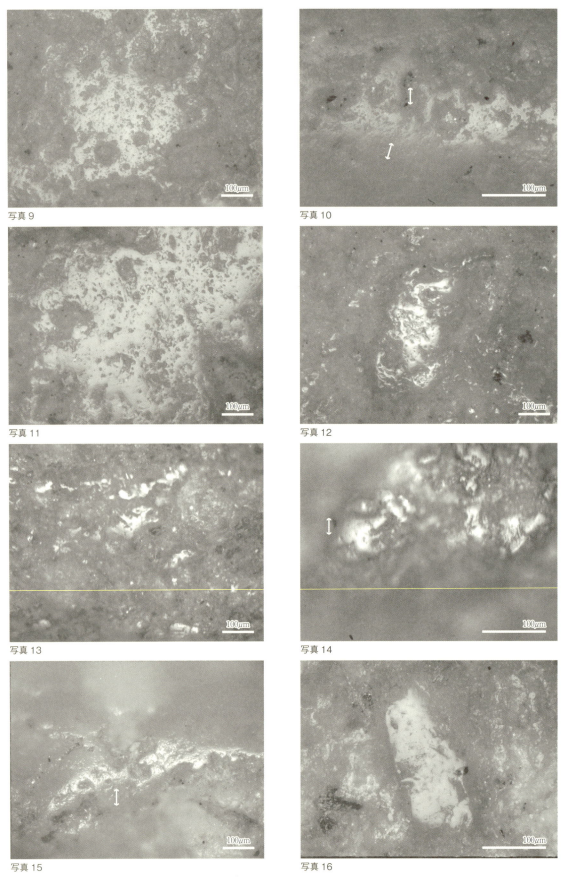

写真9
写真10
写真11
写真12
写真13
写真14
写真15
写真16

図107 石刀使用痕顕微鏡写真(2)

第5章　朝鮮半島における石製農具の使用痕分析　199

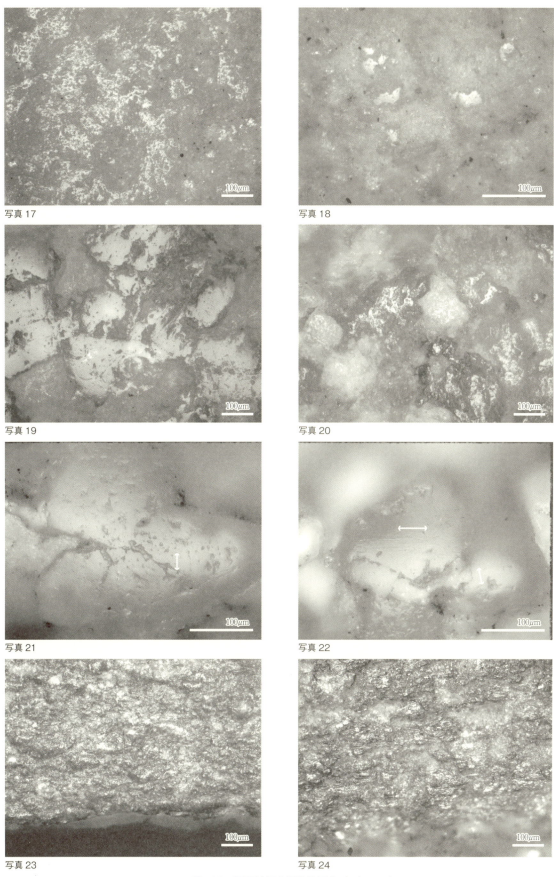

写真17

写真18

写真19

写真20

写真21

写真22

写真23

写真24

図108　石刀使用痕顕微鏡写真（3）

200　第Ⅱ部　使用痕からみた東アジアの石製農具

表15　石刀分析資料・観察所見一覧表

図版番号 (分析No.)	写真番号	遺跡名	遺構等	時　期	文献※・図番号等
	観察所見　　形状等，低倍率観察，高倍率観察				
図104-1 (S-11001)	図106-写真1・2	燕岐大平里遺跡	KC-017	青銅器前期中葉	文献3・図62-10
	磨製有孔石刀。偏両刃。側縁約三分の一を欠損。高倍率観察：点状の明るくなめらかな光沢面が，ほぼ全面に分布している（写真1・2）。光沢はa面の孔周辺で，比較的発達している。刃部の光沢はやや発達が弱いが，刃端では直交方向の線状痕が確認される。				
2 (S-11005)	-	燕岐大平里遺跡	KC-004	青銅器前期中葉	文献3・図27-11
	磨製の石刀または石鎌の破片。両刃。両端欠損。低倍率，高倍率とも使用痕は認められなかった。				
3 (S-11006)	-	燕岐大平里遺跡	KC-005	青銅器前期中葉	文献3・図32-10
	磨製有孔石刀。偏両刃。両側縁とも一部が欠損。低倍率，高倍率とも使用痕は認められなかった。				
4 (S-11002)	図106-写真3・4	燕岐大平里遺跡	KC-008	青銅器前期中葉	文献3・図39-05
	磨製有孔石刀。偏両刃。側縁約三分の一を欠損。高倍率観察：b面の刃部周辺に光沢面が分布している。この部分の光沢は若干発達しており，明るくなめらかで，ドーム状の外観を呈する（写真3・4）。				
5 (S-11013)	図106-写真5・6	燕岐大平里遺跡	-	青銅器	-
	磨製有孔石刀。両刃。片側の側縁の一部を欠損。高倍率観察：両面とも広い範囲に微小光沢面が分布している。a面では，主面左半の光沢が比較的発達している。b面も片側に発達部分が偏り，分布範囲は両面で点対称の関係になる。光沢面は，明るくなめらかで，微細な凸凹の高所に点状に生じている（写真5・6）。				
6 (S-11008)	-	燕岐大平里遺跡	-	青銅器	-
	磨製有孔石刀。孔は一つで，敲打による凹み（未穿孔）が2箇所ある。背部など縁辺にも敲打痕がみられる。低倍率，高倍率観察とも使用痕は不明である。				
7 (S-11012)	-	燕岐大平里遺跡	-	青銅器	-
	磨製有孔石刀。両刃。大きく内湾した刃端に，肉眼で光沢が観察される（範囲は限定的）。高倍率での観察をしておらず詳細は不明だが，きわめて限られた範囲が対象物と接触する作業が想定される。				
8 (S-11014)	図106-写真7・8	燕岐大平里遺跡	-	青銅器	-
	磨製有孔石刀。両刃。片側側縁の一部を欠損。高倍率観察：両面の広い範囲に微小光沢面が分布している。光沢面は，明るくなめらかで，微細な凸凹の高所に点状に生じ，b面の孔下部が比較的発達している。また，刃縁では，刃縁と直交方向の線状痕がみられる（写真7・8）。				
9 (S-12025)	図107-写真9・10	金泉松竹里遺跡	8-6区	青銅器	文献11・図187-986
	磨製有孔石刀。片面孔部分に擦り切り溝。片刃。器面および刃面には，部分的に光沢が認められる。高倍率観察：器面の広い範囲に，明るい光沢面が認められる。光沢面は丸みをもち，水滴状の部分，連接しつつ面的に広がりつつある部分，面として発達している部分など，発達段階の差が認められる。a面では，孔の下および左側にかけてまとまった光沢面が分布している。発達程度は弱から微弱。刃縁では丸みを帯びたなめらかな光沢面が，稜に沿って発達している（写真10）。線状痕は刃縁に対し直交する。b面では，孔直下の部分に発達した部分がみられる。発達部の光沢面は連接し，網目状に発達しているが，若干表面のなめらかさを欠いているようにみえる（写真9）。また，刃面の光沢部分に対応して平面的に発達した光沢面が分布している。				
10 (S-12027)	-	金泉松竹里遺跡	第19号住居址	青銅器前期中葉～後葉	文献11・図50-311
	紡錘形の磨製有孔石刀。片刃。被熱によって黒色化しており，a面の中央には焼きはじけた大きな剝離がある。高倍率観察：黒色化した部分は一様にぎらついた光沢面が広がっているが，使用痕とみられる有意な痕跡は認められなかった。				
11 (S-12029)	図107-写真11・12	金泉松竹里遺跡	第28号住居址	青銅器後期中葉～後葉	文献11・図67-361
	紡錘形の磨製有孔石刀。片刃。中央から少し側縁寄りに2孔穿孔。片方の側縁を欠損。高倍率観察：明るくなめらかな微小光沢面が広範囲に分布している。a面では，穿孔部の下から左にかけて光沢面が密に分布している。特に孔より左の位置では，面的に発達している（写真11）。一方，右側縁の残存部では光沢面が弱くなっている。b面は広い範囲に光沢面が分布している。孔の下から右側にかけて相対的に発達している（写真12）。				
12 (S-12026)	-	金泉松竹里遺跡	第35号住居址	青銅器前期前葉	文献11・図81-412
	長方形を呈する磨製有孔石刀。両刃。側縁に近い部分に未貫通の穿孔。表面は風化等の影響は少ない。高倍率観察：部分的に極微小な光沢面が認められるが，分布は限定的。詳細は不明。				
13 (S-12024)	-	金泉松竹里遺跡	第4号住居址	青銅器前期前葉	文献11・図18-79
	磨製有孔石刀。両刃。片面は表面の剝落が著しく，原面が残っていない。高倍率観察：ほとんど光沢面が認められなかったが，部分的に極小の光沢面が観察された。光沢の分布等は不明。				

※文献一覧は章末に記載する。

第 5 章　朝鮮半島における石製農具の使用痕分析　201

図版番号 (分析 No.)	写真番号	遺跡名	遺構等	時　期	文献※・図番号等
	観察所見　　形状等，低倍率観察，高倍率観察				
14 (S-13002)	図107-写真13・14	漢灘江E地点遺跡	−	青銅器前期後葉	文献4
	外湾刃の磨製有孔石刀。片刃。高倍率観察：明るくなめらかで，丸みをもった光沢面が観察される。a面の刃部中央付近にやや発達した光沢面が分布する（写真13）。b面は，孔の下から刃部にかけて光沢面が分布し，部分的に発達したものがみられる（写真14）。				
図105-15 (S-10015)	−	密陽サルレ遺跡	−	青銅器	−
	磨製有孔石刀。片刃。高倍率観察：微小光沢面は広範囲に分布。分布域は漸移的に変化し，高所から低所まで及ぶ。平面形は，点状・連接と漸移的に変化し，斑状に発達している。断面形は丸い。光沢表面は微細な凸凹をもち若干荒れている。外部とのコントラストは強い。ピットがみられるが，線状痕は不明。b面（刃面側）のほうが全体に光沢が発達し，孔下部が最も強い。刃面は光沢がほとんどみられない。				
16 (S-10019)	図107-写真15	密陽サルレ遺跡	−	青銅器	−
	磨製有孔石刀。片刃。両側縁欠損。肉眼でも光沢が確認できる。高倍率観察：微小光沢面は両主面の広い範囲に分布。光沢面は高所を中心に低所にも及ぶ。発達した部分の平面形は面状。断面形は，平坦から丸い。非常に明るく，外部とのコントラストは強い。光沢表面はなめらかだが，少し微細な凸凹やピットもみられる。刃縁では，直交する微細な線状痕が認められる（写真15）。				
17 (S-10016)	−	密陽サルレ遺跡	−	青銅器	−
	磨製有孔石刀。片刃。完形品。高倍率観察：光沢面は網目状に連接し，発達部は面的に広がりつつある。断面はやや平坦だが，微視的には丸みをもつ。光沢面がやや未発達なため，表面はなめらかさを欠く。ピット等の属性は不明。				
18 (S-10017)	−	密陽希谷里遺跡	1号住居	青銅器前期中葉〜後葉	文献6・図5-7
	磨製有孔石刀。片刃。側縁部欠損。高倍率観察：石材表面は光沢を帯びており，微小光沢面は観察しにくい。全体的に発達は強くないが，部分的に点状の光沢面が認められた。光沢面断面は丸く，外部とのコントラストは強い。表面は非常になめらか。光沢面の発達が弱く，ピット等付属的な属性は不明。				
19 (S-10018)	−	密陽希谷里遺跡	3号住居	青銅器前期後葉	文献6・図15-7
	磨製有孔石刀。片刃。完形品。高倍率観察：両面とも光沢面が観察された。光沢は網目状に発達し，面的にひろがる。断面は丸みをもつ。光沢表面はややなめらかさを欠き，微細な凸凹が認められる。線状痕は不明。典型的な痕跡ではないが，光沢面の分布範囲は広い。				
20 (S-10014)	図107-写真16	密陽希谷里遺跡	3号住居	青銅器前期後葉	文献6・図15-6
	磨製有孔石刀。片刃。3孔残存。孔破損の側縁を研磨により成形。肉眼でも光沢がみられる。高倍率観察：微小光沢面は，両面のほぼ全域に分布。分布の境界は漸移的で，高所から低所まで及ぶ。比較的大きなパッチが認められ（写真16），発達した光沢面の断面形は丸みをもつ。表面のきめは非常になめらかで，コントラストは強い。光沢面の付属属性としては，ピット，彗星状ピット，線状痕が若干認められる。線状痕は刃縁に対し直交方向か。光沢強度分布：相対的にa面（平坦面）よりb面（刃面側）の方が，光沢面が発達している。両面とも，孔の少し左側から下の部分が発達している。刃面は発達が弱い。				
21 (S-10009)	図108-写真17	密陽新安遺跡	1号支石墓	青銅器	文献7・図24-18
	磨製有孔石刀。片刃。右半部欠損。高倍率観察：微小光沢面は両面の広い範囲に分布。分布の境界は漸移的で，高所から低所に及ぶ。光沢の平面形は点状から連接，断面形は丸みをもつ。表面のきめはなめらかで，コントラストは強い。光沢面の付属属性は，ピット，線状痕は少なく，線状痕の方向は確認できなかった。b面（刃面側）では，孔の左側が比較的強く中程度。現存する面はほぼ弱。刃面は光沢がほとんどみられない。a面（平坦面）は孔の右側が比較的強い。				
22 (S-13003)	図108-写真18	蔚山薬泗洞遺跡	15号竪穴住居址	青銅器前期後葉	文献1・図59-82
	外湾刃の磨製有孔石刀。片刃。完形品。高倍率観察：両面に光沢面が分布するが，発達は総じて弱い。明るくなめらかで，断面は丸みをもつ（写真18）。線状痕は不明。a面では，刃縁から孔下および左側縁部にかけて分布。b面は孔の周囲に光沢面が分布する。				
23 (S-10010)	図108-写真19〜22	蔚山也音洞遺跡	−	青銅器後期	−
	磨製有孔石刀。片刃。両側縁の一部欠損。表面に光沢。高倍率観察：微小光沢面は，両面の広い範囲に分布している。分布の境界は漸移的で，高所から低所まで及ぶ。光沢の平面形は点状から連接で，最も発達した部分は面的に広がっている。光沢面の断面形は丸みをもつ。表面のきめは非常になめらかで，コントラストは強い。光沢面の付属属性は，ピット，彗星状ピット，線状痕が若干認められる。線状痕は微細で，刃部では刃縁と直行する（写真21）。また，刃縁では刃縁と平行する「溝状」の線状痕も認められる（写真22）。相対的にb面（刃面側）よりa面（平坦面）の方が発達している。b面では，孔の左側から下にかけて比較的強く，刃縁で最も発達している。a面は，b面に対応する部分の光沢が発達し，光沢分布は刃縁に対して表裏で線対称の関係になっている。				
24 (S-13027)	図108-写真23	晋州平居洞3-1地区遺跡	3号住居	青銅器前期前葉	文献8・図660-492
	磨製有孔石刀。背部のラインに対し，刃部は斜めにつけられている。刃部断面は両刃で，鋭く研ぎ出されている。刃縁は研磨によって生じたとみられる鈍い光沢はみられるが，使用による痕跡は認められない（写真23）。				

図版番号 (分析No.)	写真番号	遺跡名	遺構等	時期	文献※・図番号等
観察所見　形状等，低倍率観察，高倍率観察					
25 (S-13029)	−	晋州平居洞3-1地区遺跡	3号住居	青銅器前期前葉	文献8・図660-487
細長い形状の磨製石刀。無孔。刃部断面は両刃で，鋭く研ぎ出されている。刃縁は研磨によって生じたとみられる鈍い光沢はみられるが，使用による痕跡は認められない。					
26 (S-13030)	−	晋州平居洞3-1地区遺跡	3号住居	青銅器前期前葉	文献8・図658-474
刀子状を呈する磨製石刀。無孔。刃部断面は両刃で，鋭く研ぎ出されている。刃縁は平滑で，研磨によって生じたとみられる鈍い光沢はみられるが，使用による痕跡は認められない。					
27 (S-13028)	図108-写真24	晋州平居洞3-1地区遺跡	3号住居	青銅器前期前葉	文献8・図660-493
台形を呈する磨製石刀。無孔。刃部断面は両刃で，鋭く研ぎ出されている。刃縁は研磨によって生じたとみられる鈍い光沢はみられるが，使用による痕跡は認められない（写真24）。					
28 (S-11007)	−	燕岐大平里遺跡	−	青銅器	−
非常に薄身の磨製石器。無孔。刃部は両刃で，鋭く研ぎ出されている。低倍率観察，高倍率観察とも研磨による粗い擦痕がみられるが，使用痕は不明である。					
− (S-12028)	−	金泉松竹里遺跡	第6号住居址	青銅器前期前葉	文献11・148
長方形を呈する石刀。偏両刃。2孔。高倍率観察：光沢面は認められない。					
− (S-13004)	−	蔚山薬泗洞遺跡	18号竪穴住居址	青銅器後期	文献1・図66-94
紡錘形の石刀。片刃。半分欠損。光沢面等の使用痕は不明。					
− (S-13005)	−	蔚山薬泗洞遺跡	19号竪穴住居址	青銅器後期	文献1・図68-95
紡錘形の石刀。片刃。半分欠損。高倍率観察：明るく丸みを帯びたなめらかな光沢面。詳細な分布は不明。					
− (S-13006)	−	蔚山倉坪洞810番地遺跡	10号竪穴住居址	青銅器後期	文献2・図27-5
無孔の石刀。側縁欠損。光沢面等の使用痕は不明。					
− (S-13007)	−	蔚山倉坪洞810番地遺跡	9号竪穴住居址	青銅器前期中葉	文献2・図24-7
磨製石刀。2孔。偏片刃。側縁わずかに欠損。光沢面等の使用痕は不明。					
− (S-13008)	−	蔚山倉坪洞810番地遺跡	1号竪穴住居址	青銅器後期	文献2・図11-1
紡錘形の石刀。片刃。約半分を欠損。高倍率観察：主面に微弱な光沢があるが，詳細は不明。					

用面となっているが，b面の孔下で最も発達したものなどもあり，分布パターンにいくつかのバリエーションがある。

4　考察

1　「穂摘具」としての使用方法

収穫具としての石刀の起源は，アワ・キビ農耕にともなって中国北部で出現した石器と考えられている。朝鮮半島への伝播の仕方については，金元龍［金1974］，下條信行［下條1988］などが型式的な検討を行っており，中国の山東半島を経由して伝えられたと考えられている。韓国で定型的な石刀が出現するのは，青銅器時代前期である。圧痕分析の成果によれば，新石器時代中期にはアワ，キビの栽培が開始され，青銅器時代前期にはこれにイネが加わってくる。この動向は，宮本一夫の東北アジア農耕化第3段階にあたり，水田や畠とそれにともなう農耕具やその加工石器といった諸要素が伝播した事象である［宮本2003・2009］。レプリカ法による土器圧痕の分析でも，イネが確実に加わるのは，青銅器時代前期からであり，この点からみても石刀はイネを主体とする農耕技術の一つとして伝播した蓋然性が高い。

日本の弥生時代の石庖丁では，使用痕分析と実験によって，穀物の収穫具としての機能・用途が復元されている［御堂島1991，松山1992a・bなど］。石器を手に保持し，石器の主面と親指で対象となる植物をとらえ刃部に押さえつけながら，手首を内側にひねって摘み取る，「穂摘み」による使用方法が考えられている。

近年，韓国においても使用痕分析が行われる機会が増えており，日本の石庖丁に関する実験研究を援用す

るかたちでその使用方法が検討されている［高瀬2002，孫2003，高瀬・庄田2004など］。基本的な使用方法については，上記のように日本の石庖丁と同様な使用痕分布が確認されているが，これとは異なる分布パターンの存在も指摘されている。

高瀬克範は，大邱東川洞遺跡出土の石刀の分析において，パターンAとパターンBの二つの使用痕分布パターンを指摘した［高瀬・庄田2004］。パターンAは日本の石庖丁などに広く確認されているもので，紐孔の左右もしくは右上・左上の肩部で最も発達した光沢面が分布するパターンである。パターンBは先にみた図104-9，図105-15・20のようにb面の孔下が最も発達する特異な分布パターンである。また，刃部の線状痕に直交方向だけでなく，斜行，平行するものなど複数のパターンがあることから，手首を返す穂摘みだけでなく「押し切り」「引き切り」などの操作方法があったと推定している。

高瀬が指摘した線状痕の方向性が多様だという点については，今回の分析結果では異なる知見を得ている。今回の分析にあたっては，a・b両主面だけでなく，刃部を立てて正面に近い位置からも観察を行うようにした。これは使用時に最も強く接触した刃部の線状痕の方向を確認するためである。実験では，直交方向の切断の場合，刃部正面が摩滅し丸みを帯び，直交方向の溝状の線状痕が形成され，この方向に沿って光沢面が形成されていくというプロセスを確認している［第3章第1節］。ただし実際の出土品の場合は，使用による痕跡だけでなく，加工時の研磨や刃部再生にともなう研磨の影響も考慮する必要がある。今回分析した図105-23では，刃部正面の直交方向の微細な線状痕以外に，直線的な平行方向の線状痕が観察されたが（図108-写真22），この平行する線状痕は研磨による痕跡だと理解している。以上のように，本分析で刃部の線状痕が確認できたものについては，いずれも直交方向の線状痕であり，刃部を直交方向に操作する使用方法が一般的であったと考えられる。

問題となるのは，高瀬の指摘するパターンBの光沢面の分布である。平坦なa面に茎を押しつけ穂を摘む場合，b面の中央はほとんど植物と接触することはない。ただし使用時に裏側にあたるb面の孔下は，この面に添えた手の人差し指以下が強くあたる部分であり，例えばこの部分に植物質のあて具のようなものが添えられていた場合などには，局所的に発達した光沢面が形成されることも考えられないだろうか。この推測は，実験的な裏づけがなく思いつき程度のものでしかないが，石刀の使用痕の分布パターンのバリエーションと形態，時期，地域性との関係については，さらに踏み込んだ検証が必要である。

2 「穂摘具」でない石刀

図105-24〜28の石器は，一見石刀のようにみえるが，形態および使用痕からは，植物を対象とした収穫具とは考えられない。

図105-24は三角形，図105-25・27は紡錘形あるいは台形状，図105-26・28は刀子形と平面形は多様だが，刃部から背部にかけての幅は比較的狭いことが共通する。最大の特徴は刃部の形態にある。刃部断面形は両刃で，非常に薄く鋭く研ぎ出されている。これまでにみてきた石刀は比較的厚みがあり，刃部は片刃のものが多いが，これらとは異なる作りとなっている。また，背部のラインに対して刃縁のラインが斜めに作られ，先端が尖っているもの（図105-24・26・28）も特徴的である。図105-24以外は無孔である[2]。

使用痕分析からは，この石器の機能・用途について積極的に評価できる情報は得られなかった。いずれの資料も低倍率観察では，刃縁がよく研磨されており，この研磨による擦痕を除けば，刃縁に微小剥離痕，摩滅，線状痕等の痕跡は確認できない。高倍率観察でも，刃縁には，微小光沢面はおろか摩滅等の痕跡も観察できず，研磨された状況をほぼそのままとどめている。他の石刀のようにBタイプの光沢面は認められず，それ以外のタイプの光沢面も観察されなかった。

204 第Ⅱ部 使用痕からみた東アジアの石製農具

識別的な使用痕を検出していないため，現時点では石器の機能・用途について踏み込んだ議論はできないが，穂摘具として用いられた石刀とは異なる器種として，このような石器が存在することを指摘しておきたい。

第4節 剥片石器の使用痕分析

1 目的

土器圧痕等の分析成果によれば，新石器時代中期頃から，アワ・キビの検出事例が増加し，これらの穀物が栽培されていたことは確実になりつつある。しかし，この時期には青銅器時代の磨製石刀のような定型化した収穫具は確認されておらず，収穫具としては打製の剥片石器などが用いられていたのではないかと考えられている。この仮説を検証するために，新石器時代の剥片石器に，植物に関係した使用痕，特にAタイプやBタイプのような微小光沢面がみられるのか分析を行った。また，青銅器時代では，磨製石刀だけでなく，打製石器のなかにも収穫に関連する石器があるのか，特に日本における大型直縁刃石器に相当するような石器が存在するかを確認したいと考え，分析を行った。

2 剥片石器の使用痕

個別の石器の観察結果および所見は表16，使用痕の分布図は図109，使用痕等の顕微鏡写真は図110に掲載した[3]。分布図に記載した写真番号は使用痕顕微鏡写真の番号に対応し，キャプションの向きは写真の方向を示している。

結論から言えば，今回分析を行った剥片石器からは，植物に関係する使用痕を検出することはできなかった。

新石器時代の密陽サルレ遺跡では，分析を行った石器の他にも多くの剥片石器が出土しているが，いずれの資料も風化の影響を強く受け，表面が白色化したものが多く，このため，高倍率観察では，微小光沢面の検出そのものが難しい状況であった。

低倍率観察では，いくつかの資料に，微小剥離痕の可能性があるもの，刃縁が若干摩滅したものが認められた。図109-1は鎌状の形態を呈する小型の石器で，内湾する刃部には，三日月形を主とする剥離痕が連続し，剥離の稜にも若干摩滅した痕跡がみられたが，高倍率観察では光沢面は検出できなかった。この他の資料も観察所見に記したように，鋭い縁辺はあるが，使用による剥離痕，摩滅等の痕跡はほとんど確認できない。したがって，これらの石器は，目的的に使用されたツールとして認定することはできない，というのが今回の分析結果である。

青銅器時代の資料では，密陽希谷里遺跡，燕岐大平里遺跡の資料を分析した。図109-6は比較的大型の石器で，刃縁とみなした縁辺に重複する剥離痕が認められたが，高倍率観察では光沢面等は確認できなかった。表面には敲打痕や磨面がみられることから（図110-写真4），台石や石皿などが破損したものかもしれない。図109-7・9は貝殻状の形態をなす剥片で，片面が礫自然面となっている。打点の反対側に鋭い縁辺をもつが，ここにも剥離痕，光沢面等の使用痕は認められなかった。

3 考察

今回の分析では，有意な使用痕は確認できなかったが，同じような視点から新石器時代の石刀形打製石器の使用痕分析を行った金姓旭は，新石器時代中期の眞安カルモリ遺跡と眞安ジンクヌル遺跡の石器で，Bタイプの微小光沢面が観察されたと報告している［金2007］。図111-1は，眞安カルモリ遺跡の石器で，平面

第 5 章　朝鮮半島における石製農具の使用痕分析　205

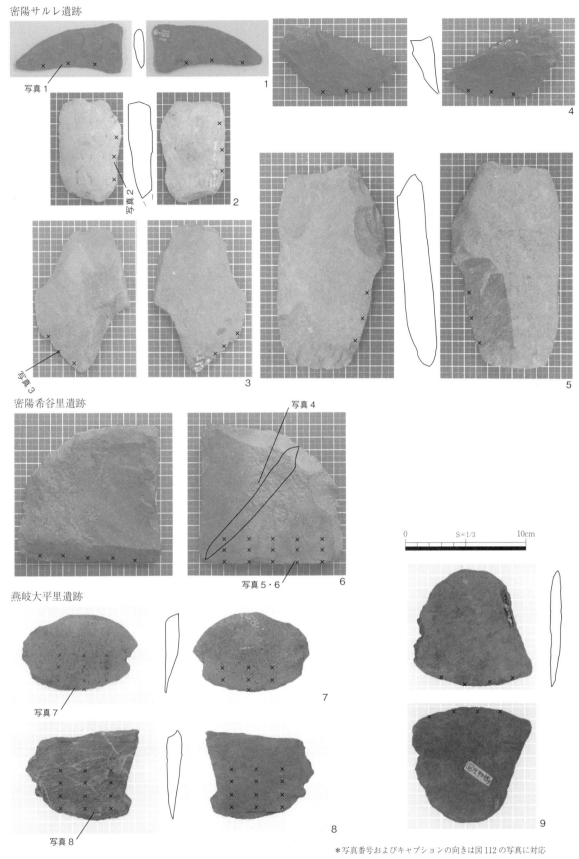

図 109　剥片石器使用痕分布図・写真撮影位置図

＊写真番号およびキャプションの向きは図 112 の写真に対応

206　第Ⅱ部　使用痕からみた東アジアの石製農具

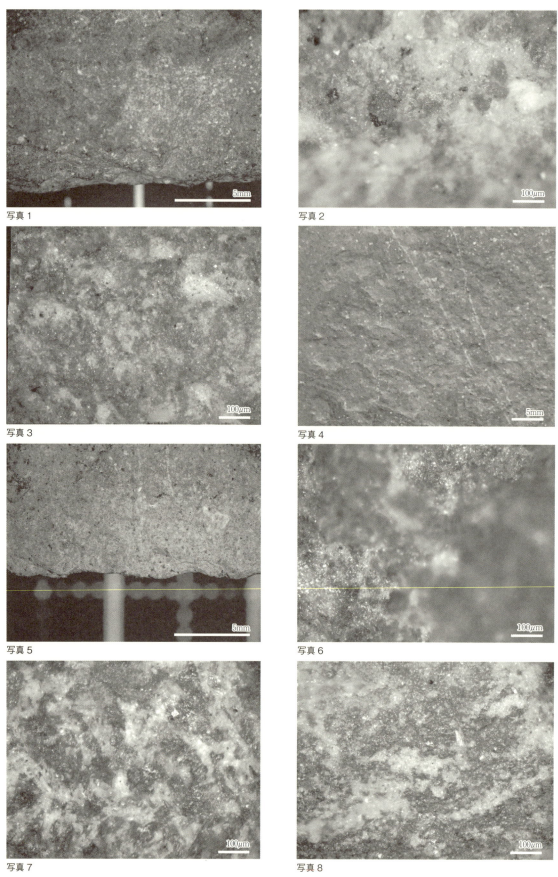

図110　剥片石器使用痕顕微鏡写真

第5章　朝鮮半島における石製農具の使用痕分析　207

表16　剥片石器分析資料・観察所見一覧表

図版番号 (分析 No.)	写真番号	遺跡名	遺構等	時　期	文献※・図番号等
観察所見　　形状等，低倍率観察，高倍率観察					
図 109-1 (S-10001)	図 110-写真 1	密陽サルレ遺跡	遺物散布地 3Grid 3Pit	新石器前期	文献 5・図 52-503
石鎌状の形態をなす。表面はやや風化。剥離稜は若干摩減しているが（写真 1），高倍率観察では，微小光沢面等は確認できない。					
2 (S-10002)	図 110-写真 2	密陽サルレ遺跡	遺物散布地 3Grid 3Pit	新石器前期	文献 5・図 52-502
礫面と剥離面からなる。明確な二次加工はない。表面は風化により白色化。比較的鋭い縁辺の剥離面側に微細な剥離痕がみられる。高倍率観察では，光沢面等の使用痕は確認できない（写真 2）。					
3 (S-10003)	図 110-写真 3	密陽サルレ遺跡	遺物散布地 3Grid 3Pit	新石器前期	文献 5・図 45-520
明確な二次加工はない。風化により白色化。鋭い縁辺はあるが，低倍率，高倍率とも使用による痕跡は認められない（写真 3）。					
4 (S-10004)	−	密陽サルレ遺跡	遺物散布地 3Grid 4Pit	新石器前期	文献 5・597
明確な二次加工はみられない。風化により白色化。鋭い縁辺はあるが，低倍率，高倍率とも使用痕は確認できない。					
5 (S-10005)	−	密陽サルレ遺跡	遺物散布地 4Grid 3Pit	新石器前期	文献 5・図 75-749
扁平な礫の側縁に加工を施している。鋭い縁辺はあるが，低倍率，高倍率とも使用痕は確認できない。					
6 (S-10013)	図 110-写真 4〜6	密陽希谷里遺跡	3 号住居	青銅器前期中葉〜後葉	文献 6・図 15-5
礫面と剥離面からなる剥片で，縁辺に二次加工がある。報告書実測図はこの部分を刃部とみなしているが，これを背部および側縁とし，未加工の鋭い縁辺を刃部とみなすと，日本の大型直縁刃石器に類似した形態となる。刃縁には微細な剥離痕が連続する。礫面には，わずかに敲打痕と磨面とみられる平滑な部分が認められる（写真 4）。縁辺の微小剥離痕は三日月形のものが多く，表裏とも連続する（写真 5）。高倍率観察では，刃縁に微小光沢面は観察されない（写真 6）。礫面の使用痕から，台石・磨石として使用されたものが，現在の形に作り替えられたとみられる。ただし，有意な使用痕が認められなかったため，刃器としての機能は不明。縁辺の微小剥離痕も使用痕とは断定できない。					
7 (S-11003)	図 110-写真 7	燕岐大平里遺跡	KC-013	青銅器前期中葉	文献 3・54-6
円礫から剥離された剥片。側縁に抉り状の打ち欠きが認められる。表面は風化しており，低倍率，高倍率とも有意な使用痕は認められない（写真 7）。					
8 (S-11004)	図 110-写真 8	燕岐大平里遺跡	KC-013	青銅器前期中葉	文献 3・図 53-8
両面とも剥離面からなる剥片。側縁一部欠損。風化は中程度。低倍率，高倍率とも使用痕は認められない（写真 8）。					
9 (S-11010)	−	燕岐大平里遺跡	−	青銅器	−
円礫から剥離した剥片で，片側は礫自然面である。風化は中程度。低倍率，高倍率とも使用痕は認められない。					
− (S-10008)	−	密陽サルレ遺跡	遺物散布地-11	新石器前期	文献 5・図 31-217
尖頭器状の石器。先端部のみ。低倍率・高倍率とも使用痕は不明。					
− (S-11009)	−	燕岐大平里遺跡	−	青銅器	−
剥片。低倍率・高倍率とも使用痕は不明。					
− (S-13009)	−	晋州平居洞 4-1 地区遺跡	1 号住居	新石器中期	文献 9・図 28-11
剥片の縁辺に研磨面。使用痕は不明。					

※文献一覧は章末に記載する。

形は半円形をなす。使用痕は，背部から刃部にかけて，明るくなめらかでドーム状を呈する丸みを帯びた光沢面が認められたとされる。刃部左半部で最も光沢面が発達することから，親指で穂を刃部に押さえつけて使用したと推定している。図 111-2 は眞安ジンクヌル遺跡のもので，両側縁や背部に明確な加工がなされている。やはり B タイプの光沢面が確認され，穂などを刈り取る道具ではないかと推測されている。この石器の形態は，時期は異なるものの，日本の打製石庖丁に類似しており，興味深い資料である。

　新石器時代の剥片石器には，確実な二次加工が施されたものはそれほど多くないという印象を受けた。また，火山岩については，石器の表面の風化が分析の妨げとなっている。必ずしも使用痕分析に適した条件とはいえないが，金の分析のように，観察資料を蓄積していくことで，植物関連の石器資料にあたることも期待される。まずは類例を蓄積していくことが必要だが，その際，植物と関係する石器の形態的特徴，石器の

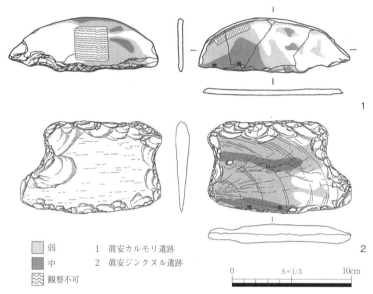

図 111　光沢面が観察された剥片石器（金 2007 より）

使用方法の復元にも留意する必要がある。

　青銅器時代の石器については，今のところ磨製石刀以外に草本植物と関連しそうな石器はみられない。日本列島の弥生時代には，穂摘具としての打製石庖丁，草本植物のカットに用いられた大型剥片石器（大型直縁刃石器）など，打製石器にも収穫関係の石器があり，技術形態，機能形態のうえでも複雑な構成となっているのに対し，韓国の収穫関連石器の組成は比較的単純なものといえる。

第 5 節　「土掘具」の使用痕分析

1　目的

　土掘具は，韓国新石器時代にみられる長方形や楕円形を呈する扁平な石器である。他にも石犂，石鋤，石鍬などと呼ばれている。文字どおり土を掘削する機能と農耕に関係する耕起具としての役割が想定されているが，着柄方法や具体的な使用方法については不明な点が多く，農具としての性格を検討する材料は少ない。本分析では，低倍率での摩滅痕・線状痕の観察と高倍率での微小光沢面の観察によって，この石器の使用痕の実態をつかみ，基本的な機能を明らかにしようと試みた。

2　土掘具の形態的な特徴

　土掘具は，一般的には新石器時代中期以降に普及する石器と考えられている。本分析で扱う資料は，密陽サルレ遺跡が新石器時代前期に属し，金泉松竹里遺跡，晋州平居洞 4-1 地区遺跡が新石器時代中期～後期，金泉智佐里遺跡が新石器時代後期に属す。

　大きさは，小さなもので長さ 10cm，大きなものでは長さ 20cm を超えるものもある。扁平な石材が用いられており，厚みは比較的均質である。加工は，石材の周縁部に打撃を加えることで形態を整えている。平面形は，長方形，隅丸方形，長楕円形，不整形など多様であるが，基本的には長軸に平行する側縁と短辺に一定の厚みをもつ刃部を作出することが意識されている。また，刃部は両刃であり，打製のものと刃部のみ

研磨した磨製のものがある。

3　土掘具の使用痕分析

1　記録の方法

本分析では，実体顕微鏡（10～40倍）による低倍率観察と金属顕微鏡（100～500倍）による高倍率観察を併用して行った。また，ルーペまたは実体顕微鏡での観察をもとに，おおよそ次のような基準で摩滅痕の程度を表す分布図を作成した。

　強：高所から低所にかけて摩滅が進行し，石材の原面を残さず，大きく磨り減った状態。
　弱：剝離の稜などの高所が磨り減り，部分的に丸みを帯びた状態。
　なし：明確な摩滅痕が認められない部分。図面上では，摩滅の分布範囲のなかで，剝離の内部など摩滅が
　　　　及んでいない部分について表記した。

個別の石器の観察結果および所見は表17，使用痕の分布図は図112・113，使用痕等の顕微鏡写真は図114～116に掲載した[4]。分布図に記載した写真番号は使用痕顕微鏡写真の番号に対応し，キャプションの向きは写真の方向を示している。

2　使用痕の特徴

　a．摩滅

縁辺や剝離の稜線などが磨り減って丸みを帯び面が形成されたもので，肉眼でも識別できる規模の大きな痕跡である。図112・113では，観察方法で説明したように，摩滅の発達程度を写真上に分布図として表記している。摩滅が最も発達しているのは刃部と側縁の稜である。主面の摩滅範囲は，刃部側の二分の一から三分の一ぐらいの範囲であるが，その分布には若干の差が認められる。典型的なものは図112-1・3・4，図113-8などで，一方の面は石器下半の広い範囲に摩滅が認められるが，反対の面は刃縁など縁辺にしか摩滅が認められず，面によって摩滅の発達程度に差がみられる。

　b．線状痕

肉眼でも識別できる直線的な外観をもつ使用痕である。前述した摩滅の顕著な部分にみられ，摩滅と一体的に形成されている。刃部で観察される線状痕は，刃縁と直交方向（石器の主軸と平行方向）に発達している（図115-写真9・13など）。

　c．微小光沢面

高倍率観察では，摩滅痕は発達しているが，微小光沢面はほとんど認められなかった。ただし，金泉松竹里遺跡の図112-5，図113-8は肉眼でも刃縁に光沢が観察され，この部分で光沢面が確認できた（図115-写真10・16）。光沢面はやや明るいが，表面は微細に凸凹をもち，なめらかさを欠く。原面の高低差に関係なく一様に分布している。光沢面の発達方向には規則性がみられ，刃縁と直交（主軸に対して平行）する。同方向の溝状の線状痕も認められるが，これはb．線状痕でみた規模の大きな線状痕に対応する痕跡である。

土による典型的な微小光沢面は，Xタイプと呼ばれる光沢面である。東北大学使用痕研究チームの実験では，頁岩に形成されたXタイプの特徴を「ポリッシュは鈍く，全面が凹みや線状痕で余すところなく覆われている。部分的に平坦な部分があるものの，一般的に凹凸が極めて激しい。凹みは大小様々で，形も一定しない。線状痕は明瞭で，様々の幅，深さの物がある。すい星状の凹みは，運動が一定の方向の場合には明瞭である」と記述している［梶原・阿子島1981：15頁］。今回確認されたものは，面的な発達傾向が弱いものの，基本的にはXタイプの特徴に類する光沢面である。

210 第Ⅱ部 使用痕からみた東アジアの石製農具

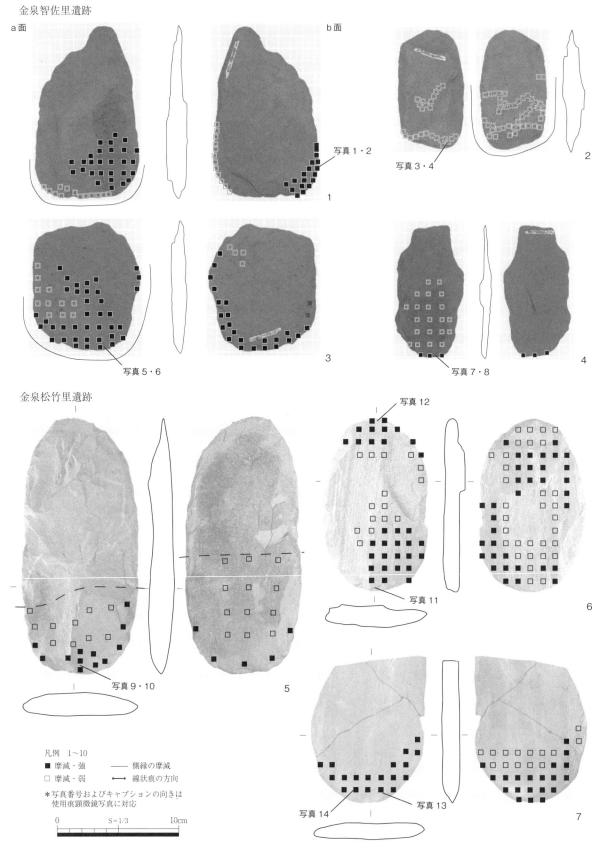

図112 土掘具使用痕分布図・写真撮影位置図（1）

第5章 朝鮮半島における石製農具の使用痕分析 211

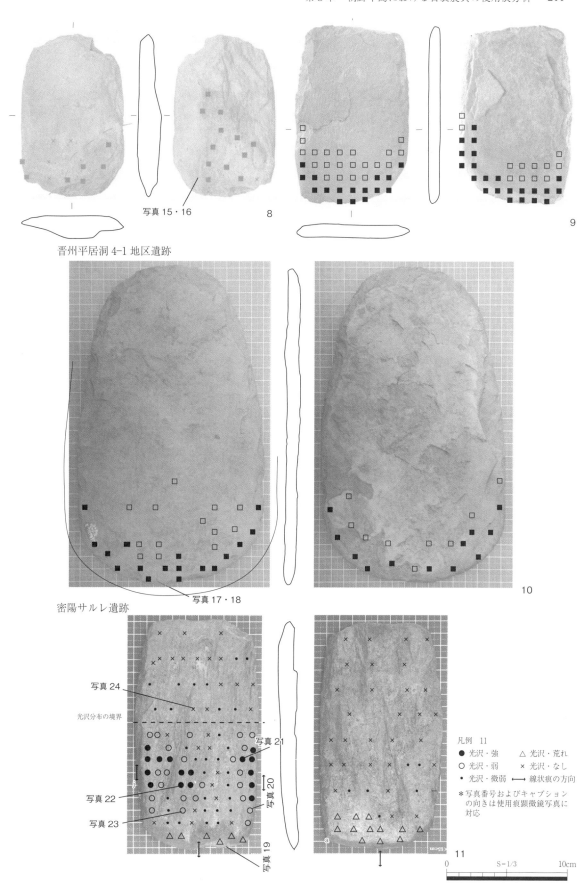

図113 土掘具使用痕分布図・写真撮影位置図（2）

212　第Ⅱ部　使用痕からみた東アジアの石製農具

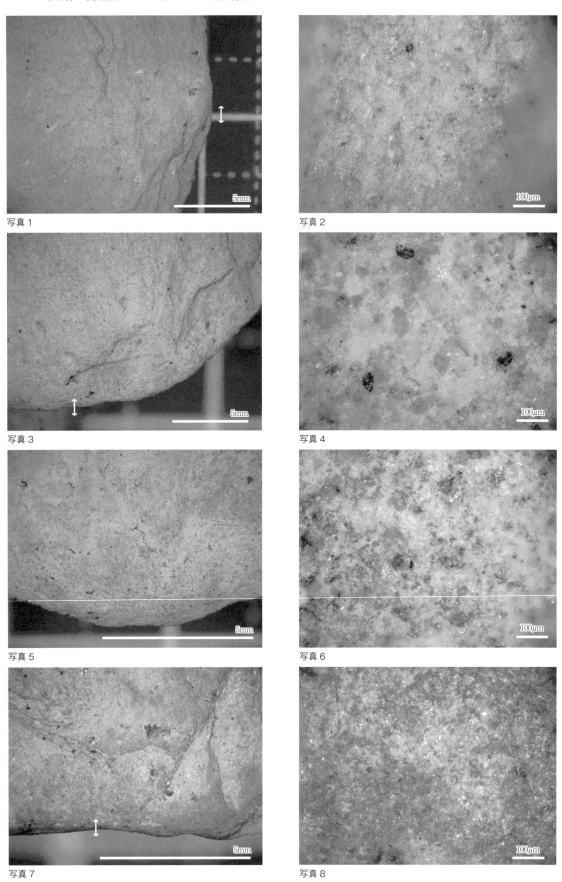

図114　土掘具使用痕顕微鏡写真（1）

第5章　朝鮮半島における石製農具の使用痕分析　213

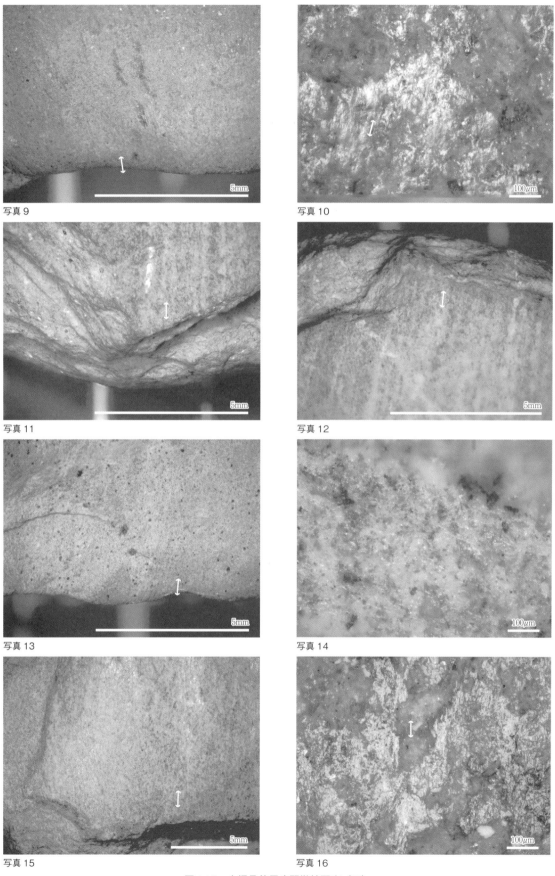

写真9　　写真10
写真11　写真12
写真13　写真14
写真15　写真16

図115　土掘具使用痕顕微鏡写真（2）

214 第Ⅱ部 使用痕からみた東アジアの石製農具

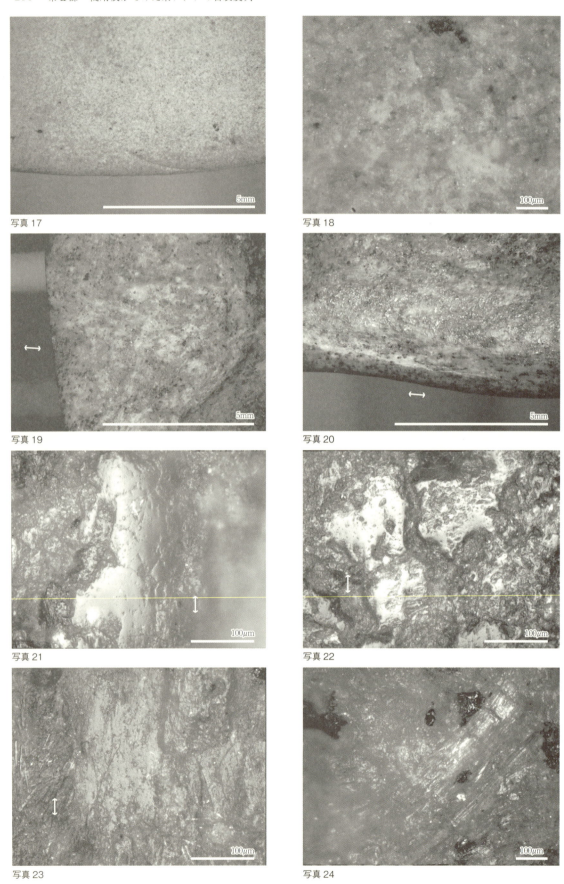

写真17

写真18

写真19

写真20

写真21

写真22

写真23

写真24

図116 土掘具使用痕顕微鏡写真（3）

第5章　朝鮮半島における石製農具の使用痕分析　215

表17　土掘具分析資料・観察所見一覧表

図版番号 (分析No.)	写真番号	遺跡名	遺構等	時　期	文献※・図番号等
	観察所見　　形状等，低倍率観察，高倍率観察				
図112-1 (S-11015)	図114-写真1・2	金泉智佐里遺跡	第3グリッド上部	新石器後期	文献12・図52-284
	長方形に近い形状の打製石器。基部欠損。低倍率観察：刃部および主面の稜が強く摩滅している。a面では，刃縁の摩滅はやや弱く，むしろ主面の広い範囲に強い摩滅がみられる。一方，b面では，左右の側縁の摩滅が強く（写真1），刃部となる下片および平坦面にはほとんど摩滅が及んでいない。線状痕はあまり発達していないが，摩滅による起伏は刃縁と直交方向に発達している。高倍率観察：摩滅した部分を中心に観察したが，顕著な微小光沢面は認められなかった（写真2）。				
2 (S-11016)	図114-写真3・4	金泉智佐里遺跡	第3グリッド上部	新石器後期	文献12・図54-294
	長方形に近い形状の打製石器。低倍率観察：両面とも稜上を中心に広い範囲に摩滅痕が認められる（写真3）。線状痕はあまり発達していないが，摩滅による起伏は刃縁と直交方向に発達している。高倍率観察：摩滅した部分を中心に観察したが，顕著な微小光沢面は認められなかった（写真4）。				
3 (S-11017)	図114-写真5・6	金泉智佐里遺跡	第3グリッド上部	新石器後期	文献12・図53-293
	長方形に近い形状の打製石器。低倍率観察：刃部，側縁および主面稜が強く摩滅している（写真5）。a面では摩滅痕が主面の広い範囲に及ぶが，b面では刃縁および側縁に限定され内側には広がらず，摩滅痕の分布範囲に差がある。線状痕はあまり発達していないが，摩滅による起伏は刃縁と直交方向である。高倍率観察：摩滅した部分を中心に観察したが，顕著な微小光沢面は認められなかった（写真6）。				
4 (S-11018)	図114-写真7・8	金泉智佐里遺跡	第3グリッド上部	新石器後期	文献12・図55-316
	不定形で薄身の打製石器。低倍率観察：a面・b面とも刃部が局所的に強く摩滅している（写真7）。a面は比較的弱い摩滅痕が主面の広い範囲に広がるが，b面は刃部以外にはほとんど分布していない。線状痕はあまり発達していないが，摩滅による起伏は刃縁と直交している。高倍率観察：摩滅した部分を中心に観察したが，顕著な微小光沢面は認められなかった（写真8）。				
5 (S-11019)	図115-写真9・10	金泉松竹里遺跡	第6号住居址	新石器中期	文献10・図39-343
	長さ20cm超。刃部打製。刃縁および側縁が強く摩滅している。肉眼・低倍率：摩滅範囲は，剥離面と自然面でほぼ同程度だが，剥離面のほうが若干範囲は広い。線状痕は刃部と直交方向（写真9）。高倍率：摩滅面に一様に広がる荒れた光沢面がみられる（写真10）。Xタイプに相当。				
6 (S-12022)	図115-写真11・12	金泉松竹里遺跡	8-4区	新石器中～後期	文献10・図136-1068
	平面形は楕円形を呈する。肉眼・低倍率：両短辺とも摩滅が認められ，両端とも刃部として使用されたとみられる（写真11・12）。実測図の下辺ではb面よりa面の摩滅範囲が広く，上辺ではa面よりb面の摩滅範囲が広い。刃縁には剥離痕がみられるが，この部分はあまり摩滅していないことから，刃部の使用後に生じた剥離とみられる。線状痕は刃部と直交方向＝石器主軸に平行する。本資料については，高倍率での観察，記録は行っていない。				
7 (S-12020)	図115-写真13・14	金泉松竹里遺跡	8-6区	新石器中～後期	文献10・図142-1209
	基部欠損。刃部磨製。肉眼・低倍率：刃縁は強く摩滅し，光沢を帯びている。摩滅範囲は，b面のほうが広い。線状痕は刃部と直交方向（写真13）。高倍率：明瞭な光沢面は認められない（写真14）。				
図113-8 (S-12021)	図115-写真15・16	金泉松竹里遺跡	8-4区	新石器中～後期	文献10・図136-1067
	平面形は長方形。刃部は剥離。肉眼・低倍率：刃部およびその側縁が強く摩滅（写真15）。ただし，b面の刃部剥離痕内部はほとんど摩滅しておらず，刃部の剥離は，摩滅痕の形成より後。b面のほうがa面より摩滅範囲広い。線状痕は，線状痕は刃部と直交方向。側縁は強く摩滅し，縁辺に平行する線状痕がみられる。高倍率：荒れた光沢面が摩滅面に一様に広がる。線状痕は刃部と直交（写真16）。				
9 (S-12023)	−	金泉松竹里遺跡	9-6区	新石器中～後期	文献10・図147-1302
	平面形は長方形に近く，厚さは均一。刃縁は形が整っており，研磨によって整形されたとみられる（刃と平行する研磨の擦痕が部分的に残存）。肉眼・低倍率観察：刃縁およびその側縁は強く摩滅しており，刃部断面は摩滅により丸みを帯びている。摩滅の強度，範囲は，b面よりa面のほうが顕著である。線状痕は刃部と直交方向。				
10 (S-13020)	図116-写真17・18	晋州平居洞4-1地区遺跡	73号土坑	新石器中～後期	文献9・図118-317
	全長25cmを超える大型の石器。刃部を中心に研磨されているが，側縁などに整形時の剥離痕を残す。肉眼・低倍率観察：刃縁を中心に摩滅している（写真17）。a面のほうがb面より若干摩滅の程度が強い。高倍率観察：摩滅面には，微小光沢面はみられない（写真18）。				

※文献一覧は章末に記載する。

図版番号 (分析 No.)	写真番号	遺跡名	遺構等	時　期	文献※・図番号等
	観察所見　　形状等，低倍率観察，高倍率観察				
11 (S-10006)	図116-写真19～24	密陽サルレ遺跡	遺物散布地 4Grid 5Pit	新石器前期	文献5・図83-835
	刃部は磨製。側縁は剥離のち研磨か。肉眼・低倍率観察：刃縁は若干摩滅をともなう直交方向の線状痕あり。側縁は摩滅し線状痕と光沢が認められる。a面は全体に摩滅しているが，b面は石材の微細な凸凹を残している。刃縁は，摩滅をともなう線状痕。直交方向が主（写真19）。側縁側ではやや斜行するものもみられる。側縁　表面は摩滅し光沢を帯びる。側縁に平行する線状痕（写真20）。高倍率観察：非常に明るくなめらかな光沢面が広範囲に分布する（写真22）。側縁にも非常に発達した光沢が確認できる（写真21）。分布は高所から低所に及び，平面は連接から面状。コントラストは強く，きめは非常になめらか。光沢面上にはピット，彗星状ピットがみられる。線状痕は，微細・溝状，これらの方向性は側縁と平行方向（刃縁とは直交）。刃部に近い部分では，逆に光沢面は明るさを欠き，表面はやや荒れた外観を呈する（写真23）。光沢の分布域ははっきりしており，a面では中央を境に上半，b面では刃部を除くほぼ全域が光沢面の非分布域となっている（写真24）。				
－ (S-10007)	－	密陽サルレ遺跡	遺物散布地 4Grid 5Pit	新石器前期	文献5・図83-836
	刃部と側縁を研磨。完形。高倍率観察：光沢面等の使用痕は不明。				
－ (S-10011)	－	密陽サルレ遺跡	遺物散布地 3Grid 4Pit	新石器前期	文献5・図59-582
	打製。基部欠損。低倍率観察：刃部摩滅。直交する線状痕。高倍率：摩滅部に鈍い光沢面，一様に広がる。				
－ (S-10012)	－	密陽サルレ遺跡	遺物散布地 4Grid 3Pit	新石器前期	文献5・図74-744
	楕円形。縁辺に打製調整。低倍率観察：刃縁は若干摩滅。高倍率観察：摩滅部に一様に広がる鈍い光沢面。				
－ (S-11011)		燕岐大平里遺跡	－	青銅器	
	撥形。打製。低倍率観察：刃部に摩滅。				
－ (S-13010)		晋州平居洞4-1地区遺跡	4号住居	新石器後期	文献9・図35-39
	打製。刃部のみ残存。刃縁は摩滅しているが，光沢面等は不明。				
－ (S-13013)		晋州平居洞4-1地区遺跡	5号住居	新石器中期	文献9・図39-63
	楕円形。基部欠損。刃部わずかに摩滅。高倍率では光沢面等使用痕は不明。				
－ (S-13016)		晋州平居洞4-1地区遺跡	50・51号土坑	新石器後期	文献9・図91-232
	刃部のみ。刃縁は研磨調整。刃部わずかに摩滅。高倍率では光沢面等使用痕は不明。				
－ (S-13017)		晋州平居洞4-1地区遺跡	58号土坑	新石器後期	文献9・図99-292
	楕円形。刃縁は研磨調整。刃縁わずかに摩滅。高倍率では光沢面等使用痕は不明。				
－ (S-13025)	－	晋州平居洞4-1地区遺跡	111号積石遺構	新石器中期	文献9・図165-436
	長楕円形。刃部研磨。刃縁わずかに摩滅。高倍率：摩滅部に一様に広がる鈍い光沢面。				
－ (S-13026)		晋州平居洞4-1地区遺跡	111号積石遺構	新石器中期	文献9・図165-437
	長楕円形。刃部研磨。刃縁わずかに摩滅。高倍率：摩滅部に一様に広がる鈍い光沢面。				

3　機能の推定

　使用痕の特徴から，石器は土に対する作業に用いられたと考えられる。機能部は石器下辺の刃部で，石器主軸と平行方向に操作し，刃部が直交方向に対象と接触したと推定される。ただし，面によって摩滅の発達に差がみられるものがあり，これは着柄方法や石器の操作方法と関係している可能性がある。

4　植物に関係する使用痕

　図113-11は，密陽サルレ遺跡から出土した資料であるが，この石器は他の土掘具とは異なる特徴的な痕跡が認められるため，別個に検討していきたい。

1　形態と使用痕

　大きさは長さ18.4cm，幅9.6cmを測り，平面形はほぼ長方形に近い。厚みは均質で，扁平な形状の石器である。刃部は両刃で，刃部のみ研磨されている。断面は若干湾曲しており，外湾しているほうをa面，反対をb面として表記する。

この石器の形態的な特徴は，これまでみてきた土掘具と何ら変わるところはない。ところが，この石器で観察された使用痕は，下記のように他の土掘具とはかなり様相が異なっている。

　a．肉眼および低倍率観察
・a面の下半部とb面の刃部を中心に顕著な摩滅が認められ，摩滅部は強い光沢を帯びている。手で触った感触は，a面の摩滅部は表面がつるつるしているが，b面の大半は石材の微細な凸凹を残しざらざらした感じを受ける。
・刃縁には，摩滅をともなう線状痕がみられる。刃縁に対し直交方向が主で，側縁側ではやや斜行するものもみられる（図116-写真19）。
・側縁にも強い摩滅があり，摩滅部は光沢を帯びている。側縁に平行する線状痕が認められる（図116-写真20）。

　b．高倍率観察
・a面では，主面および側縁の摩滅した部分に非常に発達した光沢面が広がっている。光沢面の分布は広範囲で，高所から低所に及ぶ。平面は連接から面状。明るく，コントラストが強く，きめは非常になめらか。光沢面上にはピット，彗星状ピットがみられる。これらの光沢面の特徴は，Aタイプ，Bタイプに分類される（図116-写真21・22）。
・側縁の光沢面に認められる線状痕は，微細・溝状で，これらの方向性は側縁と平行方向（刃縁とは直交）である。
・分布図では光沢の発達を強・弱として表記している。明るくなめらかな光沢面は，a面の下半部に分布。表面の起伏に沿って高所で発達し，側縁に近い部分で最も発達している。
・一方，刃縁に近い部分では，やや鈍く光沢表面に微細な凸凹や線状痕をとどめる荒れた光沢面が分布している（図116-写真23）。分布図では，△の記号で表記した部分に分布する。上記のAタイプ，Bタイプの光沢面が二次的に荒れたような部分もみられるが，他の土掘具でも観察されたXタイプに近い光沢面である。
・a面上半部とb面の刃部を除く主面には，上記の微小光沢面は分布していない（図116-写真24）。

2　機能

刃縁の摩滅および光沢面は土に対する作業が想定される。ただし，側縁およびa面のなめらかな光沢はイネ科等の草本植物による使用痕に近い。線状痕の方向から，使用方向は刃と直交方向である。また，a面の上半部とb面の光沢空白部は，着柄および操作方法と関係しているとみられる。この石器の使用痕の解釈と使用方法については，次項で詳しく検討したい。

5　考察

1　土掘具の使用方法について

土の掘削等に関する使用実験と使用痕の検討は，収穫具の使用痕研究に比べやや遅れていたが，近年この分野を扱った基礎的な研究が増えている。日本の縄文時代を中心とする打製石斧については，高橋哲［高橋2008］，遠藤英子［遠藤2011］等により，低倍率，高倍率両方の観察法を用いた実験研究が行われている。韓国の土掘具については，金姓旭によって，柄の装着方法，運動方向，使用した土質といった条件を設定した実験が行われている［金2008］。ここでは，筆者が行ってきた土掘り実験［第3章第3節］の所見に基づいて，土掘具の使用方法について検討していきたい。

今回分析した土掘具は，低倍率観察による摩滅，線状痕，高倍率観察による微小光沢面等の状況を総合的に勘案して，土に対して使用されたものと判断される。機能部は，石器の短辺に作られた刃部であり，刃部に近い側縁にも使用による痕跡が残されている。なお，摩滅痕が発達しているにもかかわらず微小光沢面が形成されていないものも多くみられるが，これは土による石材表面の摩滅が，ゆるやかに形成される微小光沢面の形成速度を上回って進行するためと考えられる。

分析した資料のなかには，面によって摩滅痕の形成範囲に違いが認められるものがある。これは，着柄方法と操作方法の二つの側面から考えることができる。

着柄との関係では，柄が添えられている面では，主面の大半がかくれることにより，土との接触が妨げられ，摩滅痕の形成範囲は刃部や側縁に限定される。一方，柄と接していない反対の面では，刃部・側縁に加え主面の広い範囲が土と接触し，摩滅痕が広範囲に形成される。つまり，摩滅範囲の狭いほうは，柄に取り付けられた面だと想定される。

また，摩滅範囲の偏りは，操作方法の違いにも関係している。これは，第3章第3節で取り上げた着柄・操作方法と使用痕に関する実験から，次のように整理できる［第3章図52］。柄に平行して取り付け，掘り棒のように掘削した場合，土との接触範囲は表裏ともほぼ同程度の範囲である（図52-実験2）。一方，柄に直交方向に装着し，鍬として使用する実験では，後主面（体と反対側の面）のほうが，前主面よりも接触範囲が広く，かつ掘り棒よりも広い範囲が土と接触する（図52-実験1）。今回の分析結果では，すべての資料で摩滅範囲の偏りがみられるわけではないが，一定程度は鍬のように使用されたものがあったと想定される。

さて，宮本一夫は，韓国新石器時代の農耕化第1段階において，石鏟（土掘具）をアワ・キビ農耕にともなう石器として評価している。新石器時代中期以降，アワ，キビの定着と機を同じくして土掘具が普及していく背景には，畠等の耕作地において土掘具が耕起具として用いられたとの推測を生む。この証明には，当該期の耕作遺構との関係を明らかにする必要がある。新石器時代の耕作遺構については，高城文岩里遺跡で新石器時代中期と推定される畠跡が検出されるなど，新たな展開をみせつつある［金2013］。この遺構の評価については，まだ正式報告が出されておらず，遺構の帰属時期についても異論があることから，慎重に取り扱うべきではあるが，今後，土掘具の使用方法や出土状況等を遺構との関連で検討すべき段階がきていると思われる。

また，これらの大形の土掘具は新石器時代にしかみられず，基本的には青銅器時代まで存続しないようである。田崎博之は，青銅器時代の木製農工具の集成をとおして，楕円形の諸手鍬を青銅器時代の定型化された畠用農具と考え，青銅器時代前期に土掘具を含めた耕起具の主体が石鍬から楕円形の木製諸手鍬に転換されたものと指摘している［田崎2014］。土掘りの機能を含む道具の体系がどのように転換したかも大きな問題となる。

2　密陽サルレ遺跡出土資料の検討

前項で解説した図113-11の使用方法について検討する。

この石器の最大の特徴は，イネ科等の草本植物と関係するAタイプ，Bタイプの光沢面が器面の広い範囲に分布し，刃縁にはXタイプに近い荒れた光沢面が認められることである。この異なる使用痕の形成過程については，①植物に対する作業が行われ，その後に土を掘るなどの作業が行われた（植物→土の使用痕形成），あるいは②植物が密集する環境で，植物を根本からすきとるような作業に用いられた（植物＋土の使用痕）といった使用状況が想定される。使用痕からは②の可能性が高いと考えているが，いずれにせよかなり高密度に植物が密集した状況で使用されたとみられる。

また，a面の光沢面は，上下中央付近でかなり明瞭に分布域が途絶えている。一方，b面は刃縁を除き大半が光沢面の非分布域となっている。これは，図117-上のように，着柄された状況を表していると考えられる。これだけでは，柄の部分が鍬のようなものか鋤のようなものかは判断できないが，図117-下のように，a面側が下になって使用されたと推定される。

サルレ遺跡では，同一地点でもう1点土掘具が出土しているが，これについては有意な使用痕は検出されず（表17-S-10007），他の遺跡の出土品でもこのような使用痕は確認されていない。したがって，この1点だけでその性格を議論するには限界があるが，土掘具とされる石器には，使用状況や用途において多様な側面があることがうかがえる。土掘具の具体的な用途の解明や農耕との関係について，使用痕と使用状況との関係性についてさらに議論を深める必要がある。

第6節　小結

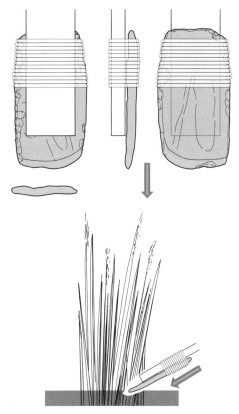

図117　サルレ遺跡土掘具の着柄・使用方法の復元

1　収穫具について

新石器時代中期にはアワ・キビ農耕が一定程度定着していたとみられるが，これらの収穫に関わる技術は不明である。剥片石器のなかに収穫用の石器があるのではないかと想定したが，今回の分析ではこれを証明できる資料は得られなかった。しかし，金姓旭による分析では，植物に関係した使用痕が報告されており，類例の蓄積と操作方法，作業対象物の復元が課題となる。

確実に収穫具といえる石器は，青銅器時代前期に出現する磨製の石刀である。これまでの考古学的な成果に照らせば，石刀の出現は，灌漑技術を備えた稲作とその関連技術が朝鮮半島に伝播・定着していく過程に連動した事象として理解される。

石刀の使用方法はいわゆる「穂摘み」であり，基本的な使用方法は，日本の石庖丁と同じだと考えられる。特に石器の動かし方については，刃を直交方向に操作する方法が一般的なものだったとのことを確認した。ただし，光沢の分布の特徴には，高瀬克範が指摘したように，刃がつけられた面の孔の下が顕著に発達するパターンがあり，補助的な器具の装着などを含め，日韓の使用方法の差異についても引き続き検討していく必要がある。

また，韓国では，日本の大型直縁刃石器に相当する石器は磨製，打製ともみつかっていない。韓国の青銅器時代と日本の弥生時代では，収穫関連石器の基本的な組成に大きな違いがある。

2　土掘具について

土掘具には，打製の石器と刃部のみ磨製の石器があるが，基本的には同じ機能の石器である。刃を直交方向（石器の主軸と平行方向）に操作して土を掘削する作業に用いられたと考えられる。摩滅痕の範囲が表裏

で異なるものがあり，摩滅の少ない面には，柄が装着されていた可能性がある。また，摩滅痕の範囲の違いは，石器の操作方法の違いを反映していることも考えられ，実験との対比では，掘り棒のように垂直に振り下ろす操作より，鍬のように刃を手前に打ち引く操作方法が想定される。

今のところ例外的な事例ではあるが，サルレ遺跡の資料では，草本植物に由来する使用痕が検出され，使用痕の分布から柄の装着，操作方法を復元した。この石器がどのような用途に用いられたものかたいへん興味深いが，これはもう少し類例を探したうえで検討していきたい。

土掘りに関する使用痕分析は，まだ基礎的な実験情報を整備している途上である。土掘具の使用された環境や作業内容の違いを明らかにするためには，作業環境，操作方法についてより詳細な条件を設定した実験を蓄積することが必要である。

注

1) 科学研究費基盤研究B「日韓内陸地域における雑穀農耕の起源に関する科学的研究」（研究代表者：中山誠二）。
2) 孔の存在および背部の形態からすると，図105-24は，磨製石刀を作り替えたものかもしれない。
3) 図109-1・5（密陽サルレ遺跡）については，筆者より前に金姓旭が使用痕分析を行っている［金2007］。
4) 図112-5～6，図113-8・9（金泉松竹里遺跡）については，すでに金姓旭によって使用痕分析が行われている［金2008］。このなかで，着柄によるBタイプの光沢面について報告されているが，筆者の分析では確認できなかった。

【表15～17文献】
1. 財団法人우리文化財研究院　2012『蔚山薬泗洞遺跡』
2. 財団法人우리文化財研究院　2012『蔚山倉坪洞810番地遺跡』
3. 韓国考古環境研究所　2012『燕岐大平里遺跡』
4. 韓国文化遺産研究院　2013『抱川漢灘江洪水調節ダム馬山遺物散布地（E地域）内文化遺跡試・発掘調査略報告書』
5. 慶南発展研究院歴史文化센터　2005『密陽살내遺跡』
6. 慶南発展研究院歴史文化센터　2007『密陽希里谷遺跡』
7. 慶南発展研究院歴史文化센터　2007『密陽新安先史遺跡』
8. 慶南発展研究院歴史文化센터　2011『진주 평거 3-1지구 유적』
9. 慶南発展研究院歴史文化센터　2012『진주 평거 4-1지구 유적』
10. 啓明大学行素博物館　2006『金泉松竹里遺跡Ⅰ』
11. 啓明大学行素博物館　2007『金泉松竹里遺跡Ⅱ』
12. 大東文化財研究院　2012『金泉智佐里遺跡』

第6章　長江下流域における石製農具の使用痕分析

本章の目的

　良渚文化は長江下流域の新石器時代後期の文化である（図118）。大規模な土台状建造物，階層分化の進んだ墓葬，精緻な玉器に代表される手工業生産の発達など，諸方面において研究者の注目を集めている。なかでも，多種多様な形態に分化した精緻な磨製石器の存在は，良渚文化の特色の一つといえる（図119）。

　新石器時代における長江下流域の経済的基盤は，稲作を主体とする農耕生産にもとめられるが，良渚文化期の農耕の実態には不明な点が多く，農耕技術の具体的な内容は農具とされる石器から推測されている。良渚文化にともなう石鎌・石刀・耘田器・破土器・石犂などの特徴的な石器は，農耕技術の一定の到達度を示す資料として評価されてきた。例えば，厳文明は，耕前期・耡耕期・犂耕期という農耕技術の発展段階を示し，良渚文化を犂耕期にあて，各種石器の農業生産における役割を評価している［厳1995］。中村慎一は，崧沢文化から良渚文化にかけての石製農具の革新を稲作の集約化を反映したものととらえている［中村2002b］。特に重視されているのが，破土器や石犂の出現で，耕起技術の大きな画期として理解されている。一方，収穫具と位置づけられる石器は少なく，収穫技術に関する議論は低調である。しかし，個々の石器の具体的な機能・用途については諸説があり，見解の一致をみていないこともまた事実である。良渚文化の農耕技術を正しく位置づけるためには，これらの石器の機能・用途を特定する研究が不可欠である。

　本章では，高倍率の顕微鏡観察と実験使用痕分析の方法論を用いて，良渚文化の石器の機能的な検討を行う。使用によって生じた痕跡をもとに，使用部位，操作方法，作業対象物といった石器の基礎的な機能を把握し，最終的には，石器の農具としての役割を再評価することを目的としている。

第1節　調査と分析の方法

1　分析調査の概要

　本分析は，日中共同研究「良渚文化における石器の生産と流通」[1]および「中国における都市の生成——良渚遺跡群の学際的総合研究——」[2]の一環として実施したものである。浙江省・江蘇省・上海市の各研究機関が所蔵する良渚文化の石器を分析した。

　分析を実施した遺跡あるいは資料の出土地は図121に示した。調査時点で正式な報告が出ていないもの，実測図等が掲載されていない資料も多い。第2節以降で掲載する遺物実

図118　長江下流域新石器時代の時期区分

222　第Ⅱ部　使用痕からみた東アジアの石製農具

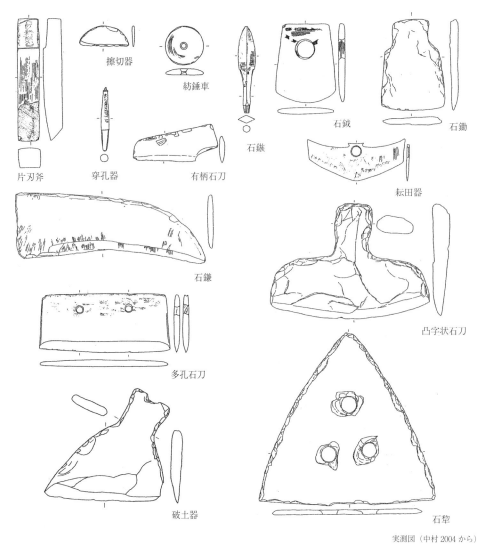

実測図（中村 2004 から）

図 119　良渚文化の石器（縮尺不同）

測図は，基本的に共同研究調査において作成した図面を使用している。また，これらの資料には，発掘調査の出土品だけでなく，採集資料なども含まれていることから帰属時期が不明確な資料もあるが，形態的に良渚文化あるいはこれに前後するとみられるものをとりあげて分析を行った。

2　分析の方法

本分析は，実験資料に基づいて使用痕を観察・解釈する実験使用痕分析に立脚したものである［阿子島 1989, 御堂島 2005, 山田 2007］。高倍率の落射照明型顕微鏡を使用し，主に微小光沢面や微細な線状痕を観察する高倍率法による分析を実施した。

使用痕の観察には，同軸落射照明装置を内蔵する金属顕微鏡（オリンパス製 BX30M，モリテックス社製 SOD-Ⅲ）を使用した。観察倍率は，100・200・500倍である。資料の観察にあたって特別な前処理は行っていないが，観察前にアルコールで石器表面に付着した脂分などの汚れを拭き取った。使用痕は，主に光沢面と線状痕を観察し，肉眼やルーペで観察される剥離痕・擦痕（規模の大きな線状痕）・摩滅痕などを補足的な情報として記録した。実際の観察では，まず石器の刃部を中心に使用痕の有無を確認し，使用痕が観察

第6章　長江下流域における石製農具の使用痕分析　223

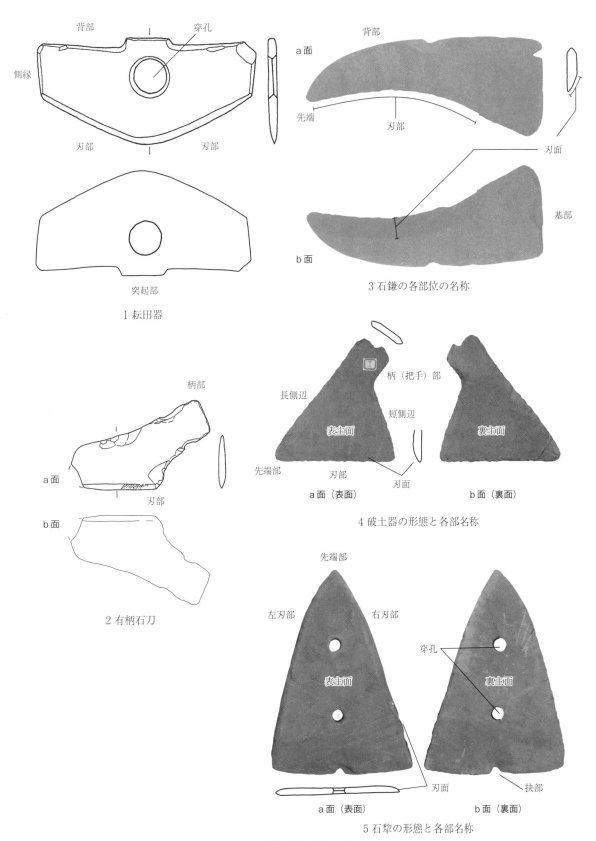

図120　石器各部位の名称（縮尺不同）

第2節　「耘田器」の使用痕分析

1　目的

「耘田器」は、崧沢文化後期に出現し、良渚文化では一般的な器種として定着するが、その後は急速に衰退しみられなくなる。主要な分布範囲は、おおむね長江下流域の南、太湖周辺から杭州湾周辺にかけての地域である。形態は多様性に富むが、その時間的変遷については不明な点が多い。

この石器は、もともと石刀の一種として考えられてきたが[3]、一般には中耕除草具を意味する「耘田器」の名称が普及している。他にも「V字状石刀」「菱角形石刀」など石器の形態をもとにした名称、「石耙冠」「石鋤」など機能・用途に関わる名称が使われている。

本節では、使用痕分析によってこの器種の使用部位、操作方法、作業対象を明らかにし、石器の性格について検討する。

2　「耘田器」について

1　形態的特徴

石器の横幅は10～15cmほどで、左右対称で鋭い刃部をもつ薄身の石器である。典型的なものは、刃部がV字状を呈し、対辺中央に、台形状の突起部、円孔を有する。ただし、細部の形態は多様であり、次のように中間的な形態も多い。

刃部の平面形は、V字形をなすもの、緩やかに弧を描くもの、直線的なもの、あるいはこれらの中間的なタイプがある。背部の平面形は、V字形または緩やかに弧を描くもの、直線的なもの、あるいはこれらの中間的なタイプがある。背部中央に突起部をもつものが多く、台形状の明瞭な突起部を作り出すもの、この部分をわずかに尖らせたもの

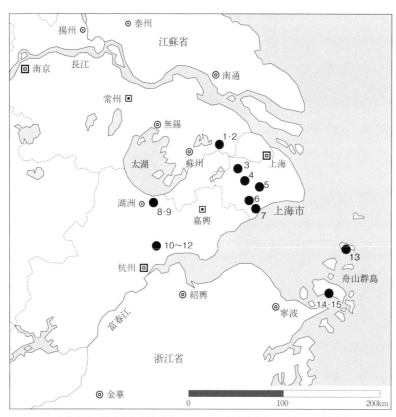

1　綽墩遺跡（昆山市文物管理局）
2　昆山市内出土（昆山市文物管理局）
3　寺前村遺跡
4　青浦果園（上海博物館）
5　馬橋遺跡（上海博物館）
6　広富林遺跡（上海博物館）
7　亭林遺跡（上海博物館）
8　昆山遺跡（湖洲市博物館）
9　湖洲市内出土（湖洲市博物館）
10　廟前遺跡（浙江省文物考古研究所）
11　塘山遺跡（浙江省文物考古研究所）
12　余杭市内出土（良渚文化博物館）
13　孫家山遺跡（舟山市博物館）
14　白泉遺跡（舟山市博物館）
15　舟山市内出土（舟山市博物館）

図121　分析遺跡・出土地位置図

がある。また，突起部をもたないものもある。穿孔は石器中央部の背部寄りに施され，無孔・1孔・2孔以上のものがみられる。孔は錐状の工具によって穿たれた小さなものと管鑽と呼ばれる管状工具で穿たれた大きなものがあり，管鑽の場合は径2cmほどの大きなものもみられる。

共通性が強い部分は次のとおりである。総じて断面のラインは直線的で，厚さは均一で数ミリ程度と非常に薄いものが多い。刃部は基本的に両刃である。刃角は小さく，石器の主面と刃面との境界はあまりはっきりしない。

石材は，ほとんどが暗灰色の緻密な石が用いられている。中国の報告書では，細粒頁岩と表記されることが多い。今回の分析にあたって，共同研究に参加した岩田修一（地質学）は，この石材を変成作用を受けた頁岩質のホルンフェルスと鑑定している。節理に沿って薄く剥がれやすい石材の性質が，均質な厚みをもつ耘田器の製作に適していたものと考えられる。

2 機能・用途に関する諸説

「耘田器」の機能・用途についてはさまざまな説があるが，多くは農具としての使用を想定したものである。主なものは，A：除草具の刃部とする説，B：耕作具の刃部とする説，C：石刀（収穫具）とする説に整理できる。

A：除草具　「耘田器」の名称はこの想定に由来する。中国南方で使用されている鉄製の除草具の刃部に形態が類似することを根拠とする。穿孔部に竹や木の柄を差し込み，背部の突起部を縄で縛って固定するという復元がなされている（図122-1）［浙江省文物管理委員会1960］。劉軍・王海明はこれを水田中の除草農具とみなしている［劉・王1993］。

B：耕起具　牟永抗は孔に紐をとおして固定する「石耜冠」として復元している（図122-2）［牟1984］。劉斌は，玉器の冠状飾の源流を耘田器と関連づける研究において，「石鋤」とする考えを示している（図122-3）［劉1997］。中村慎一は，V字状の形態が後世の鉄鏵と類似することから，耕起具の一種と考え，木製の台座に刃先として装着されたと想定した［中村1986］。

C：石刀（収穫具）　収穫具とする復元である（図122-4）。紀仲慶は，刃部に土壌による摩擦の痕跡がみられないことから，上記の説には否定的である。むしろ刃部の形状や微細な剥離などの観察から，主な用途を収穫用の石器であろうと推定している［紀1983］。

形態によって機能・用途が異なると考えた研究者も多い。

梶山勝は，小型で薄く軽量であること，刃部の磨損などを根拠に，短い柄をつけた手鍬のようなもの，中国で言う薅鋤のようなものが想起されるとしている。一方で，突起や孔がないものは石刀のように手に持って使用したと考えている［梶山1989］。

兪為潔は，器形が大きく，かつ穿孔の施されているものあるいは突起したほぞをもつものは牟永抗の石耜

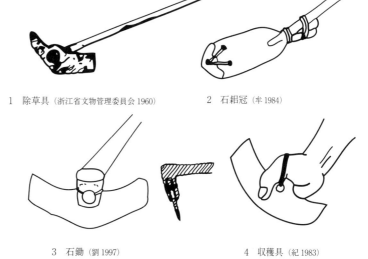

1　除草具（浙江省文物管理委員会1960）　　2　石耜冠（牟1984）

3　石鋤（劉1997）　　4　収穫具（紀1983）

図122　耘田器の推定復元諸説

226　第Ⅱ部　使用痕からみた東アジアの石製農具

冠とする説を認めているが，非常に薄く平らで，孔やほぞとなる突起をもたないものは，石庖丁の一種と考え，収穫具としての使用を想定している［兪1996］。

農具とは違った機能・用途を想定した論考もある。

蒋衛東は，北方のウル族が使用するナイフと形態的に類似することを指摘し，皮革加工に関係した工具であろうと推定している［蒋1999］。程世華は，製塩で使用される道具との関係を想定している［程2009］。

以上みてきたように，「耘田器」の機能・用途については，まさに諸説紛紛とした状況である。これらさまざまな説の根拠は，石器の形態，民俗・民族資料との比較，墓における副葬品の出土状況などから推測されてきた。しかし，形態上の類似性を指摘できても，石器の機能を推定するうえでの決定的な証左とはなっていない。このようななかで，石器の痕跡や細部の観察に言及している紀仲慶の視点は重要である。現在の研究では，まず石器そのものに残された情報を客観的に評価し，石器の機能を特定することが第一に必要だと考えられる。この点において，実験使用痕分析を耘田器の機能推定に適用する意義がある。

3　「耘田器」の使用痕分析

1　分析結果の概要

耘田器約20点を分析した（図123・124）。

図123・124に掲載した20点すべての石器に使用痕（微小光沢面）が認められた。若干風化による変化もみられたが，総じて石材表面の遺存状態は良好で，分析には条件の良い資料であった。

観察された使用痕の特徴は，非常に明るくなめらかな光沢面である。輪郭が明瞭で点状に発達しているのが特徴で，光沢が広い範囲を面的に覆うように大きく発達したものもみられた。光沢断面は丸みをもち，面的に発達した部分ではやや平坦な（細部は丸みをもつ）ものもある。光沢表面のきめはなめらかで，ピット，彗星状ピット，微細な線状痕などの付属的な属性が観察された。微小光沢面の分類では，点状のものがBタイプ，面的に広く発達したものがAタイプの光沢面に相当する。

微小光沢面の観察結果から被加工物を推定すると，珪酸分を多く含むイネ科植物など，水分を含んだ柔らかい草本植物との接触によって形成された使用痕だと考えられる。

光沢面の残存状況が良好な資料については，光沢面の発達程度を実測図上に記入した光沢強度分布図を作成した（図123・124）。本分析では主に200倍観察視野中に占める光沢面の広がり方を目安とし，第3章第1節4の基準に基づき，強・中・弱（微弱を含む）・なしに区分した。実測図中には，強・中・弱・光沢なし・観察不能といった記号を記入し，補助線でおおよその分布の境界を示している（図123凡例）。

また，個別資料の分析結果は表18に記載し，代表的な使用痕の顕微鏡写真を提示した（図125・126）。図123・124の実測図中に記載された写真番号は，図125・126の顕微鏡写真の番号に対応し，写真番号キャプションの向きは，顕微鏡写真の向きと対応している。

2　使用痕の特徴

光沢面の特徴や分布のあり方はかなり似通っており，次のように複数の石器で共通する特徴を見いだすことができた。

①光沢面はBタイプ，Aタイプである。点状の光沢面が散在するものから，大きく発達したものまでみられる。

②光沢面は主面の広い範囲に形成されている。光沢強度分布は，主面の片側から中央の穿孔部にかけてよく発達しており，総じて器面の左側で強い。また，右側縁に近い部分にも発達した光沢面が認められる

第6章　長江下流域における石製農具の使用痕分析　227

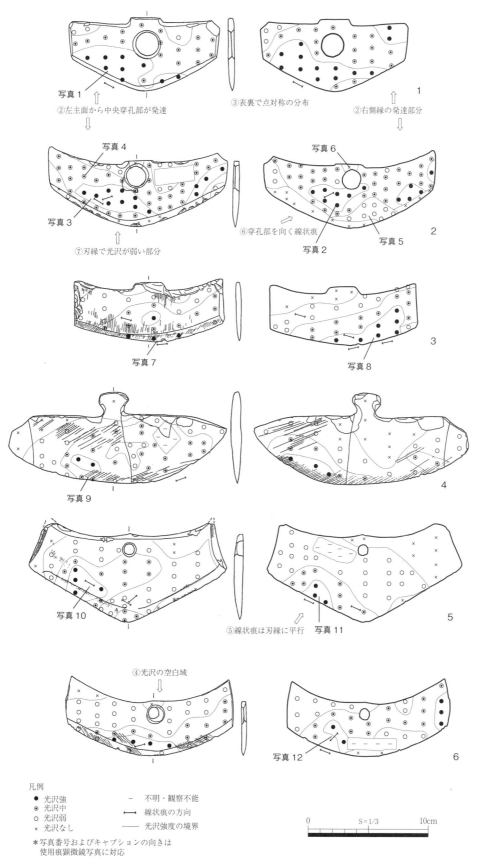

図123　耘田器使用痕分布図・写真撮影位置図（1）

228 第Ⅱ部 使用痕からみた東アジアの石製農具

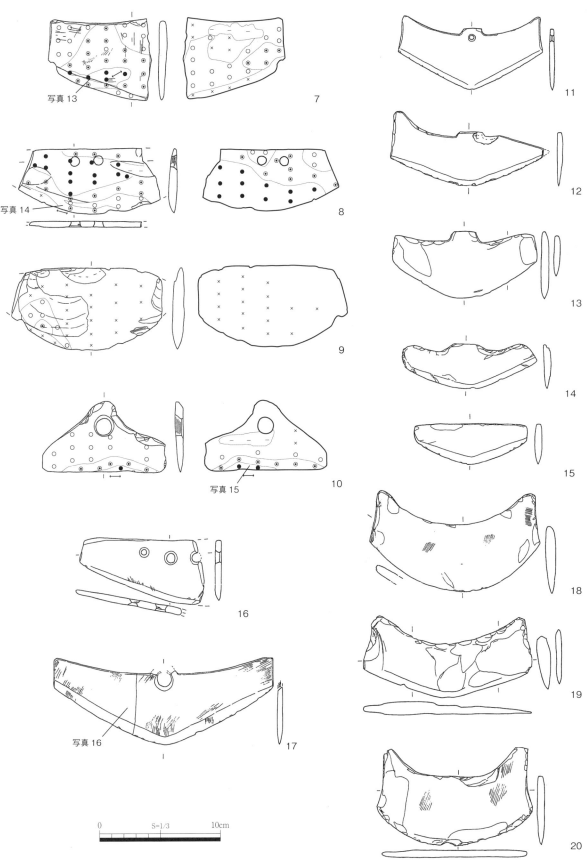

図124 耘田器使用痕分布図・写真撮影位置図（2）

第6章　長江下流域における石製農具の使用痕分析　229

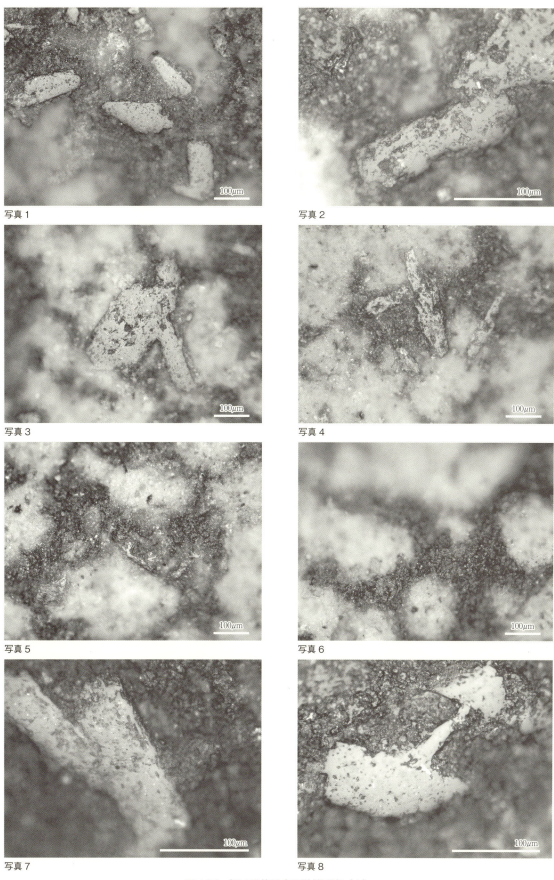

写真1

写真2

写真3

写真4

写真5

写真6

写真7

写真8

図125　耘田器使用痕顕微鏡写真（1）

230　第Ⅱ部　使用痕からみた東アジアの石製農具

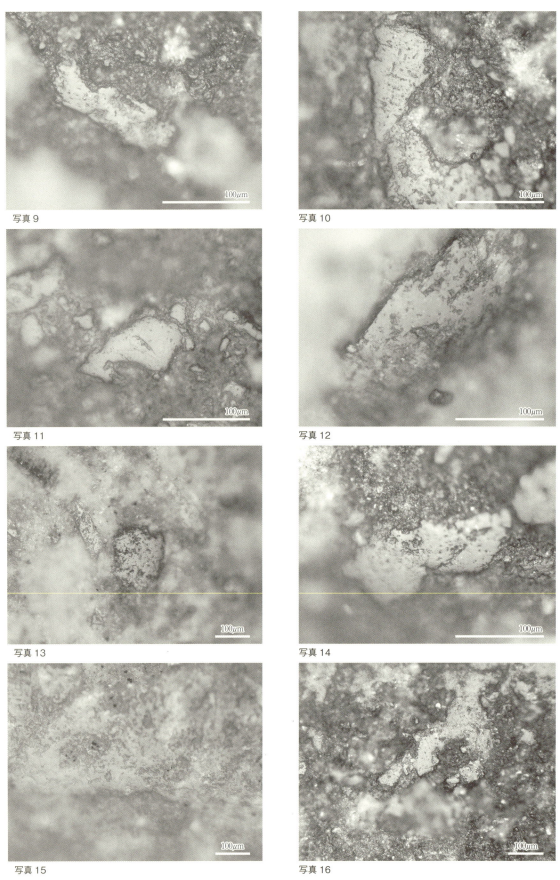

写真9

写真10

写真11

写真12

写真13

写真14

写真15

写真16

図126　耘田器使用痕顕微鏡写真（2）

表18 耘田器分析資料・観察所見一覧表

図版番号 (分析No.)	写真番号	遺跡名	遺構等	―	文献※・図番号等
	観察所見　形状等，低倍率観察，高倍率観察				
図123-1 (S-01021)	図125-写真1	白泉遺跡？	―	―	―
	光沢：B・A－表面はなめらか。点状に発達。分布：両面ともほぼ全面に分布。主面左側で発達。線状痕：刃縁に平行。				
2 (S-02010)	図125-写真2～6	亭林遺跡			文献3・―
	光沢：A・B－表面は明るくなめらか。平坦な面として発達。分布：両面とも広範囲に分布。主面左側が強い。刃縁は発達が弱い。線状痕：刃縁に平行・斜行。				
3 (S-01017)	図125-写真7・8	廟前遺跡			文献9・―
	光沢：B・A－表面はなめらかでやや平坦。光沢面が大きく発達。分布：両面とも広範囲に分布。主面中央から右側にかけて強い。線状痕：刃縁に平行。				
4 (S-02042)	図126-写真9	綽墩遺跡	―		文献1・図6-14
	光沢：B・A－表面はなめらか。点状に発達。分布：両面とも広範囲に分布。主面左側で強い。線状痕：刃縁に平行。				
5 (S-01014)	図126-写真10・11	湖州市内出土	―		―
	光沢：B・A－表面はなめらか。点状に発達。分布：両面とも広範囲に分布。左側が発達。線状痕：刃縁に平行（左刃部）。				
6 (S-01022)	図126-写真12	孫家山遺跡	―		文献8・図4-13
	光沢：B・A－表面はなめらか。点状に発達。分布：両面ともほぼ全面に分布。刃部中央と主面左がやや発達。線状痕：刃縁に平行（左刃部）・斜行。				
図124-7 (S-01018)	図126-写真13	廟前遺跡	―		文献9・―
	光沢：B－表面はなめらか。分布：両面とも広範囲に分布。主面左側が強い。刃縁は微弱。線状痕：刃縁に斜行（左刃部）。				
8 (S-02041)	図126-写真14	綽墩遺跡出土	―		文献1・―
	光沢：B・A－表面はなめらか。点状に発達。分布：両面とも広範囲に分布。主面中央から左側で強い。線状痕：刃縁に平行。				
9 (S-01016)	―	廟前遺跡	墓葬土台堆積中	―	文献9・図213-6
	光沢：B－表面はなめらか。分布：片面のみ確認。主面左側に限定。線状痕：不明。				
10 (S-01029)	図126-写真15	廟前遺跡	―		文献9・―
	光沢：A・B－表面は明るくなめらか。平滑な石材表面を覆うように形成。分布：刃縁に沿って発達。分布範囲は広いが，石材表面の反射が強く全体の分布は不明。線状痕：刃縁に平行・斜行。				
11 (S-01023)	―	孫家山遺跡	―		文献8・図4-14
	光沢：B・A－表面はなめらか。点状に発達。分布：部分的な観察のため詳細は不明。線状痕：不明。				
12 (S-02047)	―	塘山遺跡	―		―
	光沢：B－表面はなめらか。分布：刃部中央のみ残存。線状痕：不明。				
13 (S-02036)	―	綽墩遺跡	―		文献1・図6-15
	光沢：B・A－表面はなめらか。点状に発達。分布：両面とも広範囲に分布。主面左側で強く発達。線状痕：不明。				
14 (S-01024)	―	孫家山遺跡	―	―	文献8・図14-15
	光沢：B・A－表面はなめらか。点状に発達。分布：部分的な観察のため詳細は不明。線状痕：不明。				
15 (S-01025)	―	舟山市内出土	―	―	―
	光沢：B・A－表面はなめらか。分布：部分的な観察のため詳細は不明。線状痕：不明。				
16 (S-02043)	―	綽墩遺跡出土	―	―	―
	光沢：B・A－表面はなめらか。点状に発達。分布：部分的な観察のため詳細は不明。線状痕：刃縁に平行。				
17 (S-02014)	図126-写真16	亭林遺跡	―		文献3・―
	光沢：B・A－表面はなめらか。点状に発達。分布：両面とも広範囲に分布。線状痕：刃縁に平行・斜行。				
18 (S-02038)	―	淀西宅前遺跡採集	―	―	―
	光沢：B・A－表面はなめらか。点状に発達。分布：片面のみに分布。風化の影響により光沢の残存状況はよくない。線状痕：不明。				
19 (S-02037)	―	太史淀遺跡採集	―	―	―
	光沢：B・A－表面はなめらか。点状に発達。分布：両面とも広範囲に分布。線状痕：刃縁に平行。				
20 (S-02044)	―	淀西宅前遺跡採集	―	―	―
	光沢：B・A－表面はなめらか。点状に発達。分布：部分的な観察のため詳細は不明。光沢の残存状況はよくない。線状痕：刃縁に平行。				

※文献一覧は章末に記載する。

ことがある（図123-1・2・6など）。

③光沢面は両面に分布し，同様な分布の偏りが認められる。刃縁を挟んだ表裏面の分布は点対称の関係になる。

④孔部と背部の突起部の間で，帯状に光沢の空白域が認められるものがある（図123-2・6など）。

⑤刃縁の光沢面に観察される線状痕は刃部と平行する方向性をもつ（図123-5・図126-写真10・11など）。彗星状ピットは側縁の方向を向くものが多い。

⑥主面内側（特に左主面）では，光沢面に斜行する線状痕が観察され，穿孔部へ向かう方向性が認められる（図123-2・図125-写真2，図123-6・図126-写真12など）。

⑦刃縁では，光沢面が微弱か，まったく観察されない場合がある（図123-2・6など）。

3　機能の推定

分析の結果確認された使用痕の特徴から，「耘田器」の機能および使用状況は，次のように推定される［番号は使用痕の特徴①から⑦の番号に対応］。

微小光沢面の特徴から，イネ科等の草本植物の切断に用いられたと推定される（特徴①）。

非常に広範囲に光沢面が分布しており，器面に植物を押さえつけるような使用方法が想定される。この場合，光沢面が強く発達している主面左側から中央部にかけて対象物と強く接触したことがうかがえる（特徴②）。

刃縁の線状痕と彗星状ピットは，刃を側縁に向かって平行に操作したことを示している（特徴⑤）。ただし，刃縁より奥では斜行する線状痕もみられ，この方向に沿った運動も想定されるなど，実際の操作方法はより複雑なものである（特徴⑥）。

両面とも同様な光沢分布の偏りがみられることから，表裏を入れ替えて使用されたようである（特徴③）。この場合，左右の刃部はそれぞれ独立した刃部として機能していたことになる。

背部の非光沢部は直接石器の操作と関係するものではないが，柄や紐などが装着されていたことを示唆する痕跡である（特徴④）。

刃縁で光沢面が微弱なのは，刃部の研ぎ直しによるものである（特徴⑦）。

4　使用方法の検討

以上のような使用痕の観察結果から，「耘田器」はイネ科等草本植物の切断に機能した石器で，植物を主面に押さえつけるようにして使用したものと推定された。このことから，土の痕跡が残ると予想される耕起具の刃先や中耕除草具の可能性は考えにくい。光沢面の特徴からは，収穫具とする説の蓋然性が高いといえる。しかし，収穫具としての具体的な使用方法を検討するには，石器の操作方法について，実際の収穫作業との関係で議論をする必要がある。そのために，本項では，これまでの収穫関連石器の分析をふまえた比較と，民族資料にみられる収穫具の使用法という二つの側面から，「耘田器」の使用方法について検討していくことにしたい。

1　石庖丁の使用痕との比較

イネ科植物の収穫に関連した石器の使用痕分析は，すでに多くの蓄積がある。東アジア地域では，日本を中心に，石庖丁（石刀），石鎌，大型直縁刃石器など，複数の器種で異なる使用痕のパターンが明らかになっているが，このなかで「耘田器」の使用痕と近似するのは石庖丁（石刀）の使用痕である。まず，両者を比較することで，収穫具としての操作方法を検討していこう。

石庖丁（石刀）は，中国北部に起源をもち東アジアに広く分布する石器である。この石器については，中国・朝鮮半島に先んじて，日本において使用痕分析と実験に基づく機能研究がなされてきた［須藤・阿子島 1985，御堂島 1989c・1991，松山 1992a・b］。その結果，石庖丁の使用方法は，器面に穂の下の茎の部分を指で押さえつけ刃を刃縁と直交方向に操作する「穂摘み」の方法が復元されている。

「耘田器」と石庖丁で類似している点は，微小光沢面の特徴（使用痕の特徴①），光沢分布の特徴（特徴②③），研ぎ直しによる刃面の光沢面の消失（特徴⑦），などである。逆に，刃縁の線状痕の方向（特徴⑤），器面内側の線状痕（この痕跡は石庖丁では顕著でない）の様相（特徴⑥），背部の光沢面の空白域（特徴④）などの違いがある。

特徴②③など，器面に茎が強く接触する状況は両者とも共通している。一方で，刃を直交に操作する石庖丁と平行に操作する「耘田器」では，石器の動かし方に大きな違いがあるとみられる。

2　東南アジアの収穫具とその使用法

道具を用いた収穫作業は，農耕の開始以来現在まで世界中で行われている行為であるが，対象作物や栽培環境のほか，地域や民族によって道具の形や使用方法に違いがみられる。マルセル・モース（Marcel Mauss）は，身体技法が社会や歴史的背景によって異なることを指摘したが［モース，M. 1971］，収穫具の形態とその使用方法（動作）も身体技法の一つとしてとらえることができ，その関係は，従来からの型式論や伝播論に加えるべき考古学的な課題の一つといえる。耘田器と石庖丁の使用痕の違いは，収穫具を使用する際の身体技法の違いが反映されたものと考えられる。

石庖丁の使用方法は，日本東北地方のコウガイなど雑穀類の収穫具の使用方法と同様なものと理解されている。コウガイは，「穂先から一尺（約30センチ）ほどの茎の位置に刃をあて，指で押さえ，［筆者略］……内側に回転させながら切る」とあり［佐々木 1986］，刃を直交方向に操作し，テコの原理で茎を摘み取る石庖丁の操作方法は，このような民俗資料からも裏づけられる。

このような観点から従来の民族誌を見直したところ，中国南部から東南アジアで使用されている稲の収穫具の使用方法から，示唆に富む情報が得られた（図127）。

例としては，中国南部の瑶族の用いる収穫具，マレーシアやスマトラのケタム（ketam）・フィリピンのヤタブ（yatab）あるいはラケム（lakem）・ジャワのアニアニ（ani-ani），ヴェトナム北部のタイー族のレプなどをあげることができる。これらの収穫具には，刃と直交する軸棒（柄）を取り付けたものと，指をかけるための紐輪を付けたものがみられる。具体的な操作方法については，次のような記述がある。

中国の瑶族では，「把手を薬指と中指と人差し指で握り，小指を刃の下にあてがい手中に固定する。上面にそろえた三本の指と親指を動かして稲穂をつかみ，刃部を上方にはねあげる」［中原 1988：10頁］とされる（図127-2）。

ヴェトナムのタイー族のレプについては，「本体に交差している竹を親指と人差指，そして小指で固定し，木製本体（刃）部を中指と薬指の間に挟んで［筆者略］……中指と薬指で稲穂を捉え，手首を外側に反らせる動作によって稲穂を刈り取る」［栗島 2002：76〜77頁］と報告されている（図127-1）。

石毛直道はブルネイのイバン族の収穫具の使用例をとりあげ，「中指と薬指の間に台部がはさまるように柄をにぎる。すなわち，台部上面には，親指，人差指，中指が，台部下面には，薬指，小指がくるように柄部をにぎる。台部上面に持ちそえられた三指をうごかして，稲穂をつかみ，穂の直下の稈の部分に刃をあてて，刃部を上方にはねあげる動作で稲穂を摘む」［石毛 1968a：132頁］と説明している。「テコの原理で，摘む動作」という表現を用いている（図127-5）。

234　第Ⅱ部　使用痕からみた東アジアの石製農具

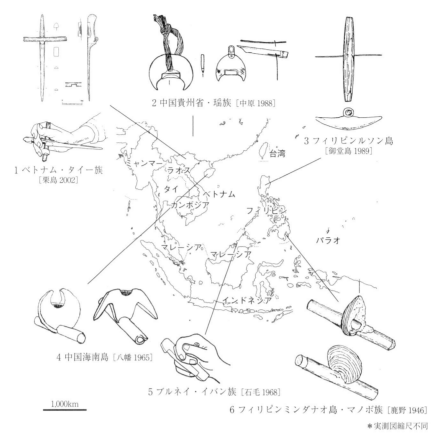

図 127　東南アジアの収穫具と使用方法

　この他，図127に掲載したものでは，フィリピン・ルソン島の事例（図127-3）[御堂島1989c]，フィリピン・ミンダナオ島の事例（図127-6）[鹿野1946]，中国・海南島の事例（図127-4）[八幡1965]など，広い地域で同様な収穫具が用いられている。

　小林公明は，日本の石庖丁の使用方法を推定するにあたって，東南アジアの収穫具をもとに「水平押切法」と呼ぶ操作方法を復元している。東南アジアの柄付きの収穫具を想定した実験では，「操作は，左手で稈をつかみ，右手の柄にかかっている中指以下を稈にのばして，銃の引金のように素早く引き寄せる。その瞬間，手首を外に反ねるように庖丁を押出す。その際，左手は反射的に引く」[小林1978：70頁][4]と説明し，磨製石庖丁にも同様の柄が付くと想定した[5]。

　これらの報告をみると，観察者の表現の仕方や使用者の指の使い方に若干の違いはみられるものの，基本的な操作方法は共通している。まず，収穫具の刃がつけられた面を指と指の間にはさんで保持すること，次に刃の上にある指（小林の場合は刃の下の指）を動かして穂をつかみ，手首をひねって稲穂を切断するという一連の動作によって収穫作業が行われていることである。ここで重要なのは，収穫具の操作が，「穂摘み」のように手首を内側にひねって切断する方法とは逆で，手首を外側に反らし刃を押し出す動作になる点である。指の使い方は上下逆だが，小林の「水平押切法」も基本的には同じ原理である。以後，前述した東南アジアの収穫具の操作方法を「押し切り」とし，コウガイなどの「穂摘み」の動作と区別しておきたい。

　耘田器の操作方法を東南アジアの「押し切り」と仮定すると，次のように観察資料の使用痕のパターンについて理解しやすい点が多い。収穫具の上面で穂を掴むためこの部分で器面に接触すること（特徴②），手首を反らして刃を動かすため刃部と対象物との接触は平行方向であること（特徴⑤），切断された穂は軸棒（紐

の場合は背部中央)に向かってたぐり寄せられるため石器中央で観察される線状痕が背部中央を向くこと(特徴⑥)などである。

5 耘田器の使用実験

1 実験の概要

a．目的

前項での検討をふまえ，復元石器を用いた実験を実施した。実験の目的は，耘田器が収穫具であるという推定に基づき，想定される操作方法と使用痕の分布パターンを比較検証することである。また，使用方法による操作性の違いを明らかにし，耘田器の形態的な特徴を力学的に検証することにも留意した。

b．実験石器と条件

本来ならば良渚文化の石材と同じものを使用すべきであるが，現地での石材の入手が困難であったため，当初は弥生時代の石庖丁に用いられている結晶片岩を使用した。その後江蘇省で採取されたホルンフェルスで製作した石器を追加した[6]。実験石器の使用方法は次のとおりである（図128）。

実験1　押し切り（図128-1・2，3・4）

東南アジアの「押し切り」を想定した穂首の収穫作業を行った[7]。石器は，中指と薬指の間にはさみ込み，紐または柄で手中に固定する。石器上面の親指から中指を使って穂をつかみ，手首を外側にひねって刃を押し出すようにして切断する。

S-253（結晶片岩製）とS-268（ホルンフェルス製）は竹製の柄に溝を穿ち，この部分に石器背部の突起部を差し込み，紐で固定した。S-254（結晶片岩製）は，穿孔部に指掛け用の紐を装着するタイプの想定復元による。

実験2　穂摘み（図128-5・6）

S-255・S-257（結晶片岩製）は，穿孔部に紐をとおし手に保持する。使用方法は，親指と人差し指の間で石器を保持し，親指を使って稲穂をつかみ石器主面に押し当てる。手首を内側にひねり，刃を起こすようにして穂首を切断する。

実験3　穂刈り（図128-7・8）

S-256（結晶片岩製）は，鎌のように穂首を引き切る収穫作業である。親指と中指の間に石器をはさみ，

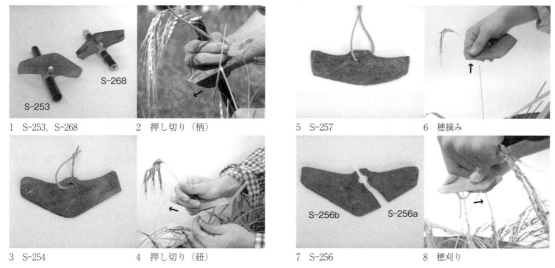

図128　実験石器と使用方法

人差し指は石器背面にそえる。左手で稲穂をつかみ，石器をもった右手首を手前に引いて，刃を平行にスライドして切断する。

　c．実験の進め方

　作業時間は20分～30分を単位とし，作業の間に10分程度の休憩をはさんで実施した。実験は一人が同一の石器を使い続けるのではなく，回ごとに作業者を入れ替えながら行った。各回の進行状況と作業量は表19に示したとおりである。

2　実験石器の使用痕

　a．肉眼観察

　実験石器は作業終了後，切断で生じたイネの残片や液の付着範囲を略測図に記入した。これは石器と作業対象物がどのような接触の仕方をしたのかを知る手がかりになり，発達するのに時間がかかる微小光沢面の分布範囲を補足する情報となる。

　微細な剥離痕が生じたものもみられた。剥離は節理に沿って生じるケースが多く，分布もランダムである。継続して使用した石器は，いずれも刃縁に肉眼でも観察できるわずかな光沢面が形成された。

　b．顕微鏡観察（図129・130，表20）

　顕微鏡による観察・記録は出土遺物の分析方法に準じて行った。ただし，考古資料に比べ光沢面の発達が弱いため，弱となしの間に微弱というカテゴリーを設定し，図に表記した。顕微鏡による実験石器の観察結果は，表20にまとめた。

　c．使用痕の検討

　微小光沢面　いずれもBタイプの光沢面が形成された。作業量が少ないため，光沢面の発達は総じて弱く，小さな点状の光沢面が散在する程度であった。

　分布　光沢面の分布範囲は狭く，ほぼ刃縁に限られる。残滓の付着範囲は，茎を器面に押さえつけた実験1と実験2では，主面の中央から左側に偏っている。茎を平行に切断する実験3では，残滓の範囲も刃部に沿った狭い範囲に限定される。

　茎との接触　実験1における石器と茎の接触について，切断された穂が柄（紐の場合は穿孔部）に向かっ

表19　耘田器実験経過表

実験番号	石器番号	器種	操作方法	単位	第1回実験 作業量(本)	第1回実験 作業時間(分)	第1回実験 本/分	第2回実験 作業量(本)	第2回実験 作業時間(分)	第2回実験 本/分	第3回実験 作業量(本)	第3回実験 作業時間(分)	第3回実験 本/分	第4回実験 作業量(本)	第4回実験 作業時間(分)	第4回実験 本/分	計 作業量(本)	計 作業時間(分)	計 本/分
実験1	S-253	耘田器	柄　押し切り	穂数	3,569	260	13.7							1,382	95	14.5	4,951	355	13.9
実験1	S-268	耘田器	柄　押し切り	穂数				2,710	290	9.3	555	60	9.3				3,265	350	9.3
実験1	S-254	耘田器	紐　押し切り	穂数	3,390	260	13.0	2,196	290	7.6				1,375	110	12.5	6,961	660	10.5
実験2	S-255	耘田器	紐　穂摘み	穂数	300	38	7.9										–	–	–
実験2	S-257	耘田器	紐　穂摘み	穂数	4,104	219	18.7	2,777	290	9.6							6,881	509	13.5
実験3	S-256a	耘田器	穂刈り	穂数	1,032	84	12.3										1,032	84	12.3
実験3	S-256b	耘田器	穂刈り	穂数	2,547	156	16.3										2,547	156	16.3

実験番号	石器番号	作業の経過
実験1	S-253, S-268, S-254	S-253は第4回実験で，ホゾに挿入した突起部が破損した。S-268は製作時に中央で二つに割れてしまったが，強力な接着剤でつなぎ合わせ，裏面に銅板をあてがって使用した。第3回目の実験で，この部分が再度破損し，使用できなくなった。S-254は目立った損傷もなく，継続して使用することができた。
実験2	S-255, S-257	S-255は，第1回目の実験作業中に刃部が大きく破損して使用不能になったため，以降はS-257に替えて実験を行った。
実験3	S-256a, S-256b	S-256は第1回目の実験で，石器のほぼ中央で二つに折れてしまった。予備の石器がなかったため，使用刃部を入れ替え半分の状態で実験を継続した。この実験は第2回目以降は実施していない。

第 6 章　長江下流域における石製農具の使用痕分析　237

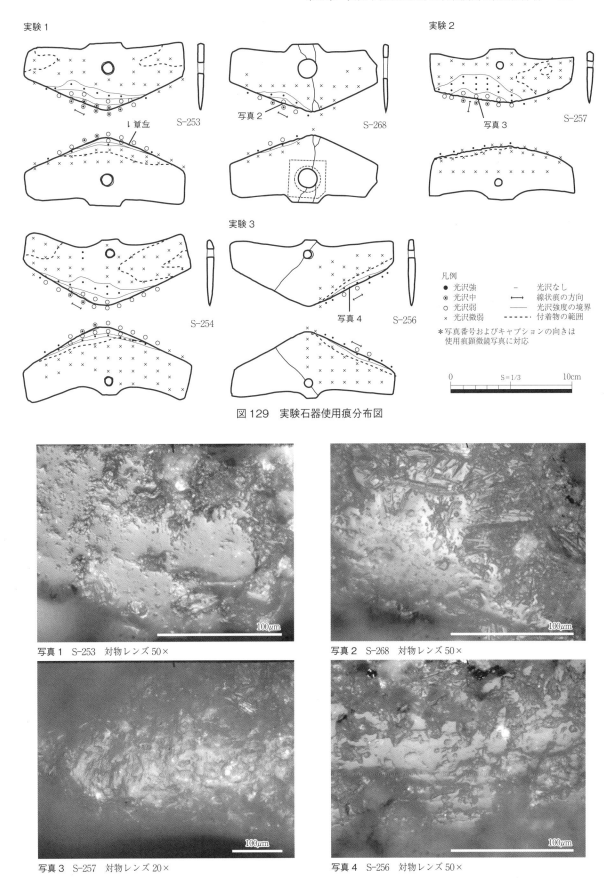

図 129　実験石器使用痕分布図

写真 1　S-253　対物レンズ 50×
写真 2　S-268　対物レンズ 50×
写真 3　S-257　対物レンズ 20×
写真 4　S-256　対物レンズ 50×

図 130　実験石器使用痕顕微鏡写真

238　第Ⅱ部　使用痕からみた東アジアの石製農具

表20　耘田器実験石器の使用痕

実験1	S-253	光沢面はBタイプで，出土資料と比べると発達は弱い。表面では中央付近から左刃部にかけて最も発達し，背部側への侵入度も大きい。裏面では中央部を中心に分布し，刃縁に沿った狭い帯状に分布する。線状痕は両面とも刃縁に近い部分で確認され，刃と平行するものが主体である。
	S-268	使用痕光沢面は，石器表面の左側刃部およびその裏面に形成された。刃面では特に発達が強く，光沢部が平面的に広がり，もとの石材表面をほぼ覆っている部分もある。他の実験で使用した結晶片岩に比べ，ホルンフェルスは組織が緻密で研磨面はきわめて平滑であることから，平面的な光沢面がスムーズに形成されたとみられる。線状痕は微細で，刃縁と平行方向に形成されている。
	S-254	光沢面はBタイプである。表面では中央付近から左刃部にかけて最も発達し，背部側への侵入度も大きい。裏面では中央部を中心に分布し，刃縁に沿った狭い帯状に分布する。線状痕は両面とも刃縁に近い部分で確認され，刃と平行するものが主体である。
実験2	S-257	光沢面はBタイプである。表面では左刃部および左主面で発達し，微弱ながら背部側にも光沢面が分布している。右主面の背部側にも若干摩減したような痕跡が確認されるが，植物との接触による使用痕かどうかは判断できない。裏面では刃部にごく微弱な光沢面が観察されるが，ほとんど分布しない。線状痕は表面の刃縁で確認され，刃部と直交するものが主体である。
実験3	S-256	光沢面はBタイプである。使用した左刃部の刃縁に狭く帯状に分布している。最も発達しているのは左刃部中央付近で，分布範囲は刃部表裏面でほぼ対称となっている。観察された線状痕は，いずれも刃部に平行するものである。

てたぐりよせられることで，主面上を斜めに接触することが確かめられた。また，残滓の付着が機能部とは反対の右側側縁にもみられた。これは切断時に石器の側縁が弧を描くように動くことで，周辺のイネの茎と接触したためと考えられる。一方，実験2では，穂が主面上に固定され，刃部以外での動きは小さかった。

　線状痕　刃部を平行に操作する実験1と実験3では，縁辺と平行する線状痕が形成された。刃部を直交方向に動かした実験2では，刃縁に直交する線状痕が認められた。

　なお，使用痕ではないが，石器の断面が薄身であること，刃角が小さく鋭いといった形態的な特徴は，刃を平行に操作して切断する際に非常に機能的であり，逆に直交方向の負荷には弱く破損しやすいことも確認できた。

6　結論──「耘田器」の機能・使用方法──

　前項までの検討をふまえ，考古資料に形成された使用痕の特徴と実験結果とを対比し，耘田器の使用方法についてまとめていく。まず結論からいえば，考古資料の使用痕と最も整合するのは実験1「押し切り」に基づく使用方法である。

　使用痕の特徴②（主面の光沢強度分布）は，植物を石器上面のやや左側でつかむためこの部分で光沢面が発達すると推定されたが，この点は実験石器では付着物の範囲として確認した。また，主面の右側縁側で光沢面が発達した事例も，切断時に石器の側縁が弧を描くように動くことで，周辺の植物の茎と接触して形成されたものと推定される。

　特徴⑤（線状痕の方向）は，刃部を押し出すように平行に操作するため刃縁と平行し，彗星状ピットは側縁の方向を向く。刃を起こしながら収穫する「穂摘み」では線状痕は刃縁と直交する。特徴⑥について，実験石器では刃縁から奥で線状痕は確認されていないが，切断された穂は柄（紐の場合は穿孔部）に向かってたぐりよせられ，主面左に斜行する線状痕が生じることと矛盾しない。

　特徴③（光沢分布が表裏で点対称になる）は，実験では片面しか使用していないため確認できていない。同一の石器を裏返して使用すれば反対の面にも同様な光沢分布が形成されると予想されるが，民俗・民族資料も含めこのような使用方法は確認できておらず，今後の課題である。特徴⑦（刃部の非光沢部）は研ぎ直しによるものと考えられるが，実験石器は刃部再生を行っていないので，これも未確認である。

　背部中央に柄が装着されていたのかあるいは紐がつけられていたのか，これは両方がありえる。考古資料

では特徴④（背面の光沢空白域）として確認された事例が柄等の傍証になると考えられるが，実験ではそこまで光沢面の分布範囲が広がっていない。今後分析する際には，光沢の空白域の範囲や紐ズレの痕跡などにも注意が必要であろう。

また，耘田器の形態的な特徴である薄身で刃角が小さく鋭いことは，刃を平行に操作して切断する機能と関係した形態だと理解できる。

以上の検討結果から，これまで「耘田器」と呼称されてきた石器は，収穫具として使用されたものであり，その操作方法は東南アジアの民俗・民族資料にみられる「押し切り」と同様な方法であったと結論づけられる。この石器にはこれまでさまざまな呼称があったが，今後は機能・用途に即した名称の統一がはかられるべきであろう。

第3節　有柄石刀の使用痕分析

1　目的

本節では，「有柄石刀」と呼ばれる小形の刀子状の石器の使用痕分析を行い，使用部位，操作方法，作業対象を明らかにし，石器の性格について検討する。

2　有柄石刀

良渚文化の有柄石刀は，片側に柄のような突出部がある石器で，平面形は刀子状の形態を呈している。平均的な大きさは，柄を含めた長さ5〜10cm，厚さは0.2〜0.5cm程度で，小形，薄身の形状の石器である。刃部の断面形は両刃で，比較的鋭く作られたものが多い。

中村慎一は，良渚文化の有柄石刀の形態を大きく三つに分類している［中村2004］。それによれば，A式は刃部に対して斜行する直線的な柄部をもつタイプ，B式は上縁の端部ないしはやや内側につまみ状の小把手が付くタイプ，C式は刃部と直角の位置に大きな持ち手が付き「L字状」ないしは「靴形」を呈するタイプに分けられる（図131）。

中国で石刀と呼ばれる石器は，通常穀物の収穫具としての用途が想定されているが，必ずしもこの用途に限定されるとは考えられていない。石刀を体系的に分類研究した安志敏は，有柄石刀を4型式に分け，その用途は金属製工具を模倣した切断用の工具と想定している［安1955］。ただし，掲載された有柄石刀には，良渚文化の破土器，耘田器などの器種が含まれ，形態や大きさは多様な器種を包括している。また，これらの資料は金属器出現以前の新石器時代に属すものであり，現在では金属器の模倣とは考えられない。中村慎一は，柄の付けられる位置から庖丁様の機能を有する石器として，穂摘具以外の機能が想定される石刀に含めている［中村1986］。近年直接有柄石刀の機能をとりあげた論考は見当たらないが，現在でも基本的にはこれらの考え方が踏襲されているようだ。

3　使用痕分析

1　分析の概要

分析資料は，上海市寺前村遺跡（上海博物館所蔵），浙江省廟前遺跡（浙江省文物考古研究所所蔵）出土資料4点である。

本分析では主に200倍観察視野中に占める光沢面の広がり方を目安とし，第3章第1節4の基準に基づき，

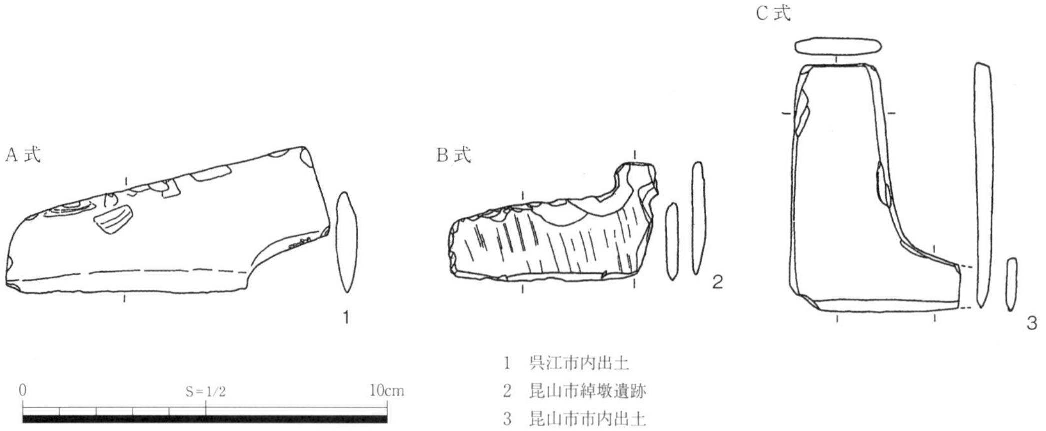

240　第Ⅱ部　使用痕からみた東アジアの石製農具

```
A式                    B式              C式
                                        
                    1 呉江市内出土
                    2 昆山市綽墩遺跡
                    3 昆山市内出土
              図131　有柄石刀
```

強・中・弱（微弱を含む）・なしに区分した。

　実測図中には，強・中・弱・・光沢なし・観察不能といった記号を記入し，補助線でおおよその分布の境界を示している（図132凡例）。

　また，個別資料の観察所見は表21に記載し，代表的な使用痕の顕微鏡写真を提示した（図133）。図132の実測図中に記載された写真番号は，図133の顕微鏡写真の番号に対応し，写真番号キャプションの向きは，顕微鏡写真の向きと対応している。

2　使用痕の特徴

　今回の分析では，風化した資料が含まれること，観察点数が限られることから，使用痕の観察データは十分なものとはいえないが，一応次のような特徴を指摘できる。

① 観察された光沢面は，Ｂタイプが主で，発達したところではＡタイプに近いものもみられる。
② 光沢面は刃縁で発達しているが，刃部から内側の主面から柄部にかけても広く分布している。
③ 使用痕は両面とも認められ，表裏の分布は，刃縁を挟んで線対称の関係にある。
④ 刃縁の光沢面で観察される線状痕は，刃と平行ないしは若干斜行するものが多い。
⑤ 刃面で光沢の発達が弱いまたはほとんどみられないものがある。

3　機能推定

以上のような使用痕の特徴から，有柄石刀の機能は次のように推定される。

　ａ．使用部位

　刃部を中心に接触し，作業対象物を切断したと考えられる。さらに柄部にも光沢面が広がることから，作業時にはこの部分も作業対象物に接触していたことが推定される（特徴②③）。

　ｂ．操作方法

　刃部を平行方向に操作して切断するという操作が推定される（特徴④）。

　ｃ．作業対象物

　Ｂタイプの光沢面は，木に対する作業やイネ科等の草本植物の初期段階に形成されることが実験的に確認されている［梶原・阿子島1981，御堂島1988］。有柄石刀で確認された光沢面は，非常になめらかで水滴状の丸みをもち，分布が刃縁に限定されず広範に及ぶことから，木本類ではなく軟らかい草本植物に対して用い

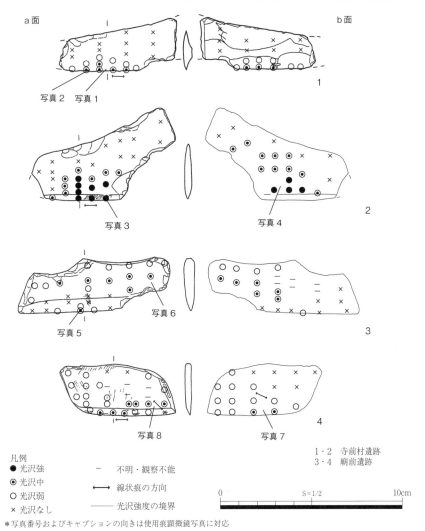

凡例
● 光沢強
◉ 光沢中
○ 光沢弱
× 光沢なし
－ 不明・観察不能
↔ 線状痕の方向
— 光沢強度の境界

1・2 寺前村遺跡
3・4 廟前遺跡

＊写真番号およびキャプションの向きは使用痕顕微鏡写真に対応

図132 有柄石刀使用痕分布図・写真撮影位置図

られたと考えられる（特徴①）。

なお，特徴⑤は，刃の研ぎ直しにより，刃面の光沢面が消されたことによると考えられる。

次項では，さらに詳細な使用方法について，「耘田器」との比較，使用実験をとおして検討していきたい。

4　使用方法の検討

1　耘田器との類似点

有柄石刀で観察された使用痕は，イネ科等草本植物の切断に特徴的なBタイプ，Aタイプの光沢面であり，この点から有柄石刀の主要な機能は，穀物の収穫具だと考えられる。

現在使われているナイフや包丁のような形をしていることから，刃を手前に動かす引き切る操作が想定されるところだが，そのような操作方法がなされた場合は，刃部から先端部にかけて光沢が発達するはずである。しかし，有柄石刀の光沢は，柄に近い部分にも分布し，逆に先端部では未発達であることから，単純に引き切る操作がなされたとは考えにくい。むしろ，草本植物を器面に押さえつけ押し切る操作のほうが，使用痕の状況を合理的に説明できる。この使用方法は，第2節で検討した耘田器の使用方法と同じ操作方法である。

242 第Ⅱ部 使用痕からみた東アジアの石製農具

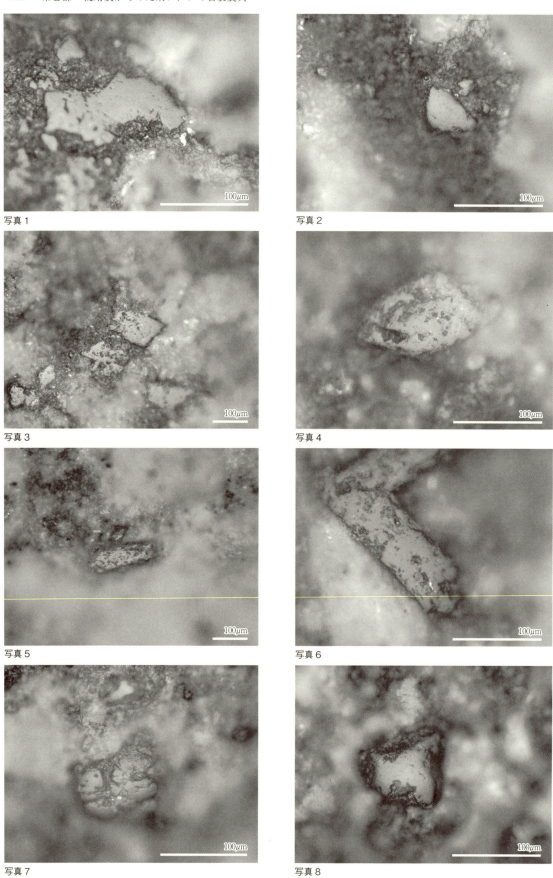

図133 有柄石刀使用痕顕微鏡写真

第6章 長江下流域における石製農具の使用痕分析 243

表21 有柄石刀分析資料・観察所見一覧表

図版番号 (分析 No.)	写真番号	遺跡名	遺構等	—	文献※・図番号等
観察所見　　形状等，低倍率観察，高倍率観察					
図132-1 (S-02001)	図133-写真1・2	寺前村遺跡	—	—	文献6・7・-
刃部は両刃で，刃角は小さい。一部に整形加工の剝離痕を残す。光沢面は，比較的明るく表面はなめらかで，断面が丸みを帯びた水滴状のものの他，やや平坦な形状のものがみられる。いわゆるBタイプの光沢面で，点状に散在している。光沢面の分布は，刃縁の両面に認められる。線状痕は刃と平行ないし若干斜行するものが観察される。					
2 (S-02013)	図133-写真3・4	寺前村遺跡	—	—	文献6・7・-
刃部は両刃で，刃角は小さい。やや風化しており，部分的に鉄分が付着している。風化と鉄分の付着により，観察状態はよくないが，Bタイプ，Aタイプの光沢面が観察される。光沢面は，比較的明るくなめらかで，光沢の縁辺はなめらかな丸みをもち水滴状を呈するものが多い。両面とも刃縁から柄の部分にかけて光沢面が分布している。線状痕は刃部に対し平行またはやや斜行する方向が観察される。					
3 (S-01030)	図133-写真5・6	廟前遺跡	表土層	—	文献9・図216-6
刀石材は白っぽく，若干風化が進んでいるようにみえる。刃部は両刃。刃縁には，剝離痕等の顕著な痕跡はみられない。b面の一部が，注記のコーティングで覆われ観察できない。使用痕光沢は石器の表裏両面で観察される。光沢が観察されるのは黒色の鉱物上で，石材の白っぽい部分ではほとんど観察できず，光沢面が風化の影響を受けて変質している可能性も考慮したい。黒色鉱物上に形成された光沢面は，比較的明るくなめらかな表面をもつ。光沢の縁辺はなめらかな丸みをもち，全体にドーム状を呈するものが多い。光沢タイプは，Bタイプ，Aタイプである。線状痕はあまりみられないが，彗星状のピットは刃縁と平行または斜行するものがみられる。光沢は器面の広い範囲に分布しており，特に発達が強いのは刃部主面から柄部にかけてである。逆に刃面では相対的に光沢が弱いかまったくみられない。					
4 (S-01028)	図133-写真7・8	廟前遺跡	表土層	—	文献9・図216-4
明確な柄部はなく，平面形は平行四辺形のような形態である。表面はよく研磨されており，風化の影響も少ない。刃部は片刃で，使用による剝離痕はほとんど認められない。刃が付けられている面をa面，反対側の面をb面として表記する。表面に注記とコーティングが施されており観察できない部分があるが，両面とも広い範囲で使用痕光沢が観察される。水滴状の丸みをもつBタイプの光沢が斑点状に点在している。光沢部は明るく周囲との輪郭も明瞭で，表面はなめらかである。線状痕は，刃部付近で平行するものがみられ，器面内側のものは左上がりに斜行するものが多い。b面の光沢強度分布は刃部付近で強く発達し，発達程度の弱い光沢が広い範囲に分布する。刃が付けられている面では，器面の光沢に比べ刃部の光沢の発達が相対的に弱い。					

※文献一覧は章末に記載する。

　有柄石刀の使用痕は，特徴①の微小光沢面の特徴（耘田器の特徴①），特徴②の光沢面の分布と（耘田器の特徴②），特徴④の線状痕の方向（耘田器の特徴⑤）において共通点を見いだすことができる。また，石器の断面が薄身であること，刃部が両刃で刃角も小さいなど，耘田器の形態的属性に類似する点も指摘できる。これらのことから，有柄石刀は耘田器に類する機能，用途をもち，その使用方法は，刃部の上面で穂をつかみ刃部先端を押し出すように動かして穂を切断する「押し切り」による操作がなされたと考えられる。

2　収穫実験による検証

　前項で検討した仮説に基づき，複製石器を用いた収穫実験を行い，有柄石刀の機能と使用方法について検証した。
　a．実験の目的
　有柄石刀が収穫具であると仮定し，耘田器と同じような操作方法で用いることによって，どのような使用痕が形成されるかを確認し，あわせてその操作性を力学的に検証することを目的とした。
　b．実験石器
　本来ならば良渚文化の石材と同じものを使用すべきであるが，現地での石材の入手が困難であったため，結晶片岩を代用して製作した。
　c．使用方法
　石器は，中指と薬指の間にはさみ込み，柄部の先端を手のひらにあてるようにして保持した。石器上面の

表22　有柄石刀収穫実験経過表

実験概要	第1回実験			第2回実験		
	2004年11月6・7日			2005年10月29日		
	登呂遺跡復元水田			登呂遺跡復元水田		
回	作業量(本)	作業時間(分)	本/分	作業量(本)	作業時間(分)	本/分
1	217	30	7.2	167	30	5.6
2	233	30	7.8	304	30	10.1
3	117	20	5.9	193	30	6.4
4	161	20	8.1			
5	281	30	9.4			
6	260	30	8.7			
7	200	30	6.7			
8	362	30	12.1			
9	373	30	12.4			
10	221	20	11.1			
11	132	20	6.6			
計	2,557	290	8.8	3,221	380	8.5

表23　収穫実験作業量比較表

器種	石器番号	操作方法	単位	計		
				作業量(本)	作業時間(分)	本/分
有柄石刀	S-267	押し切り	穂数	3,221	380	8.5
耘田器	S-253	押し切り	穂数	4,951	355	13.9
	S-268		穂数	3,265	350	9.3
	S-254		穂数	6,961	660	10.5
	S-257	穂摘み	穂数	6,881	509	13.5
	S-256a	穂刈り	穂数	1,032	84	12.3
	S-256b		穂数	2,547	156	16.3

親指から中指を使って穂をつかみ，手首を外側にひねって刃を押し出すようにして切断した（図134-写真1）。

　d．実験の進め方

　実験は静岡市の登呂遺跡内にある弥生時代の復元水田で実施した[8]。作業時間は20分〜30分を単位とし，作業の間に10分程度の休憩をはさんで行った。実験は一人が同一の石器を使い続けるのではなく，回ごとに作業者を入れ替えて行った。

　各回の進行状況と作業量は表22に示したとおりである。なお，表23には，同時に実施した耘田器の使用実験（本章第2節）の結果を併記している。

　e．補足実験

　イネの収穫実験終了後に，同じ石器（S-267）の表面に水性のアクリル絵の具を塗布し，「押し切り」と同じ操作方法で草本植物を刈り取る実験を行った。これは植物の刈り取り作業における石器と作業対象物との接触範囲を把握する補助的な実験である。従来は，作業対象物の残滓が付着した範囲などから石器と作業対象物との接触範囲をおおまかに推定してきたが，残滓が広がりすぎた場合など，接触範囲を把握するには必ずしも十分な手法とはいえない場合があった。今回実施した方法は，作業対象物との接触により，水性のアクリル絵の具（青色）が徐々に剝落していくことを利用しており，石器のどの部分が対象物と強く接触しているかをより正確かつ客観的に記録することができ，使用痕分布形成を理解するうえで有効な手法として期待できる。

3　実験石器の使用痕

　実験石器の収穫本数は延べ3,221本になった。累積作業時間は380分なので，1分あたりの収穫本数は平均8.5本であった。この作業量は，耘田器の押し切りの場合の作業量に比べ若干少なくなっている。実験の参加者の感想では，石器が小さく，手中に固定することが難しく，同じ操作の耘田器に比べ使いにくく感じたようだ。実験石器の刃の長さが約4.5cmと実際の出土品よりも若干短いことも使いづらさに影響したかもしれない。なお，石器の刃部には目立った損傷や刃こぼれなどは生じなかった。

　実験後に出土資料と同じように，顕微鏡観察を行い，使用痕を記録した。

　観察された使用痕はBタイプの微小光沢面である（図134-写真2〜4）。作業量がそれほど多くないため，光沢面は比較的小さめであるが，ある程度発達した部分では，輪郭がはっきりとした明るくなめらかな表面

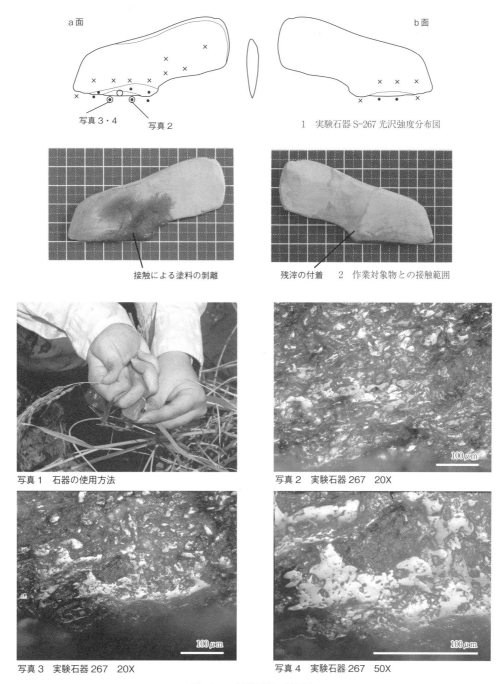

図134 実験石器の使用痕

をもち，断面が丸みをもつなど，イネ科草本植物の場合に生じる光沢面の特徴がよくあらわれている。光沢表面の微細な線状痕，彗星状ピットの方向は，刃縁と平行している。

微小光沢面は表裏に分布しているが，植物の茎を押さえつけるa面のほうが反対の面よりも発達しており，分布範囲も広い（図134-1）。

補足実験では，a面の刃部から主面奥にかけてと刃部後方から柄にかけての範囲で絵の具が剥離しており，この部分が作業対象物と強く接触したと推定される。一方反対のb面では，刃縁のわずかな範囲の絵の具が落ちただけで他はほとんど絵の具が残っていた。ただし，刃部から柄部にかけての比較的広い範囲に茎の残滓が付着しており（図134-2），この部分も一定程度接触したようである。

246　第Ⅱ部　使用痕からみた東アジアの石製農具

　最後に実験石器の使用痕と出土資料の使用痕を比較しておきたい。まず類似する点は，微小光沢面はBタイプの光沢面を主とすることである。線状痕が刃縁と平行であることも同様で，刃を平行方向に動かしたものと理解できる。先端部よりも刃の後方で光沢面が強く，主面や柄部にかけて広く分布していることも，「押し切り」による操作方法と合致している。一方異なる点は，出土石器ではa・b両面とも同じように光沢面が分布しているのに対し，実験石器では茎を押さえる面と反対側では分布範囲，発達強度に差がみられることである。

5　結論——有柄石刀の機能・使用方法——

　以上の検討結果から，有柄石刀には，草本植物の刈り取りに関係した機能・用途が含まれていると考えられる。観察資料の点数や型式など，今回の成果は限定的なものではあるが，これまで切断用の工具と考えられてきた石器が，収穫具としても用いられていた可能性が高くなった。

　観察された使用痕の分布パターンは，基本的に耘田器と同様な操作方法によって理解できる。その使用方法は，器面に穂を押さえつけ，手首を外側に反らすように動かす「押し切り」によって刈り取る，という使用方法である。第2節で検討したように，「押し切り」は現在の中国南部から東南アジアにかけてみられる収穫具の操作方法であり，中国北部から朝鮮半島，日本にかけてみられる「穂摘み」とは異なる操作方法である。良渚文化の収穫具の操作方法には，一貫して「押し切り」という身体技法が用いられたことが，今回の分析からも指摘することができる。

　ただし，今回の検討では十分に説明できないこともある。使用痕の特徴④使用痕が表裏で線対称に分布していることは，耘田器の使用痕の特徴とは異なっており，実験結果とも一致していない。この場合，耘田器のように，同じ手で石器の表裏を入れ替えて使用するという使用法では説明できない。民族資料では，石毛直道がブルネイのイバン族について，「器用な者になると，両手を使用して2個の穂摘具を一時に使用する」という興味深い使用例を紹介している［石毛1968a：133頁］。このように同じ石器を左右の手に持ち替えて使用すれば，有柄石刀の使用痕の分布も理解することができるが，この点については今後さらなる検証が必要である。

第4節　「押し切り」から「穂摘み」へ

1　目的

　第2節および第3節では，良渚文化の耘田器，有柄石刀の使用痕分析から，これらの石器が収穫具であること，また，「押し切り」による操作が行われ，中国北部で発達する石刀とは異なる身体技法によって規定されていたことを論じてきた。

　本節では，長江下流域において，押し切りによる操作がどのように生じ，良渚文化の後どのようになるのかという問題を考えるために，良渚文化の前後の時期の資料が出土している浙江省湖州市の毘山遺跡の出土品を分析・検討した。

2　毘山遺跡出土石器の使用痕分析

　本分析調査は，2011年10月に，湖州市博物館において実施した。博物館が所蔵する毘山遺跡出土石器から耘田器，石刀など収穫具関係の資料を選び出し，高倍率の落射照明型金属顕微鏡を用いた使用痕分析を行っ

たところ，良渚文化前後の時期の収穫具の使用方法に関わる分析結果が得られた。

1 資料の概要

毘山遺跡は，浙江省北部，太湖の南の湖州市に所在する新石器時代の遺跡である。2004年から2005年にかけて，浙江省文物考古研究所，湖州市博物館によって約2,000m^{2}の発掘調査が行われている［浙江省文物考古研究所・湖州市博物館2006，方ほか2006］。この調査では，崧沢文化晩期から良渚文化早期にかけての墓61基が検出され，石器，玉器を含む副葬品が出土している。また，報告書で高祭台類型とされた時期は，良渚文化よりも後の馬橋文化とそれより少し後の時期を含み，建物跡，土坑，溝などの遺構が発掘されている。

崧沢文化の出土遺物は，墓の副葬品として出土したものである。副葬品のなかには，石刀，石犁，石鎌，石鉞，石錛，石鏃など石器が多くみられ，石刀，石犁は特に出土量が多いようである。報告書では，石刀と表記されているが，この多くは良渚文化の「耘田器」の祖形といえる形態的な特徴がみられる。また，高祭台類型の時期には，耘田器といえるような石器はみられず，かわりに半月形の石刀（石庖丁）が出土している。以下，本節で検討する耘田器と石刀を抽出して，概観しておきたい。

　a．耘田器（図135-1～11）

崧沢文化晩期から良渚文化初期の耘田器は，墓の副葬品として出土したものである。形態的に良渚文化の耘田器と共通する点が多いが，若干異なる特徴もみられる。刃部の平面形は，明瞭なV字形を呈するものはなく，刃が直線的または側縁部でわずかに外湾するものが主である（1～7）。なかには刃が大きく外湾するもの（8～11）もあるが，中央に明瞭な屈曲部をもつものはみられない。背部には，管状工具または錐状工具による穿孔が施されており，背部の突出部がリング状を呈するもの（1・3・4・9）が特徴的である。断面が比較的薄身である点，刃部断面が両刃である点などは，良渚文化の耘田器と同じである。

　b．石刀（図135-12～14）

石刀は，高祭台類型の時期の溝から出土したものである。内湾する刃部をもつ石庖丁（12・13）と背部が直線的で刃部が外湾する石庖丁（14）がある。内湾刃の石庖丁の刃部は片刃で，背部には2孔穿孔が施されている。外湾刃の石庖丁は，両刃で，背部に2孔穿孔がある。いずれも，刃部に明瞭な刃面が付けられている。

調査の時間的な制約もあり，ごく限られた資料しか分析することはできなかった。詳細な観察記録を作成することができたのは，崧沢文化の耘田器1点（図135-3），良渚文化より後の石刀2点（図135-12・13）である。

2 分析の概要

本分析では，同軸落射照明装置を内蔵する小型金属顕微鏡（モリテックス社製SOD-Ⅲ）を用いて行った。分析では，光沢面の発達程度を平面図上に光沢強度分布図として記録した。主に200倍観察視野中に占める光沢面の広がり方を目安とし，第3章第1節4の基準に基づき，強・中・弱・微弱・なしに区分した。

主要な使用痕については，適宜写真を撮影した。顕微鏡写真は，ピントをずらしながら撮影した複数の画像をパソコン上で合成処理した多焦点画像である。合成処理には，焦点合成ソフトHelicon Focusを使用した。

個別資料の観察所見は表24に記載し，代表的な使用痕の顕微鏡写真を提示した（図137・139）。図136・138の資料中に記載された写真番号は，図137・139の顕微鏡写真の番号に対応し，写真番号キャプションの向きは，顕微鏡写真の向きと対応している。

248　第Ⅱ部　使用痕からみた東アジアの石製農具

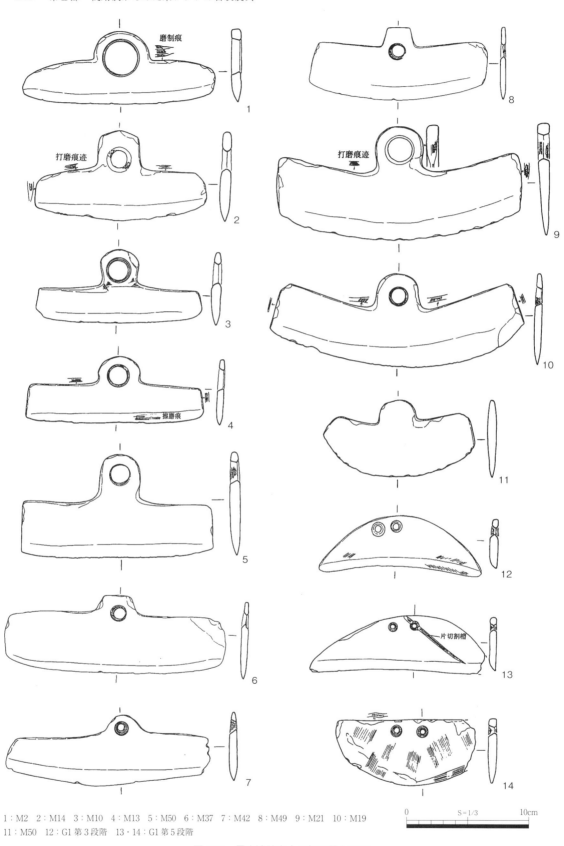

1：M2　2：M14　3：M10　4：M13　5：M50　6：M37　7：M42　8：M49　9：M21　10：M19
11：M50　12：G1第3段階　13・14：G1第5段階

図135　毘山遺跡出土の耘田器と石刀

第6章　長江下流域における石製農具の使用痕分析　249

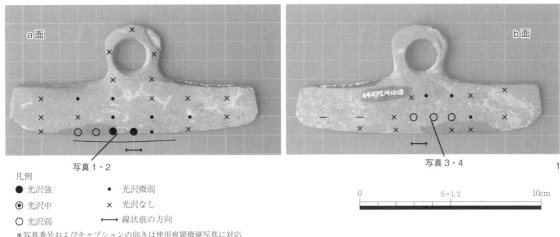

凡例
● 光沢強　　・ 光沢微弱
◉ 光沢中　　× 光沢なし
○ 光沢弱　　⟷ 線状痕の方向
＊写真番号およびキャプションの向きは使用痕顕微鏡写真に対応

図136　耘田器使用痕分布図・写真撮影位置図

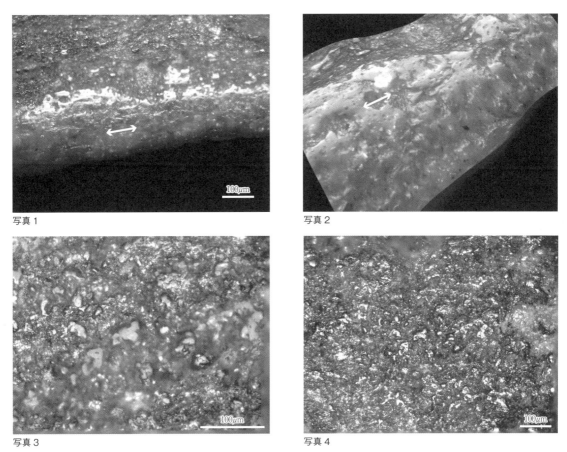

図137　耘田器使用痕顕微鏡写真

3　分析結果

　顕微鏡観察の結果，いわゆるBタイプ，Aタイプの微小光沢面が観察された。Bタイプは木を対象とした作業やイネ科草本植物に対する作業で，Aタイプはイネ科草本植物の作業で生じることが実験から確認されている。以下，耘田器と石刀の使用痕および推定される石器の機能についてみていく。

250　第Ⅱ部　使用痕からみた東アジアの石製農具

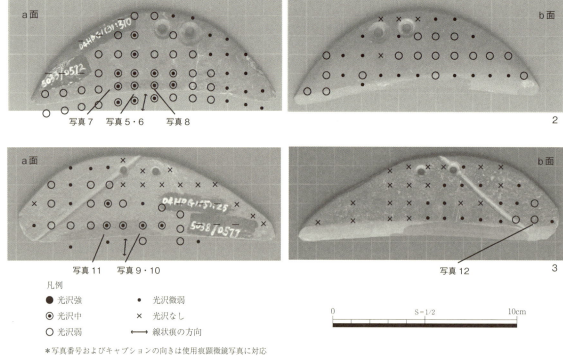

図 138　石刀使用痕分布図・写真撮影位置図

表 24　耘田器・石刀分析資料・観察所見一覧表

図版番号 (分析No.)	写真番号	遺跡名	遺構等	—	文献※・図番号等
	観察所見　　形状等，低倍率観察，高倍率観察				
図 136-1 (S-11035)	図 137-写真 1～4	昆山遺跡	M10	—	文献 10・図 57D-13
	平面形は長方形に近く，背部中央にリング状の突出部がつく。刃部は両刃で，平面形は若干湾曲している。光沢面はa面の刃部中央付近からやや左寄りにかけてもっとも発達しており，Aタイプの特徴がよく表れている（写真1・2）。この部分は全体を覆うように広く平面的に形成されている。光沢部と非光沢部の境界は明瞭で，光沢の断面は丸みをもつ。表面は非常になめらかで明るい。光沢面上の微細な線状痕は刃縁と平行する。刃縁ほど発達していないが，器面の中央付近に微弱な点状の光沢面が分布している。b面では，刃縁で明確な光沢が認められなかった。刃部から少し内側に入ったところで，弱・微弱の光沢面が分布している（写真3・4）。				
図 138-2 (S-11031)	図 139-写真 5～8	昆山遺跡	G1 第3段階	—	文献 10・図 223-9
	刃部が内湾する片刃の石刀で，背部に2孔の穿孔がある。刃が付けられている面をb面，平坦な面をa面として記述する。光沢面は丸みを帯びた点状に発達している（写真7・8）。非光沢部との境界は明瞭で，断面は丸く水滴状の外観を呈す。表面は非常に明るくなめらかで，わずかにピット，微細な線状痕がみられる。光沢面は，a面，b面とも広い範囲に分布している。もっとも発達しているのは，a面の刃部中央から穿孔の左側にかけての部分で，この面では中央から左側にかけての範囲の光沢面が発達している。b面は，a面ほど発達していないが，ほぼ全体に弱または微弱の光沢面が分布している。刃縁の発達した光沢面では，線状痕は刃縁と直交する方向性がみられる（写真5・6）。				
3 (S-11032)	図 139-写真 9～12	昆山遺跡	G1 第5段階	—	文献 10・図 263-8
	刃部がやや内湾する片刃の石刀で，背部に2孔の穿孔がある。両面に擦切分割のための溝がみられる。刃が付けられている面をb面，平坦な面をa面として記述する。光沢面は丸みを帯びた点状に発達している（写真9～12）。非光沢部との境界は明瞭で，断面は丸く水滴状の外観を呈す。表面は非常に明るくなめらかで，わずかにピット，微細な線状痕がみられる。光沢面はa面の刃部中央付近から穿孔の下側でもっとも発達し，この面での左側にかけて光沢面が分布している。b面では器面中央から右側にかけてやや弱い光沢が広がり，右側縁部が比較的発達している。a面刃縁の線状痕は，いずれも直交方向に形成されている。				

※文献一覧は章末に記載する。

第6章 長江下流域における石製農具の使用痕分析 251

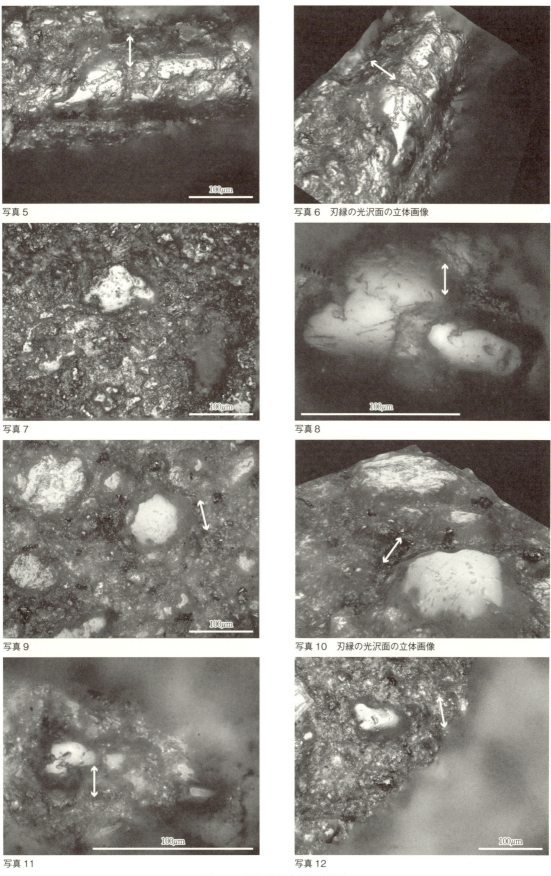

写真5

写真6 刃縁の光沢面の立体画像

写真7

写真8

写真9

写真10 刃縁の光沢面の立体画像

写真11

写真12

図139 石刀使用痕顕微鏡写真

a．耘田器の使用痕と機能

使用痕からみた石器の機能は次のようなものである。まず，光沢面の特徴から作業対象物はイネ科等の草本植物と推定できる。使用部位は刃の中央付近で，器面に植物を押さえつけて使用されたと考えられる。線状痕の方向は，刃を平行に操作して切断したことを示している。

このような使用方法は，先にみた良渚文化の耘田器で想定した使法と基本的には同じものと考えてよいだろう。ただし，この石器では，光沢が発達している範囲が石器中央部にあり，典型的な耘田器の使用痕分布のように，器面の片側に分布が偏っているようにはみえない。刃が直線的で平面形がV字状をなしていないという形態的な特徴と関係しているかもしれないが，これはもう少し分析資料を蓄積して検討する必要がある。

b．石刀の使用痕と機能

表24の観察所見から，これら2点の石刀の機能は，次のように推定される。まず，光沢面の特徴から作業対象物はイネ科等の草本植物が想定される。使用部位は刃の中央付近で，穿孔部の左または下側に植物を押さえつけて使用した。線状痕の方向により，刃を直交方向に操作して切断したことが推定できる。この使用方法は，先に「押し切り」との比較でとりあげた「穂摘み」による使用痕の典型的な例である。

3　結論——「押し切り」から「穂摘み」へ——

本分析によって得られた成果と課題は次のとおりである。

① 「押し切り」による収穫技術の出現

良渚文化に先行する崧沢文化には，耘田器の祖形的な形態の石器があり，使用痕分析の結果，その使用方法は良渚文化の耘田器と同様に「押し切り」によるものと推定できる。つまり，良渚文化につながる「押し切り」による収穫方法と石製収穫具としての耘田器の成立は，少なくとも崧沢文化にまで遡ると考えられる。

この時期には，耘田器だけでなく，石犂，石鎌など良渚文化へ継続する石製農具の存在が明確になることから，農耕技術の発展段階としても大きな転換期だったと考えられる。収穫具としての石器の成立と「押し切り」による収穫具の使用方法がこの時期には確立していたことは，その後の良渚文化の時期に農耕に関わる石器が著しく発達する意味を考えるうえで大きな意味をもつ。

② 「押し切り」から「穂摘み」へ

良渚文化の後，それまで主要な収穫具であった耘田器はみられなくなり，半月形の石刀がこれにかわる。この時期の石刀は，「穂摘み」による使用法が想定され，石器の形態だけでなく，収穫具の使用方法も，それ以前の耘田器とは断絶したものであることが確認された。良渚文化とそれ以後では，稲作に関わる農耕技術がストレートに継承されていないことを考慮する必要がある。

第5節　石鎌の使用痕分析

1　目的

第2節～第4節までは，「耘田器」「有柄石刀」といった良渚文化特有の石器の使用痕分析を行い，これらの石器が収穫具として用いられたこと，その使用方法は「押し切り」であったとする見解を述べてきた。一方，従来から良渚文化の石器には石鎌が組成することが知られている。これまではこの石鎌が主要な収穫具だと目されてきたが，その役割についてはあらためて検討する必要がある。本節の目的は，良渚文化の遺跡

から出土した石鎌の使用痕分析を行い，石鎌の基本的な機能とその使用方法を明らかにし，農具としての再評価を図ることにある。

2 石鎌について

1 形態

石鎌の各部位の名称は図120-3に示したとおりである。先端を左，基部を右側においた面をa面，その反対の面をb面として表記する。

良渚文化の石鎌は，刃部長10cm以下の小形品から30cmに達する大型品までさまざまな大きさがあるが，その多くは20cmを超える大型品である。ホルンフェルス，粘板岩などの扁平な石材を加工して作られ，背部および基部の縁辺には，整形加工時の剝離痕を残すものも多い。刃部は基本的に研磨されるが，刃面は入念に研磨されるのに対し，a面の平坦な面の研磨は荒く石材の凸凹を残したままのものが多い。

刃部は内湾刃で，直線刃に近いものもある。断面形は両刃と片刃があるが，大型品では片刃が多く，その場合b面側に刃面がつけられているのが一般的である。

2 石鎌の機能・用途について

石鎌の機能・用途については，収穫用の鎌と考えられてきた。大小の大きさの違いにより，穂刈りと根刈りに使い分けられていたとする見方もある。

石鎌の使用方法で興味深いのは，石鎌の形態から，これらの石鎌が左手で使用されたと想定する意見である［兪1996］。これは，刃面がb面側につけられていることから，この面を上にして使用するならば，左手でもたないと使用できないという推測による。この推測は，刃面を上に向けて使用したことが前提となるが，この点については後ほど使用痕から検証していくことにしたい。

3 使用痕分析

1 分析資料

本節でとりあげる石鎌は，2001年に上海博物館で分析を行った広富林遺跡，亭林遺跡出土の資料である（図140）。

広富林遺跡は，上海市松江区に所在する新石器時代良渚文化を主体とする遺跡で，上海博物館によって継続的に発掘調査が行われている［上海市文物保管委員会1962，上海博物館考古研究部2002b・2008］。発掘調査では，良渚文化の墓坑が30基以上検出されており，今回分析した資料も多くはこの副葬品として出土したものである（図140-1〜5）。

亭林遺跡は，上海市金山区に所在し，1966年に発見された遺跡である。1988年・1990年に上海博物館によって約1,000m²の発掘調査が行われ，良渚文化の墓坑23基が確認された［上海博物館考古研究部2002c］。本分析資料もこの副葬品である（図140-6）。

今回の分析調査では，小型の石鎌は良好な資料に恵まれず，使用痕を検出した石器はいずれも大型の石鎌である。図140-1〜3・6は完形品，図140-4・5は基部を欠損する。刃部の形態では，図140-4は両刃，図140-2・3・6は片刃でb面に刃面が付けられている。図140-1・5は一応両刃であるが，刃は偏っており，b面のほうにより明瞭な刃面がつけられている。

254　第Ⅱ部　使用痕からみた東アジアの石製農具

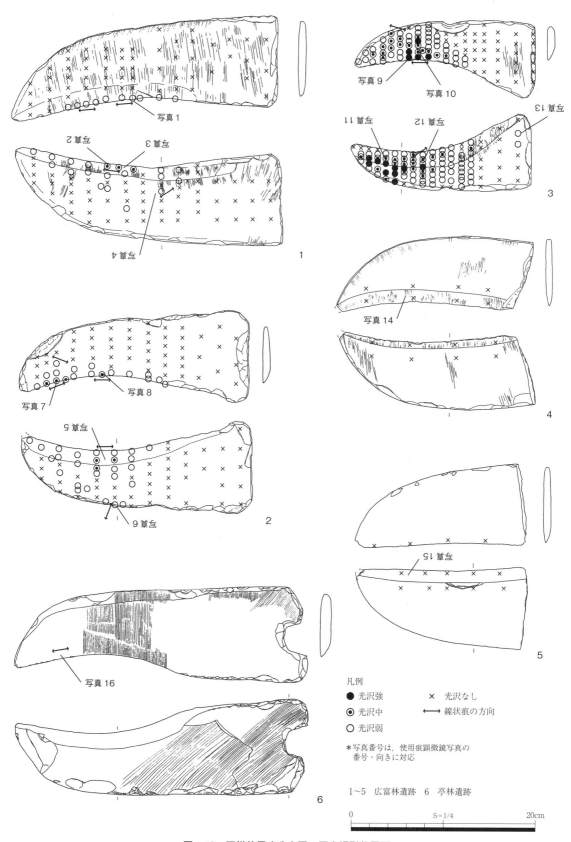

図 140　石鎌使用痕分布図・写真撮影位置図

表25 石鎌分析資料・観察所見一覧表

図版番号 (分析 No.)	写真番号	遺跡名	遺構等	-	文献※・図番号等
	観察所見　形状等，低倍率観察，高倍率観察				
図140-1 (S-02004)	図141-写真1～4	広富林遺跡	-	-	文献2・5・-
	完形品。刃部は両刃だが，b面の方に明瞭な刃面が作出されている。使用痕は両面で観察される。光沢面は点状に発達したBタイプを主とする（写真1・3）。一部は平坦に広がる光沢面もみられる（写真2）。光沢表面は非常になめらかで，微細な線状痕が認められる。線状痕の方向は，刃部では刃縁と平行するが（写真1・3），主面では斜行するものもみられる（写真4）。使用痕は刃縁に沿って分布する。a面は発達弱の光沢面が主だが，b面は中程度に発達し密度の高い光沢面がみられ，分布範囲もa面より広い。				
2 (S-02005)	図141-写真5～8	広富林遺跡	-	-	文献2・5・-
	完形品。片刃で，刃面はb面に付けられている。使用痕は両面で観察される。光沢面は点状に発達したBタイプを主とする。刃部では，a面の光沢面が大きく発達している（写真7・8）。この光沢面は表面がなめらかで，微細な線状痕をともなう。b面刃部の光沢面は発達が弱く（写真5），光沢面がみられない部分もある。光沢面は刃縁に沿って分布している。分布範囲はa面よりもb面の方が広範囲に分布し，b面では背部付近にも分布する。線状痕は刃部と平行しているが（写真7・8），先端部近くの背部よりの部分では斜行するものもみられる（写真6）。				
3 (S-02001)	図142-写真9～13	広富林遺跡	-	-	文献2・5・-
	完形品。刃部は片刃で，b面に刃面がつけられている。微小光沢面は観察した資料のなかでもっとも発達している。光沢面は点状に発達したBタイプを主とし，一部は面的にも大きく発達している。光沢の表面はなめらかで，微細な線状痕が認められる（写真9～12）。刃部中央から先端部にかけて発達しているが，刃部は必ずしも発達していない。a面よりb面の方が，若干光沢面の発達が強い。線状痕は刃部で平行するものが主体で（写真9・11・12），背部側から先端部にかけて，刃と斜行するものもみられる。この資料では，通常光沢面が観察されないb面基部にも微弱な光沢面が確認された（写真13）。光沢面は非常に微弱だが，表面は明るくなめらかで，高所に張り付いたように形成されている。				
4 (S-02003)	図142-写真14	広富林遺跡	-	-	文献2・5・-
	基部を欠損する。刃部は両刃である。背部には敲打・剥離痕を残す。刃縁を中心に観察したが，微小光沢面等の使用痕は認められない（写真14）。				
5 (S-02002)	図142-写真15	広富林遺跡	-	-	文献2・5・-
	基部を欠損する。片刃で刃面は右主面に付けられているが，刃は鋭さを欠き断面は丸みをもつ。石材表面の遺存状況は良好であるが，光沢面等の使用痕は観察されない（写真15）。				
6 (S-02015)	図142-写真16	亭林遺跡	M16：62	-	文献2・5・図12-8
	完形品。背部と基部に整形剥離痕を残す。刃部は片刃で，刃面が入念に研磨されているのに対し，平坦面（a面）の研磨はあらく石材表面の凸凹が残されている。刃部の写真撮影のみを行った。観察された使用痕は，Bタイプ，Aタイプの光沢面で点状に発達している。線状痕は刃部と平行する（写真16）。				

※文献一覧は章末に記載する。

2　分析の概要

本分析では主に200倍観察視野中に占める光沢面の広がり方を目安とし，第3章第1節4の基準に基づき，強・中・弱（微弱を含む）・なしに区分した。実測図中には，強・中・弱・光沢なし・観察不能といった記号を記入し，補助線でおおよその分布の境界を示している（図140凡例）。

6点の石器を観察し，図140-1～3・6の4点で光沢面を確認した。図140-1～3は，詳細な光沢面の強度分布図を作成した。以下，各資料の使用痕について述べるが，個別の観察結果は表25に記載し，顕微鏡による使用痕の画像は，図141・142に掲載した。図140分布図上に記載した写真番号は，図141・142の写真番号に一致し，写真番号キャプションの向きは顕微鏡画像の向きに対応する。

3　使用痕の特徴

観察された使用痕には，次のような特徴が認められる。

①微小光沢面は点状に発達したBタイプが主で，まれに面的に広がるAタイプに近いものがある。
②刃縁で観察される線状痕は，刃部と平行するものが主である。
③線状痕は，背部や先端に近い部分では，斜行するものもみられる。

256　第Ⅱ部　使用痕からみた東アジアの石製農具

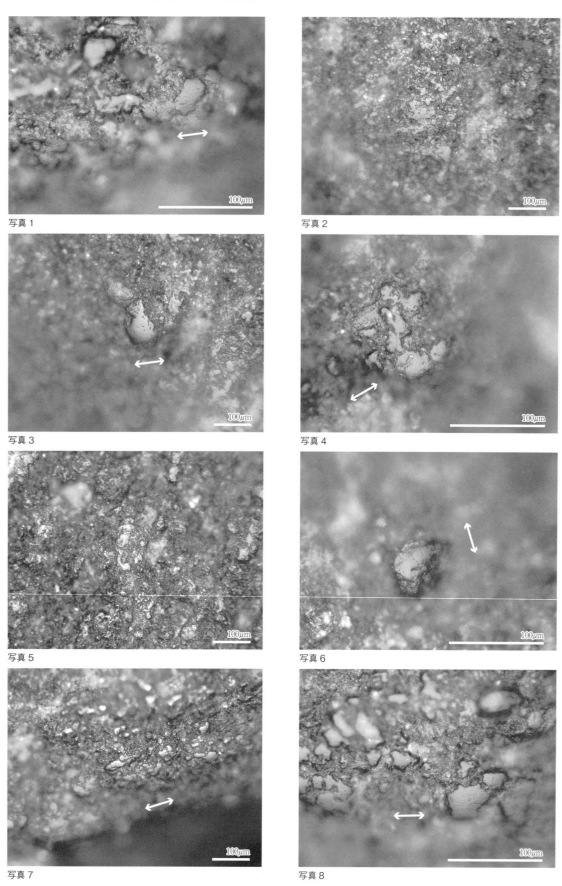

写真1　　　　　　　　　　　写真2

写真3　　　　　　　　　　　写真4

写真5　　　　　　　　　　　写真6

写真7　　　　　　　　　　　写真8

図141　石鎌使用痕顕微鏡写真（1）

第6章 長江下流域における石製農具の使用痕分析 257

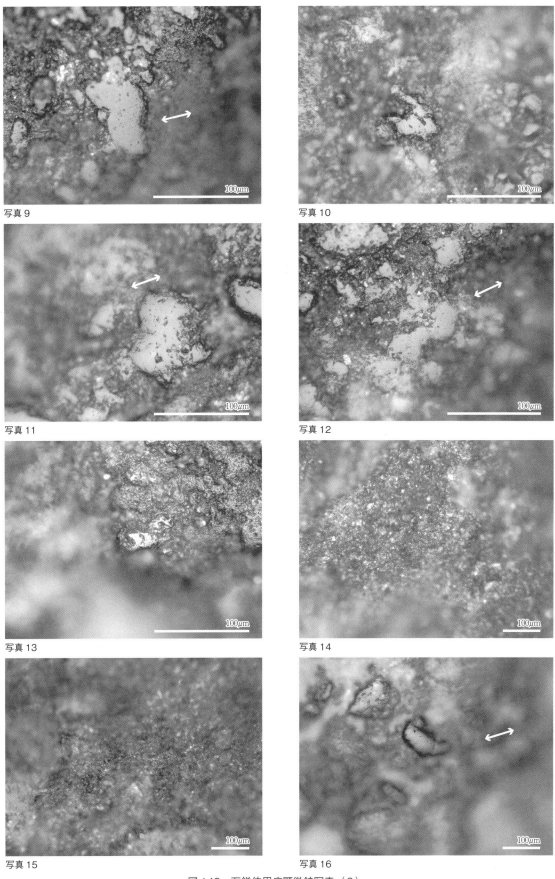

図142 石鎌使用痕顕微鏡写真（2）

④相対的にb面のほうがa面よりも光沢強度が強く，光沢の分布範囲も広い。

⑤刃部では光沢面の発達が他に比べ弱い場合がある。特にb面の刃面でこの傾向が強い。

⑥基部は基本的には光沢面の非分布域となっている。ただし，図140-3では，基部にも非常に微弱な光沢面が確認された。

4　機能推定

これらの特徴から，石鎌の機能は，刃部を平行に操作し（特徴②），イネ科等の草本植物を切断したものと推定される（特徴①）。背部や先端部で線状痕に斜行するものがみられるのは，刃部で切断された植物が背部側に斜めにぬけていく軌跡を表しており（特徴③），基部側に引き切る運動方向と一致する。a面とb面の光沢強度と分布範囲の差は，作業対象物との接触頻度が両主面で異なっていたことを示しており，石鎌を地面に対し水平に使用すると，植物が密集する下面側でより接触頻度が高くなることが予想される（特徴④）。つまり，右手で石鎌を保持し，刃面のあるb面を下にして使用されたことが推定される。刃部の非光沢部は刃の研ぎ直しによるもので（特徴⑤），主に刃面に対して研ぎ直しが行われていたことがわかる。また，基部付近は柄に装着されていたため，この部分には基本的に光沢面は分布しない（特徴⑥）。ただし，図140-3では微弱な光沢面を確認している。これは植物の切断による痕跡ではなく，木質の柄と接触したことによって形成された装着痕である可能性が高い。

4　実験による使用方法の検証

1　実験の目的

良渚文化における石鎌の使用痕分析では，a面とb面で光沢分布の発達程度が異なる資料があり，総じてb面の発達が強く，分布域も広い傾向が認められた。この違いは，使用時の上面・下面の違いを反映しているとみられる。また，切断する植物の部位によっても，光沢分布に差が現れる可能性がある。

これまでに石鎌の使用方法を使用痕から検討するために行われた実験としては，日本の弥生時代の石鎌を想定した斎野裕彦による実験がある［斎野2001］。この実験では，次のような知見が得られている。穂刈りの場合，刃縁に直交する線状痕とBタイプの光沢面が形成され，下にした面に光沢面が発達しやすい。根刈りでは，刃縁に平行する線状痕とAタイプ・Bタイプの光沢面が形成され，光沢面の発達度は上下とも同じである。福岡県・山口県・大阪府の石鎌の使用痕分析から，弥生時代の石鎌は，刃を直交方向に動かし，イネ科植物を切断する機能の石器であり，右手に持って使用される場合が多かったと述べられている。

本分析の使用痕は，刃縁の線状痕の方向など，斎野の分析した日本の石鎌とは若干異なる点もあり，使用方法が違うことも考えられる。ここでは，石鎌の上面・下面の違い，切断位置の違いが，使用痕分布とどのように関係するのかを理解するために，復元した石器によるイネの刈り取り実験を行った。

2　実験の方法

a．基本的な方法

微小光沢面は，作業対象物との継続的な接触によって形成される使用痕である。光沢面の分布範囲は対象物との接触範囲を反映し，光沢面の発達強度は石器のどの部分が強く接触したかを知る手がかりになる。しかし，光沢面の形成スピードは非常に緩やかであるため，実験において，出土品と比較可能な発達度に達するには膨大な作業量を要してしまう。そこで，今回の実験では，微小光沢面を観察するのではなく，作業対象物との接触範囲を比較することで，光沢面の分布域の違いを理解しようとした。具体的には，石器の表面

図143 石鎌実験石器操作方法・使用状況

に水性のアクリル絵の具を薄く塗布し，使用によって絵の具がはがれた範囲を対象物との接触範囲として把握することで，操作方法，作業部位といった条件の違いが，接触範囲（予測される光沢面の形成範囲）にどのように関係するのかを比較した。

　b．作業場所および対象

　実験は，愛知県清洲貝殻山貝塚資料館の体験学習用水田で実施した。作業対象はイネで，穂が実った収穫期のイネの刈り取り作業を行った。今回用いたイネはやや背が高い赤米で，一部は地面に倒れたものを引き起こしながら作業を行った。

　c．実験石器

　石鎌　実験石器番号 S-284・S-291・S-292 の 3 点を使用した。S-284 は泥岩製で刃部は両刃，S-291 は泥

260　第Ⅱ部　使用痕からみた東アジアの石製農具

岩製で刃部は片刃，S-292は結晶片岩製で刃部は片刃の石器である。大きさは長さ12～13cmで，実際の出土資料の3分の1から2分の1程度の大きさである。石器はグラインダーでおおまかな形を整え，表面は砥石で磨いて仕上げた。石器使用時には，水色の水性アクリル絵の具を筆で塗布した（図143-5）。

　柄の装着　柄は市販の金槌用の木製柄を使用した。作業と観察の間の着脱を容易にするために，紐などは用いずに，石器を柄の頭部と板ではさみ，市販の金属製クランプで固定した（図143-4）。柄と石器の装着角度は厳密には設定していないが，いずれも直角より若干鈍角になるように装着した。

　d．実験の条件

　3点の実験石器を用いて，①から⑱までの実験を行った（表26）。

　まず，右手に保持した場合（実験①～⑨），左手で保持した場合（実験⑩～⑱）の大きく二つに分ける。右手で保持した場合は，a面が上面，b面が下面となる。反対に左手で保持した場合，a面が下面，b面が上面と，右手の場合とは逆になる。

　次にイネの切断位置の違いで三つの操作方法を設定した。

　穂刈り（実験①～③・⑩～⑫）　穂の下で1本ずつ刈り取る（図143-1）。

　高刈り（実験④～⑥・⑬～⑮）　根元より高い茎の中程で数本ずつ刈り取る（図143-2）。

　根刈り（実験⑦～⑨・⑯～⑱）　イネの根本で，根株を何回かに分けて刈り取る（図143-3）。

　いずれの操作においても刃を手前に平行にスライドさせて対象を切断した。作業回数は，穂刈り・高刈りは200回，根刈りは100回とした。

3　実験の結果

　いずれの方法もイネの刈り取りを行うことが可能であった。石器が最も接触した部分では，絵の具が剥がれ落ち，石器の元の表面が表れた（図143-6）。完全に絵の具が剥がれた範囲の周囲には，かすれたように絵の具が剥がれた部分，茎の残渣が付着した部分がみられた。

　図144は，各実験において，絵の具が剥がれた範囲を実測図上に表記したものである。上段は右手，下段は左手で使用した実験結果，左列は穂刈り，中央は高刈り，右列は根刈りの実験結果である。

　実験で確認された接触範囲は，作業部位ごとに次のようにまとめられる。

　穂刈り　接触範囲は刃縁に限られ，器面奥まで及ばない。上面と下面の接触範囲にはあまり差はないが，わずかに下面のほうが接触範囲は広い場合がみられる。

　高刈り　接触範囲は刃縁から主面にかけてで，穂刈りよりは広い範囲が接触する。上面に対し，下面のほ

表26　石鎌実験内容一覧表

使用方法		作業量	実験番号 石器番号	
			右手保持	左手保持
穂刈り	穂首を1本ずつ刈り取り。	200回	① S-284	⑩ S-284
		200回	② S-291	⑪ S-291
		100回	③ S-292	⑫ S-292
高刈り	茎の中ほどで数本ずつ刈り取り。	200回	④ S-284	⑬ S-284
		200回	⑤ S-291	⑭ S-291
		100回	⑥ S-292	⑮ S-292
根刈り	根元をまとめて刈り取り。	200回	⑦ S-284	⑯ S-284
		200回	⑧ S-291	⑰ S-291
		100回	⑨ S-292	⑱ S-292

第6章　長江下流域における石製農具の使用痕分析　261

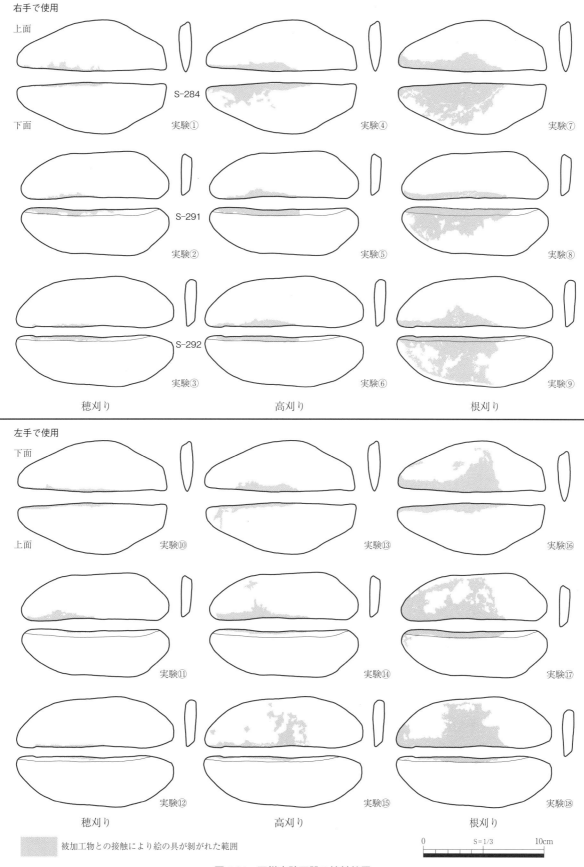

図144　石鎌実験石器の接触範囲

うが接触範囲は広い。

根刈り　穂刈り，高刈りよりも明らかに接触範囲が広い。接触範囲は，上面より下面のほうが広い。また，石器と対象物の接触軌跡は，刃部では平行であるが，器面奥から背部にかけては，斜行または直交に近くなる。

実験の結果は，穂刈り，高刈り，根刈りと切断する部位が太くなるにつれ，接触範囲が広がること，また，使用時に上を向けた面よりも下のほうの面が，より広範囲に接触することを示している。

5　結論——石鎌の機能・使用方法——

実験結果を要約し，良渚文化の石鎌の使用方法について考察する。

上面・下面の違い　実験の結果から推定すると，使用時に下を向けた面のほうが，上を向けた面よりも接触範囲が広くなる。これは，下面の茎切断面のほうがより強く接触すること，下面側のほうが植物の密集度が高いことによるものであろう。継続的に使用された場合，光沢面は下面側のほうが広範囲に発達すると予測される。これを一般化すれば，光沢の発達した面は下に向けて使用されたと推定できる。

切断部位との関係　穂首より中位，中位より根本になるにしたがって接触範囲が広くなる。これは切断位置によって対象の太さが異なるからである。1本ずつ刈り取るよりまとめて束にして刈ったほうが，接触範囲が広くなる。今回の実験では，中位の茎は数本ずつ刈り取ったが，一度に切断する本数を増やせば，より広い範囲に及ぶと予測される。

以上の結果から良渚文化の石鎌の使用方法を推定すれば，a面を上に，b面（刃面側）を下にして，刃を平行に操作して切断したと考えられる。したがって分析した石器の使用者は右利きであったと推定される。光沢の分布範囲の広がりから，ある程度の厚みのある束として刈り取ったと考えられ，穂首よりは，中位または根本での切断が想定できる。

第6節　「破土器」の使用痕分析

1　目的

本節および次節では，良渚文化石器の一連の分析として，「破土器」「石犂」と呼ばれている石器の機能について検討する。これらの石器は，その名称があらわすように，主に耕起具としての機能・用途が想定されてきた。ただし，その根拠は，主に石器の形態的な特徴によるものであり，耕起具としての機能を疑問視する意見も存在する。まず本節では，「破土器」と称される大形の三角形石器をとりあげ，中国で実施した石器使用痕分析の成果に基づき，石器の使用部位，操作方法，作業対象物について検討する。次に，破土器を想定した使用実験，農学的な視点からの検討を加え，これらの石器の機能・用途について考察する。

2　形態と用途の諸説

1　形態

破土器は，浙江省・江蘇省・上海市など太湖周辺の地域を中心に分布する石器である。年代的には，良渚文化に入ってから出現し，青銅器時代の馬橋文化まで存続する［中村 2002b］。

平面形は三角形を呈し，一辺に刃部を有する。刃部の反対側に長側辺を延長させた突出部をつけるもの，短側辺に抉りを入れるもの，器面に1ないし数個の孔を穿つものなど，形態的なバリエーションがある。大形品が多く，なかには50cmを超える特大のものもある。刃部は片刃で，比較的鋭く研ぎ出されている。刃

面を表とした場合，左斜辺に三角形の長側辺がくるのが通有の形態である。本節では，図120-4のように，刃がつけられている面をa面，平坦な面をb面と表記する。

2　機能・用途の諸説

破土器，石犂の機能・用途については，さまざまな論考で述べられているが，その多くはこれらの石器を耕起具として位置づけるものである。

破土器の特徴的な突出部は，柄の装着部として復元される。この石器の機能・用途は，牽引して使用する犂の一種とする説が定説化しているが，その他にも，伐採・除草の機能をもった石器，解体・調理用の石器などの意見もみられる。

牟永抗・宋兆麟は，破土器を4型式に分類し，その着柄方法の復元も行っている（図145）。牟・宋は，破土器を犂の一種と考え，水田灌漑のための溝を切り開くための土掘具とし，牽引して使用されたと想定した［牟・宋1981］。

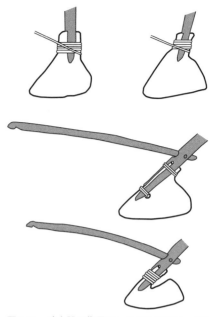

図145　破土器の復元（牟・宋1981を再トレース）

中村慎一は牟永・宋の説を支持し，破土器が他の遺物をともなわず単独で発見されることがあり，それは集落から離れた耕地またはその近辺に遺棄された結果ではないかと指摘した［中村1986］。

劉軍・王海明は，中耕除草用の畑作農具とする見解を述べている［劉・王1993］。

梶山勝は，オシガマなどの日本の農具を参考に，畦の側面に生えた雑草を削り落とす除草具ではないかとし，畑作との関係を想定している［梶山1989］。

また，この他にも，解体・調理用の大形の包丁とみる意見もある［安1988］。

3　使用痕分析

1　分析資料

破土器は，9点の資料をとりあげる（図146・147）。図146-1～4は浙江省内各地で出土したもので，平面形が不整三角形を呈するものである。図146-5～8は上海博物館所蔵の馬橋遺跡出土資料である。これらの多くは，形態的には良渚文化に後続する馬橋文化のものを含むとみられる。図147-9は刃長50cmを超える特大の破土器である。

2　分析の概要

破土器の石材はホルンフェルスあるいは粘板岩といった石材が用いられている。なかには風化によって表面が白色化し，使用痕の検出が難しい石器もあったが，総じて石材表面の遺存状態は良好で，分析には条件の良い資料であった。

本分析で観察された光沢面のタイプ［梶原・阿子島1981］は，AタイプおよびBタイプの光沢面である。Aタイプは明るくなめらかで広い範囲を覆うように発達する特徴的な光沢面で，イネ科草本植物に対する作業で特徴的に現れる。Bタイプは明るくなめらかで丸みを帯び，水滴状の外観を呈することがあり，木に対する作業や草本植物に関する作業に関係する。また，破土器の機能・用途において想定される光沢面にはXタイプがある。Xタイプは，表面のコントラストは鈍く，全面が凹みや線状痕で覆われ荒れた外観が特徴で

264 第Ⅱ部 使用痕からみた東アジアの石製農具

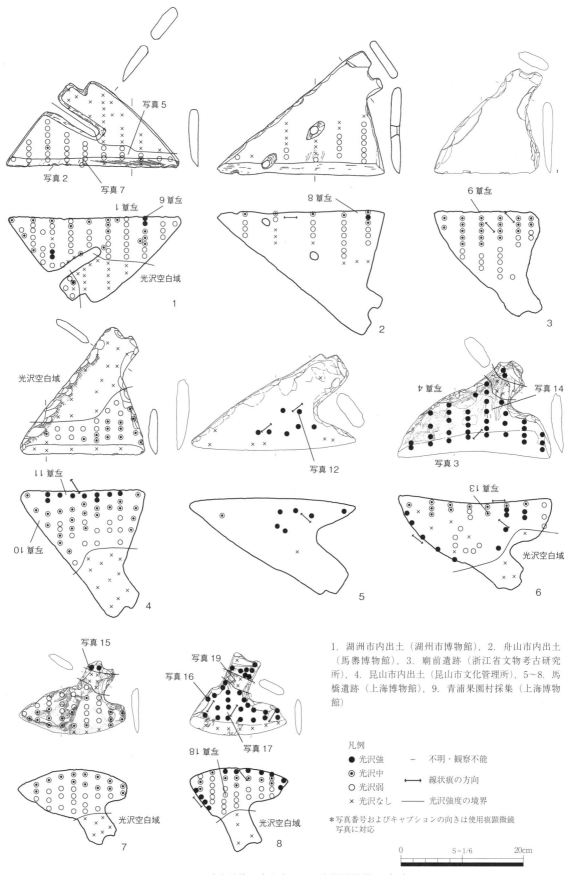

1. 湖洲市内出土（湖州市博物館），2. 舟山市内出土（馬嶴博物館），3. 廟前遺跡（浙江省文物考古研究所），4. 昆山市内出土（昆山市文化管理所），5〜8. 馬橋遺跡（上海博物館），9. 青浦果園村採集（上海博物館）

凡例
● 光沢強　　－ 不明・観察不能
◉ 光沢中　　↔ 線状痕の方向
○ 光沢弱
× 光沢なし　── 光沢強度の境界

＊写真番号およびキャプションの向きは使用痕顕微鏡写真に対応

0　　S=1/6　　20cm

図146　破土器使用痕分布図・写真撮影位置図（1）

ある。この光沢面は土に対する作業や作業時に土が混入することで生じる。

　AタイプあるいはBタイプの光沢面の残存状況が良好な資料については，光沢面の発達程度を実測図上に記入した光沢強度分布図を作成した（図146）。本分析では主に200倍観察視野中に占める光沢面の広がり方を目安とし，第3章第1節4の基準に基づき，強・中・弱（微弱を含む）・なしに区分した。実測図中には，強・中・弱・光沢なし・観察不能といった記号を記入した（図146凡例）。

　また，個別資料の観察所見は表27に記載し，各部の拡大写真と代表的な使用痕の顕微鏡写真を提示した（図148～150）。図146・147の実測図中に記載された写真番号は，図148～150の顕微鏡写真の番号に対応し，写真番号キャプションの向きは，顕微鏡写真の向きに対応している。

3　使用痕の特徴

　9点の資料で使用痕を検出した。観察された使用痕は，石器の形態・大きさの違いに関わらず，ほぼ共通した特徴をもっている。以下，使用痕の特徴についてまとめていこう。

　①観察された光沢面は，Aタイプ，Bタイプを主体とする。

　破土器で観察された光沢面は，非常に明るくなめらかで，石器器面の広い範囲にわたって面的に分布している。光沢面の外観は面状を呈し，発達の弱い部分は，連接または点状の部分もみられる。断面は比較的平坦で，細部ではなめらかな丸みをもつ。光沢表面のきめはなめらかで，ピット，彗星状ピット，溝状または微細な線状痕などの付属的な属性が観察された。光沢面の分類では，面的に広く発達したものがAタイプ，発達の弱い部分はBタイプの特徴に近い。ただし，これらの明瞭な光沢面の周辺部に少し荒れた鈍い光沢面がともない，光沢表面に溝状の線状痕や表面がやや荒れている部分もみられる。

　②光沢表面の荒れが表裏面で異なる場合がある。

　a面（刃面側）では比較的なめらかな光沢がみられるが，b面（平坦面側）では光沢表面が荒れたものが多く，キズ状の線状痕をともなうものもある。

　③使用痕はa・b両面の広い範囲に分布している。

　光沢面の発達は刃縁に沿った部分で最も発達しているが，器面の広い範囲に発達した光沢面が広がっている。図146-1・6～8については，主面だけでなく，柄部にも光沢面が観察され，作業対象物の接触範囲が石器の大半に及んでいることがわかる。

　④柄部に光沢の空白域が認められることがある。

　光沢はほぼ全面に分布するが，不自然に光沢が途切れ，空白域となっているものがみられる。a面とb面では，光沢の空白域のあり方が異なる場合がある。図146-1・6～8では，a面は横方向の帯状に，b面は全体に空白域が広がっている。

　⑤刃面では研磨による擦痕が顕著で，光沢面が微弱であるか観察されないことが多い。

　刃面には，刃と平行あるいは斜めに研磨が施され，特徴的な擦痕が観察される。この部分では，光沢面の発達が弱い場合が多い。

　⑥光沢の発達方向および線状痕の方向は，表裏とも長側辺に平行する。

　刃縁では，刃部と平行する線状痕もみられるが，多くは刃部と斜行し，石器の長い方の側縁，すなわち柄部の突出する方向と平行する関係にある。

　⑦側縁の摩滅と線状痕。

　側縁の摩滅部では，比較的深くストロークの長い直線的な線状痕が多くみられる。この部分には発達した光沢面が顕著であるが，これらの光沢は線状痕の後に形成されている。

266　第Ⅱ部　使用痕からみた東アジアの石製農具

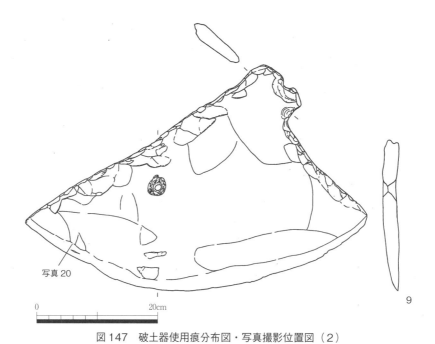

図147　破土器使用痕分布図・写真撮影位置図（2）

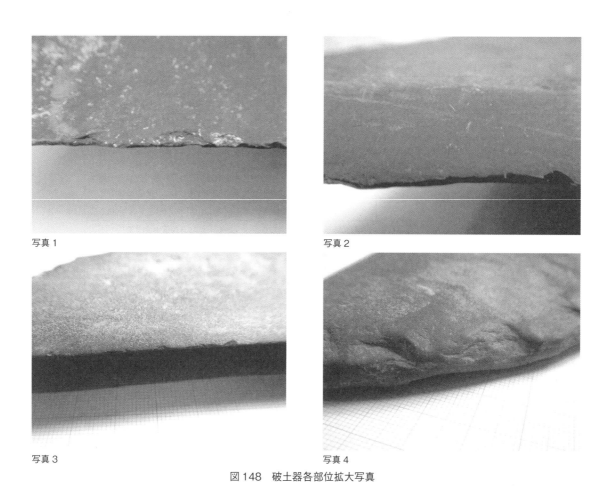

写真1　　　　　　　　　　　　写真2

写真3　　　　　　　　　　　　写真4

図148　破土器各部位拡大写真

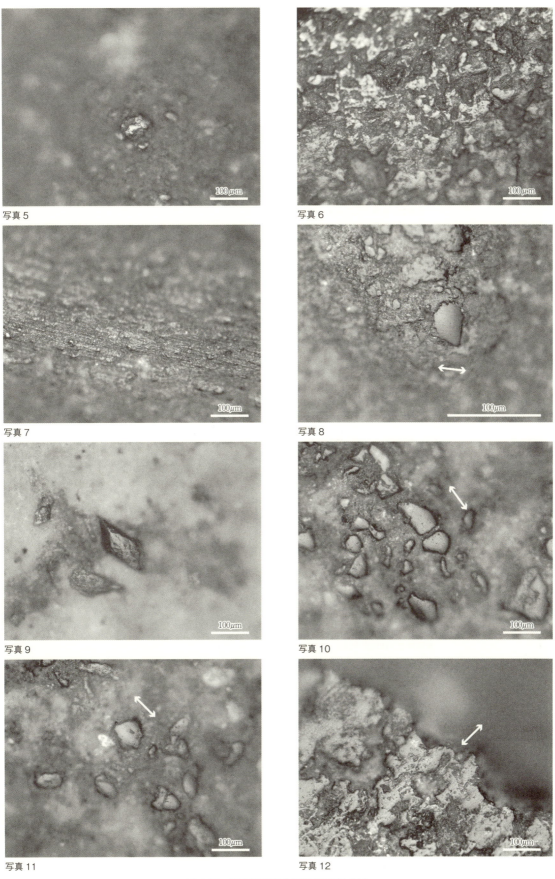

図149 破土器使用痕顕微鏡写真（1）

268 第Ⅱ部 使用痕からみた東アジアの石製農具

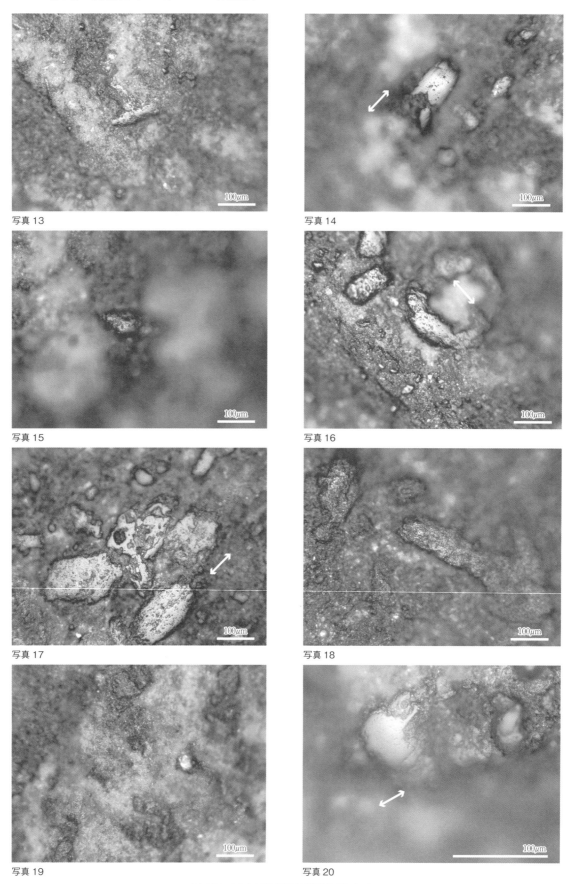

写真13

写真14

写真15

写真16

写真17

写真18

写真19

写真20

図150 破土器使用痕顕微鏡写真（2）

表27　破土器分析資料・観察所見一覧表

図版番号 (分析No.)	写真番号	遺跡名	遺構等	—	文献※・図番号等
観察所見　　形状等，低倍率観察，高倍率観察					
図146-1 (S-01013)	図148-写真1・2・ 図149-写真5〜7	湖洲市内出土	—	—	—
完形品で，遺存状態は良い。三角形の器体に長方形の抉りを入れ，柄部を作出している。刃部は片刃で鋭く研ぎ出され，刃面には斜行する直線的な擦痕が認められる（写真2）。刃部には，数ミリ以上の大きめな剝離痕があり（写真1），使用によるものとみられる。この資料は，刃面を表にした場合，柄部が左側に付き，通常とは左右逆の作りになっている。両面に微小光沢面が認められる。光沢面は水滴状の丸みをもち，明るく非光沢部とのコントラストが強い（写真5・6）。Bタイプ，一部Aタイプに近いものも認められる。光沢面は表裏で分布範囲と発達程度に差が認められる。平坦なb面では表面より広範囲に光沢が分布し，光沢の発達も強い。発達した部分では線状痕と線状の構造をもつピットが観察される。a面では光沢の発達は裏面に比べ相対的に弱い。抉りが入れられている部分とその延長線上を境に光沢の分布がみられない部分がある。刃面では研磨による擦痕が顕著に観察されるが，光沢面の発達は弱い（写真7）。					
2 (S-01019)	図149-写真8	舟山市内出土	—	—	—
肉眼による観察では石材の遺存状況は良好である。左側縁に沿って，2孔穿孔がある。測縁には二次加工による剝離痕がみられるが，全体に摩滅し剝離の稜が潰れ丸みをもっている。使用痕と考えられる光沢面が両面で観察された。光沢面はBタイプおよびAタイプに分類される（写真8）。b面ではa面より光沢の発達が強い。刃縁に沿って光沢の発達した部分が広がり，光沢部が連接し大きく発達している。光沢面の発達が強い部分では線状痕と線状の構造をもつピットが観察され，刃部に平行ないしはやや左上がりに斜行する方向性をもつ。a面では光沢の発達はb面に比べ相対的に弱く，水滴状の光沢面が斑状に散在する。刃面では光沢面の発達は微弱である。両面とも，短い側辺の突起状の部分から穿孔部を結ぶラインを境に非光沢部が広がっている。					
3 (S-01015)	図149-写真9	廟前遺跡	表土層	—	文献9・図219-2
器面はやや白っぽく風化している。刃部には使用によるとみられる大きな剝離痕が観察され，b面側で顕著である。側縁には二次加工による剝離が残されている。a面は風化が強く，微小光沢面はほとんど確認できなかった。b面も風化の影響を受けているが，使用痕とみられる光沢は黒色の鉱物上で観察される（写真9）。光沢面は器面の広範囲に分布し，刃縁で最も発達している。光沢面は明るくなめらかで縁辺は丸みをもつ。全体に水滴状の丸みをもつもの，比較的平坦な発達を示すものがあり，Bタイプ，Aタイプの光沢面に近い。風化の影響によりやや荒れたものが多く，発達の弱い基部側では鉱物の摩滅面との識別が難しく，正確な光沢分布範囲は不明。比較的発達した刃縁では線状痕および線状の構造をもつピットが観察され，刃部に対し斜行，左側縁（柄部）と平行するものが多い。					
4 (S-02039)	図149-写真10・11	昆山市内出土	—	—	—
両側縁に一次加工の剝離痕を残す。長側縁では摩滅が強く，若干光沢を帯びる。観察される使用痕は，Aタイプ，Bタイプの光沢面である。両面ともに光沢は発達しているが，b面の発達が若干強いと思われる。光沢面は比較的なめらかで，点状の光沢が大きく発達している（写真11）。長側縁の縁辺の光沢は発達が強く光沢面も非常になめらかである（写真10）。側縁と平行する線状痕が明瞭に観察される。					
5 (S-02009)	図149-写真12	馬橋遺跡	—	—	—
刃部は片刃だが，刃面と主面との境界となる稜はあまり明瞭ではない。石材表面は大部分が剝落し，原表面は部分的にしか残っていない。表面が残存している部分では，肉眼でも光沢が観察される。原表面が遺存している部分のみ光沢面が残存し，きわめて発達したAタイプの光沢面が観察される（写真12）。線状痕は長側縁から柄部に平行する方向性をもつ。a面の光沢表面が比較的なめらかなのに対し，b面で観察される光沢表面は荒れている。					
6 (S-02008)	図148-写真3・4・ 図150-写真13・14	馬橋遺跡	—	—	—
側縁は弧状を呈し，刃部も内彎する。刃縁にはわずかに剝離痕が認められる（写真3）。側縁は摩滅している（写真4）。微小光沢面はBタイプ，Aタイプである。使用痕は両面に分布するが，a面で強く発達している。b面は剝落部分が多く，観察できない範囲が広い。光沢面はa面が比較的なめらかなのに対し（写真14），b面の光沢表面は荒れている（写真13）。線状痕は柄部・長側縁と平行する。柄部では，a面で帯状に，b面で全体が光沢の空白域となっている。					
7 (S-02007)	図150-写真15	馬橋遺跡	—	—	—
紡錘形の器面に，突出する柄部が付く。側縁から基部にかけて二次加工の剝離痕を残す。刃部に連続する剝離痕があり，先端部側に顕著である。使用痕は両面の広範囲で観察される。光沢面はAタイプ，Bタイプ。やや粗い線状痕が発達しており，両面とも長側縁と平行する方向性が認められる。また，a面の光沢面は比較的表面がなめらかなのに対し，b面では光沢面がやや荒れており，キズ状の線状痕の頻度が高い。両側縁には平行する荒い線状痕が観察される。柄部先端にも光沢面が分布するが（写真15），a面で帯状に，b面で全体が光沢の空白域となっている。					
8 (S-02006)	図150-写真16〜19	馬橋遺跡	—	—	—
7と同様にやや小型で，外湾する刃部をもつ。刃縁には使用による剝離痕がみられる他，刃縁は光沢を帯びている。使用痕は両面の広範囲で観察される。光沢面はAタイプ，Bタイプで，全体に強く発達している。やや粗い線状痕が発達しており，両面とも柄部と平行する方向性が認められる。また，a面の光沢面は比較的表面がなめらかなのに対し（写真17），b面では光沢面がやや荒れており（写真18），キズ状の線状痕の頻度が高い。両側縁には粗い線状痕が観察され，発達した光沢面が認められる（写真16）。柄部では，a面で帯状に，b面で全体が光沢の空白域となっている（写真19）。a面の刃面もほとんど光沢面は観察できない。					
図147-9 (S-02012)	図150-写真20	青浦果園村採集	—	—	—
幅50cmを超える特大サイズの破土器である。柄部の延長線上に1孔穿孔がある。刃部は外湾刃で，片刃である。非常に大きなため，全面の分析は行わず，刃縁を中心に観察した。両面ともにAタイプまたはBタイプの明瞭な光沢面が観察された（写真20）。分布範囲も側縁および柄に近い部分でも同様な光沢面が観察される。光沢面の特徴およびその分布の仕方は，基本的に他の小中型サイズのものとかわらないものとみられる。					

※文献一覧は章末に記載する。

4 機能の検討

以上が顕微鏡観察で得られた破土器の使用痕の特徴である。次にこれらの特徴に基づいて，破土器の機能について検討していく。ここでは，石器の使用部位，着柄・装着方法の復元，石器の操作方法，作業対象物の順に推定する。

a．使用部位

光沢面の発達状況からすると，下辺の刃部が主な機能部と考えられる。ただし，石器のほぼ全面が作業対象物と接触し，石器の運動範囲も大きなことが推測される（特徴③）。

b．着柄・装着方法

特徴④の柄部における光沢面の空白域は，この部分が柄などの器具に装着され，露出していなかったことを示している。図146-1・6～8のような例から，図151のように，b面に柄をあてがいa面にかけて紐状のもので緊縛していたと考えられる。

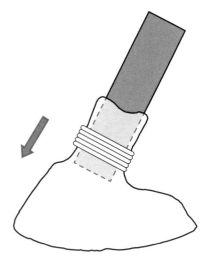

図151 使用痕分析による破土器の復元図

c．操作方法

線状痕の方向から推定すると，石器の運動方向は柄の方向（長側辺）と平行し，対象物に対し刃は斜めに接触している（特徴⑥）。これは，柄を石器の長側縁と平行に装着し，この柄を平行方向に前後に動かすことで石器を操作したことを表している。

d．作業対象物

特徴①の光沢面の特徴からすると，直接の作業対象物はイネ科等の草本植物と考えられる。特徴②のa面とb面の光沢表面の違いは，面の使い分けがなされていたことを示唆する。b面の光沢表面の荒れは土の混入による可能性が考えられ，b面を地面の側に向けて地表に近い部分で使われたと考えられる。

e．その他

特徴⑥によれば，刃面はたびたび研ぎ直しを受け，この部分では光沢は弱くなっている。また，特徴⑦の側縁の摩耗痕や擦痕は，植物に起因する光沢の形成以前に生じたものである。顕微鏡下の観察では，土による痕跡よりも研磨の痕跡に近く，使用痕ではなく加工痕とすべきであろう。

以上の観察所見から考えると，破土器は溝切りや耕起の道具とは考えにくく，むしろ草本植物を伐採する除草具のような性格をもった石器と考えたほうが使用痕の状況を理解しやすい。破土器の使用方法については，次項において，実験的な検討を加えていくことにしたい。

4 実験的検討

1 目的

使用痕分析の結果，従来耕起具と考えられてきた破土器から，植物との関係が想定される光沢面が検出された。この分析結果により，筆者は破土器の機能・用途について，耕起具とは考えにくく，除草など草本植物と関係する別の用途ではないかとする意見を述べてきた。

これについては，分析を行った際の意見交換の場などで，耕作地に残された作物の残滓などが関与してできた使用痕ではないかという反論，指摘を受けている。たしかに破土器で観察された光沢面は非常に特徴的ではあるが，石庖丁など収穫具の分析をとおして認識されてきた光沢面の特徴とは若干異なっている点もある。また，これまでの実験使用痕分析では，単純な土の掘削実験は行ってきたが，土壌の状態や石器の操作

方法を考慮した実験はまだ限定的である［原田 2013d］。

　以上のような問題をふまえ，破土器の使用を想定した予備的な実験を行うことで，良渚文化の破土器，石犂の使用痕を検討していくための一助とする。

2　実験の概要

a．実験石器

　石材は江蘇省採集のホルンフェルスを使用した。石器の形態は実際の破土器の縮小版で，形も三角形に単純化したものである。使用痕分布から復元したように，木製の柄を装着し，柄への固定には市販のクランプを使用した（図152-13～16）。

b．実験の条件

　植物の除草と土の開削作業の違いのほか，土壌の種類と植物の有無，操作方法の違いを考慮して，以下の実験条件を設定した。

　実験1　S-269　休耕田での除草（図152-1～3）

　休耕田に生えた雑草をすき取る作業を行った。柄を長側縁に対し平行に動かし，植物を根本で土中に押し込むようにして，切断またはなぎ倒す動作を繰り返した。

　実験2　S-270　（イネ根株を含む）水田での土の開削（図152-4～6）

　収穫後の水田で，柄を長側縁に対し平行に押しだし，土壌を切り開いていく作業を行った。土中にはイネの根株が残っており，根に引っかかるたびにこれを押し切りながら作業を進めた。

　実験3　S-274　（植物を含まない）土の開削（図152-7～9）

　操作方法は実験2と同様だが，沖積地のシルト質の土壌（遺跡の基盤層）で，植物を含まない条件で実施した。

　実験4　S-275　（植物を含まない）土の掘削（図152-10～12）

　実験3と同じ条件の土壌だが，切り開く動作ではなく，掘り棒のように刃を土に打ち込みながら掘削する作業を行った。

c．実験の経過

　実験1と実験2は，静岡市登呂博物館の復元水田で実施した[9]。実験3と実験4は，愛知県稲沢市の遺跡発掘調査現場において行った[10]。

　各作業の内容は大きく異なるため，単純に作業量を比較することはできない。実験1は作業時間約60分，面積にして約12m^2分の範囲を除草した。石器部分は強い衝撃を受け，最終的には，石材の節理面で破損し，使用できなくなった。実験2は，水田の端から端までを折り返し，通算約770m（作業時間約130分）の作業量を行った。実験3は，約5mを単位として，計1,025m（作業時間約80分）の作業を実施した。実験4は計5,000回（作業時間37分）の掘削動作を行った。

3　実験石器の使用痕

　実験石器に形成された使用痕を出土石器と同じように観察・記録した（図153・154）。使用痕の特徴は観察表にまとめた（表28）。この観察表は，肉眼，低倍率，高倍率の各観察スケールで把握された使用痕の種類とその属性に基づいて記録したもので，使用痕の種類，属性項目等の観察基準は石器使用痕研究会の共同研究の成果に基づいている［石器使用痕研究会共同研究チーム 2014］。

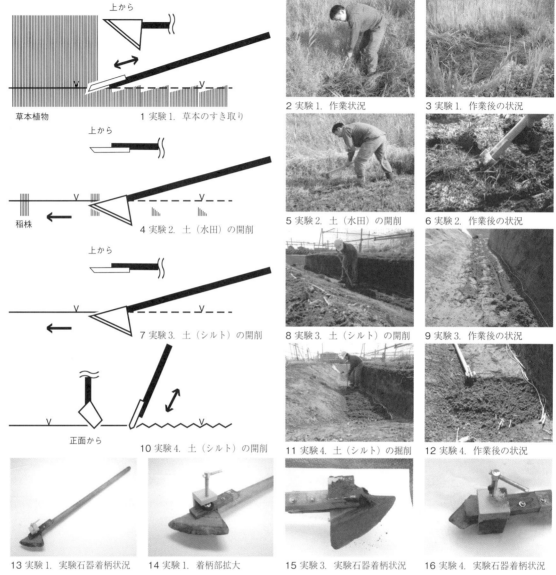

図152 実験石器使用法

a．肉眼観察

摩滅，光沢，線状痕，剝離痕について比較した。摩滅は，程度の差はあれ四つの実験いずれでも生じた。摩滅の強度は，実験4の刃縁が最も顕著で，次いで実験3の刃縁および側縁，実験1，実験2はあまり発達していない。肉眼で識別できる光沢もすべての石器で認められる。実験1は刃縁，実験2は刃縁でも短側縁に近い部分，実験3は刃縁の広い範囲にみられ，実験4は縁辺に部分的にみられる。線状痕，剝離痕は，肉眼で観察できる変化は確認できなかった。

b．低倍率観察

ここでも磨滅痕が顕著にあらわれ，実験4，実験3の発達が強い。線状痕，微小剝離痕はほとんど確認できなかったが，実験4では刃縁の摩滅と一体的に，刃縁と斜行する荒い線状痕が確認できる。

c．高倍率観察

このスケールでは，光沢面の比較において，興味深い痕跡が確認できた。まず，実験1（図154-写真1・2）と実験2（図154-写真3・4）で刃縁に生じた光沢面は，よく似ている。光沢面は，面的に広がり，断面は

丸みをもち，光沢表面はコントラストが強く非常になめらかである。この特徴は，草本植物と関係が強いAタイプやBタイプの光沢面に近い。これらの光沢面の形成には，実験1では地表付近ですき取った草本植物が，実験2では水田土壌中に残されていた稲株が関与したと考えられる。なお，実験1では，わずかな差であるが，上を向けて使用したa面の光沢面（図154-写真1）より，地面に接したb面の光沢面（図154-写真2）のほうが，光沢周辺部が荒れている。

次に，実験3だが，ここでも面的に広がる明るい光沢面が形成された（図154-写真5・6）。光沢面の広がり方や外観など，一見しただけでは，実験1，実験2の光沢面とよく似たようにみえるが，属性レベルで細かく比較すると少し違った特徴がみえてくる。低部への侵入度では，実験1・2は高所から光沢面が発達しているが，実験3は低所まで一様に光沢に覆われている。光沢面の発達に方向性があり，進行方向に沿った起伏がはげしい。また，光沢表面は，ピット，溝状の線状痕が多く，やや荒れた外観を呈している。

実験4は実験3と同じ土壌条件で用いられたものだが，使用痕の状況はまったく異なる。この石器では，

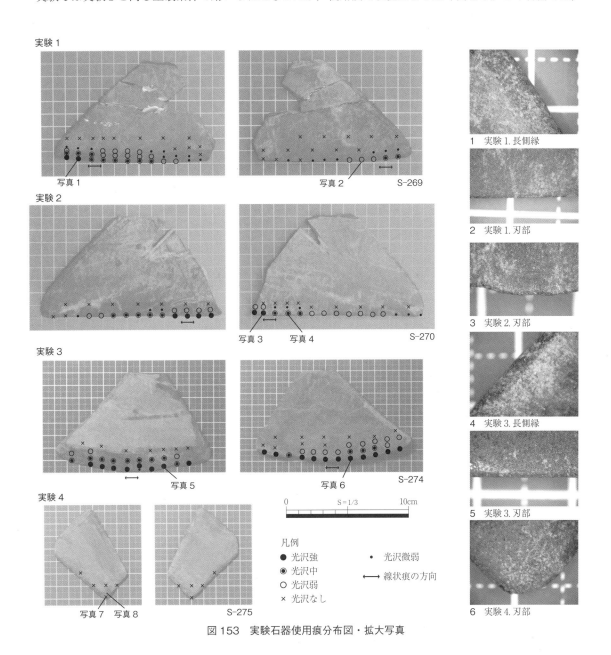

図153　実験石器使用痕分布図・拡大写真

表28 実験石器の使用痕比較

スケール	属性		実験番号	実験1	実験2	実験3	実験4
			石器番号	S-269	S-270	S-274	S-275
			実験内容	草本のすきとり	土・水田の開削	土・シルトの開削	土・シルトの掘削
肉眼	摩滅		程度	弱	弱	中 刃縁・側縁	強 刃縁が強く摩滅
	光沢		有無 位置	有 刃縁	有 刃部短斜辺より	有 刃縁の広い範囲	有 縁辺に部分的
	線状痕		方向	不明	不明	不明	不明
	剝離痕		分布	不明	不明	不明	不明
低倍率	摩滅		程度	中 刃縁, 側縁	中 刃縁, 側縁	強 刃縁, 側縁	強 刃縁が強く摩滅
	線状痕		方向	不明	不明	不明	斜行
	微小剝離痕		有無	不明	不明	摩滅により不明	不明
高倍率	微小光沢面		摩滅 程度	弱	中	強	強
			線状痕 方向	不明	不明	平行？	不明
		分布	有無	有	有	有	不明 または限定的
			分布	刃縁先端より	刃縁	刃縁全体	－
			縁辺分布型	連続	連続	連続	－
			分布境界型	漸移的	漸移的	漸移的	－
			低部侵入度	中～大	中～大	大 一様に摩滅	－
		形状	平面形	面状	面状	面状	－
			断面形	丸い～平坦	平坦～丸い	平坦～丸い	－
			光沢面方向性	平行	平行	平行 大きな起伏	－
			表面のきめ	なめらか	なめらか	中間～なめらか	－
			コントラスト	強	強	強	－
		付随属性	ピット	少ない	やや少ない	やや多い	－
			彗星状ピット	少 平行	有 平行	有 平行	－
			線状痕の方向	平行	平行	平行	－
			線状痕種類	微細（少ない）	微細（やや多い）, 溝状	溝状, 微細	－
			クラック	不明	不明	不明	－
		備考		裏面の光沢面は若干荒れ, 発達弱い。	実験①に比べるとわずかに粗い。	光沢部をこえる粗い溝状の線状痕。	摩滅面光沢なし。肉眼光沢は研磨痕か。

摩滅痕は発達しているが, 明確な光沢面は形成されなかった（図154-写真7・8）。

　以上, 実験1および実験2の光沢面は特徴がよく似ており, 草本植物が関与して形成されたものとみられる。特に実験2は, 水田中に残された稲株と根を巻き込んだことで形成されたとみられる。実験3は, 植物をまったく含まないことから, 土によって生じたものとみられるが, 従来知られていたXタイプと異なり, かなりなめらかな光沢面である。一見しただけでは, 植物に関係したBタイプ, Aタイプにも類似しているが, 高所から低所まで一様に形成されている点, 明瞭な溝状の線状痕をともなう点, 輪郭のはっきりとした無数のピットに覆われている点は, 植物より土に近い特徴である。一方, 実験3と同じ土壌の実験4では光沢は形成されなかった。この違いは, 実験3ではゆっくりと石器表面と土が接触し表面の摩耗が徐々に進行したのに対し, 実験4ではより強く土と接触することで, 光沢が形成されるより早く石材表面の摩滅が進行し光沢面が失われたためだと考えられる。同じ操作でも, 水田で作業した実験2では, 実験3のような光沢面の広がりは認められない。操作方法だけでなく, 土壌の条件も光沢面の形成に関与している可能性が考えられる。

第6章 長江下流域における石製農具の使用痕分析 275

写真1 実験1
写真2
写真3
写真4
写真5
写真6
写真7
写真8

図154 実験石器使用痕顕微鏡写真

5 結論——破土器の機能・使用方法——

実験結果を前項で確認した破土器の使用痕の特徴と比べてみよう。使用痕の特徴①（光沢面の特徴）は，実験1，実験2で形成されたものに近い。特徴②（表裏で光沢面の粗さが異なる）は，実験1で確認できた。これは下面側が直接土と接触した影響だと考えられる。特徴③（使用痕が広範囲に分布）も，草本植物との接触範囲が広い，実験1の使用条件に合っている。今回の実験では，実験3，実験4以外は，線状痕の発達は明瞭ではないが，特徴⑥（線状痕の方向が長側縁と平行する）は，柄を前後に押し出す実験1の操作方法により理解できる。以上の点からみても，基本的には草本植物との接触が主要な形成要因であり，間接的に土が介在するような使用状況を想定するのが，より合理的な解釈と考えられる。なお，特徴④（柄部の光沢空白域）と特徴⑤（刃面の光沢未発達）は，使用痕の性格上，今回の実験では，再現されていない。

以上のように，実験石器の使用痕をふまえ検討した結果，出土資料の破土器の使用痕に最も近く，操作方法として合理的に解釈できるのは，実験1の植物のすき取りである。これまで考えられてきた使用法では，除草具としての性格が最も近い。これは，石器自体の重さを利用して，密集した草本植物を根元で土に押しこむようにして切断したものと考えられる。

最後に破土器の使用方法についてまとめると，次のような操作が推定される。まず，破土器には長側縁に平行する柄がつけられていたとみられる。光沢面の分布からは，柄はb面（平坦面）のほうにあてがわれ，紐などで緊縛し固定されていたと復元される。使用時にはa面（刃面側）を上，b面（平坦面）を下に向け，柄を長側縁に対し平行に押し出すように動かし，下辺の刃部を用いて密集した草本植物の根元を土の中に押し込むようにして切断あるいは薙ぎ倒すように用いられたとみられる。道具の性格としては，耕起具というよりも，植物をすき取る除草具に近いものであったと考えられる。

第7節 「石犂」の使用痕分析

1 目的

本節では，良渚文化石器の一連の分析として，「石犂」と呼ばれている石器の機能について検討する。これらの石器は，その名称があらわすように，主に耕起具としての機能・用途が想定されてきたものである。ただし，その根拠は，主に石器の形態的な特徴によるものであり，耕起具としての機能を疑問視する意見も存在する。本節では，中国で実施した石器使用痕分析の成果に基づき，石器の使用部位，操作方法，作業対象物を推定し，その使用の実態について検討する。

2 形態と用途の諸説

1 形態

石犂は，浙江省・江蘇省・上海市など太湖周辺の地域で200点以上が出土・採集されている。年代的には，崧沢文化に端を発し，良渚文化で最も隆盛し，印紋陶文化期を経て西周時代頃まで普及していたものと考えられている［小柳2006］。

平面形は二等辺三角形を呈し，2辺に刃部を有する。器面に1から数個の孔が穿たれている。刃部は片刃で，刃面には研磨による擦痕が顕著にみられる。大形の石器で，50cmを超える特大のものもみられる。本書では，刃がつけられている面をa面，平坦な面をb面と表記する（図120-5）。

第6章　長江下流域における石製農具の使用痕分析　277

この石器は，通常は一つの石器として作られているが，分割して製作されたものを組み合わせて使用する「分体式石犂」の例も知られている。浙江省桐郷新地理遺跡の墓坑出土の資料では，その出土状態から，三角形の先端部と左右の翼部の3点のパーツから成り立っている状況が復元された［蔣 2004］。分体式石犂の翼部は，これまで石刀の一種とされてきたもので，従来の資料についても見直される可能性がある。

また，浙江省平湖市庄橋墳遺跡では，分体式の石犂が犂床とされる木質部と重なった状況で出土し注目を集めている［徐・程 2005］。

2　機能・用途の諸説

石犂の機能・用途については，さまざまな論考で述べられているが，その多くはこれらの石器を耕起具として位置づけるものである。

牟永抗・宋兆麟は，「石犂」の名称を用い，三つの型式に分類した［牟・宋 1981］。犂の刃先としての機能を想定し，その復元を試みた（図 155-1）。この論説は，その後の石犂の機能・用途論に大きな影響をあたえたといえる。また，蔣衛東は新地理遺跡の分体式石犂の出土状況から図155-2 のように復元している［蔣 2004］。犂として復元した場合，人力による牽引なのか畜力を用いたものかといったことも問題となっている。

しかし，犂としての機能についての疑問，部分的に肯定または否定する意見もみられる。

安志敏は，起土工具の一種としつつも，器身が薄く，刃部に摩耗が見られないことから，犂としての機能について慎重な見方を示している［安 1988］。

季曙行は，大きさによって3類に分類し，耕作力学の観点からその機能を検討した［季 1987］。その結果，牽引力，犂床等の構造的な問題から，大型，小型のものを犂とすることに疑問を呈している。犂として使用されたのは，長さ15～25cm で，単孔または複数の孔が一列に配されるものに限定されるとしている。

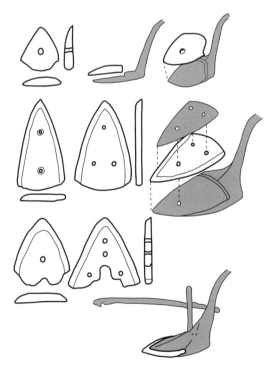

1　石犂復元図（牟・宋 1981 を再トレース）

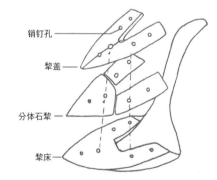

2　分体式石犂復元図（蔣 2004）

3　庄橋墳石犂出土状況（浙江省文物考古研究所ほか 2005）

図 155　石犂の復元

278　第Ⅱ部　使用痕からみた東アジアの石製農具

　小柳美樹は，筆者の分析結果を考慮し，植物光沢が生じるほど草本科植物が耕作土（耕起する状況下の収穫後の水田）に混在した状態で用いられたのではないかと考えを示している［小柳2006］。使用時に犂先全体を傾かせて地面を鋤き起こしたと想定し，石犂の機能・用途の解明のために実験的な検討が必要だと説く。

　方向明は，石犂の平面形，表裏の区別，刃部，基部の形状，孔などの特徴から，犂としての使用を肯定し，開墾の過程で土地を平らにならす作業や焼畑にともなう農具としてその性格に言及している［方2013］。

　以上の石犂の機能・用途論は，いずれも石器の形態的な特徴に基づいた議論がベースになっているが，最近になって，使用痕分析に基づいた論考が発表された［劉ほか2013］。この論考では，良渚文化に先行する崧沢文化の石犂が分析され，鉄製の犂先や実験石器との比較から，これまでの犂としての機能に否定的な見解が示されている。この分析は本書の主旨とも関係するので，後述する使用痕分析による検討でもとりあげていく。

　さて，本節では，石犂の使用痕を観察することで，機能部，操作方法，作業対象物など石器の基本的な使用方法を明らかにしていきたい。

3　使用痕分析

1　分析資料

　石犂は，6点の資料を分析した（図156・157）。ほとんどは採集資料で，詳細な出土状況は不明である。1〜5は，縦長の二等辺三角形を呈し，主軸に沿って2〜4孔の穿孔が並ぶ。比較的大型の石犂で，なかでも2は全長60cmを超える超大型品である。6は廟前遺跡出土品で，分体式石犂の右翼部とみられる石器である。

2　分析の概要

　石犂の石材は，ホルンフェルスあるいは粘板岩といった石材が用いられている。総じて石材表面の遺存状態は良好で，分析には条件の良い石材であった。

　石犂の観察において最大の障害となったのは，石器そのものの大きさである。完形の資料では大きさが30cmを超えるものがあり，顕微鏡の可動範囲に収まらず，観察範囲が刃縁などに限定されたものもある。

　本分析で観察された主要な光沢面のタイプ［梶原・阿子島1981］は，AタイプおよびBタイプの光沢面である。Aタイプは明るくなめらかで広い範囲を覆うように発達する特徴的な光沢面で，イネ科草本植物の切断によって形成される。Bタイプは明るくなめらかで丸みを帯び，水滴状の外観を呈することがあり，木に対する作業や草本植物に関する作業に関係する。また，Xタイプに類似する光沢面も観察された。Xタイプは，表面のコントラストは鈍く，全面が凹みや線状痕で覆われ荒れた外観が特徴である。この光沢面は土に対する作業や作業時に土が混入することで生じる。

　Aタイプ，Bタイプの光沢面が良好に残存している資料については，光沢面の発達程度を実測図上に記入した光沢強度分布図を作成した（図156・157）。本分析では主に200倍観察視野中に占める光沢面の広がり方を目安とし，第3章第1節4の基準に基づき，強・中・弱・微弱・なしに区分した。実測図中には，強・中・弱・微弱・光沢なし・観察不能といった記号を記入し，補助線でおおよその分布の境界を示している（図156-凡例）。なお，「微弱」は，2011年に調査した図157-4・5にのみ用いており，それ以外は「弱」のなかに含めている。

　また，Xタイプに類似した荒れた光沢面のうち，面的にはっきりと発達したものについては，前述の強から微弱とは異なる記号で分布を示している。ただし，Xタイプは全般的な傾向として，石材表面の変化が漸

第6章　長江下流域における石製農具の使用痕分析　279

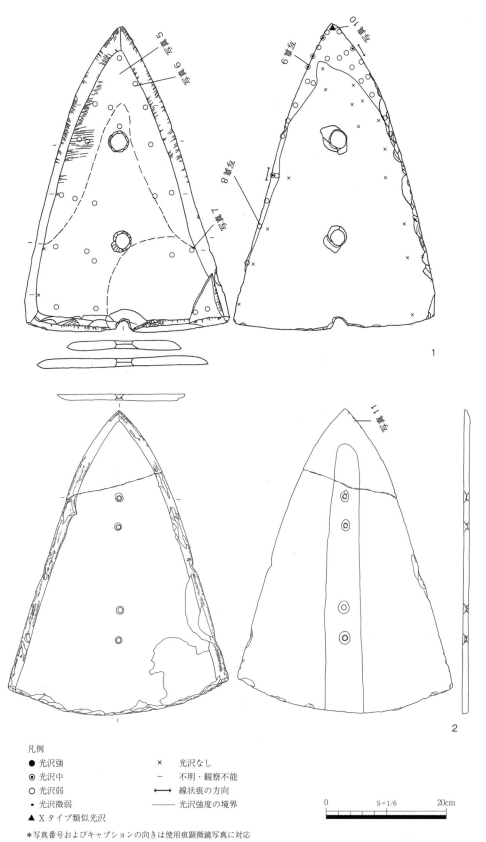

凡例
● 光沢強　　　　× 光沢なし
◉ 光沢中　　　　− 不明・観察不能
○ 光沢弱　　　　⟷ 線状痕の方向
・ 光沢微弱　　　── 光沢強度の境界
▲ Xタイプ類似光沢

＊写真番号およびキャプションの向きは使用痕顕微鏡写真に対応

1　昆山市内出土（昆山市文化管理所）　2　舟山市内出土（馬橋博物館）

図156　石犂使用痕分布図・写真撮影位置図（1）

280　第Ⅱ部　使用痕からみた東アジアの石製農具

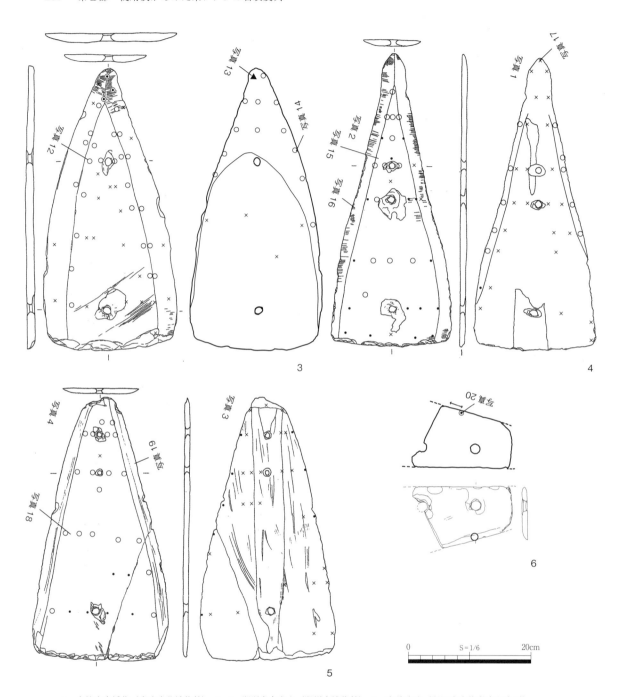

3　余杭市内採集（良渚文化博物館）　4・5　湖洲市内出土（湖州市博物館）　6　廟前遺跡（浙江省文物考古研究所）
図157　石犂使用痕分布図・写真撮影位置図（2）

移的であるため，Aタイプ，Bタイプのような詳細な分布は記録していない。

　なお，個別資料の観察所見は表29に記載し，各部の拡大写真と代表的な使用痕の顕微鏡写真を提示した（図158〜160）。図156・157の実測図中に記載された写真番号は，図158〜160の顕微鏡写真の番号に対応し，写真番号キャプションの向きは，顕微鏡写真の向きと対応している。

3　使用痕の特徴

　6点の資料に使用痕が認められた。石器が大きいため刃部周辺の限られた範囲しか観察できなかったもの

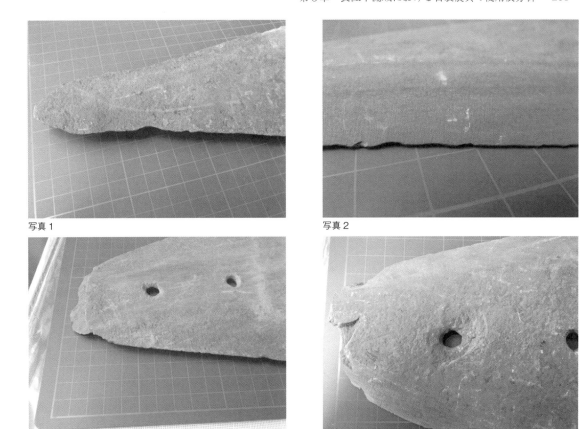

写真1　　　　　　　　　　　　　　写真2

写真3　　　　　　　　　　　　　　写真4

図158　石犂各部位拡大写真

もあるが，次のような特徴が指摘できる。

①主に観察される光沢はBタイプで，Aタイプに近い明るくなめらかな光沢もみられる。

　石犂で観察された光沢面は，明るくなめらかな光沢面で，輪郭が明瞭で点状（斑点状に）に発達している。光沢断面は丸みをもつ。表面のきめはなめらかで，周囲とのコントラストも強い。光沢表面には微細な線状痕が認められるものもある。破土器の光沢面が比較的面的に広がるものが多いのに対し，点状に分布するものが主である。

②先端部を中心にXタイプに類似した荒れた光沢面が認められる。

　肉眼で観察される摩滅痕に対応して，Xタイプに類似する光沢面が認められることがある。特に，二つの刃部が交わる頂点付近では，①のような光沢面は少なく，図156-1，図157-3のように荒れた光沢面が観察され，図157-4のようにBタイプの光沢面が認められない場合がある。

③a面（刃面側）では，刃部だけでなく器面の広い範囲に光沢が分布している。

　大きな石器の場合は器面の中央付近の観察ができなかったが，観察可能な範囲のほぼ全面に小さな点状の光沢面が分布している。

④b面の光沢の分布範囲は刃縁に沿った比較的狭い範囲に限定される。

　先端部は平坦面の広い範囲に光沢面が分布するが，穿孔部より下の部分では，光沢面の分布範囲が著しく狭くなり，器面の内側では光沢面はほとんどみられない。

⑤刃縁で観察される線状痕は，刃部と平行する。

　光沢面が面的に発達していないため，線状痕はそれほど明瞭ではないが，刃縁の光沢面で観察される微細

282 第Ⅱ部 使用痕からみた東アジアの石製農具

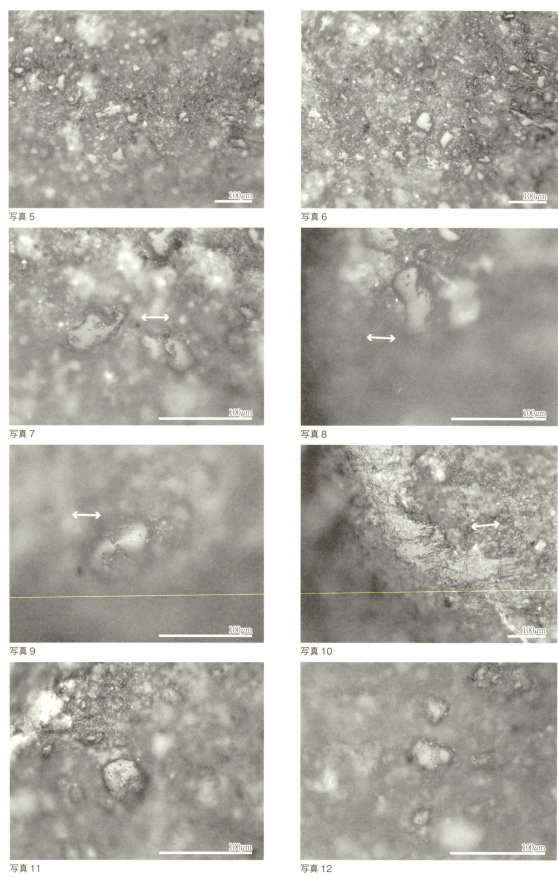

図 159 石犂使用痕顕微鏡写真（1）

第6章 長江下流域における石製農具の使用痕分析 283

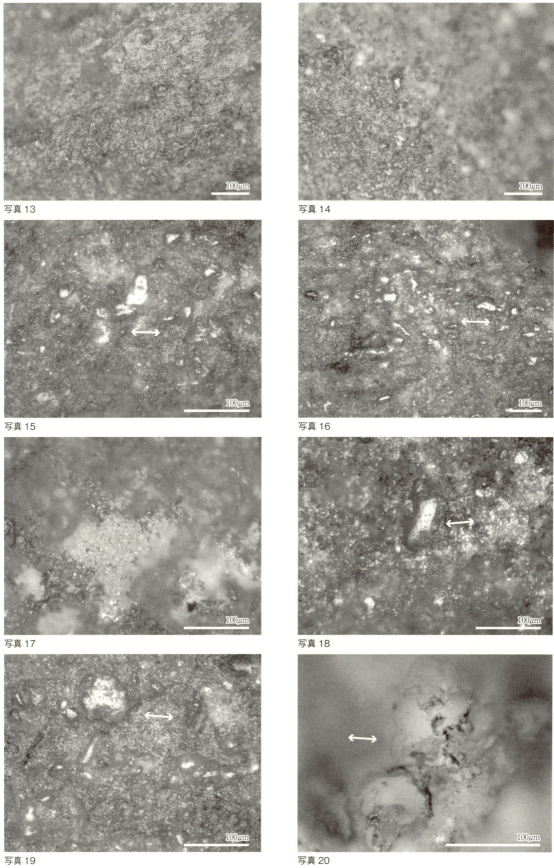

図160 石犂使用痕顕微鏡写真（2）

284　第Ⅱ部　使用痕からみた東アジアの石製農具

表29　石犁分析資料・観察所見一覧表

図版番号 (分析No.)	写真番号	遺跡名	遺構等	—	文献※・図番号等
観察所見　　形状等，低倍率観察，高倍率観察					
図156-1 (S-02040)	図159-写真5〜10	昆山市内出土	—	—	—
完形品の石犁。刃部は片刃。主軸に沿って，敲打による穿孔が施されている。a面の刃面，主面奥は石器が大きなため観察できなかった。観察できた範囲では，Bタイプの小光沢面がほぼ全面に観察される（写真5〜7）。光沢表面はきわめてなめらかだが，主面において大きく発達したものは少ない。b面にもBタイプの光沢面が観察されるが，b面の分布は刃部に沿った比較的狭い範囲に限定される（写真8・9）。刃縁の光沢面には線状痕が観察され，いずれも刃部と平行する。また，先端部には粗い線状痕をともなう光沢面が観察された（写真10）。					
2 (S-01020)	図159-写真11	舟山市内出土	—	—	—
大型の石犁。刃部は片刃で，刃が付けられている面には研磨による擦痕が観察される。b面は研磨が粗く器面の凸凹を残している。先端部の破片のみを観察し，使用痕光沢の写真撮影を行った。裏面の刃縁に使用痕と考えられる光沢面が観察された（写真11）。光沢面は水滴状の丸みをもつBタイプの光沢面で，総じて発達程度はあまり強くない。確認された線状痕は刃部と平行する。					
図157-3 (S-02046)	図159-写真12・図160-写真13・14	余杭市内採集	—	—	—
完形の石犁。刃部は片刃で，刃縁に小規模な剥離痕が観察され，稜部は摩滅している。光沢面の状況は二つに分けられる。ひとつは鈍く粗い光沢面が一様に広がるもので，Xタイプの光沢に近い（写真13）。b面の刃縁に顕著で，肉眼観察による摩滅痕と対応している。もうひとつの使用痕は丸みを帯びたやや明るい小光沢面で，Bタイプの光沢面と考えられる（写真12・14）。光沢面の反射は弱く，全体に荒れた外観を呈する部分もみられる。Bタイプの光沢面は，主にa面側のほぼ全面，b面では穿孔部より先端から刃に沿った狭い範囲に分布する。					
4 (S-11033)	図158-写真1・2・図160-写真15〜17	湖洲市内出土	—	—	—
大型の石犁。中軸に沿って3孔穿孔がある。先端部がわずかに欠損している。肉眼観察では，刃縁等に強い摩滅や光沢等の痕跡は認められない（写真1・2）。高倍率観察では，a面，b面ともに微小光沢面が認められる（写真15・16）。光沢面の特徴は，斑状のやや小さな光沢部が単独で分布しており，光沢表面は比較的明るくなめらかである。非光沢部との境界，コントラストも明瞭である。分布および発達はa面とb面で異なる。b面は刃縁に沿った狭い範囲に光沢が分布し，1センチ以上内側に入ると光沢はみられない。光沢の発達はa面に比べ弱い。a面は比較的発達した光沢面が器面のほぼ全域に分布している。ただし，上部の孔と孔の間には光沢がみられない部分がある。また，先端部ではほとんど光沢がみられない（写真17）。					
5 (S-11034)	図158-写真3・4・図160-写真18・19	湖洲市内出土	—	—	—
大型の完形の石犁。中軸に沿って3孔穿孔がある。先端部はわずかに欠損している（写真3・4）。全体に顕著な摩滅，光沢は認められないが，先端部は剥離の稜などに摩滅の痕跡を認める。微小光沢面の特徴は基本的に図157-4と同様である。斑状のやや小さな光沢部が単独で分布し，光沢表面は比較的明るくなめらか，非光沢部との境界，コントラストも明瞭である（写真18・19）。分布および発達はa面とb面で異なり，b面は刃縁に沿った狭い範囲に光沢が分布し，1cm以上内側に入ると光沢はみられないのに対し，a面ではほぼ全面に斑状の光沢が分布している。ただし，先端部付近では摩滅が顕著で，この種の光沢の分布がみられない。					
6 (S-01027)	図160-写真20	廟前遺跡	表土層	—	文献9・図213-3
組み合わせ式の石犁の翼部とみられる。全体に風化し，石材は白っぽく変色している。刃部は片刃である。b面の研磨はa面ほど丁寧でなく，石材表面の凸凹が残っている。風化の影響か観察条件は良好ではないが，両面の刃部の一部で使用痕と考えられる光沢が観察された（写真20）。光沢部は明るくなめらかな表面をもち，ドーム状の丸みをもつもの，やや平坦に広がるもの，流動的な外観を呈するものがみられる。光沢タイプはBタイプ，Aタイプである。光沢表面に縁辺のなめらかな線状痕が認められ，ピットが彗星状の外観をなすものもみられる。これら線状構造の方向性は刃部と平行する。					

※文献一覧は章末に記載する。

な線状痕，彗星状ピットの方向はいずれも刃縁と平行する。

4　機能の検討

使用部位，装着方法，操作方法，作業対象物の順に機能を検討していく。

a．使用部位

光沢面の発達状況からみると，2辺の刃部はいずれも機能部として用いられており，どちらかの刃部に偏

るものではないようだ。
　b．装着方法
　特徴④裏面におけるb面の光沢の空白域は，この部分が器具に装着され，露出していなかったことを示している。図161のように，先端部と両翼の刃部の一部だけが外に出ていたと考えられる。一方，特徴③のようにa面は広い範囲に使用痕が分布することから，器面はむき出しの状態で，作業対象物と頻繁に接触していたと推定される。

　さて，庄橋墳遺跡では，石犂部分とその下の木質部が重なった状態で出土している（図155-3）。石犂部は三つの部材からなる分体式石犂で，全体で長さ51cm，幅44cmと大形である。木質部は長さ84cmで，石犂の先端部および両翼の刃部は木質部から外に出ている。石犂の上には特に木質部などは確認されていないようである。庄橋墳遺跡の事例は分体式石犂であるが，このような組み合わせの出土状況は，本分析で推定した石犂の装着方法とも合致すると考えてよいだろう。
　c．操作方法
　両刃部とも観察される線状痕が平行であることから，両刃部の交わる頂点を先端とし，前方に向かって動かされ，二つの刃を使って対象を切断したものと考えられる。
　d．作業対象物
　特徴①の光沢面の諸特徴から判断すれば，主要な作業対象物はイネ科等の草本植物だったと考えられる。ただし，特徴②により，土なども介在した可能性を排除できない。先端部に顕著な荒れた光沢面は土との接触によって生じた可能性があり，この場合，石器の進行方向先端が特に強く接触したことがうかがえる。

　さて，ここで先に紹介した劉莉等による使用痕分析の成果について言及しておく。この分析では，良渚文化の前段階の崧沢文化の石犂5点が観察・検討されたが，分析の結果は，犂としての機能には否定的である。まず，犂として牽引して使用した場合に生じる先端部の強い摩耗と長い線状痕が石犂にはみられないと指摘している。そのうえで，石犂は土の掘削や切断具など多機能な石器とされ，作業対象物は植物や細かな土壌などが想定された［劉ほか2013］。劉等の分析は，高倍率観察を主とする点では筆者の分析方法と同じだが，

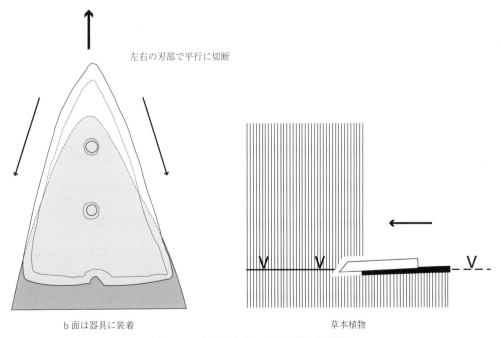

図161　使用痕分析による石犂の復元図

286　第Ⅱ部　使用痕からみた東アジアの石製農具

直接石器の表面を観察するのではなく，シリコン樹脂に転写したレプリカを用いて間接的に石器を観察している点が異なる。筆者はこの分析方法について詳しくないが，論文に掲載された顕微鏡画像には，本分析のＡタイプやＢタイプに類似するなめらかなものがみられることから，この部分の分析結果はおおむね同意できる。また，多機能な石器という評価は，石器のサンプル採取場所によって異なる様相の痕跡が検出されたためであるが，サンプルは先端部と両刃部など石器の刃縁に限定される。本分析のように，石器の表裏全体の使用痕の分布を確認していけば，さらに石器全体の使用痕の状況が明らかにできたのではないだろうか。

4　結論——石犁の機能・使用方法——

石犁については，耕起具の犁だとする評価［牟・宋1981］が定着しているが，今回の分析結果からすると，この考えをそのまま肯定することは難しい。筆者が行った剝片石器，打製石斧等による実験的な経験によれば（第3章第3節），土による使用痕の形成速度はイネ科植物に比べはるかに早く，かつ規模の大きな変化が生じる。耕起具に使用されたとすれば両方の使用痕が共存して形成されるとは考えにくい。むしろ，草本植物の切断時に，土が混入したことによって二次的に形成された痕跡と考えられる。おそらく，地面に近いところで操作され，先端部を中心に部分的に土と接触しつつ密集する草本植物を両側縁の刃部で切断していくという使用法が想定される。

第8節　小結——長江下流域新石器時代の石製農具の特質——

1　良渚文化の収穫具

これまで「耘田器」と呼称されてきた石器は，収穫具として使用されたものであり，その操作方法は東南アジアの民族資料にみられる「押し切り」と同様な方法であったと結論づけられた。良渚文化の生業的な背景からみて，「耘田器」による収穫対象はイネと考えるのが妥当であろう。これまで長江流域では，中国北部のような定型的な石刀はみられなかったが，今回の分析により，良渚文化の時期には一定量の収穫具が定着していることがわかった。

また，有柄石刀にも耘田器と同様な使用痕の分布状況が確認でき，草本植物以外の使用痕は認められなかった。今回は中村分類Ａ式に相当する資料が対象で，他の型式については未検討である。有柄石刀全体の機能・用途に関する議論は，今後の分析資料の蓄積と他型式との比較検討を待って考証していくことにしたい。

「耘田器」の使用方法が石刀とは異なるということは，長江下流域の収穫技術が，中国北部とは異なる発展をとげていたことを意味する。この収穫技術は，南方への稲作の拡散とともに東南アジアに広がったとも考えられる。また，長江下流域では，良渚文化の後「耘田器」が衰退しかわって半月形の石刀が普及するが，昆山遺跡の石刀の分析では，耘田器の「押し切り」ではなく，「穂摘み」の使用方法であることが確認できた。良渚文化とそれ以後では，稲作に関わる農耕技術がストレートに継承されていないことを考慮する必要がある。

また，これまで収穫具と考えられてきた石鎌の基本的な機能は，刃部を平行に操作して，イネ科等の草本植物を切断したものである。石鎌のａ面とｂ面（刃面側）では，微小光沢面の発達程度に違いがあり，総じてｂ面側の発達度が強く，かつ分布範囲も広い。これは，鎌を右手で保持し，ｂ面側を下にして使用したことによる。石鎌は植物の穂などの先端よりも，主に茎の中位や根元を切断した道具とみられ，直接の収穫具ではなく，穂を刈り取った後の残稈処理，あるいは耕作地周辺の除草などに用いられた石器と考えられる。

2 農学的視点からみた破土器・石犂

1 耕起と除草

これまでの考古学研究では，長江下流域新石器時代後期の石犂を原始的な犂と考え，後世の中国犂の起源として評価してきた［余・葉1981，中村1986］。しかし，使用痕分析の結果，石犂は草本植物との関係が想定され，犂としての機能を積極的に裏づけることはできなかった。また，同じように耕起具の一種と考えられてきた破土器についても，使用痕観察と実験的検討から，除草具としての性格が考えられると論じてきた。これまでの検討の結果をふまえ，破土器，石犂の農具としての位置づけについて，あらためて検討する必要がある。そこで，少し視点を変え，農学的な知見を参考に，長江下流域の農耕技術と破土器，石犂の役割について，今少し推論を重ねていきたい。

まず，破土器，石犂の用途を考えるにあたって，耕起と除草についての考え方を整理しておきたい。

耕起は，耕土の破砕や反転を目的とした作業である。農具には，鍬，鋤，犂といったものがある。道具の刃は土の中にある程度深く差し込まれ使用され，その中に植物の根や茎が混入していたとしても，作業対象の主は土となる。

除草は，耕作地に発生する草を除去する作業である。作物の成育中に行われる雑草の除去のような小規模な作業だけではなく，後述するように，耕作地を切り開くために長大な草本植物を伐開するような作業も含まれる。鎌のように直接草本を刈り取る作業のほか，鍬などを用いて草本の根元を表土ごと削り取るような作業も想定される。

使用痕分析のための基礎的な実験では，草本植物，土といった作業対象物は厳密に分けて実験が行われるが，実際に石器が用いられた状況はそのように単純なものとは限らない。土を対象とした耕起にも植物が混入することがあるし，除草作業でも土ごと削平するような作業が含まれる。鍬のように，同じ道具が，使用方法によって，耕起具にも除草具にもなりうることも考えられる。今回の破土器と石犂の使用痕分析の結果は，AタイプやBタイプといった植物との関係が強い光沢面が主となっており，土との関係が想定されるXタイプの光沢面やAタイプ光沢面の荒れはあくまでも従属的なものと判断された。これにより，土が介在する環境下での使用を認めつつも，作業の主は草本植物の切断であり，除草具としての性格を推定したのである。

2 犂耕

犂耕の起源・発展は，農学的にはどのように考えられてきたのだろうか。

犂は，耕起，特に耕土の破砕や反転に用いられる農具である。牛などの家畜によって牽引する金属の刃をもつ犂は，気候，風土，作物の異なる世界各地にみることができる。犂の出現は農耕技術史上の大きな画期であり，いつどこで生み出され，どのような発展過程を経てきたかという議論は，農学的，歴史的にも重要なテーマである。犂の型式や分布については，すでに汎ユーラシア的な視野に立った体系的な研究が発表されている［家永1980，応地1987］。

中国では，広く枠型の犂が分布し，いわゆる中国犂と呼ばれている。現在と同じように動物に牽引させる犂は，すでに漢代の画像石や陶製模型に表現されており，中国犂の特徴である枠型犂の存在も確認できる［渡部1991］。農学的にみたこれらの中国犂の展開は，まず華北の乾燥畑作地帯で発達したものが，遅れて江南の稲作地帯へと導入されたとみられているようである［渡部1991］。

3 低湿地の稲作と除草具

さて，後世の文献には，江南の湿潤な地域に，犂耕とは異なる原始的な農法が行われていたことを暗示する記述がある。次に中国の文献に記された「火耕水耨」と呼ばれる農耕をめぐる議論を足がかりとして，低湿地における農耕技術についてもう少し探っていきたい。

「火耕水耨」は，『史記』『漢書』『塩鉄論』などの漢代の文献に散見され，牛耕や大規模な灌漑施設をもつ華北の集約的な畑作農耕技術に対し，江南地方の湿潤な地で行われた粗放的な水稲栽培だと考えられている。火入れをした後に耕作を行い，水を入れ除草するという意であるが，その具体的な農耕の方法についてはさまざまな説があり，議論されてきた［渡部・桜井編 1984］。ここでは，「火耕水耨」の意味を議論することが目的ではなく，これらの議論に関連してとりあげられた東南アジア島嶼部の海岸地帯など低湿部にみられる独特な農耕技術に注目したい。

福井捷郎は，「火耕水耨」を，華北平原周縁部の生産性の高い稲作に対し，江淮からヴェトナムに至るきわめて広い地域，特に畑作が困難な低平野で行われた粗放な稲作だと考え，アジア稲作圏における伝統的稲栽培法の地域性の観点から，その姿を東南アジア低湿部で行われている不耕起，休閑，穴播きといった特徴を有する粗放な稲作栽培に求めた［福井 1995］。

福井が注目した東南アジアの低湿地稲作について，次のような具体的な事例が報告されている。高谷好一は，灌漑移植型稲作，散播中耕型稲作，浮稲型稲作，焼畑型稲作などの稲作の諸類型を論じるなかで，チャオプラヤー川流域の海岸部の稲作について，常湿地の長大な草を山刀で切り倒し（図162）[11]，耕起は行わないでそのままの状態で，そこに大苗を移植していくという無耕起移植稲作として類型化している［高谷 1987a・b］。田中耕司は，スマトラ東部やボルネオ南部の低湿地帯で行われている無耕起法をとりあげ，その様子を，「タジャック（tajak）と呼ばれる草刈り鎌をちょうどゴルフクラブを振るように横振りして，根元から草を薙ぎ倒していく。このとき，草を刈るだけではなく芝土層の表面を削りとるようにタジャックを振りおろすので，根がついたまま草が刈り払われていく」［田中 1987：235 頁］と記述している。田中は，この農法について，通年湿性条件下では作業が一般的に困難であること，耕起した場合窒素の供給過多を招く危険があること，耕起では雑草の抑制効果が期待できないことなどをあげ，技術的後進性を示すのではなく，水田の立地条件によく適応した技術で，中国江南地域における「火耕水耨」も同様なものであったと推定している。

また，無耕起移植稲作の特徴として，連続耕作を行わず，3〜4年で耕作地を放棄し別の場所へ移ることが指摘されており［高谷 1987a］，移植前の除草作業は新たな耕作地を切り開くという側面がある。高谷によれば，無耕起移植稲作は開拓最前線専用の農法で，同一の土地が長期にわたって使用されだすと，鍬や犂による耕起が行われるようになり，移植農法に変化するとも記されている。

4 破土器・石犂の役割

現状では，上記のような無耕起移植稲作は，考古学的な議論の対象とはなっていないが，その技術や道具は非常に示唆に富むものである。本書では，先に行ってきた使用痕の観察，破土器の使用実験の結果に基づき，これまで犂耕との関係で論じられてきた破土器と石犂の用途について，低湿地の開発において，長大な草本植物を切り開いていく作業に用いられた農具とする考えを提起したい。

第6節の破土器の実験で検討したように，破土器の機能は，草本植物を根元ですき取るような作業が考えられる。破土器の操作方法は，石器を押し出すように前後させる操作が考えられるので，タジャックのように振り回して使用する操作方法とは異なるものの，具体的な作業としては，低湿地に繁茂した草本植物の処

図162 低湿部での除草作業 (Carter ed. 1904)

理が想定できるのではないだろうか。破土器の器面には，刃部だけでなくほぼ全面にわたって草本植物と関係する光沢面が形成されていること，下面とみられるｂ面側に土との接触を示唆する光沢面の荒れが顕著なことなど，使用痕の観察結果は，除草具としての機能を支持しているとみられる。石犂については，刃縁だけでなくａ面の広い範囲に植物に関係する使用痕が観察されること，土との接触を示唆する使用痕は先端部に限定されることなどから，土を深く掘り起こす作業ではなく，草本植物を根元で処理するような作業を想定したほうが使用痕の状況を合理的に理解できる。また，破土器，石犂ともその大きさと重量が石器の機能上大きな意味をもっていたとみられ，この点から残稈処理や中耕除草など耕作地を維持管理するような作業よりも，耕作地を切り開くような規模の大きな作業が想定される。

　以上のように，破土器，石犂と呼ばれてきた良渚文化の大形石器は，密集した草本植物を根元で切断あるいは薙ぎ倒すように用いられ，低湿地の耕作地を切り開くために使用された農具であったというのが，本分析が導き出した新たな仮説である。

5　課題

　以上の推論に基づけば，良渚文化における破土器，石犂の発達は，長江下流域の広大な低湿地を耕作地として積極的に利用・開発し，経済的基盤となる稲作の生産力の維持・拡大がはかられていたことを示す事象として，あらためて評価することができるのではないだろうか。

　とはいえ，ここで論じてきたことも，現時点では一つの仮説でしかない。この仮説を検証していくために，次のように課題をあげまとめることとしたい。

　まず，想定される作業に近づけた実験により，より詳細な使用痕の検証が必要である。犂としての使用，除草具としての使用，いずれにおいてもより実際の農作業に即した実験を計画し，多様な条件下での使用痕の形成過程を明らかにしていくことが肝要である[12]。

　また，道具としての全体像を復元するためには，装着状態，使用時の状況をとどめる資料の出土にも期待したい。すでに，庄橋墳遺跡の木床に装着された分体式石犂のような事例もあることから，単体の石犂や破土器についても今後の調査に期待したい。

　そして最後に，良渚文化期の稲作の耕作地の特定とその微地形的な分析，土壌，植物などの環境復元をあげておきたい。良渚文化の耕作地の遺構はこれまでほとんど知られていなかったが，近年余杭茅山遺跡では，良渚文化の時期を含む水田遺構が初めて検出されたと報じられた［趙 2012］。また，良渚遺跡群の漠角山遺

跡周辺では，ボーリング調査とプラント・オパール分析による水田域の探査が行われるなど［宇田津ほか 2014］，良渚文化の生産域の様相は徐々に明らかになりつつある。しかし，東南アジアの農法をみると，低湿地における耕作地の遺構は，我々がイメージする水路や畦畔で区画された定型的な耕作地の形態とは異なっていたことも想定され，この点を意識して生産域を探る必要がある。これらの耕作地の場と道具に関する情報を総合的に検討することで，良渚文化の農耕技術の実態を解明し，歴史的な評価を行うことができるだろう。

注

1) 科学研究費補助金基盤研究（B）「良渚文化における石器の生産と流通に関する研究」（研究代表者：中村慎一，研究課題番号：12571030）。
2) 科学研究費基盤研究（A）「中国における都市の生成――良渚遺跡群の学際的総合研究――」（研究課題番号：22251010，研究代表者：中村慎一）。
3) 安志敏は石刀を体系的に分類研究した論考のなかで，良渚で出土した同種の石器を有柄石刀の2式に分類している［安1955］。
4) 小林はこの論考で，良渚文化の耘田器とフィリピンの収穫具との形態的な類似を指摘している。
5) この使用方法は後に御堂島の打製石庖丁の使用痕実験でも検証されているが，弥生時代の石庖丁の使用方法としては認められなかった［御堂島1989c］。
6) 2002年から2007年にかけて計4回の実験を行った。場所は第1回から3回が静岡市登呂遺跡の復元水田，第4回が愛知県清洲貝殻山貝塚資料館の体験学習用の水田である。登呂遺跡の水田は登呂博物館の体験クラブが管理しており，日本列島に現存するさまざまな品種のイネが栽培されている。収穫実験の対象としたのは，岡山原産の赤ウルチと緑米などであるが，品種や生育状況は実験を行った年によって異なる。
7) 石器の製作は，板状の母岩から適当な厚さ大きさの薄片を割り取り，グラインダーによって大まかな整形，研磨を行い，砥石で仕上げの研磨を行った。穿孔には電動ドリルを用いた。
8) 有柄石刀を用いた実験は，第2節4耘田器の使用実験と平行して進めたものである。有柄石刀の実験は2カ年にわたり，第1回を2004年11月6・7日に，第2回を2005年10月29日に実施した。登呂遺跡の復元水田は博物館の体験クラブが管理しており，日本列島に現存するさまざまな品種のイネが栽培されている。収穫実験の対象としたのは，岡山原産の赤ウルチと緑米などであるが，品種や生育状況は実験を行った年によって異なる。
9) 実験1は，休耕田としてイネが植えられていない水田で，7月頃雑草が膝上ぐらいまで生育している状態で行った。実験2は，10月の刈り取り後の水田で，水は落とされているが，土はまだぬかるんだ状態で行った。
10) 植物の根などを含まない土だけの状態での実験を行うために，発掘調査後の基盤層を対象として実験を行うことを計画した。条件に合致する調査現場として，愛知県埋蔵文化財センターが調査した稲沢市鎌倉街道周辺遺跡の発掘作業が終了した調査区において実験を実施させていただいた。
11) 図162写真は，20世紀初めにタイ農業省のグラハム（Graham, W.A.）によって記録されたものである［Carter ed. 1904］。
12) 実験に関する新たな動向として，次のような研究が行われている。科学研究費基盤研究（B）「中国新石器時代崧澤文化期における稲作農耕の実態研究」（研究課題番号：25300038，研究代表者：小柳美樹）。この研究では，崧澤文化の石犂をモデルとした牽引による耕起実験等を行い，その使用状況や生産力，耐用度等について検証が試みられている。筆者もこの実験に参加しており，復元石犂に生じた使用痕を観察・記録し，耕起作業によって生じる使用痕の特徴の把握と出土品との比較に取り組んでいる。

【表18・21・24・25・27・29文献一覧】

1．南京博物院・昆山県文化館　1984「江蘇昆山綽墩遺址的調査与発掘」『文物』1984年第2期　6-11頁　文物出版

社
2．上海博物館考古研究部　2002「上海松江区広富林遺址 1999～2000 年発掘簡報」『考古』2002 年第 10 期　31-48 頁　中国社会科学院考古研究所
3．上海博物館考古研究部　2002「上海金山区亭林遺址 1988，1990 年良渚文化墓葬的発掘」『考古』2002 年第 10 期　49-63 頁　中国社会科学院考古研究所
4．上海博物館考古研究部　2002「上海青浦区寺前史前遺跡的発掘」『考古』2002 年第 10 期　13-30 頁　中国社会科学院考古研究所
5．上海博物館考古研究部　2008「上海松江区広富林遺址 2001～2005 年発掘簡報」『考古』2008 年第 8 期　1-21 頁　中国社会科学院考古研究所
6．上海市文物保管委員会　1962「上海市松江県広富林新石器時代遺址試探」『考古』1962 年第 9 期　465-469 頁　中国社会科学院考古研究所
7．孫維昌　1998「上海青浦寺前村和果園村遺址試掘」『南方文物』1998 年第 1 期　25-37 頁
8．王和平・陳金生　1983「舟山群島発掘新石器時代遺址」『考古』1983 年第 1 期　4-9 頁　中国社会科学研究院
9．浙江省文物考古研究所　2005『廟前』　文物出版社
10．浙江省文物考古研究所・湖州市博物館　2006『毘山』　文物出版社

終章　総括

第1節　石器使用痕の研究

　第Ⅰ部では，石器使用痕研究の理論的枠組みと研究から得られる人間行動の復元に関する諸々の情報について整理した。

　第1章石器使用痕分析の方法では，本研究の屋台骨となる微小光沢面を中心とした高倍率観察による分析法と実験データを参照しつつ分析を進める実験使用痕分析の考え方についてまとめた。そのうえで，方法論上の課題となっている観察・記録・解釈の客観化に向け，観察スケールごとに把握できる使用痕の属性について概要を述べた。高倍率観察を基本としつつも肉眼観察や低倍率観察の情報を併用することで，より信頼性の高い分析が可能になると考える。また，顕微鏡による観察記録の提示方法として，デジタル撮影装置と焦点合成ソフトを用いた多焦点使用痕画像の作成方法とその活用事例を紹介した。

　第2章では，石器の使用痕と過去の人間行動とをどのように関連づけ解釈していくのか，分析事例をとりあげながら，研究の視点を述べた。まず，道具としての石器は，使用者の身体器官の延長として機能し，作業対象に対し作用すること，石器の使用は直接には作業環境としての場において行われ，直接的・間接的に自然環境，資源環境，社会環境，文化環境といったさまざまなレベルでの関係性によって成り立っていること，石器使用痕分析の目的はこの関係性の復元にあることを示した。

　使用痕から石器の使用方法を推定するためには，使用部位，操作方法，作業対象物という基礎的な情報に基づいて，構造的に石器の機能を把握することが重要である。また，使用痕には，機能部の痕跡（作用痕）と装着・保持の痕跡（装着痕）があり，前者が作業対象との関係性，後者が使用する人間との関係性を示すものである。これらを合理的に把握・解釈することで，具体的な石器の使用方法の復元が可能となる。

　使用痕研究の具体的なアプローチとしては，石器のライフヒストリーのなかに使用痕を位置づけ，作業の重複，刃部の再生，転用，作り替えといった人間行動の結果生じた痕跡の分析事例について述べた。そして，研究の視点の最後に，道具使用に関わる身体技法の復元を使用痕研究の目的の一つとして掲げた。発掘された過去の道具について，私たちは使用者の行為を直接観察することはできない。しかし，使用痕分析をとおして，石器の使用部位や操作方法，装着痕等から道具の構造を推定することができる。一定のパターンで繰り返し行われた使用時の動作が，痕跡として石器に残されることで，その道具が使用された際の身体技法が復元できる可能性がある。これを補足する方法として，民族資料や民具の使用方法に関する情報やその情報に基づいた実験による検証が重要な意味をもつ。

第2節　使用痕分析からみた石製農具の機能

　第Ⅱ部では，収穫に関わる石器と耕起等土掘りに関わる石器について，第3章で概略を述べ，第4章で日本，第5章で朝鮮半島（韓国），第6章で中国の長江下流域と，地域ごとに石製農具関連資料の分析調査に基づいて検討してきた。本節では，序で示した課題のうち，分析した各器種の機能について，長江下流域，

朝鮮半島，日本の順にまとめる。

1　長江下流域

新石器時代後期の良渚文化を中心に，その前後の時期を含む資料を分析した。この時期の石製農具は，稲作を主とする農耕に用いられたと考えられている。その機能・用途にはさまざまな見方があったが，使用痕分析および実験による検証によって，次のような機能を推定した。

a．耘田器

主面左側から中央部にかけての刃部を使用し，表裏を入れ替えて使用されたものもある。作業対象物は草本植物で，イネなどの穀物の穂を摘み取る収穫具と推定した。使用方法は，石器を指と指の間にはさんで保持し，刃の上面の指で穂をつかみ，手首を外側に反らし刃を押し出す動作で穂を切断する。なお，背部中央の突出部・孔を用いて，保持するための柄，紐などが装着されていた可能性がある。

b．有柄石刀

刃部と柄状の基部からなる。使用部位は刃部でも基部よりの部分である。耘田器と同じように，指と指の間に石器をはさみ，主面の上で穂をつかみ，手首を外側に押し出すようにして，刃を平行に操作することで茎を切断したものと復元した。

耘田器，有柄石刀とも現在の中国南部から東南アジアにかけて広くみられる「押し切り」による収穫具の操作方法と同様ものであったと考えられる。

c．石刀

良渚文化より後の時代の資料である。器面に植物の茎を押さえつけ，手首を内側にひねるように動かし，刃部と直交方向に摘み取るように切断する「穂摘み」の操作方法が推定される。

d．石鎌

基部には柄が装着されていたと復元した。刃を基部の方向に平行に動かし，引き切る動作で使用された。光沢面はｂ面（右主面・刃面側）に発達したものが多く，この面を下にして使用したものとみられる。実験的な検討から，茎の中位から根元での切断に用いられたと推定した。

e．破土器

破土器には長側縁に平行する柄がつけられていたとみられる。光沢面の分布から，柄はｂ面（平坦面）の方にあてがわれ，紐などで緊縛し固定されていたと復元した。使用時にはａ面（刃面側）を上，ｂ面（平坦面）を下に向け，柄を長側縁に対し平行に押し出すように動かし，下辺の刃部を用いて密集した草本植物の根元を土の中に押し込むようにして切断あるいは薙ぎ倒すように用いられたと考えた。

f．石犂

光沢面の空白域から，ｂ面（平坦な面）に柄あるいは台等があてがわれ，先端部と両翼の刃部の一部だけが外に出ていたとみられる。一方ａ面（刃面側）は，大半がむき出しの状態で使用されたようである。二つの刃部はいずれも機能部として使用され，石器の運動方向は，両刃部の交わる頂点を先端とし，前方に向かって動かされ，二つの刃を使って対象を切断したものと考えられる。一部に土との接触も想定されるが，主要な痕跡は草本植物の切断によって形成されたものである。

2　朝鮮半島

この地域については，新石器時代から青銅器時代にかけての資料を分析した。新石器時代はアワ・キビ農耕が伝播し，青銅器時代は稲作を中心とする水田・畑作の複合的な農耕が受容された段階である。

現在までのところ，収穫具としての使用法が明らかになっているのは，青銅器時代に大陸系磨製石器として組成に加わる石刀である。

  a．石刀

穂を主面に押さえつけ，手首を内側にひねり，刃を直交方向に操作する「穂摘み」の使用方法が考えられた。これまで一部の石刀に，刃を平行に操作する使用方法を想定する意見もあったが，筆者の分析した範囲では，観察可能な石器のほぼすべてが刃を直交方向に操作した痕跡があり，石器の刃角・厚みなどの属性からも，「穂摘み」による操作方法が最も合理的な操作法であると考えられた。

なお，石刀と分類されている一部の石器には，刃部や石器の形状が通常の石刀とは異なり，イネ科草本植物による使用痕がまったくみられないものが存在する。しかし，他の有意な使用痕も検出されていないため，この石器の機能・用途は解明できていない。

  b．剝片石器

今回の分析では，有意な使用痕が検出されていないため，その機能は不明である。

  c．土掘具

打製のものと刃部を中心に部分的に研磨するものがみられる。摩滅，線状痕，微小光沢面の分布から機能を検討した結果，土に対する作業に用いられたと推定された。機能部は石器下辺の刃部で，石器主軸と平行方向に操作し，刃部は対象と直交方向に接触した。面によって摩滅の発達に差がみられるものがあり，柄に装着され鍬または鋤のように使用されたことが考えられる。

また，1点だけであるが，草本植物に対して使用されたとみられる石器がある。これも片側に柄があてがわれ，鍬または鋤のように操作されたとみられる。

3　日本列島

弥生時代の収穫関連石器，縄文時代後晩期から弥生時代にかけての打製石斧の分析を行った。

  a．穂摘具

磨製，打製といった製作技術の違い，有孔・無孔あるいは側縁の抉りの有無などの形態的なバリエーションがある。

使用痕の特徴は，分布パターン1としたものである。①器面の広い範囲に光沢面が観察される。②器面の片側に偏って発達し，左半が強いものが多い。③両面に観察される場合，裏側も同一部で発達が強い（刃縁を挟んで点対称の分布になる）。④光沢面は非常になめらかで，点状に発達する傾向がみられる。⑤刃縁で観察される線状痕は直交する方向性が主である。

使用方法は，器面に植物の茎を押さえつけ，手首を内側にひねるように動かし，刃部と直交方向に摘み取るように切断する「穂摘み」の操作方法が推定されている。有孔のものは紐輪をとおして保持し，両端に抉りのあるものはこの部分に紐をかけて保持したものとみられる。

  b．大型直縁刃石器

磨製大型石庖丁と打製のものがあり，打製はさらに貝殻状剝片を素材とする形態のものと板状の大形剝片を素材とする形態のものに分けられる。

使用痕の特徴は，分布パターン2aとしたものである。①刃縁に沿って光沢が発達し光沢範囲の中央部で最も発達する。②刃縁の表裏対称に光沢面が形成される。③点状の光沢面が連接しながら発達し，高低所を覆うようになめらかな光沢面が形成される。④線状痕は比較的明瞭で，刃縁と平行するものが主である。

推定される使用方法は，刃部を平行方向に操作し，引き切るように切断する操作で，厚みのある植物の束

などの切断に用いられたと推定される。石器に柄を装着したと想定する意見もあるが、背部の加工の状態から、むしろ直接手でもって使用したと考えた。

　c．穂刈具

　使用痕分布パターン2bとしたもので，基本的な使用痕の特徴は大型直縁刃石器に近いが，分布が刃部の側縁側に偏り，主要な光沢分布域が限定されるのが特徴である。

　このパターンは，信州南部では横刃形石庖丁として器種の認定ができるが，他の地域では少数でほとんど確認できていない。

　d．石鎌

　使用痕分布パターン3としたものであるが，本分析の中心となった中部以東では類例が少なく，使用痕の状況もまだはっきりとしていない。西日本での分析からは，下記のような操作方法が考えられている。

　作業対象物は草本植物である。右手で石鎌を持った場合，左手で対象物をおさえ，刃を直交方向に動かして，穀物の穂を切断する作業に用いられた。

　e．打製石斧

　分析資料は縄文時代後晩期のものと弥生時代の資料である。基本的な作業対象は土である。下辺の刃部に対しほぼ直交方向に対象と接触している。摩滅の分布等からは，掘り棒としての使用が一般的だったとみられるが，大型化する弥生時代のものには，鍬としての装着・使用を想定する意見もある。植物による光沢面と類似した使用痕が認められるものがあり，植物を含む作業，土壌等の状態の違いなど作業環境や使用方法の違いがあったことも考えられる。

第3節　東アジア初期農耕研究における石器使用痕分析の意義と展望

1　農具としての機能の検証

　序章において指摘したように，栽培植物などの一次資料に比べ，農耕の技術的側面を示すべき農具等の研究が従属的な位置にとどまってきたのは，道具としての機能・用途について曖昧な点が多く残されてきたためである。特に現在では使用されていない石器については，形態等からの類推では機能・用途の特定に限界があった。この点において，本研究で行ってきた使用痕分析による研究は，石器の基本的な機能を推定しその役割を評価するうえで一定の成果を収めたものと考えている。

　収穫関連石器や耕起具の分析では，草本植物や土といった比較的発達が顕著で識別が容易な使用痕が観察対象となる。これらの使用痕は，摩滅，微小光沢面といった痕跡が比較的広範囲に形成され，線状痕等付属的な属性の観察にも有利である。このようなことから，作業対象物だけでなく，着柄または保持の仕方や石器の運動方向など操作方法に関しても多くの情報を取得することができる。これは道具としての構造を復元し，農具としての石器の役割を評価するうえで，非常に重要なことであり，使用痕分析の有効性をあらためて示すことができたといえよう。

　また，本書では，出土資料の観察だけでなく，仮説として提示した使用方法を検証する実験にも多くの労力をさいてきた。これは，条件を制御した実験に基づいて使用痕を解釈する実験使用痕分析の考え方に即したものである。第3章における収穫作業の実験，器種と操作方法を違えた実験および土掘具の実験，第6章の耘田器，有柄石刀による収穫実験，石鎌による切断部位を違えた実験，破土器の使用方法を検証する実験などである。ただし，今回行った実験は，使用方法に関するすべての条件を網羅したものではなく，一部の

条件を比較するために行ったものである。これらの実験をもって、農具としての使用方法が完全に再現されたものではない。出土品と同程度まで使用痕が発達するように作業量を増やすこと、より実際の作業条件に近づけることなどが課題となる。また、このような個別的な実験ではあまり行われていないが、解釈の妥当性を保証するためにブラインド・テストを取り入れていくことも課題の一つである。

2　農具の定型化と使用痕

筆者は、使用方法を含む農具等道具類の定型化は、農耕技術の発達・定着をはかる一定の目安となり、農耕をめぐる社会的な発展・複雑化とも無関係ではないと考えている。

本書で検討した長江下流域の崧沢文化から良渚文化の時期の石器は、器種として定型化しているだけでなく、その使用方法についてもきわめて定型的な使用パターンをもち、特定の機能・用途に特化したものと考えられた。この時期は、稲作農耕が食料生産の主要な位置を占めるだけでなく、集落、墓葬、玉器の発達といった社会面においても拡大期にあたり、道具の定型化および特定機能への特化は、このような社会的状況と大いに関連があったと考えられる。

同様に、朝鮮半島および日本列島への稲作の伝播・定着が生業システムや社会・文化のあり方を大きく変容させた画期に、石刀（石庖丁）のような定型化した収穫具が受容・定着されていった事象にも通じるものである。

3　収穫関連石器の機能的組成

草本植物に関する作業は、まず穀物の収穫作業が想定され、これまでも石刀（石庖丁）や石鎌などは収穫具として考えられてきた。しかし、第4章の弥生文化の分析では、穂摘具だけでなく、より厚みのある草本類を刈り取る機能をもった大型直縁刃石器の存在があらためてクローズアップされることになった。この機能的な組み合わせについて、筆者は耕作地の除草作業、穂摘みによる収穫後の残稈処理などをその用途と想定した。そのうえで、このような作業に応じた機能分化がみられることは、耕作地の維持管理のための仕組み、稲藁等を資源として利活用するための仕組みが社会的に確立した段階にあったと考えた。

この仮説は、使用痕分析の成果を食料生産だけでなく、生産をめぐるより広い社会・文化的な視点で位置づけて解釈できる可能性を提起する。ただしこれを実証するためには、耕作地となった水田等生産遺構における管理の実態、稲藁等の植物資料の出土状態や利用実態を明らかにし、道具のあり方と関連づけていく必要がある。

ところで、この大型直縁刃石器が朝鮮半島ではみられないことは、第5章で述べたとおりである。朝鮮半島と日本列島では、水田稲作を基盤農耕とすることは共通しているが、その管理の仕組みや稲藁の利用方法に異なる点があったのか、あるいは石器とは異なる技術によって運営されていたのであろうか。この問題は、石器だけでなく木製品なども含む農具類の総合的な研究のなかでも議論されるべき課題となる。

4　犂耕をめぐる問題

鍬・鋤による耕作から畜力を用いた犂耕の導入への変化は、農耕技術史上の大きな画期である。破土器、石犂は、これまで耕起作業に関する石器と考えられ、中国における犂耕の起源を示す石製農具として評価されてきたが、本分析ではこれを否定し、除草具とする仮説を提起した。

筆者が破土器、石犂に想定した作業は、収穫後の残稈処理や中耕除草のようなものではなく、低湿地に繁茂した草本植物を除去し耕作地を切り開くような伐開的な作業である。この点では、土壌そのものを攪拌す

るような耕起作業ではないにしても，耕作地の拡大を意図した低地開発のための道具としての性格が考えられる。ただし，漢代以降に確実となる牛犂による犂耕とはいったん区別して，あらためて耕作技術の実態について議論することを提案したい。

この仮説の実証には，耕作地の特定とその微地形的な分析，土壌，植物など，耕作地の環境を復元する研究が不可欠である。また，使用痕の検証には，より具体的な作業，環境に即した使用実験と使用痕形成過程を明らかにすることが課題となる。

5　収穫具の身体技法

東アジアの初期農耕の収穫具には，二つの異なる形態と身体技法があったことが明らかになった。一つは中国北部から朝鮮半島，日本列島まで広く分布する石刀（石庖丁）であり，「穂摘み」による操作が想定される。もう一つは中国の長江下流域の「耘田器」および有柄石刀の一部であり，これは「押し切り」による操作が想定された。

「穂摘み」は，現在でもアワなどの雑穀栽培の技術のなかにその使用法が残されている。考古資料の分析では，穂を主面に押さえつけ，手首を内側にひねり刃を直交方向に操作することで穂を切断する使用方法が考えられる。一方，「押し切り」は，現在の中国南部から東南アジアにかけて伝統的な稲作のなかにみることができる収穫法である。考古資料の分析では，石器を指と指の間にはさんで保持し，刃の上面の指で穂をつかみ，手首を外側に反らし刃を押し出す動作で穂を切断する操作が推定される。

石刀の形態的な起源は，中国の華北地方の新石器時代にあることから，「穂摘み」という身体技法は，この地域のアワ・キビ農耕のなかで形成されたものと推定しておきたい。つまり，中国北部を起源とするアワ・キビ農耕と「穂摘み」，長江下流域の稲作農耕と「押し切り」というように，二つの農耕形態において，異なる収穫の身体技法が生み出されたものと考えられるが，これについては華北における石刀の出現から普及・定着までの使用痕分析による機能的な研究が必要であることはいうまでもない。

ところで，この二つの収穫具の歴史的な展開には異なった点がみられる。長江中下流域に源を発した稲作は，新石器時代の後期になると，黄河中下流域や山東半島など中国北部に分布を拡げていく。しかし，今のところ「耘田器」のような「押し切り」による収穫具がこれらの地域に影響を与えた痕跡は認められない。これらの地域において，イネはアワ・キビを主体とする複合的な農耕の一要素として受容されるものの，道具の体系自体は元の姿を保っていた可能性が高い。また，朝鮮半島や日本列島へと稲作が拡大する過程では，水田稲作とセットで伝播した収穫技術は，「穂摘み」による石刀（石庖丁）であり，収穫技術の面からは，長江下流域からの直接的な影響はうかが

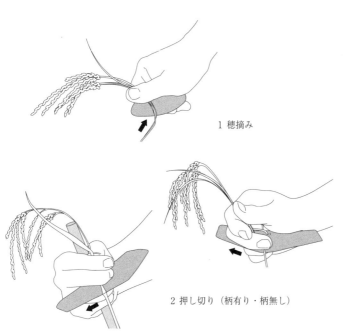

図163　収穫具使用の身体技法（画：水野華菜）

1　穂摘み
2　押し切り（柄有り・柄無し）

うことはできない。

　長江下流域の主作物はイネであり，アワ・キビは基本的に受け入れられていない。しかし，良渚文化の後は，「穂摘み」具である石刀が定着し，逆に「押し切り」による収穫技術は途絶えてしまったとみられる。また，長江下流域の新石器時代の収穫具の身体技法と現在の東南アジアの身体技法との関連性は不明であり，時空間をこえて技術的な連続性をもつものなのか，これからの課題となる。

　収穫具とその身体技法をめぐる大きな動態は，栽培作物の伝播や地域間の文化交流の問題だけでなく，政治的な動向を含めたダイナミックな社会の動きが反映されているようにみえる。身体技法という視点は，これまで考古学的な考察ではあまり意識されてこなかった分野であるが，農具としての歴史的な連続性を考えるうえでの新たな研究課題として提起したい。

おわりに

　筆者は，石器使用痕分析の目的について，作業対象物の特定だけに限定されるものではなく，使用部位の特定，操作方法の復元，装着・保持などの道具構造の復元など，道具としての機能を構造的に理解することだと考えている。農耕文化の研究においては，どうしても作業対象物を特定することに目が行ってしまうが，これは分析課題の一部でしかない。石器という道具の一部から使用に関わる痕跡を抽出し，どのような構造の道具であるのか，どのように操作され使用されたものなのかということを一つ一つ明らかにすることが，道具としての性格を知り農耕技術のなかにその役割を正しく位置づけることにつながると考えている。

　本分析でとりあげた地域，時代は東アジアという広大な範囲のなかのほんの一部である。それだけでも，地域や文化によってさまざまな形態の石器が存在しており，地域によって共通する形態もあればまったく異なる形態の石器もみられる。しかし，使用痕の自然科学的な形成機構はどこの地域，時代であれ同じものなので，使用痕分析に基づく石器機能の復元は，地域ごとの物質文化の表層的な類似あるいは相違に左右されない比較モデルの構築に有効だと考えられる。本書における石刀（石庖丁）の収穫具としての使用方法，朝鮮半島と日本の土掘具とされる石器の使用法の比較，破土器・石犁の機能的な推定に基づく新しい解釈などは，この使用痕分析の特性によって初めて可能になった成果である。

　また，石器という道具はそれが使用される環境のなかで，さまざまなレベルの関係性によって規定されている。第2章図15石器使用の関係性では，自然環境，資源環境，社会環境，文化環境といった関係性に関わる背景をあげたが，生業的な検討においては，一般的に自然環境や資源環境といった自然科学的な要因が重視されてきた。一方で，社会環境や文化環境といった人文的な背景も道具の使用を規定する大きな要因である。本書では，収穫具の使用方法として「穂摘み」と「押し切り」という二つの異なる身体技法をみいだすことになった。この基本的な身体技法は，社会的，文化的な関係性のなかで保たれ，現在まで残されてきた農耕技術の一つであり，その歴史的な経緯を解き明かしていくことは，石器研究という枠を超えた農具史研究の新たな課題でもある。使用痕の機能的な検討に基づいて，道具の使用という行為を社会的な関係性のなかに位置づけ評価していくことも使用痕分析の有望な研究テーマである。

　最後に，石器使用痕分析を考古学研究，物質文化研究の諸課題に応用していくために，使用痕分析の限界・弱点を理解したうえで，さらなる基礎研究の進展と分析技術の改善を図っていくことの必要性を述べ本書の結びとしたい。

あとがき

　本書は，2015年3月に金沢大学大学院人間社会環境研究科に提出した博士学位論文「石器使用痕からみた東アジアの初期農耕」を改題し，一部を修正したものである。本書の元となった博士学位論文は，これまで携わってきた分析のなかから，石器使用痕分析の方法論に関わるもの，東アジアの農耕文化の究明に関わるものを取り上げ，一つの論文として再構成したものである。既発表論文等は大きく改編しているが，本書各章とのおおよその対応を巻末に掲載した。

　私が石器使用痕分析に取り組みだしたのは，1990年代半ばのことである。それからすでに20年以上が経過した。

　私と石器使用痕研究との出会いは，1993年に愛知県埋蔵文化財センターに就職し，最初に発掘調査を担当した田原市川地遺跡の出土資料整理がきっかけだった。出土した縄文時代の貝殻状の剥片石器（報告書では粗製剥片石器とした）の機能を調べる必要があり，このとき職場の先輩であった石黒立人氏に勧められ，分析室にあったオリンパス製の金属顕微鏡を扱うことになったのが始めである。このときは具体的な成果を上げられなかったが，その後の弥生時代の収穫関係石器の分析へとつながっていった。

　使用痕の観察を始めた頃，その観察方法などについては，仙台市教育委員会の斎野裕彦氏にたいへんお世話になった。当時斎野氏が勤務していた仙台市富沢遺跡保存館にうかがい，顕微鏡の使い方から微小光沢面の観察まで，夜遅くまで御教示いただいたことは，自分自身の分析技術の土台となっている。

　その後，朝日遺跡の新資料館整備に関わることになり，愛知県埋蔵文化財センターを退職し，1997年からは愛知県教育委員会文化財課（現文化財保護室）に勤めることになった。それまでは職場で顕微鏡を使用することができたが，県の本庁勤めでは機材に依って立つ研究は難しい。正直，使用痕研究への取り組みもあきらめかけていたが，愛媛大学の田崎博之氏に強く勧められたことが後押しとなり，個人で顕微鏡一式を購入し，使用痕研究を続けていく覚悟をきめた。

　私が石器使用痕研究を始めることができたのは，石黒立人，斎野裕彦，田崎博之，この三氏のおかげであったと思う。

　研究を進めていくうえで，石器使用痕研究会に参加してきたことはとても幸運であった。私は，1995年の第1回研究会から参加し，事務局，幹事としても研究会の活動に関わってきた。この研究会では，研究発表だけでなく，顕微鏡の観察検討会をとおして，具体的な資料について意見交換をすることができた。本書第1章でも述べたように，私だけでなく多くの使用痕研究者にとって，研究に取り組むきっかけ，後押しになったものと思う。さらに，研究会で進めてきた「石器使用痕の分析方法に関する共同研究」は，石器使用痕の観察基準，分析の方法論についてあらためて意識的に取り組む契機となった。

　また，石器使用痕研究会では，多くの使用痕研究者と交流することができた。御堂島正，斎野裕彦，澤田敦，高瀬克範，高橋哲，山岡拓也の各氏とは，研究会の幹事として，ともに研究会の運営にあたるとともに，使用痕研究の今後についても多くの意見を交わしてきた。研究会に参加されてきた，阿子島香，岩瀬彬，遠藤英子，藪下詩乃，山田しょう各氏をはじめ多くの研究者と，専門とする時代，地域をこえて，使用痕研究

というテーマの元に議論できたことは，私自身の狭い見識を大きく拡げることになった。

　石器使用痕分析は，顕微鏡等の機器に制約されることもあり，以前は石器を顕微鏡のある場所に持ち込んで観察することがふつうであった。しかし，それでは分析できる資料や範囲が限られてしまう。なんとかこの制約から逃れたいと思い，解体した顕微鏡をスーツケースに詰め込み，石器がある場所に出向くように努めた。当初はかなり重量がありかさばる荷物だったが，何度かの試行錯誤を繰り返し，最近では持ち運ぶ顕微鏡もだいぶ小型化できた。何より分析できる範囲が広がり，その結果多くの方に分析しているところを直にみていただくことで，新しい分析の依頼や資料が持ち込まれることも増えた。

　石器使用痕研究をとおして，さまざまな研究プロジェクトに参加させていただく機会をもてたのも大きな幸運であった。2000年から参加した中村慎一先生が代表の「良渚文化における石器の生産と流通に関する研究」は，私にとって初めての海外での調査であり，それまで考えたこともなかった中国，新石器時代というまったく別の分野での研究の取り組みとなった。地域や時代が違えども，石器使用痕の形成メカニズムは同じであり，社会・文化的な背景が異なる資料の分析，解釈が可能である。逆にそのようにして分析した成果や問題意識は，別の分野にもフィードバックすることができる。その後参加した黒沢浩氏の「ニューギニアで採集された石斧の使用痕分析」，中山誠二氏を代表とする「日韓内陸地域における雑穀農耕の起源に関する科学的研究」といったプロジェクトとともに，私の研究の大きな糧となっており，本書はこれらの成果のうえに成り立っている。

　2010年4月から，社会人学生として金沢大学大学院人間社会環境研究科後期博士課程に在籍することになり，中国での調査でお世話になってきた中村慎一先生に指導を仰いだ。中村先生が大学の副学長となり学生を担当できなくなった2年間は，高濱秀先生に指導をお願いした。当初3年の予定が5年間となってしまったが，2015年3月に本書の元となる博士学位論文を提出した。この間辛抱強く指導に当たっていただくとともに，適切な御意見をいただいた両先生にはたいへん感謝している。博士学位論文の作成・審査にあたっては，主指導教官の中村慎一先生，高濱秀先生をはじめ，指導教官・審査員の藤井純夫先生，西本陽一先生，中村誠一先生，足立拓朗先生の御指導，御助言を受けた。また，御堂島正氏，岩瀬彬氏からの御助言を賜った。

　本書の出版にあたっては，六一書房の八木環一会長，水野華菜氏，野田美奈子氏にたいへんお世話になった。

　また，これまで各地の分析調査および石器の使用実験を通じて，多くの方々，機関にお世話になってきた。記して感謝の意を表したい。

＜日本＞
赤塚次郎，阿子島香，網倉邦生，池谷勝典，石黒立人，岩崎厚志，岩田修一，宇田津徹朗，遠藤英子，藤山誠一，上條信彦，川添和暁，金宇大，久保田正寿，久保禎子，黒澤友彦，黒沢浩，後藤昌徳，後藤雅彦，小柳美樹，斎野裕彦，佐川正敏，佐野隆，澤田敦，下條信彦，下濱貴子，庄田慎矢，高瀬克範，高田浩司，高橋哲，田崎博之，土本典生，出原恵三，徳留大輔，外山秀一，永井宏幸，中澤道彦，中野宥，中山誠二，禰宜田佳男，服部信博，濱名弘二，平塚幸人，樋上昇，久田正弘，平井典子，日吉健二，深澤芳樹，堀木真美子，槙林啓介，町田勝則，松永篤知，松本彩，宮腰健司，宮田明，宮本一夫，村野正景，藪下詩乃，山岡拓也，山崎健，山下平重，山田しょう，山本悦世
愛知県教育・スポーツ振興財団愛知県埋蔵文化財センター，愛知県埋蔵文化財調査センター，NPO法人自然文化誌研究会，石川県埋蔵文化財センター，一宮市博物館，岡山大学埋蔵文化財調査研究センター，岐阜県文化財保護センター，甲府市教育委員会，小松市教育委員会，静岡市立登呂博物館，総社市教育委員会，総社市埋蔵文化財学習の館，帝京大学山梨文

化財研究所，南山大学人類学博物館，韮崎市教育委員会，北杜市教育委員会，南アルプス市教育委員会，山梨県立博物館，山梨市教育委員会

＜韓国＞

郭鍾喆，河仁秀，安承模，金武重，李弘鍾・孫晙鎬，崔仁建，金権九，南宮鉉，權純澈，金姓旭，兪炳琭，金炳燮
ウリ文化財研究院，韓国考古環境研究院，慶南発展研究院，啓明大学行素博物館，高麗大学，大東文化財研究院，忠清南道歴史文化院，中部考古学研究所，福泉博物館

＜中国＞

趙輝，張弛，曹錦炎，王明達，劉斌，孫国平，蒋衛東，方向明，宋建，秦嶺
湖州市博物館，昆山市文物管理所，舟山市博物館，浙江省文物考古研究所，上海博物館，馬橋博物館，良渚文化博物館

2017 年 7 月

原 田　　幹

初出一覧

序章
書き下ろし

第1章
「弥生石器と使用痕研究会」『中部の弥生時代研究』中部の弥生時代研究刊行委員会　2009年　245-254頁の一部（第2節）
「焦点合成ソフトによる多焦点使用痕画像の作成」『考古学と陶磁史学——佐々木達夫先生退職記念論文集——』金沢大学考古学研究室　2011年　172-181頁（第4節）
書き下ろし（第1・3節）

第2章
「弥生石器と使用痕研究会」『中部の弥生時代研究』中部の弥生時代研究刊行委員会　2009年　245-254頁の一部をもとに再構成

第3章
「石製農具の使用痕研究——収穫に関わる石器についての現状と課題——」『古代』第113号　早稲田大学考古学会　2003年　115-138頁（第1節の一部）
原田幹・網倉邦生・中山誠二「石器による収穫実験と使用痕——アワ・キビ・イネを対象として——」『山梨県立博物館研究紀要』第7集　山梨県立博物館　2013年　23-33頁（第1節の一部）
「朝日遺跡出土の石庖丁をめぐって——石器使用痕からみた尾張地域における石製収穫具の問題——」『貞末堯司先生古稀記念論集　文明の考古学』貞末発司先生古稀記念論集編集委員会　1998年　245-264頁（第2節）
「『打製石斧』の使用痕」『論集馬見塚』考古学フォーラム　2013年　207-222頁（第3節）

第4章
「石製農具の使用痕研究——収穫に関わる石器についての現状と課題——」『古代』第113号　早稲田大学考古学会　2003年　115-138頁（第1節・第6節の一部）
「鋸歯状刃部磨製大型石庖丁」『金沢大学考古学紀要』第36号　金沢大学人文学類考古学研究室　2015年　85-89頁（第2節の一部）
「石川県における弥生時代石製収穫具の使用痕分析」『石川考古学研究会々誌』第53号　石川考古学研究会　2010年　21-38頁（第3節）
原田幹・網倉邦生「山梨県における弥生時代から古墳時代の収穫関連石器とその使用痕」『山梨県立博物館研究紀要』第5集　山梨県立博物館　2011年　1-16頁（第4節）
「サヌカイト製石器の使用痕分析——岡山県出土の石製農具関連資料の観察——」『環瀬戸内海の考古学——平

井勝氏追悼論文集——』古代吉備研究会　2002年　505-520頁（第5節）

報告書分析等をもとに書き下ろし（第2節）

第5章

「韓国新石器時代・青銅器時代の農耕関連石器の使用痕分析」『山梨県立博物館調査・研究報告9　日韓における穀物農耕の起源』山梨県立博物館　2014年　324-354頁

第6章

「『耘田器』の使用痕分析——良渚文化における石製農具の機能——」『古代文化』第63巻第Ⅰ号　財団法人古代学協会　2011年　65-85頁（第2節）

「有柄石刀の使用痕分析——良渚文化における石製農具の機能（2）——」『人間社会環境研究』第25号　金沢大学大学院人間社会環境研究科　2013年　177-188頁（第3節）

「『耘田器』から石刀へ——長江下流域における石製収穫具の使用方法——」『金沢大学考古学紀要』第34号　金沢大学人文学類考古学研究室　2013年　1-9頁（第4節）

「石鎌の使用痕分析——良渚文化における石製農具の機能（3）——」『金沢大学考古学紀要』第35号　金沢大学人文学類考古学研究室　2014年　1-11頁（第5節）

「『破土器』の使用痕分析——良渚文化における石製農具の機能（4）——」『日本考古学』第38号　日本考古学協会　2014年　1-17頁（第6節）

「『石犁』の使用痕分析——良渚文化における石製農具の機能（5）——」『日本考古学』第39号　日本考古学協会　2015年　1-16頁（第7節・第8節の一部）

終章

書き下ろし

引用・参考文献

〈日本語〉

阿子島香　1981「マイクロフレイキングの実験的研究——東北大学使用痕研究チーム研究報告その1——」『考古学雑誌』第66巻第4号　日本考古学会　1-27頁

阿子島香　1983「ミドルレンジセオリー」『考古学論叢Ⅰ』芹沢長介先生還暦記念論文集刊行会　171-197頁

阿子島香　1989『考古学ライブラリー56　石器の使用痕分析』ニュー・サイエンス社

阿子島香　1992「実験使用痕分析と技術的組織——パレオインディアン文化の一事例を通して——」『加藤稔先生還暦記念東北文化論のための先史学歴史学論集』加藤稔先生還暦記念会　27-53頁

阿子島香　1999「ミドルレンジセオリー」『用語解説現代考古学の方法と理論Ⅰ』同成社　179-186頁

阿子島香　2003「技術的組織論と使用痕分析法」『第8回石器使用痕研究会　旧石器文化と石器使用痕分析——方法論的課題と可能性——』石器使用痕研究会　16-18頁

阿子島香・梶原洋　1984「石器の使用痕分析の客観化——東北大学使用痕研究チーム報告その5——」『考古学ジャーナル』No. 227　ニュー・サイエンス社　12-17頁

阿子島香・須藤隆　1984「富沢水田遺跡泉崎前地区出土石包丁の使用痕」『富沢水田遺跡』仙台市教育委員会　213-215頁

家永泰光　1980『犂と農耕の文化——比較農法の視点から——』古今書院

五十嵐彰　2003a「座散乱木8層上面石器群が問いかけるもの」『第8回石器使用痕研究会　旧石器文化と石器使用痕分析——方法論的課題と可能性——』石器使用痕研究会　25-31頁

五十嵐彰　2003b「『使用』の位相——使用痕跡研究の前提的諸問題——」『古代』第113号　早稲田大学考古学会　3-18頁

池谷勝典　2002「打製石斧について」『石器使用痕研究会会報』No. 2　石器使用痕研究会　5-6頁

池谷勝典　2003a「磨石・敲石・石皿の実験考古学的研究」『アルカ研究論集』第1号　株式会社アルカ　45-53頁

池谷勝典　2003b「トチムキ石の使用痕：民俗資料の考古学的研究」『アルカ通信』1　考古学研究所（株）アルカ　1-3頁

池谷勝典　2004a「縄文時代石器の機能研究——使用痕分析を中心に——」『考古学ジャーナル』No. 520　ニュー・サイエンス社　16-20頁

池谷勝典　2004b「石器の使用痕分析」『鹿西町徳丸遺跡』石川県教育委員会・財団法人石川県埋蔵文化財センター　63-68頁

池谷勝典　2004c「堀ノ内遺跡出土・石包丁の使用痕分析」『山梨市文化財調査報告書第7集　堀ノ内遺跡』財団法人山梨文化財研究所　35-37頁

池谷勝典・高橋哲　2004「東的場遺跡出土石器の使用痕分析」『羽咋市東的場タケノハナ遺跡』石川県教育委員会・財団法人石川県埋蔵文化財センター　183-191頁

池谷勝典・馬場伸一郎　2003「弥生時代飯田盆地における打製石鏃の用途について」『中部弥生時代研究会第6回例会発表要旨集　生業』中部弥生時代研究会　1-18頁

石神幸子・村上富貴子・池北孝男　1979『池上遺跡　石器編』財団法人大阪文化財センター

石川考古学研究会　1999『石川県考古資料調査・集成事業報告書　農工具』

石黒立人編　1993『朝日遺跡』Ⅳ　財団法人愛知県埋蔵文化財センター

石黒立人編　1998『門間沼遺跡』財団法人愛知県埋蔵文化財センター

石毛直道　1968a「日本稲作の系譜（上）——稲の収穫法——」『史林』第51巻第5号　史学研究会　130-150頁

石毛直道　1968b「日本稲作の系譜（下）——石庖丁について——」『史林』第51巻第6号　史学研究会　96-127頁

伊藤太佳彦　1998『東新規道遺跡』財団法人愛知県埋蔵文化財センター

伊藤久嗣　1980「石製遺物」『納所遺跡——遺構と遺物——』三重県教育委員会

井上勤（監修）　1998『新版顕微鏡観察シリーズ1　顕微鏡観察の基本』地人書館

上田尚美　1998「富山県内の石庖丁について——下老子笹Ⅲ遺跡出土の新資料から——」『富山考古学研究』創刊号　財団

法人富山県文化振興財団埋蔵文化財調査事務所　7-10頁

宇田津徹朗・田崎博之・中村慎一・金原正明・小柳美樹・藤原宏志・浦谷綾香・李小寧・劉斌・王寧遠・鄭雲飛　2014「東アジアにおける基盤整備型水田の成立期に関する実証的研究（第1報）」『日本文化財科学会第31回大会研究発表要旨集』日本文化財科学会　166-167頁

遠藤英子　2011「『打製石斧』の実験使用痕分析」『人類誌集報　2008・2009』首都大学東京人類誌調査グループ　130-141頁

遠藤英子　2012「レプリカ法から見た東海地方縄文弥生移行期の植物利用」『第19回考古学研究会東海例会　縄文／弥生移行期の植物資料と農耕関連資料』第19回考古学研究会東海例会事務局　7-14頁

応地利明　1987「第5章　犁の系譜と稲作」『稲のアジア史1　アジア稲作文化の生態基盤──技術とエコロジー──』小学館　167-212頁

大嶌正之　1999「石の道具（3）弥生時代」『山梨県史』資料編2　原始・古代2　山梨県　116-119頁

大西秀之　2003「柄の記憶──木工におけるアイヌの人々の身体技法の歴史──」『民具マンスリー』第36巻4号　神奈川大学日本常民文化研究所　11-18頁

岡崎里美　1989「石器使用痕ポリッシュ研究の疑問」『季刊考古学』29　雄山閣　52-56頁

岡本康則　2011a「掘削実験報告──掘削道具と作業動作の差異から生まれる壁角度の違い──」『人類誌集報　2008・2009』首都大学東京人類誌調査グループ　142-161頁

岡本康則　2011b「掘削実験報告──掘削規模と掘削道具と掘削作業動作──」『人類誌集報　2008・2009』首都大学東京人類誌調査グループ　162-192頁

岡安雅彦　1999「野焼きから覆い焼きへ──その技術と東日本への波及──」『弥生の技術革新　野焼きから覆い焼きへ』安城市歴史博物館　48-54頁

小野由香　2006「27．田村遺跡群出土の農具の使用痕──弥生時代前期を中心に──」『田村遺跡群Ⅱ　第9分冊』高知県埋蔵文化財センター発掘調査報告書第85集　高知県教育委員会・財団法人高知県文化財団埋蔵文化財センター　269-280頁

小野木学編　2005『柿田遺跡』財団法人岐阜県教育文化財団文化財保護センター

小畑弘己　2011『東北アジア古民族植物学と縄文農耕』同成社

小畑弘己・河仁秀・眞邉彩　2011「東三洞貝塚発見の韓国最古のキビ圧痕」『日本植生史学会第26回大会講演要旨』日本植生史学会　39-40頁

小畑弘己・真邉彩　2014「韓国櫛文土器文化の土器圧痕と初期農耕」『国立歴史民俗博物館研究報告』第187集　国立歴史民俗博物館　111-160頁

蔭山誠一編　1998『一色青海遺跡』財団法人愛知県埋蔵文化財センター

蔭山誠一編　2007『朝日遺跡Ⅶ』財団法人愛知県教育・スポーツ振興財団愛知埋蔵文化財センター

景山和也ほか　2001「第5章第2節　収穫具」『石川県考古資料調査・集成事業報告書補遺編』石川考古学研究会　123-126頁

梶山勝　1989「長江下流域新石器時代の稲作と畑作に関する一試論」『古文化談叢』第20集（下）　九州古文化研究会　179-232頁

梶原洋　1982「石匙の使用痕分析──仙台市三神峯遺跡出土資料を使って──」『考古学雑誌』第68巻第2号　日本考古学会　43-81頁

梶原洋　1989「使用痕分析から見た石器の平面分布の解釈について──座散乱木遺跡8層上面出土資料を使って──」『考古学論叢Ⅱ』27-52頁

梶原洋・阿子島香　1981「頁岩製石器の実験使用痕研究──ポリッシュを中心とした機能推定の試み──（東北大学使用痕研究チームによる研究報告その2）」『考古学雑誌』第67巻第1号　日本考古学会　1-36頁

加藤安信編　1982『朝日遺跡2』愛知県教育委員会

加藤安信　1994「伊勢湾周辺地域の磨製石庖丁，若しくはその象徴性」『愛知県埋蔵文化財センター年報　平成5年度』財団法人愛知県埋蔵文化財センター　104-117頁

鹿又喜隆　2002「重複する使用痕の実験研究――出土資料による分析方法の再構築に向けて――」『文化』第66巻第1・2号　東北大学文学会　57-76頁

鹿又喜隆　2010「更新世祭終末の石器集積遺構に含まれる道具の評価――宮城県仙台市野川遺跡の機能研究と複製石器の運搬実験を通して――」『日本考古学』第30号　日本考古学協会　47-63頁

上條信彦　2008「朝鮮半島先史時代の磨盤・磨棒における使用分析」『日本水稲農耕の起源地に関する総合的研究　平成16～19年度日本学術振興会科学研究費基盤研究A』九州大学大学院人文科学研究院考古学研究室　87-104頁

上條信彦・中澤道彦　2012「南信地方のトチの皮むき石――考古資料との比較資料としての使用痕観察と残存デンプン分析――」『古代文化』第64巻第63号　財団法人古代学協会　340-354頁

川口武彦　2000「打製石斧の実験考古学的研究」『古代文化』第52巻第1号　財団法人古代学協会　16-28頁

川崎潤　1995「使用痕からみた熊ヶ平遺跡出土の石匙――円筒土器文化における石匙の使用方法に関する展望――」『熊ヶ平遺跡』青森県教育委員会　383-386頁

川添和暁・鬼頭剛　2012「一宮市馬見塚遺跡における立地と遺跡形成についての覚書」『愛知県埋蔵文化財センター研究紀要』第13号　1-16頁

川田順造　2008『もうひとつの日本への旅　モノとワザの原点を探る』中央公論新社

キーリー.L.H.（鈴木正男訳）　1978「フリント製石器はどう使われたか」『サイエンス』76　日経サイエンス社　56-66頁

木田清　1999「第3章第2節1.　磨製石庖丁」『石川県考古資料調査・集成事業報告書　農工具』石川考古学研究会　59-67頁

木立雅朗ほか　1993『石川県松任市野本遺跡』石川県立埋蔵文化財センター

金元龍（岡内三真訳）　1974「韓国半月形石刀の発生と展開」『史学』Vol. 46, No. 1　慶應義塾大学　1-28頁

金姓旭　2007「韓国新石器時代石器の使用痕観察――打製の石刀形石器を中心に――」『熊本大学社会文化研究』5　95-109頁

金姓旭　2008『韓国南部地域における初期農耕文化の研究』熊本大学大学院博士論文

金炳燮　2013「韓国新石器時代から青銅器時代の農耕関連遺跡」『日韓共同研究シンポジウム　日韓における穀物栽培の開始と農耕技術　資料集』山梨県立博物館　17-33頁

櫛原功一編　2005『山梨市文化財調査報告書　第8集　高畑遺跡』財団法人山梨文化財研究所

久世建二・北野博司・小林正史　1997「黒斑からみた弥生土器の野焼き技術」『日本考古学』第4号　日本考古学協会　41-90頁

久保浩一郎　2011「打製石斧による掘削実験――使用方法による掘削能力の比較と使用痕――」『古代文化』第63巻第1号　財団法人古代学協会　86-96頁

久保浩一郎・鈴木忠司　2010「打製石斧の使用実験―機能・用途復元に向けての予察―」『京都文化博物館研究紀要朱雀』第22集　京都文化博物館　37-48頁

久保田正寿　2010「『打製石斧』は着柄されていたのか――縄文時代中期の資料を中心に――」『考古学論究』第13号　立正大学考古学会　465-474頁

栗島義明　2002「ヴェトナム北部タイー族の穂摘具」『埼玉県立博物館紀要』27　埼玉県立博物館　72-78頁

厳文明（菅谷文則訳）　1995「中国史前の稲作農業」和佐野喜久生編『東アジアの稲作起源と古代稲作文化　報告・論文集』佐賀大学農学部　209-214頁

河野通明　2004「東北地方の木摺臼の全域調査――身体技法から日本列島の民族的多様性を検出する試み――」『人類文化研究のための非文字資料の体系化』No. 1　神奈川大学21世紀COEプログラム拠点推進会議　36-45頁

河野通明　2005「在来農具の分布から見た東北地方」『人類文化研究のための非文字資料の体系化』No. 2　神奈川大学21世紀COEプログラム拠点推進会議　94-109頁

小林行雄　1937「石庖丁」『考古学』第8巻第7号　東京考古学会　299-311頁

小林行雄　1959「石庖丁」『図解考古学辞典』東京創元社

小林行雄・佐原眞　1964『紫雲出』詫間町文化財保護委員会

小林公明　1978「石庖丁の収穫技術」『信濃』第30巻第1号　信濃史学会　67-79頁

小林行雄・佐原眞　1964『紫雲出』詫間町文化財保護委員会
小柳美樹　2006「石犂考」『東海史学』第40号　東海大学史学会　55-66頁
小柳美樹　2009「中国新石器時代の稲作農耕の展開」『弥生時代の考古学5　食料の獲得と生産』同成社　55-77頁
斎野裕彦　1993「弥生時代の大型直縁刃石器（上）」『弥生文化博物館研究報告』2　大阪府立弥生文化博物館　85-109頁
斎野裕彦　1994「弥生時代の大型直縁刃石器（下）」『弥生文化博物館研究報告』3　大阪府立弥生文化博物館　31-68頁
斎野裕彦　1996「板状石器の形態と使用痕」『仙台市文化財調査報告書第213集　中在家南遺跡他　第2分冊分析・考察編』仙台市教育委員会　181-200頁
斎野裕彦　1998「片刃磨製石斧の実験使用痕分析」『仙台市富沢遺跡保存研究報告』1　仙台市富沢遺跡保存館　3-22頁
斎野裕彦　2001「石鎌の機能と用途上・下」『古代文化』古代文化第53巻第10，第11号　財団法人古代学協会　17-32，32-44頁
斎野裕彦　2002a「収穫に関わる石製農具3種の使用痕」『弥生文化と石器使用痕研究——農耕に関わる石器の使用痕——』石器使用痕研究会・大阪府立弥生文化博物館　6-9頁
斎野裕彦　2002b「農具—石庖丁・大型直縁刃石器・石鎌」北條芳隆・禰宜田佳男編『考古資料大観　第9巻　弥生・古墳時代　石器・石製品・骨角器』小学館　184-189頁
斎野裕彦・松山聡・山村信榮　1999「大型石庖丁の使用痕分析」『古文化談叢』第42号　九州古文化研究会　37-48頁
佐々木長生　1986「奥会津のコウガイ」森浩一編『日本民俗文化体系14　技術と民族（下）』小学館　174-175頁
佐々木満編　2004『甲府市文化財調査報告24　塩部遺跡Ⅰ』甲府市教育委員会
佐野隆編　1992『明野村文化財調査報告7　屋敷添』明野村教育委員会
佐原真　1994『UP考古学選書6　斧の文化史』東京大学出版会
沢田敦　1993「石器使用痕分析における多変量解析」『考古学における計量分析——計量考古学への道（Ⅲ）——』統計数理研究所　76-84頁
沢田敦　1995「下谷地遺跡出土『石包丁』の使用痕分析——収穫具からみた弥生時代の越後における稲作農耕の形態——」『新潟考古』第6号　新潟県考古学会　21-42頁
沢田敦　1997「石器の機能とライフヒストリー研究のための一試み——新潟県三川村上ノ平遺跡A地点ブロック6出土石器の分析を通じて——」『新潟考古』第8号　新潟県考古学会　21-30頁
澤田敦　2003「石器のライフヒストリー研究と使用痕分析」『古代』第113号　早稲田大学考古学会　41-55頁
沢田敦　2007「新潟県内の弥生時代石製収穫具」『新潟考古学談話会会報』第33号　新潟考古学談話会　29-42頁
鹿野忠雄　1946「マノボ族の介製稲穂摘具——東南亜細亜の介製穂摘具と石庖丁との関係——」『東南亜細亜民族学先史学研究』第1巻　矢島書房　307-312頁
杉山真二　1998「一色青海遺跡における植物珪酸体分析」『一色青海遺跡（自然科学・考察編）』財団法人愛知県埋蔵文化財センター　37-46頁
設楽博己　2014「農耕文化複合と弥生文化」『国立歴史民俗博物館研究報告』第185集　国立歴史民俗博物館　449-469頁
清水博ほか編　1985『櫛形町文化財調査報告No.3　六科丘遺跡』櫛形町教育委員会
下條信行　1988「日本石包丁の源流——弧背弧刃系石包丁の展開——」『日本民族・文化の生成』六興出版社　453-474頁
下條信行　1991「大形石庖丁について」『愛媛大学人文学会創立十五周年記念論集』愛媛大学人文学会　159-177頁
庄田慎矢　2009「東北アジアの先史農耕と弥生農耕——朝鮮半島を中心として——」『弥生時代の考古学5　食糧の獲得と生産』同成社　39-54頁
末木健編　1987『山梨県埋蔵文化財センター調査報告書第25集　金の尾遺跡・無名墳（きつね塚）』山梨県教育委員会
洲嵜和宏編　2003『猫島遺跡』財団法人愛知県教育サービスセンター愛知県埋蔵文化財センター
須藤隆・阿子島香　1984「下ノ内浦遺跡SK2土壙出土の石包丁」『仙台市高速鉄道関係遺跡調査概報Ⅲ』仙台市教育委員会　59-66頁
須藤隆・阿子島香　1985「東北地方の石包丁」『日本考古学協会第51回総会研究発表要旨』日本考古学協会　19頁
須藤隆・工藤哲司　1990「東北地方弥生文化の展開と地域性」『北からの視点』日本考古学協会1991年度宮城・仙台大会実行委員　97-114頁

澄田正一・大参義一・岩野見司　1970『新編　一宮市史　資料編一　縄文時代』一宮市

石器使用痕研究会　2003『旧石器文化と石器使用痕研究―方法論的課題と可能性―』

石器使用痕研究会・大阪府立弥生文化博物館　2002『弥生文化と石器使用痕研究――農耕に関わる石器の使用痕――』

石器使用痕研究会共同研究チーム　2014「『石器使用痕の分析方法に関する共同研究』報告書作成に向けて」『石器使用痕研究会会報』No. 13　石器使用痕研究会　11-13頁

セミョーノフ，S.A.（田中琢抄訳）　1968「石器の用途と使用痕」『考古学研究』第14巻第4号　考古学研究会　44-68頁

芹沢長介・梶原洋・阿子島香　1981「実験使用痕研究とその可能性――東北大学使用痕研究チームによる研究報告その4――」『考古学と自然科学』第14号　日本文化財科学会　67-87頁

千藤克彦編　2000『野笹遺跡Ⅰ』財団法人岐阜県文化財保護センター

高瀬克範　2002「岩寺洞（Amsa—dong）遺跡出土石庖丁の使用痕分析――韓半島出土石庖丁の機能・用途に関する一分析例――」『(財)岩手県埋蔵文化財センター紀要』XXI　79-92頁

高瀬克範　2004「剝片石器による現代の皮革加工――カムチャッカ半島とアフリカ東部――」『考古学ジャーナル』No. 520　ニュー・サイエンス社　11-15頁

高瀬克範　2005「スクレイパーの運動方向と作業角度を考える」『第6回北アジア調査研究報告会』北アジア調査研究報告会実行委員会　63-66頁

高瀬克範　2007「実験磨製石斧の使用痕分析――高倍率法による検討――」『人類誌集報2005』首都大学東京考古学報告11　首都大学東京人類誌調査グループ　65-113頁

高瀬克範　2008「古コリャーク文化期の搔器――カムチャッカ・タイゴノス半島の事例分析――」『考古学集刊』第4号　明治大学文学部考古学研究室　1-24頁

高瀬克範　2011「関東平野北部弥生時代の『打製石斧』の使用痕」『石器使用痕研究会会報』No. 11　石器使用痕研究会　6-7頁

高瀬克範・庄田慎矢　2004「大邱東川洞遺跡出土石庖丁の使用痕分析」『古代』第115号　早稲田考古学会　157-174頁

高田浩司　2002「中部瀬戸内と畿内の打製石剣――その経済的側面と観念的側面――」『考古学研究』第49巻第1号　考古学研究会　103-116頁

高橋哲　2008「打製石斧による土掘り実験報告」『アルカ研究論集』3　株式会社アルカ　57-74頁

高橋哲　2011「隠岐殿遺跡出土石庖丁の使用痕分析」『隠岐殿遺跡Ⅱ』財団法人山梨文化財研究所　93-97頁

高谷好一　1987a「第1章　アジア稲作の生態構造」『稲のアジア史1　アジア稲作文化の生態基盤――技術とエコロジー――』小学館　33-74頁

高谷好一　1987b「第1章　東南アジア大陸部の稲作」『稲のアジア史2　アジア稲作文化の展開――多様と統一――』小学館　33-80頁

田崎博之　2014「韓国青銅器時代における木製農工具の特性」『東アジア古文化論攷』高倉洋彰先生退職記念論集刊行会　300-317頁

田嶋明人・山川史子・伊藤雅文・楠正勝　1994「石川県」『古代における農具の変遷――稲作技術史を農具から見る――』資料集第2分冊　財団法人静岡県埋蔵文化財調査研究所　57-142頁

田中耕司　1987「第6章　稲作技術の類型と分布」『稲のアジア史1　アジア稲作文化の生態基盤――技術とエコロジー――』小学館　213-276頁

田中伸明編　1999『三ツ井遺跡』愛知県埋蔵文化財センター

寺澤薫　1995「中国古代収穫具の基礎的研究」和佐野喜久生編『東アジアの稲作起源と古代稲作文化　報告・論文集』佐賀大学農学部　215-256頁

寺前直人　2010「石器からみた弥生時代開始期の交流――西日本太平洋沿岸地域を中心として――」清家章編『弥生・古墳時代における太平洋ルートの文物交流と地域間関係の研究』高知大学人文社会科学系（人文学部）　39-53頁

外山秀一　2014「プラント・オパール土器胎土分析からみた雑穀の利用」『日韓における穀物農耕の起源』山梨県立博物館　384-390頁

中沢道彦編　2013『シンポジウム　レプリカ法の開発は何を明らかにしたのか――日本列島における農耕の伝播と受容の

研究への実践——予稿集』明治大学日本先史文化研究所

中島庄一　1983「使用痕」『縄文文化の研究7　道具と技術』雄山閣　28-46頁

中原律子　1988「中国瑶族の農耕具」『民具マンスリー』21巻1号　神奈川大学日本常民文化研究所　1-13頁

中村慎一　1986「長江下流域新石器文化の研究——栽培システムの進化を中心に——」『東京大学文学部考古学研究室研究紀要』第5号　東京大学文学部考古学研究室　125-194頁

中村慎一　2002a「良渚文化石器に関する日中共同調査」『中国考古学』第2号　日本中国考古学会　134-135頁

中村慎一　2002b『世界の考古学20　稲の考古学』同成社

中村慎一　2004「良渚文化石器の分類」(『金沢大学考古学研究紀要』金沢大学文学部考古学講座　131-137頁

中屋克彦編　1994『金沢市戸水B遺跡——金沢西部地区土地区画整理事業にかかる埋蔵文化財発掘調査報告書——』石川県立埋蔵文化財センター

中山誠二　1994「山梨県」『古代における農具の変遷——稲作技術史を農具から見る——　資料集第2分冊』財団法人静岡県埋蔵文化財調査研究所　143-174頁

中山誠二　2010『植物考古学と日本の農耕の起源』同成社

中山誠二　2013「日韓における栽培植物と穀物農耕の開始」『日韓共同研究シンポジウム　日韓における穀物栽培の開始と農耕技術　資料集』山梨県立博物館　3-8頁

中山誠二　2014「日韓における栽培植物の起源と農耕の展開」『山梨県立博物館調査・研究報告9　日韓における穀物農耕の起源』山梨県立博物館　391-402頁

中山誠二編　2014『山梨県立博物館調査・研究報告9　日韓における穀物農耕の起源』山梨県立博物館

中山誠二・庄田慎矢・外山秀一・網倉邦生・兪炳琭・金炳燮・原田幹・植月学　2013「韓国内における雑穀農耕起源の探求」『山梨県立博物館研究紀要』第7集　山梨県立博物館　1-21頁

七原恵史・加藤安信　1982「石製品」『朝日遺跡Ⅱ』愛知県教育委員会

新津健・八巻興志夫編　1989『金生遺跡Ⅱ（縄文時代編）』山梨県埋蔵文化財センター

野島博編　1997『顕微鏡の使い方ノート』羊土社

服部信博編　1992『山中遺跡』財団法人愛知県埋蔵文化財センター

服部信博編　2001『川原遺跡』財団法人愛知県教育サービスセンター愛知県埋蔵文化財センター

浜崎悟司編　2004『小松市八日市地方遺跡』石川県教育委員会・財団法人石川県埋蔵文化財センター

濱田竜彦・中沢道彦　2014「西日本——突帯文土器分布圏——における栽培植物の出現」『山梨県立博物館調査・研究報告9　日韓における穀物農耕の起源』山梨県立博物館　318-323頁

原田大六　1954「石庖丁の使用法」『私たちの考古学』第1巻第1号　8-9頁　考古学研究会

原田幹　1997「粗製剥片石器研究ノート（Ⅰ）」『年報　平成8年度』財団法人愛知県埋蔵文化財センター　98-107頁

原田幹　1998a「東新規道遺跡出土粗製剥片石器の使用痕」『東新規道遺跡』財団法人愛知県埋蔵文化財センター　24-28頁

原田幹　1998b「粗製剥片石器の使用痕」『一色青海遺跡（自然科学・考察編）』財団法人愛知県埋蔵文化財センター　161-162頁

原田幹　1998c「朝日遺跡出土の石庖丁をめぐって——石器使用痕からみた尾張地域における石製収穫具の問題——」『貞末堯司先生古稀記念論集　文明の考古学』貞末堯司先生古稀記念論集編集委員会　245-264頁

原田幹　1999a「門間沼遺跡出土粗製剥片石器の使用痕分析」『愛知県埋蔵文化財センター調査報告書第80集　門間沼遺跡』愛知県埋蔵文化財センター　235-247頁

原田幹　1999b「三ツ井遺跡出土剥片石器の使用痕分析」『愛知県埋蔵文化財センター調査報告書第87集　三ツ井遺跡』愛知県埋蔵文化財センター　186-191頁

原田幹　2000a「朝日遺跡出土石器の使用痕分析」『愛知県埋蔵文化財センター調査報告書第83集　朝日遺跡Ⅵ——新資料館地点の調査——』財団法人愛知県教育サービスセンター愛知県埋蔵文化財センター　630-642頁

原田幹　2000b「野笹遺跡出土石器の使用痕分析」『岐阜県文化財保護センター調査報告書第66集　野笹遺跡Ⅰ』財団法人岐阜県文化財保護センター　197-201頁

原田幹　2002a「戸水B遺跡出土石器の使用痕分析」『金沢市戸水B遺跡Ⅱ　金沢西部土地区画整理事業に係る埋蔵文化

財発掘調査報告書15』石川県教育委員会・財団法人石川県埋蔵文化財センター　145-148頁

原田幹　2002b「サヌカイト製石器の使用痕分析——岡山県出土の石製農具関連資料の観察——」『環瀬戸内海の考古学——平井勝氏追悼論文集——』古代吉備研究会　505-520頁

原田幹　2003a「猫島遺跡出土石器の使用痕分析」『猫島遺跡　愛知県埋蔵文化財センター調査報告書第107集』財団法人愛知県教育サービスセンター愛知県埋蔵文化財センター　205-210頁

原田幹　2003b「石製農具の使用痕研究——収穫に関わる石器についての現状と課題——」『古代』第113号　早稲田大学考古学会　115-138頁

原田幹　2005「第7章第9節　石器の使用痕分析」『柿田遺跡（第2分冊本文編2）』財団法人岐阜県教育文化財団　150-156頁

原田幹　2007「第Ⅲ部2—（4）　石製品の使用痕分析」『朝日遺跡Ⅶ（第2分冊　出土遺物）　愛知県埋蔵文化財センター調査報告書第138集』財団法人愛知県教育・スポーツ振興財団愛知県埋蔵文化財センター　159-167頁

原田幹　2009「弥生石器と使用痕研究」『中部の弥生時代研究』中部の弥生時代研究刊行委員会　245-254頁

原田幹　2010「石川県における弥生時代石製収穫具の使用痕分析」『石川考古学研究会々誌』第53号　石川考古学研究会　21-38頁

原田幹　2011a「焦点合成ソフトによる多焦点使用痕画像の作成」『考古学と陶磁史学——佐々木達夫先生退職記念論文集——』金沢大学考古学研究室　172-181頁

原田幹　2011b「堂外戸遺跡出土石器の使用痕分析」『堂外戸遺跡　豊田市埋蔵文化財発掘調査報告書第44集』豊田市教育委員会　189-195頁

原田幹　2011c「『耘田器』の使用痕分析——良渚文化における石製農具の機能——」『古代文化』第63巻第Ⅰ号　財団法人古代学協会　65-85頁

原田幹　2012「燕岐大平里遺跡B地点出土石器の使用痕分析」『燕岐大坪里遺跡　考察및分析』韓国考古環境研究所　133-139頁

原田幹　2013a「有柄石刀の使用痕分析——良渚文化における石製農具の機能（2）——」『人間社会環境研究』第25号　金沢大学大学院人間社会環境研究科　177-188頁

原田幹　2013b「『耘田器』から石刀へ——長江下流域における石製収穫具の使用方法——」『金沢大学考古学紀要』第34号　金沢大学人文学類考古学研究室　1-9頁

原田幹　2013c「韓国新石器時代から青銅器時代の石器使用痕分析」『日韓共同研究シンポジウム　日韓における穀物栽培の開始と農耕技術　資料集』山梨県立博物館　40-46頁

原田幹　2013d「『打製石斧』の使用痕」『論集馬見塚』考古学フォーラム　207-222頁

原田幹　2014a「韓国新石器時代・青銅器時代の農耕関連石器の使用痕分析」『山梨県立博物館調査・研究報告9　日韓における穀物農耕の起源』山梨県立博物館　324-354頁

原田幹　2014b「石鎌の使用痕分析——良渚文化における石製農具の機能（3）——」『金沢大学考古学紀要』第35号　金沢大学人文学類考古学研究室　1-11頁

原田幹　2014c「『破土器』の使用痕分析——良渚文化における石製農具の機能（4）——」『日本考古学』第38号　日本考古学協会　1-17頁

原田幹　2015a「鋸歯状刃部磨製大型石庖丁」『金沢大学考古学紀要』第36号　金沢大学人文学類考古学研究室　85-89頁

原田幹　2015b「『石犂』の使用痕分析——良渚文化における石製農具の機能（5）——」『日本考古学』第39号　日本考古学協会　1-16頁

原田幹　2015c「第Ⅴ章2　磨製石庖丁の使用痕分析」『バーガ森北斜面遺跡　高知西バイパス建設工事に伴う発掘調査報告書Ⅲ』（公財）高知県文化財団埋蔵文化財センター　252-257頁

原田幹・網倉邦生　2011「山梨県における弥生時代から古墳時代の収穫関連石器とその使用痕」『山梨県立博物館研究紀要』第5集　山梨県立博物館　1-16頁

原田幹・網倉邦生・中山誠二　2013「石器による収穫実験と使用痕——アワ・キビ・イネを対象として——」『山梨県立博物館研究紀要』第7集　山梨県立博物館　23-33頁

原田幹・黒沢浩　2008「パプア・ニューギニアで収集された磨製石斧の使用痕分析──民族資料の考古学的研究──」『考古学フォーラム』19　考古学フォーラム　47-65頁

原田幹・中村慎一・小柳美樹　2003「良渚文化石器の使用痕分析」『中国考古学』第3号　日本中国考古学会　121-123頁

原田幹・服部信博　2001「弥生時代の石器」『愛知県埋蔵文化財センター調査報告書第91集　川原遺跡』第1分冊　財団法人愛知県教育サービスセンター愛知県埋蔵文化財センター　57-74頁

樋上昇編　2002『八王子遺跡』愛知県埋蔵文化財センター

久田正弘　1997「石川県の石器」『農耕開始期の石器組成4　中部・近畿』国立歴史民俗博物館　603-658頁

久田正弘　1999「第3章第2節2．打製石庖丁」『石川県考古資料調査・集成事業報告書　農工具』石川考古学研究会　68-77頁

久田正弘編　2000『松任市橋爪遺跡──国道157号鶴来バイパス改築工事に係る埋蔵文化財調査──』財団法人石川県埋蔵文化財センター

久田正弘　2002a「北陸における農具と使用痕」『弥生文化と石器使用痕研究──農耕に関わる石器の使用痕──』石器使用痕研究会・大阪府立弥生文化博物館　34-37頁

久田正弘　2002b「第5章　まとめにかえて」『金沢市戸水B遺跡Ⅱ』石川県教育委員会・財団法人石川県埋蔵文化財センター　161-172頁

久田正弘編　2002『金沢市戸水B遺跡Ⅱ』石川県教育委員会・財団法人石川県埋蔵文化財センター

平井勝　1991『考古学ライブラリー64　弥生時代の石器』ニュー・サイエンス社

平井勝　1996「岡山県南部の石器組成の変遷」『農耕開始期の石器組成1　近畿（大阪・兵庫）・中国・四国』国立歴史民俗博物館　232-235頁

平井泰男編　1996『南溝手遺跡2』岡山県教育委員会

平井泰男編　1998『窪木遺跡2』岡山県教育委員会

平塚幸人　2003「扁平片刃石斧の使用痕研究──仙台市高田B遺跡出土資料を対象にして──」『仙台市富沢遺跡保存館研究報告』6　仙台市富沢遺跡保存館　51-88頁

平塚幸人・斎野裕彦　2003「片刃磨製石斧の形態と使用痕──宮城県名取市原遺跡出土資料を中心として──」『古代』第113号　早稲田大学考古学会　139-163頁

福井捷郎　1995「火耕水耨の論議によせて──ひとつの農学的見解──」『農耕の世界、その技術と文化（1）　農耕空間の多様と選択』大明堂　131-162頁（初出1980『農耕の技術』3）

福島正実ほか　1987『吉崎・次場遺跡（資料編1）』石川県立埋蔵文化財センター

福島正実ほか　1988『吉崎・次場遺跡（資料編2）』石川県立埋蔵文化財センター

福海貴子・橋本正博・宮田明編　2003『八日市地方遺跡Ⅰ──小松駅東土地区画整理事業に係る埋蔵文化財発掘調査報告書──』小松市教育委員会

藤井純夫　1986「橇刃（Threshing Sledge Blade）の同定基準について」『岡山市立オリエント美術館研究紀要』第5巻　1-34頁

藤本強　1976「技法と機能」『日本の旧石器文化5　旧石器文化の研究法』雄山閣　71-145頁

藤原宏志　1998『稲作の起源を探る』岩波書店

保坂康夫編　1993『山梨県埋蔵文化財センター調査報告書第78集　平野遺跡』山梨県教育委員会

保坂和博編　1997『山梨県埋蔵文化財センター調査報告書第130集　油田遺跡』山梨県教育委員会

保坂康夫　2003「山梨県内の弥生石器の再検討」『中部弥生時代研究会第7回例会発表要旨集　弥生石器の検討──器種・製作技術・石材──』中部弥生時代研究会　27-32頁

細江真理　2005「中谷内遺跡出土の弥生時代石製農具」『富山考古学研究』第8号　財団法人富山県文化振興財団埋蔵文化財調査事務所　15-18頁

間壁忠彦　1985「打製石庖丁」『弥生文化の研究5　道具と技術Ⅰ』雄山閣　108-111頁

槙林啓介　2004『中国新石器時代の農耕文化の考古学的研究　黄河・長江流域における農耕具と加工調理具を中心にして』（広島大学大学院文学研究科学位請求論文）

町田章　1985「木器の生産」『弥生文化の研究5　道具と技術Ⅰ』雄山閣　27-35頁

町田勝則　1993「粗製剝片石器の使用痕について」『朝日遺跡Ⅳ』財団法人愛知県埋蔵文化財センター　37-42頁

町田勝則　1994「信濃におけるコメ作りと栽培」『長野県考古学会誌』73号　長野県考古学会　22-34頁

町田勝則　2002「所謂『ロー状光沢』とは何か」『弥生文化と石器使用痕研究——農耕に関わる石器の使用痕——』石器使用痕研究会・大阪府立弥生文化博物館　52-55頁

松尾実　2004「石川県における磨製石庖丁研究についての現状と若干の考察」『石川県埋蔵文化財情報』第12号　財団法人石川県埋蔵文化財センター　51-58頁

松山聡　1992a「石庖丁の使用痕」『第31回埋蔵文化財研究集会　弥生時代の石器——その始まりと終り——第6分冊　発表要旨・追加資料』埋蔵文化財研究会・関西世話人会　14-19頁

松山聡　1992b「石庖丁の使用痕」『大阪文化財研究』第3号　財団法人大阪文化財センター　1-10頁

松山聡　1995「石器の使用痕分析」『研究紀要』2　財団法人大阪文化財センター　1-10頁

的場勝俊編　1994『山王丸山遺跡』富来町教育委員会

御堂島正　1982「エッヂ・ダメージの形成に関する実験的研究——変数としての刃角——」『中部高地の考古学Ⅱ　大沢和夫会長喜寿記念論文集』長野県考古学会　66-98頁

御堂島正　1986「黒曜石製石器の使用痕——ポリッシュに関する実験的研究——」『神奈川考古』22　神奈川考古同人会　51-77頁

御堂島正　1988「使用痕と石材——チャート，サヌカイト，凝灰岩に形成されるポリッシュ——」『考古学雑誌』第74巻第2号　日本考古学会　1-28頁

御堂島正　1989a「有肩扇状石器の使用痕分析——南信州弥生時代における打製石器の機能——」『古代文化』第41巻第3号　古代学協会　30-43頁

御堂島正　1989b「『抉入打製石庖丁』の使用痕分析——南信州弥生時代における打製石器の機能——」『古代文化』第41巻第6号　古代学協会　19-27頁

御堂島正　1989c「『抉入打製石庖丁』の使用法——南信州弥生時代における打製石器の機能——」『古代文化』第41巻第8号　古代学協会　1-15頁

御堂島正　1990「『横刃型石庖丁』の使用痕分析——南信州弥生時代における打製石器の機能——」『古代文化』第42巻第1号　古代学協会　10-20頁

御堂島正　1991「磨製石庖丁の使用痕分析——南信州弥生時代における磨製石器の機能——」『古代文化』第43巻第11号　古代学協会　26-35頁

御堂島正　1994「踏みつけによる遺物の移動と損傷」『旧石器考古学』48　旧石器文化談話会　43-55頁

御堂島正　2003「使用痕光沢面論争の行方」『古代』第113号　早稲田大学考古学会　19-39頁

御堂島正編　2003『古代』第113号（特集石器使用痕分析の現在）　早稲田大学考古学会

御堂島正　2005『石器使用痕の研究』同成社

御堂島正　2010「石器の運搬痕跡」菊池徹夫編『比較考古学の新地平』同成社　23-34頁

御堂島正・砂田佳弘・長岡史起　1987「石器使用痕分析の有効性——ブラインド・テストによる検証——」『古代文化』第39巻第5号　古代学協会　16-31頁

宮腰健司編　2000『朝日遺跡Ⅵ——新資料館地点の調査——』愛知県埋蔵文化財センター

宮澤公雄　2004「第4章第2節　石包丁について」『堀ノ内遺跡』財団法人山梨文化財研究所　30-34頁

宮澤公雄編　2004『山梨市文化財調査報告書第7集　堀ノ内遺跡』財団法人山梨文化財研究所

宮澤公雄　2007『上横屋遺跡第3地点』韮崎市教育委員会

宮本一夫　2003「朝鮮半島新石器時代の農耕化と縄文農耕」『古代文化』第55巻第7号　古代学協会　1-16頁

宮本一夫　2009『農耕の起源を探る　イネの来た道』吉川弘文館

モース，M.（有地亨・山口俊夫訳）　1971『社会学と人類学Ⅱ』弘文堂

森昌家　2008「シンポジウムの目的と流れについて」関昌家・鈴木良次編『手と道具の人類史——チンパンジーからサイボーグまで——』協同医書出版社　1-21頁

森下英治　1998「石器の特徴と組成について」『四国横断自動車道建設に伴う埋蔵文化財発掘調査報告第二十九冊　龍川五条遺跡・飯野東分山崎南遺跡　第1分冊』香川県教育委員会・財団法人香川県埋蔵文化財調査センター・日本道路公団　334-335頁

森本六爾　1933「弥生文化と原始農業問題」『日本原始農業』東京考古学会　1-18頁

森本六爾　1934a「稲と石庖丁」『考古学評論第4号　日本原始農業新論』東京考古学会　86-87頁

森本六爾　1934b「稲と石庖丁」『考古学』第5巻第3号　東京考古学会　74頁

野代恵子編　2001『山梨県埋蔵文化財センター調査報告書第184集　横堀遺跡』山梨県教育委員会

安英樹　1995「北陸の大陸系磨製石器」『考古学ジャーナル』No. 391　ニュー・サイエンス社　39-42頁

山下孝司編　1987『中本田遺跡・堂の前遺跡』韮崎市教育委員会

山下孝司編　1991『下横屋遺跡』韮崎市教育委員会

山下孝司編　1997『坂井南遺跡Ⅲ』韮崎市教育委員会

山下平重　1998「サヌカイト製打製石庖丁の使用痕について──讃岐の資料を対象にして──」『貞末先生古稀記念論集　文明の考古学』貞末先生古稀記念論集編集委員会　273-280頁

山下憲親・矢島正男・周欣欣・大木真・橋口住久　1994「顕微鏡によるパンフォーカス画像の合成」『山梨大学工学部研究報告』第45号　山梨大学　61-65頁

山田しょう　1986「使用痕光沢の形成過程──東北大学使用痕研究チームによる研究報告その6──」『考古学と自然科学』19　日本文化財科学会　101-123頁

山田しょう　1987a「使用痕分析」『東北大学埋蔵文化財調査年報』2　東北大学埋蔵文化財調査委員会　50-61頁

山田しょう　1987b「弥生時代の石器の使用痕分析」『仙台市文化財調査報告書98　富沢─富沢遺跡第15次発掘調査報告書』仙台市教育委員会　461-468頁

山田しょう　2002「1990年代の海外の使用痕研究の動向」『石器使用痕研究会会報』No. 2　石器使用痕研究会　1-2頁

山田しょう　2007「第一部第2章　石器の機能」佐藤宏之編『ゼミナール旧石器考古学』同成社　32-49頁

山田しょう・山田成洋　1992「静岡県内出土の『石庖丁』の使用痕分析」『川合遺跡　遺物編2』財団法人静岡県埋蔵文化財調査研究所　109-147頁

山本悦世編　1988『鹿田遺跡Ⅰ』岡山大学埋蔵文化財調査研究センター

山本悦世編　1992『津島岡大遺跡3』岡山大学埋蔵文化財調査研究センター

八幡一郎　1965「インドシナ半島諸民族の物質文化にみる印度要素と中国要素」『インドシナ研究　東南アジア稲作民族文化綜合調査報告（一）』有隣堂出版　161-220頁

俞為潔（小柳美樹訳）　1996「良渚文化期の農業」『日中文化研究』11　勉誠社　20-28頁

米田明訓編　1999『山梨県埋蔵文化財センター調査報告書第158集　十五所遺跡』山梨県教育委員会

和佐野喜久生編　1995『東アジアの稲作起源と古代稲作文化　報告・論文集』佐賀大学農学部

渡邉晶　2004『歴史文化ライブラリー182　大工道具の日本史』吉川弘文館

渡邉晶　2008「石から鉄へ：鉄製手道具の変遷，近世以前の建築技術と道具」関昌家・鈴木良次編『手と道具の人類史──チンパンジーからサイボーグまで──』協同医書出版社　140-178頁

渡部忠世　1991『画像が語る中国の古代』平凡社

渡部忠世・桜井由躬雄編　1984「第1章　火耕水耨をめぐって──デルタの初期開拓──」『中国江南の稲作文化──その学際的研究──』日本放送出版協会　1-54頁

〈中国語〉（中国語の漢字表記は原則日本漢字に置き換えているが，日本漢字に該当するものがない場合は，中国語の表記のままとした。文献の順番はピンイン表記による）

安志敏　1955「中国古代的石刀」『考古学報』第10冊　科学出版社　27-51頁

安志敏　1988「関於良渚文化的若干問題──為紀念良渚文化発現五十週年而作──」『考古』1988年第3期　236-245頁

程世華　2009「芻議石質"耘田器"──兼議食塩対良渚文化社会経済方面的作用──」『農業考古』2009年第1期　江西省社会科学院　145-152頁

方向明　2013「長江下遊新石器時代晩期的石犁及其相関問題」『嶺南考古研究』13　広東省珠江文化研究会嶺南考古研究専業委員会　55-66頁
方向明・関泉・陳興吾・費勝成　2006「浙江湖州市毘山遺址的新石器時代墓葬」『南方文物』2006年2期　22-36頁
蒋衛東　1999「也説"耘田器"」『農業考古』1999年第1期　江西省社会科学院　167-174頁
蒋衛東　2004「新地理遺跡出土的良渚文化分体石犁的初歩研究」西安半坡博物館・良渚文化博物編『史前研究2004 中国博物館学会史前遺址博物館専業委員会第五届学術研討会曁西安半坡遺址発拠五十週年紀念文集』347-355頁
季曙行　1987「"石犁"弁析」『農業考古』1987年第2期　江西省社会科学院　155-170頁
紀仲慶　1983「略論古代石器的用途和定名問題」『南京博物院集刊』6　南京博物院　8-15頁
劉斌　1997「良渚文化的冠状飾与耘田器」『文物』1997年第7期　文物出版社　20-27頁
劉軍・王海明　1993「寧紹平原良渚文化初探」『東南文化』1993年第1期　92-108頁
劉莉・陳星燦・潘林栄・関泉・蒋楽平　2013「石器時代長江下遊出土的三角形石器是石犁吗？——毘山遺址出土三角形石器微痕分析——」『東南文化』2013年第2期　南京博物院　36-45頁
牟永抗　1984「浙江新石器時代文化的初歩認識」『中国考古学会第三次年会論文集（1981）』文物出版社　2-14頁
牟永抗・宋兆麟　1981「江浙的石犁和破土器——試論我国犁耕的起源——」『農業考古』1981年第2期　江西省社会科学院　75-84頁
南京博物院・昆山県文化館　1984「江蘇昆山綽墩遺址的調査与発掘」『文物』1984年第2期　文物出版社　6-11頁
上條信彦　2008「膠東地区史前時期農耕石器使用微痕分析」欒豊實・宮本一夫編『海岱地区早期農業和人類学研究』科学出版社　149-186頁
上海博物館考古研究部　2002a「上海青浦区寺前史前遺跡的発掘」『考古』2002年第10期　中国社会科学院考古研究所　13-30頁
上海博物館考古研究部　2002b「上海松江区広富林遺址1999〜2000年発掘簡報」『考古』2002年第10期　中国社会科学院考古研究所　31-48頁
上海博物館考古研究部　2002c「上海金山区亭林遺址1988、1990年良渚文化墓葬的発掘」『考古』2002年第10期　中国社会科学院考古研究所　49-63頁
上海博物館考古研究部　2008「上海松江区広富林遺址2001〜2005年発掘簡報」『考古』2008年第8期　1-21頁　中国社会科学院考古研究所
上海市文物保管委員会　1962「上海市松江県広富林新石器時代遺址試探」『考古』1962年第9期　中国社会科学院考古研究所　465-469頁
孫維昌　1998「上海青浦寺前村和果園村遺址試掘」『南方文物』1998年第1期　25-37頁
王和平・陳金生　1983「舟山群島発掘新石器時代遺址」『考古』1983年第1期　中国社会科学研究院　4-9頁
徐新民・程杰　2005「浙江平湖市庄橋墳良渚文化遺址及墓地」『考古』2005年第7期　中国社会科学研究院　10-14頁
余扶危・葉万松　1981「試論我国犁耕農業的起源」『農業考古』1981年第1期　江西省社会科学院　32-38頁
趙曄　2012「臨平茅山的先民足跡」『東方物』第43輯　浙江省博物館　16-24頁
浙江省文物管理委員会　1960「呉興銭山漾遺址第一・二次発掘報告」『考古学報』年第2期　中国科学院考古研究所　73-91頁
浙江省文物考古研究所　2005『廟前』文物出版社
浙江省文物考古研究所・湖州市博物館　2006『毘山』文物出版社

〈韓国語〉（韓国語文献の漢字表記は，日本漢字に置き換えている。掲載順は読みのアルファベット表記による）
大東文化財研究院　2012『金泉智佐里遺跡』
啓明大学行素博物館　2006『金泉松竹里遺跡Ⅰ』
啓明大学行素博物館　2007『金泉松竹里遺跡Ⅱ』
慶南発展研究院歴史文化센터　2005『密陽살내遺跡』
慶南発展研究院歴史文化센터　2007a『密陽希里谷遺跡』

慶南発展研究院歴史文化센터　2007b『密陽新安先史遺跡』
慶南発展研究院歴史文化센터　2011『진주 평거 3-1 지구 유적』
慶南発展研究院歴史文化센터　2012『진주 평거 4-1 지구 유적』
韓国考古環境研究所　2012『燕岐大平里遺跡』
韓国文化遺産研究院　2013『抱川漢灘江洪水調節ダム馬山遺物散布地（E地域）内文化遺跡試・発掘調査略報告書』
孫晙鎬　2003「半月形石刀의製作및使用方法研究」『湖西考古学』第8輯　79-96頁
財団法人우리文化財研究院　2012a『蔚山薬泗洞遺跡』
財団法人우리文化財研究院　2012b『蔚山倉坪洞810番地遺跡』

〈欧米〉

Anderson, P.C. 1980 A testimony of prehistoric tasks: diagnostic residues on stone tool working edges. *World Archaeology* 12(2) pp. 181-194.

Anderson, P.C., Inizan, M.L. 1994 Utilisation du tribulum au début du IIIe millénaire : des lames «cananéennes» lustrées à Kutan (Ninive V) dans la région de Mossoul, Iraq. *Paléorient* 20(2) pp. 85-103.

Anderson, P.C., J.-M. Georges, R. Vargiolu, H. Zahouani 2006 Insights from a triblogical analysis of the tribulum. *Journal of Archaeological Science* 33(11) pp. 1559-1568.

Carter, A.C. ed. 1904 *The kingdom of Siam*. University of Michigan Library.

Curwen, E.C. 1930 Prehistoric flint sickles. *Antiquity* 4 pp. 179-186.

Evans, A.A. 2014 On the importance of blind testing in archaeological science: the example from lithic functional studies. *Journal of Archaeological Science* 48 pp. 5-14.

Grace, R. 1989 *Interpreting the Function of Stone Tools: The Quantification and Computerization of Microware Analysis*. BAR International Series 474, Oxford.

Keeley, L.H. 1974 Technique and methodology in microware studies: a critical review. *World Archaeology* 5 pp. 323-336.

Keeley, L.H. 1977 The function of Paleolithic flint tools. *Scientific American* 237(5) pp. 108-126.

Keeley, L.H. 1980 *Experimental Determination of Stone Tool Uses*. Univ. of Chicago Press.

Keeley, L.H. and M.H. Newcomer 1977 Micro-wear analysis of experimental flint tools: a test case. *Journal of Archaeological Science* 4 pp. 29-62.

Liu, L. Field, J. Fullagar, R. Bestel, S. 2010 What did grinding stones grind? New light on Early Neolithic subsistence economy in the Middle Yellow River Valley, China. *Antiquity* 325 pp. 816-833.

Moss, E.H. 1987 A review of "Investigating microwear polishes with blind tests". *Journal of Archaeological Science* 14 pp. 473-481.

Newcomer, M., R. Grace and R. Unger-Hamilton 1986 Investigating microware polishes with blind tests. *Journal of Archaeological Science* 13 pp. 203-217.

Semenov, S.A. 1964 *Prehistoric Technology*. (translated by M.W. Thompson) Cory, Adams and Mackay, London.

Tringham, R., G. Cooper, G.H. Odell, B. Voytek and A. Whitman 1974 Experimentation in the formation of edge damage: a new approach to lithic analysis. *Journal of Field Archaeology* 1 pp. 171-196.

Unger-Hamilton, R. 1989 The Epi-Paleolithic southern Levant and the origins of cultivation. *Current Anthropology* 30 pp. 88-103.

Unger-Hamilton, R. 1991 Natufian plant husbandry in the southern Levant and comparison with that of the Neolithic periods: the lithic perspective. In Bar-Yosef, O. and Valla, F.R. eds., *The Natufian culture in the Levant* pp. 483-520, International Monographs in Prehistory, Ann Arbor.

Witthoft, J. 1967 Glazed polish on flint tools. *American Antiquity* 32 pp. 383-388.

Yamada, S. and Sawada, A. 1993 The Method of Description for Polished Surfaces, *Traces et Fonction: les Gestes*

Retrouves, pp. 447-457.

Yan Wu and Changsui Wang 2009 Extended depth of focus image for phytolith analysis. *Journal of Archaeological Science* 36 pp. 2253-2257.

著者略歴
原田　幹（はらだ　もとき）
1969 年　愛知県豊川市に生まれる
1991 年　金沢大学文学部史学科卒業
1993 年　金沢大学大学院文学研究科修士課程終了
1993 年　財団法人愛知県埋蔵文化財センター
1997 年　愛知県教育委員会文化財課
2015 年　金沢大学大学院人間社会環境研究科後期博士課程終了，博士（文学）取得
現　在　愛知県教育委員会文化財保護室主査

主要著書・論文
「中部地方の土器」『考古資料大観 2　弥生・古墳時代　土器Ⅱ』（赤塚次郎編）小学館，2002 年
「石製農具の使用痕研究——収穫に関わる石器についての現状と課題——」『古代』第 113 号，早稲田大学考古学会，2003 年
「『耘田器』の使用痕分析——良渚文化における石製農具の機能——」『古代文化』第 63 巻第Ⅰ号，財団法人古代学協会，2011 年
『シリーズ「遺跡を学ぶ」088　東西弥生文化の結節点・朝日遺跡』新泉社，2013 年
『朝日遺跡　よみがえる弥生の技』愛知県教育委員会，2013 年
「『破土器』の使用痕分析——良渚文化における石製農具の機能（4）——」『日本考古学』第 38 号，日本考古学協会，2014 年
「『石犂』の使用痕分析——良渚文化における石製農具の機能（5）——」『日本考古学』第 39 号，日本考古学協会，2015 年

東アジアにおける石製農具の使用痕研究

2017 年 10 月 25 日　初版発行

著　者　原田　幹

発行者　八木　唯史

発行所　株式会社　六一書房
　　　　〒101-0051　東京都千代田区神田神保町 2-2-22
　　　　TEL　03-5213-6161　　　FAX　03-5213-6160
　　　　http://www.book61.co.jp　　E-mail info@book61.co.jp
　　　　振替　00160-7-35346

印　刷　勝美印刷　株式会社

ISBN 978-4-86445-095-9 C3021　　© Motoki Harada 2017　　Printed in Japan